검은 땅의 경계인

고광열 지음

우크라이나 도시
역사문화 기행

푸시케의숲

사랑하는 나의 할머니
최순길崔順吉 여사께
(1931. 11. 24. ~ 2021. 8. 7.)

차례

프롤로그　우크라이나 도시를 거닐다　• 007
들어가기 전에　• 027

1부　수도

1장　키이우　유서 깊은 우크라이나의 뿌리　• 035

2부　동부

2장　드니프로　정치와 경제를 이끄는 핵심　• 091
3장　하르키우　전쟁을 견디고 부흥한 첫 수도　• 123
4장　카먄스케　소련공산당 총서기 브레즈네프의 고향　• 145
5장　자포리자　코자크의 요새에서 소비에트 공업화의 상징으로　• 167

3부　남부

6장　오데사　역사의 중심에 선 흑해의 보석　• 193
7장　미콜라이우　고대 그리스 유적부터 강변 도시 경관까지　• 231
8장　헤르손　옛 요새에서 시작된 해군 도시　• 255

4부 서부

9장 　이바노프란키우스크　독특한 문화와 유럽풍 건축의 매력　• 287

10장 　루츠크　중세 성과 근현대 시가지의 조화　• 315

11장 　테르노필　파괴에서 재건된 고즈넉한 호숫가 도시　• 353

5부 　돈바스

12장 　세베로도네츠크　한적하고 쓸쓸한 소도시의 풍경　• 379

13장 　크라마토르스크　멋들어진 조형물이 빛나는 계획도시　• 391

14장 　마리우폴　아조우해와 함께한 역사의 비극적인 종착지　• 397

에필로그　나의 삶과 우크라이나　• 413
부록　우크라이나의 딜레마　• 419

감사의 말　• 447
참고문헌　• 451

일러두기

이 책에서 우크라이나어 및 러시아어의 로마자 알파벳 표기는 기본적으로 미국도서관협회와 미국의회도서관에서 쓰는 ALA-LC 표기법을 따랐으나 몇몇 예외가 있다.

1. 각종 발음 구별 기호를 생략한다.
    예) Луцьк → Luts̓k(x), Lutsk(o)
       Миколаїв → Mykolaïv(x), Mykolaiv(o)
2. 경음 및 연음 기호를 생략한다.
    예) Зеленський → Zelens'kyi(x), Zelenskyi(o)

또한 한글 표기는 기본적으로 대한민국 국립국어원에서 공포한 한국어의 외래어 표기법을 따랐으나 몇몇 예외가 있다.

1. ль(l')이 어두 자음 앞에 오는 경우 항상 '르'로 표기하며, 연음 부호는 'ㅣ'로 적지 않는다.
    예) Львів → 리비우(x), 르비우(o)
       Горький → 고리키(x), 고르키(o)
2. 러시아어 ф(f)와 в(v)는 무성 자음 앞에서 앞 음절의 받침으로 적지 않는다.
    예) Ярославский → 야로슬랍스키(x), 야로슬라프스키(o)
3. 러시아어 어말 자음 무성화를 반영하지 않는다.
    예) Ленинград → 레닌그라트(x), 레닌그라드(o)
4. 러시아어 э(e)가 어두에 등장하면 '에'로 적는다.
    예) Эйзенштейн → 에이젠시테인(x), 에이젠시테인(o)

프롤로그

우크라이나
도시를 거닐다

돈바스를 향해

2021년 4월 2일 아침 7시. 해가 뜬 지 1시간도 지나지 않았지만 이미 대낮처럼 밝았다. 나는 우크라이나 드니프로^{Dnipro} 시에 있었다. 시내 중심에서 6흐리우냐(약 240원)를 내고 1번 트램을 탄 다음 10여 분을 달려 기차역 앞에서 내렸다. 그리고 여기서 5분 정도 걸어서 버스터미널에 도착했다.

거리는 아직 봄답지 않은 겨울 내음이 묻은 쌀쌀함으로 가득했다. 사람들은 여전히 두꺼운 겨울옷을 입고 털모자를 쓰며 추위를 견디고 있었다. 터미널 앞에는 아침 영업을 시작한 몇몇 노점상이 늘어서 있어 뱃속을 자극하는 먹음직스러운 냄새를 풍겼다.

옛 소련권에서는 케밥의 일종으로 구운 고기를 썰어 야채와 함께 얇은 빵에 넣어 먹는 샤우르마^{Shaurma}가 가장 인기가 많다. 기차역, 버스터미널, 시내 중심가, 정류장 등 사람들이 모이는 곳이라면 어디나 꼬챙이에 큰 고깃덩이를 끼워서 돌려 구우며 샤우르마를 만드는 노점상이 있다. 값이 싸고 양이 많아서 든든한 한 끼 식사로도 아주 제격이다.

　노점상 위로는 여러 광고가 붙은 현수막이 여기저기 하늘 높이 매달려 있었다. 계단을 올라가 건물 안으로 들어섰다. 처음 몇 번은 매표소 창구에서 직접 표를 샀지만, 건물 구석에 터치스크린 자동판매기가 비치된 이후에는 주로 이쪽을 이용했다. 이미 여러 번 이 터미널을 거쳐 다른 우크라이나 도시들로 향하곤 했는데, 오늘 가려고 하는 곳은 다른 장소와 비교해도 조금 특별한 곳이다.

　돈바스 Donbas . 우크라이나 동부의 지명으로 도네츠 분지 Donetskyi basein 의 줄임말인데, 행정구역상으로는 루한스크 Luhansk 주와 도네츠크 Donetsk 주를 포함한다. 무엇보다도 돈바스는 2014년부터 우크라이나 정부와 반군 사이에서 벌어지고 있는 치열한 내전인 돈바스 전쟁의 무대로 유명해졌다. 또한 러시아가 비공식적으로 이 내전에 개입해서 반군을 지원하고 있다는 사실도 잘 알려졌다. 전쟁을 끝내기 위해 맺은 민스크 협정에 따라 돈바스 지역을 반으로 나눈 다음 전선을 기준으로 각각 15킬로미터씩 중무기를 후퇴시켜 폭 30킬로미터의 완충지대를 만들었다(마치 한국의 군사분계선과 비무장지대 DMZ를 떠올리게 한다). 그러나 그 뒤로도 산발적인 전투는 계속됐고, 이 전쟁으로 양측은 수천 명의 사망자와 수만 명의 부상자를 낳았다. 민간인 피해도 막심했다. 약 1만 4,000명이 죽임을 당했고, 100만 명 이상이 해외로 망명했으며, 160만 명이 실향민으로 전락했다.

　나의 목적지는 돈바스 중에서도 우크라이나 최동단에 위치한 루한스크주의 임시 주도 세베로도네츠크 Sievierodonetsk 시였다. 원래 주도인 루한스크시가 반군의 손에 넘어가면서 전선은 일진일퇴 끝에 두 도시 사이에 만들어졌다. 그래서 우크라이나 영토로 남은 세베로도네츠크가 새로운 주도의 역할을 맡게 되었다.

아침 7시 반에 출발한 버스는 오후 3시 20분이 되어야 목적지에 닿는다고 했다. 한국에서는 도시간 이동에 11미터가 넘는 대형버스를 이용하지만, 우크라이나의 버스는 대부분 한국으로 치면 스타렉스, 심하면 다마스 같은 승합차 정도 크기에 불과하다. 옆 사람과 몸을 맞대고 젖혀지지도 않는 의자에 몸을 기대어 몇 시간을 달려야 한다. 그나마 난방은 잘 나오는 편이지만, 대부분 에어컨은 없어서 창문이나 천장 뚜껑이 열리기를 기대할 수밖에 없다. 그리고 모든 버스 노선을 하나씩 다 통과하기 때문에 마을버스 정류장에 전부 정차함은 물론이거니와 길가 아무 곳이든 타고 내릴 수 있어서 시간이 꽤 걸리는 편이다. 이번 여행에서는 버스 기사가 갑자기 차를 세우더니 길거리에서 양파를 파는 노인에게 양파 한 망을 사기도 했다. 외부인인 나로서는 신기한 풍경이었지만 이곳의 승객들은 다들 익숙한지 별말 없이 기다렸다.

루한스크주에 들어서기 전에 먼저 도네츠크주를 통과해야 한다. 이때부터 본격적으로 '분쟁지역'에 들어섰다는 실감이 났다. 도네츠크주에 들어선 지 얼마 지나지 않아 갑자기 무장 군인들이 차를 세웠다. 그리고 남자들만 버스에서 내려서 검문을 받기 시작했다. 나는 눈알만 계속 굴리며 눈치를 보고 있었다. 외국인으로 보여서인지 나에게는 별다른 말을 하지 않았다. 나도 괜히 나서서 물어봤다가 평지풍파를 일으킬까 걱정되어 가만히 자리에 앉아 있을 수밖에 없었다. 그런 검문은 이후에도 두 번이나 더 있었다. 당연히 검문할 때마다 차를 세우고 시동까지 끄고 20여 분을 대기했다.

그렇게 3시간쯤 지나 버스가 도네츠크주를 벗어나려는 찰나에 또 차가 섰다. 총을 든 군인이 타서 이번에는 남녀노소 모두 다 내리라는 게 아닌가. 그러더니 군인은 모든 탑승객의 신분증을 검사했다. 지역이 지역이니만큼 예상치 못한 일은 아니어서 나는 겉으로 태연하게 굴었지만, 혹시 외국인은 돈바스 출입이 안 되는 건가 싶어 몹시 긴장했다. 다행히 내 우크라이나 임시거주증을 본 군인이 나를 통과시켰다. 장기 거주 예정이었던 나는 우크라이나에 입국하자마자 관청에 임시거주증을 신청하고 카드를 발급받았는데 이 플라스틱 카드가 때때로 아주 유용했다.

버스가 불과 10분쯤 달렸을까. 루한스크주로 접어드는데 또 무장한 군인들이 차를 세웠다. 이번에도 남녀노소 불문하고 전원이 내려 검사창구라고 쓰인 곳을 향해 줄을 섰다. 탑승객은 20명이 넘었는데, 한 사람당 2~3분씩 길게도 뭔가를 계속 확인했다. 만약 여기서 출입을 거부당하면 대체 집에 어떻게 돌아가야 하나 걱정하며 나의 순번을 기다렸다. 컴퓨터 자판을 두들기던 군인이 임시거주증을 확인하고는 주소를 불러보라고 했다. 살던 곳의 주소를 말하니 바로 거주증을 돌려주어 빨리 검문을 마쳤다.

이렇게 총 다섯 번의 검문과 검색을 마치고 버스는 예정시간보다 2시간 20분이나 늦은 5시 40분에 세베로도네츠크 버스터미널에 도착했다. 드니프로에서 세베로도네츠크까지 고작 340킬로미터 떨어진 거리인데 결국 10시간 10분이나 걸린 셈이었다. 한국에서는 상상도 못 할 시간이 걸렸지만, 이 큰 나라에 산 지 반년쯤 되다 보니 몸이 이곳의 거리 감각에 적응해서 장거리 버스 탑승에도 조금은 익숙해진 것 같았다. 해가 뜬 지 1시간도 되지 않아 출발했는데 도착하니 일몰이 1시간도 남지 않았다. 붉게 물들기 시작한 하늘을 보고 조금은 허탈했지만, 돈바스에 무사히 도착했다는 생각에 뿌듯했다.

그날 나는 왜 돈바스로 향했을까? 특별한 이유는 없었다. 뚜렷한 목적의식이나 사명감도 없었다. 이전에도 나는 시간이 날 때마다 우크라이나의 여러 도시를 방문하곤 했다. 돈바스도 그런 방문지 중 하나였을 것이다. 어쩌면 분단국에서 태어나 3년 넘게 군 복무를 한 경험 때문에 우리가 수십 년 전 비슷하게 겪은 '내전'의 참상을 두 눈으로 보고 싶어졌던 것인지도 모르겠다. 아니면 내가 공부하고 있는 나라에서 계속 벌어지는 전쟁의 중심에 사는 사람들이 어떤 경험을 하고 어떻게 사는지 보고 싶었을 수도 있다. 앞으로 어떤 지역이나 나라에서 무슨 일이 일어날지 가늠할 수 없으니 최대한 많은 곳을 가서 그 풍경을 눈에 담고 와야 한다는 의무감이 있었던 것 같기도 하다. 결과적으로 이때의 선택은 옳았다. 이로부터 불과 1년도 지나지 않아 전쟁이 발발하면서 돈바스, 나아가 우크라이나를 다시 방문하기란 정말 요원한 일이 되고 말았으니까.

전쟁이 발발한 이유

2022년 2월 24일, 러시아의 푸틴 대통령은 우크라이나 지역에 '특수군사작전$_{spetsialnaia\ voennaia\ operatsiia}$'을 개시한다고 선포하며 러시아군을 우크라이나 국경 너머로 진군시켰다. 러시아의 침공이 갑작스럽게 이뤄진 것은 아니었다. 2021년 봄부터 침공의 징후가 서서히 드러나고 있었다.

그 당시 나는 우크라이나에 머물고 있었는데, 5월쯤 푸틴이 일부 후방 병력을 우크라이나 국경 근처에 집결시켰다는 소식이 현지인들 사이에 떠돌면서 설마 전쟁이 벌어지는 게 아니냐는 우려가 팽배했다. 다행히 이때의 위기는 무사히 넘어갔지만, 2022년 새해가 밝자마자 러시아군이 벨라루스군과 함께 '연합훈련'을 한다는 명분으로 우크라이나와 벨라루스의 국경지대와 더불어 2014년 이래로 분쟁지역이었던 돈바스와 크림반도에 대규모로 러시아군을 집결했다. 이때에도 러시아군은 바로 공세에 나서지 않았고, 심지어 개전 며칠 전에는 협상을 통해 원하는 것을 얻고 철수하는 듯한 모양새를 보이기도 했다. 그래서 대부분의 전문가는 러시아군의 병력 집결이 우크라이나를 침공한다기보다 이를 통해 다른 것을 얻어내려는 일종의 '수단'에 불과할 것이라고 '오판'했다.

개전 이후 이 전쟁은 뜨거운 감자가 되면서 전 세계의 언론 보도를 독점했다. 전쟁이 벌어지고 있는 상황을 실시간으로 보도하는 내용이 대부분이었지만, 일부는 이 전쟁이 어째서 벌어졌는지 원인을 분석하려 했다. 서방과 한국의 여러 언론 매체는 이 전쟁의 원인을 국제정치나 지정학, 푸틴의 야욕에서 찾았다. 예컨대 많은 사람은 옛 소련의 영광을 되찾고 싶어 하는 푸틴의 개인적 성향 혹은 러시아의 팽창주의라든가 러시아를 과도하게 자극한 NATO의 동진, 우크라이나의 지정학적 중요성 등에 관해 분석했다. 특히 한국에서는 이 전쟁으로 인한 중국의 움직임에 주목하면서, 미국과 중국이라는 두 강대국 사이에 있는 한국이 앞으로 어떤 식으로 안보 및 외교 전략을 짜야 우크라이나와 같은 일을 피할 수 있을지 '교훈'을 얻고자 했다.

그런데 이러한 분석은 전쟁의 단기적 원인을 설명할 수 있을지는 모르나, 우크라이나라는 국가의 독특한 역사가 형성한 장기적 맥락을 설명하지는 못한다. 이 전쟁은 다들 이야기하듯이 2022년에 갑자기 일어난 게 아니다. 2022년의 비극은 2013년에 발발한 유로마이단Euromaidan 봉기와 그 이듬해에 발생한 돈바스 전쟁의 연장선에 있었다. 유로마이단 봉기 이전에도 우크라이나의 정치 지리는 동부와 남부의 '친러' 및 서부와 중부의 '친서방'으로 나뉘어 있었다. 특히 2004년과 2010년 대선 후보 지지율을 살펴보면 극명하게 지역별로 양극화하는 경향을 보였다. 유로마이단 봉기는 갑자기 등장한 것이 아니라 양극화한 두 지역의 갈등이 수습되지 않고 지속해서 악화했기에 귀결된 파국이었다.

그렇다면 애초에 동서로 양분된 우크라이나의 극단적 정치지형은 어떻게 형성되었을까? 지역에 따라 정치 성향이 달리 나타나는 현상은 수많은 나라에서도 등장하지만 우크라이나의 지역 정서와 정치 지리는 무엇이 다른가? 우크라이나의 정치 지리를 다른 나라와 구별되고 특별하게 만드는 요소는 바로 우크라이나의 역사 그 자체. '친러'와 '친서방'으로 나뉘어 양보할 수 없는 대결로 치달은 우크라이나인들의 정서를 이해하려면 수백 년에 걸쳐 누적된, 지역별로 달리 전개된 우크라이나의 역사적 경험을 들여다봐야만 한다. 다른 분쟁지역에서 벌어진 위기들처럼, 층층이 쌓인 우크라이나의 경험을 장기적인 역사적 관점 없이 이해하고자 한다면 오늘날 우크라이나의 위기 또한 이해할 수 없다.

우크라이나에 역사는 있는가

1995년, 미국의 저명한 학술지 《슬라빅 리뷰Slavic Review》에서 마크 폰 하겐Mark von Hagen 교수가 쓴 〈우크라이나에 역사는 있는가?Does Ukraine Have a History?〉라는 도발적인 제목의 글에 대한 토론의 장이 열렸다. 1991년 독립 우크라이나가 첫발을 내디딘 지 몇 년 되지 않은 시점에서 하겐 교수는 우크라이나인 역사가들이 "우크라이나란 무엇인가?"라는 질문에 직면해야 할 것이라고 주장하면서, 우크라이나 역사를 쓰는 데 가장 문제가 되는 것은 역사 서술의 '비정통성illegitimacy'이라고 주장했다.

많은 한국인은 아마 이러한 논쟁에 관해 선뜻 이해되지 않을 것이다. 왜 엄연히 존재하는 국가인 우크라이나에 역사가 있는지 물어보며 '모욕'을 주는 것인가? 그러면 우크라이나의 역사란 존재하지 않는단 말인가? 역사 서술의 '비정통성'은 무엇을 말하는 것인가? 곰곰이 생각해보면 이러한 주제로 토론의 장이 열렸다는 것 자체가 당시 서방 학계에서 학문분과로서의 우크라이나학이 단 한 번도 독립적인 객체로서 연구되지 않았음을 능히 짐작하게 한다.

전쟁 발발 직후 한국의 인터넷 커뮤니티에서는 평소 우크라이나에 관해 잘 모르는 한국인들의 이해를 돕기 위해 러시아와 우크라이나를 중국과 한국에 비유해서 설명하는 일이 잦았다. 예컨대 크림반도를 제주도에 비유하면서 갑자기 중국이 제주도를 점령하는 것과 같은 일이라고 주장하거나, 아니면 북한 땅을 점령한 중국군이 남한을 향해 발톱을 드러낸 것과 같은 일이라고 비유를 들기도 했다. 이는 인터넷에서만의 비유가 아니었다. 2022년 5월 2일, 주한 우크라이나 대사인 드미트로 포노마렌코Dmytro Ponomarenko는 서울대학교에서 열린 강연에서 러시아가 우크라이나의 역사와 문화를 강탈하려 한다고 주장하며, 한국인들도 한국 고유의 복식이나 음식을 자신들의 것이라고 이웃 나라가 주장하는 일에 익숙할 것이라고 말했다. 누가 들어도 중국을 떠올리게 하는 발언이었다.

이 발언은 현재 한국 사회, 특히 젊은 세대에게 만연하는 반중 및 혐중 감정과 맞물리는 효과를 내면서, 자연스럽게 러시아의 침공에 대한 분노를 불러일으키고 '약자' 우크라이나에 동조하는 반응을 얻을 수 있었다. 특히 지난 수십 년 동안 여러 전문가는 아일랜드, 헝가리, 폴란드 등 한국에 잘 알려지지 않은 '소국'들을 소개할 때, 중국과 일본보다 상대적으로 작은 나라로서 정체성을 지키며 살아왔기 때문에 침략과 식민지배 등의 큰 피해를 본 역사를 지닌 한국과 비유하곤 했다. 이러한 비유에 익숙했기에 우크라이나의 처지 또한 한국인들에게 공감을 사기에 충분했다.

하지만 우크라이나와 한국이 겪은 역사적 경험은 전혀 상반된다고 해도 과언이 아닐 정도로 다르다. 한국인은 676년에 신라가 삼국통일을 이룬 이래 대체로 한반도 내에서 안정적인 하나의 국가 체계가 지속되면서 천 년이 넘도록 공통의 역사적 경험을 내면화했다. 이런 이유로 (요즈음에는 사람들의 생각이 많이 달라졌지만) 1945년 이후의 분단 상태를 '비정상적' 상태로 규정하고 북한과 우리가 하나의 민족이므로 이를 언젠가는 극복해야 한다는 생각이 어느 정도는 한국인의 내면에 깔려 있다. 이른바 근대적 '민족의식'이 한국사에서 언제 등장했는지는 학자마다 의견이 분분하다. 혹자는 몽골 침략을, 혹자는 임진왜란을 그 계기로 들고, 혹자는 서양의 민족주의와 마찬가지로 근대의 산물이기에 구한말부터 나타났다고 본다. 그러나 최소한 한반도에 사는 사람들이 중국인이나 일본인과 구분되는 어떤 실체를 지닌 집단이라는 인식은 천 년이 넘는 시간 동안 동아시아인 모두가 공유하는 담론이었다.

반면 우크라이나는 이러한 통합의 역사를 결코 가진 적이 없었다. 지금의 러시아, 벨라루스, 우크라이나의 공통 조상 국가인 키예프 루스*가 1240년 몽골 침략으로 멸망한 이후, 지금의 우크라이나 땅은 수백 년 동안 무주공산이었다. 우크라이나 땅에는 여러 별개의 세력이 들어섰다. 서부에는 루테니아 왕국이 성립되었지만 얼마 지나지 않아 폴란드-리투아니아의 지배에 들어갔고, 동부에는 코자크 Kozak (영어로는 코사크 Cossack, 러시아어로는 카자크 Kazak)라 불리는 특수한 군사 집단이 세력을 갖췄다. 남부에는 킵차크 칸국으로부터 독립한 크림 칸국이 지금의 크림반도와 흑해 해안지대를 모두 장악하고 있었다. 동부와 남부가 1919년 우크라이나소비에트사회주의공

---

* 키예프 공국이라고도 한다. 2022년 전쟁 발발 이후로 우크라이나 지명을 모두 우크라이나어 발음대로 표기해야 한다는 주장이 광범위한 지지를 받으면서 키예프 루스(Kievan Rus)라는 역사적 국가의 명칭도 키이우 루스(Kyivan Rus)라고 표기해야 한다는 주장이 나오기도 했다. 그러나 키예프 루스는 우크라이나인들만의 조상이 아닌 벨라루스와 러시아의 조상이기도 하다. 따라서 굳이 정립된 명칭인 키예프 루스를 바꿀 필요는 없어 보인다.

화국의 수립으로 하나의 나라를 이루었지만, 당시에도 서부는 폴란드의 지배를 받고 있었다. 따라서 우크라이나 영토가 완성된 것은 1945년 소련의 지도자 스탈린$^{Iosif\ Stalin}$이 제2차 세계대전에서 나치 독일을 무너뜨리고 서부 우크라이나 땅을 차지한 이후, 더 나아가 1954년에 당시 소련의 지도자 니키타 흐루쇼프$^{Nikita\ Khrushchev}$가 러시아 영토였던 크림반도를 우크라이나에 양국 우호의 상징으로 넘겨주고 나서야 이루어졌다.

그런 이유로 우크라이나 영토에 사는 사람들은 수백 년 동안 전혀 다른 역사적 경험을 지닌 사람들의 후예이며, 우크라이나 국가의 수립은 서로 다른 역사적 유산을 지닌 여러 지역의 사람들을 '우크라이나'라는 이름 하나로 묶어놓은 데 지나지 않았다. 몹시 흐릿하고 변화무쌍한 경계 속에서 상대적으로 최근에 만들어낸 우크라이나인의 공간은, 어찌 보면 수백 년 전에 영토를 확정 짓고 큰 변동 없이 유지된 한국인의 공간과 대척점에 있다고도 할 수 있다.

그렇다면 우크라이나 영토 위에 사는 사람들, 즉 '우크라이나 민족'은 어떨까? 한국인들은 상상하기 어렵겠지만 우크라이나 민족이라는 개념이 처음 등장한 시기는 18세기 말~19세기 초로 불과 200년 전이었고, 19세기 내내 극소수의 사람들만이 자신을 '우크라이나인'이라 여겼다. 1917년 러시아 혁명 이후에 최초의 우크라이나 국가가 탄생하지만, 이때에도 우크라이나 민족이라는 개념은 인구 대부분을 차지하고 있던 농민들에게 받아들여지지 않았고 일부 지식인들 사이에서나 유행하는 담론이었다. 그렇기에 이 당시 우크라이나 농민들은 지식인들이 주장하는 우크라이나 민족국가 수립이라는 이상보다 당장 자신에게 토지를 제공한다는 볼셰비키나 무정부주의자들의 정책에 호의를 보였다.

우크라이나 국가 수립 이후 소련 지도부는 우크라이나에서 민족문화 창달과 민족 엘리트 양성, 민족 언어 촉진을 목표로 한 토착화korenizatsiia 정책을 펼쳐 나갔다. 그러나 1991년 독립 이후에도 우크라이나인이라는 정체성은 우크라이나인들에게 제1의 정체성이 되지 못한 경우가 많았다. 우크라이나인들은 본인이 소속된 마을이나 행정구역에 더 큰 소속감을 느끼는 경우가 비일비재했으며, 돈바스나 크림반도에서는 스스로를 여전히 소련인이라고 규정짓는 주민 비율도 그와 비등했다. 따라서 우크라이나의 역사를 이해하려면 다른 나라의 역사, 특히 상대적으로 고정된 공간에서 오랫동안 공동의 종족적 유대관계를 형성해온 한국과 같은 나라의 역사를 이해하는 것보다 훨씬 더 복잡한 과정을 거쳐야 한다.

그렇다면 우크라이나의 역사는 왜 이렇게 복잡한 것일까? 우크라이나 국가는 왜 한국처럼 단일하게 이어지는 선형적 역사를 창출하지 못했는가? 우크라이나 영토는 왜 이렇게 늦게 완성되었는가? 우크라이나 민족이라는 개념이 불과 200년 전에 탄생했다면, 그전에 우크라이나 땅에 살던 사람들은 자신을 어떻게 규정했는가? 왜 우크라이나인들은 우크라이나 민족의식에 적극적으로 동조하지 않았는가? 이 모든 질문을 하나로 합친다면 앞서 이야기한 하겐 교수와 비슷한 질문을 던지게 된다. "우크라이나인들에게는 어떤 역사가 있는가?"

드넓은 땅, 복잡한 역사

우크라이나는 60만 제곱킬로미터의 광활한 영토를 지닌 나라다. 대한민국의 영토가 10만 제곱킬로미터 정도이니 무려 여섯 배가 넘는 크기다. 제일 서쪽에 있는 자카르파탸Zakarpattia주 국경에서 제일 동쪽에 있는 루한스크주 국경까지는 1,300킬로미터가 넘는데, 이는 서울에서 부산까지 가는 거리의 네 배이며 서울에서 일본 도쿄까지 가는 거리보다 멀다(앞서 말한 드니프로에서 세베로도네츠크까지의 내 여정은 우크라이나 영토 가로축의 4분의 1쯤을 주파한 것이다).

우크라이나는 유럽에서도 러시아 다음으로 큰 나라다. 전체 면적으로는 프랑스가 우크라이나보다 다소 크지만, 이는 유럽 밖 영토를 포함한 크기다. 유럽 영토만 비교한다면, 심지어 분쟁지역인 돈바스와 크림반도를 제외하더라도 우크라이나가 프랑스보다 크다. 우크라이나 국경은 무려 7,000킬로미터나 되는데, 이는 넓은 영토를 지닌 중국 국경의 3분의 1에 육박하는 엄청난 길이다. 이런 긴 국경선은 동쪽으로는 러시아, 북쪽으로는 벨라루스, 서쪽으로는 폴란드·슬로바키아·헝가리·루마니아·몰도바 등 7개국과 접한다. 남쪽은 지중해의 내해인 흑해와 그 흑해의 내해인 아조우Azov해와 이어져 바다로 나갈 수 있다.

이렇게 넓은 우크라이나 영토는 대부분 평야로서 우리가 흑토黑土라고 부르는 비옥한 땅으로 구성된다. 흑토는 암모니아, 인산, 인 등 영양분이 풍부하고 부식토의 비율이 아주 높은 흙으로 그 이름처럼 검은색을 띤다. 우크라이나의 흑토지대는 세계적으로 손꼽히는 곡창지대로서 예로부터 높은 생산성을 자랑했다.

국토의 70퍼센트가 산지인 한국과 5퍼센트가 산지인 우크라이나의 자연환경은 너무나 상반된 모습을 보인다. 한국에서는 지평선을 보는 일이 거의 불가능하다. 그러나 우크라이나에서는 버스나 기차를 타고 도시와 도시 사이를 이동하면서 끝없이 펼쳐진 지평선과 드넓은 농토를 언제나 볼 수 있었다. 우크라이나 국기는 위쪽이 청색, 아래쪽이 황색으로 칠해졌는데, 이곳저곳 돌아다니며 차창 밖에 펼쳐지는 푸른 하늘과 노란 밀밭에 계속 시선을 빼앗기다 보면 우크라이나인들이 왜 이런 국기를 채택했는지 금세 고개를 끄덕이며 수긍할 수밖에 없다.

거대한 평야는 서쪽으로 발칸반도 동쪽까지, 동쪽으로 카자흐스탄까지 펼쳐진 폰토스-카스피 스텝 Pontic-Caspian Steppe 의 일부다. 스텝은 나무 없이 짧은 풀이 자라는 평야를 일컫는 자연지리학 용어다. 일견 이런 광활한 스텝은 농사짓기에 알맞은 땅으로 여길 수도 있지만 원래 스텝 자체는 사막보다 약간 강수량이 많은 곳에 불과해서 인간에게 친화적인 환경은 아니다. 이곳의 경작지는 최근 몇백 년 사이에야 개척되기 시작했다. 처음에는 드니프로강, 드니스테르 Dnister 강, 부흐 Buh 강 등 여러 강에서 나는 어족자원을 중심으로 작은 공동체를 형성했고, 나중에 다른 지역에서 전파된 목축문화가 결합해 우크라이나 땅에도 문명이 싹트기 시작했다.

이처럼 스텝지대를 바탕으로 한 문명이라는 특성 또한 산악지대에서 문명을 꽃피운 한국의 역사와 대비된다. 한반도는 중국과 일본보다 크기가 작았지만, 지형만큼은 외부 침략 세력에게 절대 호락호락하지 않았다. 만주와 한반도 북부를 동시에 경영했던 고구려도 한반도 남부의 백제와 신라를 멸하기에는 역부족이었다. 이러한 지리적 요인은 한반도 거주민들에게 다른 지역과 독립된 정체성을 일찍부터 갖게 하는 데 일조했다.

우크라이나에 한국과 같은 자연 방벽은 존재하지 않았다. 물론 평야지대와 유목문명의 특성상 문물과 문화가 오가는 데는 대단히 유리한 환경이었다. 그러나 강을 제외하고는 별다른 방어의 유리함이 없는 지형 때문에 우크라이나 역사에서는 새로 등장한 정복 세력이 다시 새로 등장한 세력에게 정복당하는 일이 수천 년 동안 빈번했다. 유목민족과 격한 싸움을 거치면서 강대한 제국체제를 발달시킨 러시아의 지배를 거치면서 비로소 대부분의 우크라이나 땅에 단일한 정치체제가 자리 잡았다.

우크라이나와 나

이 책은 우크라이나 현대사를 전공한 내가 1년 가까이 우크라이나에 체류하며 도시를 이곳저곳 여행한 경험을 바탕으로, 독자에게 우크라이나의 역사와 여러 도시에 대해 알리고 싶어서 쓰게 되었다. 나의 박사논문 주제는 1950~60년대 소련의 경제개혁으로, 원래는 2020년 여름부터 1년 정도 러시아 모스크바 현지의 문서고에서 사료를 수집한 뒤 사례 연구로서 몇 개월 정도 우크라이나 키이우와 드니프로에서 자료를 모을 계획이었다. 그러나 갑작스럽게 닥친 코로나 사태로 인해 모든 계획이 바뀌었다. 여름에 러시아에 들어가려고 비행기 표까지 사놓았는데 2020년 6월 말, 갑자기 러시아가 외국인에게 국경을 닫아버렸다. 이때 나는 논문의 구조를 바꿔서 우크라이나를 논문의 '양념'으로 삼기보다 '주재료'로 삼기로 했다. 이후 온갖 발품을 팔고 노력한 끝에 결국 우크라이나 비자를 구했고, 10월에 정식으로 우크라이나에 입성해 1년 가까이 머무를 수 있었다.

처음에는 2018년 8월에 우크라이나를 방문해서 수도인 키이우^{Kyiv}에 며칠 머물렀고, 그다음 해인 2019년 8월에는 오데사^{Odesa}, 드니프로, 자포리자^{Zaporizhzhia}, 카먄스케^{Kamianske}, 하르키우^{Kharkiv}를 돌아보았다. 그리고 2020년 10월부터 2021년 여름까지 우크라이나 드니프로페트로우스크주 드니프로시에 주로 머물며 드니프로페트로우스크주 문서고 및 도서관에서 연구 활동을 했으며, 그 기간 중 짬을 내어 스무 곳 이상의 우크라이나 도시들을 돌아보았다. 전선 바로 앞의 돈바스 지역 도시들부터 남부 흑해 해안의 도시들, 그리고 서부 도시들에 이르기까지 우크라이나 전역을 거의 다 돌아보았다 해도 과언이 아니다.

원래는 2022년 여름에도 우크라이나에 방문해서 그전에 보지 못한 자료를 더 볼 계획이었다. 그러나 전쟁 위기와 더불어 2022년 2월 13일, 우크라이나 전역이 여행 금지 국가로 지정되면서 그 계획은 무산되었다. 이후 전쟁이 발발하고 장기화하면서 언제쯤 다시 우크라이나에 여행을 갈 수 있을지 의문이 들었다. 그러던 중 앞에서 말한 것처럼 한국인들이 이 전쟁과 우크라이나의 역사, 그리고 우크라이나-러시아 관계에 관해서 매우 피상적으로 이해하고 있다는 사실을 발견했다.

많은 언론에서도 이 문제에 대해 깊은 분석을 보여주지는 못하는 것 같았다. 또한 '선한 저항자' 우크라이나의 이미지에 조금이라도 흠집이 나는 이야기를 하거나 '악한 침략자' 러시아를 '이해'해야 한다고 말하면 이 분야에서 수십 년 동안 학술 업적을 쌓은 저명한 학자라도 푸틴의 편을 드는 것이냐며 인터넷에서 조리돌리고 매장하려 하는 편협한 모습도 관찰할 수 있었다. 평생 우크라이나나 러시아를 전혀 공부해보지 않은 것은 물론이고 애초에 관심조차 없었던 사람들이 인터넷에서 이 분야에 평생을 천착한 여러 전공자를 속된 말로 '러뽕'이라면서 비웃는 광경은 참으로 꼴사나웠다.

이는 한국에서만 벌어지는 일은 아니다. 서양 학계에서조차 탁월한 학문적 업적을 남긴 대학자마저도 예컨대 스탈린에 대해 세간의 통념과 조금이라도 다른 이야기를 하게 되면 꼭 한마디 덧붙이면서 이것이 스탈린에게 면죄부를 주는 것이 아니라고 변명하곤 했다. 한국보다 더욱 자유로울 것 같은 서방에서도 이런 식의 해석에 관해 스탈린을 탈脫악마화하는 스탈린주의적 관점이라는 어이없는 '비판'을 종종 쏟아내는 사람들이 있기 때문이다. 히틀러와 나치 독일을 연구하는 것이 히틀러를 숭배하거나 나치 독일을 이상향으로 삼아서 그런 것이 아님에도, 역사를 공부할 때 특정 인물이나 단체를 '이해'해야 한다고 말하면, 분노하면서 그들을 '단죄'하고 역사를 바로잡아 '올바른' 관점을 세우는 것이야말로 역사학의 '참된' 목적이라고 이야기하는 사람들도 있다. 하지만 역사를 공부한다는 것은 그 사건이 일어나게 된 배경과 맥락, 원인을 '이해'하는 것이다. 역사는 선악이라는 이분법으로 명쾌한 설명을 제공하기보다는 더 복잡하고 미묘한 지점을 건드리면서 사건에 참여한 다양한 주체와 그 배경을 이루는 오래된 맥락을 섬세하게 주조해서 서사를 재구성한다.

그래서 나는 이번 기회에 우크라이나 역사에 관해 말해줄 수 있는 글을 쓰기로 마음먹었다. 한국에서는 굉장히 드문 우크라이나 역사 전공자로서 강한 책임감을 느꼈고, 특히 전쟁 전 우크라이나의 모습을 당분간 보기 어려울 가능성이 큰 현 상황에서 내가 보고 경험한 풍경을 기록으로 남겨 전달하고 싶었기 때문이다. 무엇보다도 한국인에게 익숙한 공간과 역사적 맥락이 아닌 다른 곳을 이해하는 일에 담긴 보편적 의미에 대해 말하고 싶다.

율리우스 카이사르는 《갈리아 전기》에서 "인간은 원하는 것만 믿으려 한다"고 말한 바 있다. 한국인들도 마찬가지다. 이 전쟁을 단순히 '독재 대 민주'로만 이해하거나 '중국 대 한국'이라는 익숙한 틀로 마음대로 전유해서 이해하려 한다. 그러나 현실은 그렇게 단순하지 않다. 조금은 어렵고 복잡하며 친숙하지 않지만, 그 지역이 경험한 실제 역사적 흐름을 보고 이해하는 것은 인류사의 보편적 경험, 특히 근현대사의 보편적 문제(근대국가와 민족정체성)를 이해하는 데 결국 도움이 될 것이다. 더 나아가 비슷한 문제를 겪고 있는 유라시아 각지의 문제까지 이해하는 출발점이 될 것이다.

어떻게 하면 우크라이나 역사 이야기를 효과적으로 전달할 수 있을지 고심한 끝에 내가 여행한 도시들을 다시 돌아보면서 이와 관련된 역사 이야기를 풀어나가는 방식을 택했다. 위에서 설명했듯이 우크라이나는 중앙집권적 권력이 발달하지 않았으며, 지역별로 전개되는 서로 다른 역사가 결국 하나로 만나게 되는 비선형적 과정을 거쳤다. 따라서 시간순의 서술 방식보다는 각 도시와 관련된 인물 및 사건 중심으로 이야기한다면 오히려 우크라이나 역사에 관해 잘 알지 못하는 이들에게 더 친숙한 방식으로 다가갈 것이라 기대한다.

이 책에서 각 도시와 관련된 역사 이야기의 학술 참고 문헌은 한국어와 영어로 제한했다. 이 책을 읽고 좀 더 깊은 이야기를 알고 싶어 할 독자들을 배려하기 위해서다. 다만 우크라이나 역사에 관해서는 한국에서 구하기 힘든 우크라이나어·독일어·러시아어·폴란드어로 쓰인 알찬 연구가 더 많이 있다는 점도 밝히고 싶다.

나는 우크라이나 역사를 보여줄 열네 곳의 도시를 선정했다. 우선 수도인 키이우부터 시작해 동부 지역에서는 드니프로·하르키우·카먄스케·자포리자, 남부에서는 오데사·미콜라이우Mykolaiv·헤르손Kherson, 서부 지역에서는 이바노프란키우스크Ivano-Frankivsk·루츠크Lutsk·테르노필Ternopil, 그리고 돈바스 지역의 세베로도네츠크·크라마토르스크Kramatorsk·마리우폴Mariupol을 택했다. 아마도 한국인들에게는 전쟁 때문에 매스컴에 자주 등장한 키이우·오데사·헤르손·하르키우·마리우폴 정도를 제외한다면 대부분의 도시 이름이 낯설게 들릴 것이다. 그러나 우크라이나의 도시들은 저마다의 매력과 특징이 있고 개성 있는 역사를 보여준다. 이 도시들을 함께 걷다 보면 우크라이나 역사가 담고 있는 역동성과 다양성을 더욱 잘 이해할 수 있을 것이다(분량 때문에 눈물을 머금고 뺀 르비우Lviv·니코폴Nikopol·크리비리흐Kryvyi Rih 등의 도시도 언젠가 이야기할 기회가 있기를 바란다).

나는 이 도시들을 여행하고 경험한 것들을 소개하면서, 이와 관련된 우크라이나의 역사적·사회적·문화적 경험도 함께 이야기하고자 한다. 우크라이나가 겪은 역사를 이해하는 것이야말로 현재 우크라이나가 가고 있는 길을 이해하는 데 무엇보다도 도움이 된다고 믿는다.

20세기에 들어서야 탄생한 국가인 우크라이나는 소련의 여느 지역과 마찬가지로 대기근과 급격한 공업화 등 아주 모순적인 여러 경험을 겪었다. 그 경험은 지난 역사와 겹쳐지면서 지역별로 서로 다른 결과와 해석을 낳았다. 이러한 지역별 차이는 탈소비에트 post-Soviet 시기의 정치적 혼란을 겪으면서 결코 극복할 수 없었다. 결국 이로 인해 2013년부터 2022년까지 미증유의 상황을 겪을 수밖에 없었다. 그렇다면 우크라이나가 경험한 것은 과연 무엇이었을까? 이제부터 하나씩 살펴보도록 하자.

들어가기 전에

우크라이나의 자세한 역사는 앞으로 본문을 통해 서술하겠지만, 그전에 미리 간략하게 연대순으로 우크라이나 역사를 알아둘 필요가 있다. 우크라이나 역사는 고대, 키예프 루스, 폴란드-리투아니아 지배, 코자크 국가, 러시아 지배, 소비에트, 독립 이후 우크라이나, 이렇게 7단계 시기로 나눌 수 있다.

고대

지금의 우크라이나 땅에 처음 사람들이 등장한 것은 기원전 3000년 경부터다. 이후 여러 유목민족이 번갈아가며 역사에 등장했다. 비슷한 시기, 남부의 흑해 연안에 그리스인들이 식민도시를 건설했으나, 기원전 3세기부터는 두 세력 모두 쇠퇴하기 시작했다. 3세기에 등장해서 자리를 잡은 게르만계 고트족들은 '훈족의 대이동'으로 인해 이동하고, 훈족마저도 몰락하자 고대 슬라브인들이 이 지역에 자리 잡았다.

키예프 공국

지금의 러시아 땅에서 시작된 류리크^{Riuryk} (러시아어로 류리크^{Riurik}) 왕조의 제2대 대공인 올레흐^{Oleh} (러시아어로 올레그^{Oleg})가

	서부		중부	동부	남부
	할리치나	볼린			
10~13세기	키예프 루스				
13~14세기	루테니아 왕국		몽골 지배		
15~17세기	폴란드-리투아니아 지배			코자크 국가	크림 칸국
18~19세기	오스트리아-헝가리 지배		러시아 지배		
1919~1945	폴란드 지배		우크라이나소비에트사회주의공화국		
1945~1991	우크라이나소비에트사회주의공화국				

882년 키이우(키예프)를 점령하고 수도를 이곳으로 옮겼다. 그러면서 세운 것이 지금의 우크라이나, 벨라루스, 러시아의 직접적인 시조라 할 수 있는 키예프 공국이다. 키예프 공국은 동로마 제국으로부터 기독교를 도입하고 자체 법전을 만드는 등 발전된 문화를 꽃피웠다. 그러나 점차 쇠약해지다가 13세기에 몽골의 침략으로 인해 멸망했다.

폴란드-리투아니아 지배

몽골 침략 이후 서부에서는 할리치나-볼린$^{Halychyna-Volyn}$ (영어로는 갈리시아-볼로니아$^{Galicia-Volhynia}$) 공국이 등장하는데, 루테니아 왕국으로 이름을 바꾸고 짧은 전성기를 맞이했다. 그러나 14세기에 들어서 폴란드와 리투아니아로 분할되며 역사 속으로 사라졌다. 폴란드와 리투아니아는 곧 하나의 국가인 폴란드-리투아니아를 이루면서 지금의 우크라이나 서부와 중부, 그리고 동부 지역의 일부까지 지배하는 강국으로 우뚝 섰다.

코자크 국가

같은 시기 동부에서는 몽골의 침략 이후 무주공산이 된 땅에 러시아와 폴란드 땅에서 도망친 농민들이 모여들었다. 당시 서유럽에서는 중세 후기로 접어들며 농노제가 약화했으나, 정반대로 동유럽에서는 농노제를 강화했는데 농민들은 이를 피해 드니프로 강변에 모여 코자크라는 특수한 군사 집단을 이루기 시작했다. 이 코자크 집단은 1648년 종교적 차이로 인해 폴란드 지배를 거부하는 대반란을 일으키는데, 이 봉기로 폴란드-리투아니아의 국력이 소진되고, 코자크는 헤트만 Hetman (코자크의 지도자) 국가를 수립했다. 그 후 1654년 헤트만 국가가 혼란을 끝내고 국가를 정비한 러시아의 로마노프 왕조와 페레야슬라우 Pereiaslav 조약을 맺으면서 우크라이나는 본격적으로 러시아의 영향력 아래에 놓였다.

러시아 지배

1764년, 러시아의 예카테리나 2세가 코자크의 자치권을 부정하면서 코자크 국가의 땅은 러시아의 새로운 행정구역으로 전락했다. 예카테리나 2세는 적극적으로 남방 정책을 펼쳤는데 러시아-튀르크 전쟁에서 승리하면서 지금의 남부 우크라이나와 크림반도를 오스만 제국의 손에서 빼앗았다. 18세기 말 폴란드가 독일, 오스트리아, 러시아 등 3국에 의해 분할되어 멸망하면서, 폴란드가 지배하던 오늘날의 우크라이나 땅을 대부분 차지했다. 우크라이나 지역이 비교적 통합된 지리적 실체로 등장한 것은 이 무렵부터였다. 단, 서부의 할리치나 지역은 오스트리아-헝가리 제국의 영토였다.

소비에트 우크라이나

1917년 러시아 혁명에 이어 1921년까지 이어진 내전기 동안 우크라이나 지방은 주인이 수도 없이 바뀔 정도로 극심한 혼란을 겪었다. 그 혼란을 잠재우고 결국 승리한 것은 볼셰비키가 세운 우크라이나소비에트사회주의공화국이었다. 이 새로운 우크라이나 국가는 1922년 러시아, 벨라루스, 자카프카지예(현재의 조지아, 아제르바이잔, 아르메니아가 합쳐진 연방국)와 함께 소비에트사회주의공화국연맹, 즉 소련의 구성원이 되었다. 그러나 서부 우크라이나 땅은 전쟁에서 패하면서 다시 신생 독립국 폴란드의 영토에 속했다. 이후 소련의 민족 정책에 따라 우크라이나 민족문화 발달을 촉진했으며, 스탈린의 급격한 공업화 정책을 통해 우크라이나의 경제는 크게 발전했다. 그러나 1932~1933년에 있었던 소련 대기근으로 400만 명이 넘는 우크라이나인들이 사망하는 아픔을 겪기도 했다. 제2차 세계대전 이후에는 우크라이나 전역이 나치 독일에 점령당했다. 전시에 우크라이나에 거주하는 수많은 유대인이 학살당하는 비극도 겪었다. 결국 승리한 소련은 옛 폴란드에서 서부 우크라이나 지방을 새로 영토로 편입했고, 크림반도를 우크라이나에 증여하면서 오늘날 우크라이나 국경을 완비했다. 그 후 우크라이나의 경제는 크게 발전했으며 철강업, 광업, 우주산업 등 소련 산업의 중심지로 부상했다. 그러나 1980년대 말 소련 내부에서 민족주의 운동이 거세지면서 우크라이나 독립을 주장하는 민족주의자들이 우크라이나에서도 등장했다. 1991년, 공산당 보수파의 8월 쿠데타가 실패로 돌아가면서 우크라이나는 소련에서 독립했다.

독립 이후 우크라이나

독립 이후 우크라이나는 정치적 혼란과 경제적 붕괴를 동시에 겪었다. 러시아 등 다른 소련 국가들과 마찬가지로 '올리가르히Oligarchi'라 불리는 과두재벌의 부정부패로 인해 우크라이나 경제는 성장하지 못했다. 2004년 대선에서 부정선거를 이유로 일어난 오렌지 혁명은 우크라이나 정치에 영구적인 안정을 가져오지 못했다. 그 이후 동부와 서부로 나뉜 지역갈등은 더욱 심해졌고, 결국 2013년에 일어난 유로마이단 봉기와 2014년에 벌어진 돈바스 전쟁으로 우크라이나는 큰 혼란에 빠졌다. 그리고 2022년, 러시아의 침공으로 새로운 전쟁이 시작되었다.

1부 수도

U
K
R
A
I
N
E

1장

키이우

유서 깊은 우크라이나의 뿌리

키이우의 간략한 역사

우크라이나의 수도는 키이우로, 러시아어 발음인 키예프로도 우리에게 잘 알려져 있다. 키이우는 우크라이나에서뿐 아니라 소련 전체에서도 가장 오래된 도시다. 지난 1982년 우크라이나 정부는 키이우 1,500주년을 기념했다. 이는 전통적으로 키이우를 건설했다고 알려진 해인 482년을 기준으로 셈한 것이다.

소련에서는 유서 깊은 도시들의 창건 기념 메달을 제정했는데, 1947년 모스크바 800주년 기념 메달과 1957년 레닌그라드Leningrad 250주년 기념 메달에 이어 소련 역사상 키이우가 세 번째이자 마지막 도시 창건 기념 메달 제작의 영광을 얻었다. 키이우 도시나 그 근교에 최소 10년 이상 살면서 경제적·사회적·문화적으로 도시에 이바지한 사람이 이 메달을 받을 수 있었으며 그 수는 78만 명에 달했다. 물론 흑해나 카프카즈 지역에 키이우보다 더 오래된 도시들이 몇몇 있지만, 그 규모와 역사적 중요성 면에서 키이우와 비견할 수는 없다.

키이우를 반으로 가르는 드니프로강이 북쪽에서 남쪽으로 흐르지만, 원래 키이우는 드니프로강 서쪽인 우안右岸이 중심지이며 동쪽인 좌안左岸은 20세기에 확장한 구역이다.* 그래서 키이우의 역사적 관광지나 유적, 주요 기업이나 정부 기관은 대부분 우안에 있으며, 좌안은 대부분 주거지역이다.

키이우에는 여러 언덕과 고지대가 있는데 높이가 해발 150~200미터 정도밖에 되지 않아 한국인이 보면 평지에 가깝다는 생각이 들 것이다. 재미있게도 우크라이나어로 이 언덕들은 'hora'라고 하는데 직역하면 '산'이라는 뜻이다. 영어로는 이 키이우의 '산'들을 산mountain이 아닌 언덕hill으로 번역한다. 광활한 동유럽 평원에서 함께 살아서인지, 옛 슬라브인들로부터 내려오는 이러한 '산' 관념은 우크라이나만의 것은 아닌 것 같다. 완전한 평야 지대에 있는 러시아 모스크바에서 제일 높은 '산'은 소련 시절에는 레닌 언덕으로 불렸던 참새 언덕Vorobevy gory인데 높이가 불과 80미터밖에 되지 않는다. 어쨌든 모스크바보다 상대적으로 '높은' 언덕이 많은 키이우에는 1051년에 지어진 키이우페체르스크 수도원Kyievo-Pecherska lavra이나 제2차 세계대전 박물관 등을 비롯한 많은 주요 건물이 '언덕' 위에 있기 때문에, 만약 걸어서 키이우 시내를 돌아본다면 생각보다 오르막길이 많다고 느낄 수 있을 것이다.

* 언뜻 북쪽을 위로 놓고 보는 현대 지도를 생각할 때 서쪽이 좌안이고 동쪽이 우안인 것처럼 생각되지만, 좌안과 우안 개념은 상류에서 하류를 바라보는 기준으로 말하는 것이므로 드니프로강의 상류인 북쪽에서 봐야 한다. 한강도 이런 식으로 보자면 강북이 우안이고 강남이 좌안이 되는데, 서울도 키이우처럼 우안이 원래 중심지였다가 좌안으로 확장한 셈이다.

또한 키이우의 인구는 300만 명에 육박하는데, 인구가 1,500만 명이나 되지만 도시가 유럽과 아시아에 걸쳐 있는 튀르키예의 이스탄불을 제외한다면, 러시아의 모스크바, 영국의 런던, 러시아의 상트페테르부르크, 독일의 베를린, 스페인의 마드리드에 이어 유럽에서 여섯 번째로 큰 도시가 바로 키이우다. 따라서 소련에서도 모스크바와 레닌그라드(상트페테르부르그)에 이어서 세 번째로 큰 도시였고, 정치적·경제적으로 소련의 핵심 도시였다. 모스크바와 키이우 사이의 거리는 약 750킬로미터 정도다. 서울에서 부산까지 불과 300킬로미터 조금 넘는 작은 국토에 사는 한국인들에게는 이해하기 어렵지만, 서쪽 끝에서 동쪽 끝까지 1만 킬로미터가 넘는 거대한 국토에 사는 사람들에게 이 정도 거리는 '옆 도시'라고 느낄 만하고 실제로 그렇게들 이야기한다.

한국에서 우크라이나에 들어간다면 처음 발을 디딜 도시는 폴란드 등지에서 육로로 들어가지 않는 한 십중팔구 키이우일 것이다. 그러나 안타깝게도 한국에서 직항으로 가는 비행기는 없다. 예전에는 러시아 모스크바 등에서 환승해서 들어갔으나 2022년 전쟁 이후에 그런 비행기는 싹 사라졌다. 지금은 주로 폴란드항공을 통해 바르샤바에서 갈아탄 후에 들어간다.

키이우 대표 공항의 명칭은 보리스필^{Boryspil} 국제공항이다. 보리스필은 키예프 공국의 대공 볼로디미르(블라디미르)의 아들 보리스의 이름에서 나왔다. 보리스필 국제공항에서 키이우 시내까지 가는 열차는 아에로엑스프레스^{aeroekspress}라고 한다. 다행스럽게도 이 열차는 1~2시간 간격으로 24시간 운행한다. 이 열차를 타고 약 40분 정도 가면 키이우 시내의 중심이라 할 수 있는 키이우 기차역에 도착한다. 이 기차역에서 곧바로 기차를 타고 여러 우크라이나 도시들로 곧바로 향할 수도 있고, 바로 키이우 지하철 1호선 보크잘나Vokzalna역과 연결되기 때문에 키이우 시내 다른 목적지로 향할 수도 있다. 이곳에서 본격적으로 우크라이나 및 키이우 여행이 시작된다.

키이우 지하철

어느 나라이든 수도의 중심 기차역 건물은 규모가 크고 화려해 그 도시를 대표할 만한 랜드마크가 된다. 키이우 기차역(도판 1-1) 또한 마찬가지다. 1932년에 완공된 구축주의 요소를 가미한 우크라이나 바로크 양식으로, 벤젠 분자 구조를 반으로 자른 모양의 정면 중앙부는 무려 높이가 31.5미터다. 역 앞에는 조그만 상점과 고객을 잡으려는 택시기사로 가득하다. 발걸음을 왼쪽으로 돌려 걸으면 길거리 음식과 여러 잡화를

도판 1-1

파는 노점이 즐비하다. 그러고 보니 우크라이나에서 처음 먹었던 음식도 이 기차역 앞 노점상에서 팔던 샤우르마였다.

기차역 건물을 왼쪽에 두고 계속 걸으면 눈앞에 초록색 M자가 건물 위에 붙은 키이우 지하철 보크잘나역의 지상 역사가 눈에 들어온다. 3층은 됨직해 보이는 높은 건물로 출입구 쪽은 둥글게 원통 모양으로 튀어나왔으며, 건물 반대쪽에는 높은 시계탑이 올려져 있다. 소련 시절에 지어진 많은 지하철역은 승강장이 지하에 있다 하더라도 이런 거대한 지상 역사를 지어서 건물 안으로 들어가서 다시 지하로 내려가는 방식을 취한다. 지하철을 타기 위해서는 키이우 시내 어디에서든지 '지하철^{metro}'의 약자인 이 초록색 M자만 찾으면 된다.

키이우 지하철은 1960년에 개통했는데, 1935년 모스크바 지하철, 1955년 레닌그라드 지하철에 이어 소련에서 세 번째로 개통한 지하철이다. 현재 3호선까지 운행하고 있으며, 4호선이 공사 중이고 5, 6호선까지 만들 계획이나 우크라이나의 어려운 경제 상황에 전쟁까지 겹쳐서 개통은 요원하다. 방공호 역할도 하는 소련의 다른 지하철처럼 키이우 지하철 각 역의 깊이 또한 대단히 깊은데 가장 깊은 1호선의 아르세날나^{Arsenalna} 역은 깊이가 105.5미터로 세계에서 가장 깊은 지하철역이다. 방공호를 염두에 두고 깊이 지었지만, 지하철 개통 후에 키이우가 전쟁을 겪지 않아 실제로 방공호로 사용된 적은 없었다. 하지만 2022년 러시아와 전쟁이 벌어지면서 지하철역에 시민들이 모여서 폭격을 피하기도 했다.

한국과 달리 소련 지하철역에는 대부분 계단도 없이 오로지 에스컬레이터만 설치되어 있다. 특히 이렇게 깊은 지하철역 승강장은 에스컬레이터로만 접근할 수 있기 때문에 그 속도가 한국과 비교할 수 없이 빠르다. 한국 지하철의 에스컬레이터 평균 속도는 초당 0.5미터 정도인데 키이우 지하철의 경우 그 두 배에 가까운 초당 0.85미터에서 0.94미터다. 이곳의 에스컬레이터 속도에 익숙해졌다가 다시 한국으로 돌아오면 마치 거북이가 기어가는 듯한 에스컬레이터 속도에 답답함을 느끼곤 했다.

키이우 지하철 요금은 8흐리우냐로 한국 돈으로 환산하면 약 320원밖에 하지 않는다. 예전에는 제톤zheton(한국식으로 말하면 지하철용 토큰 같은 것)을 이용해서 개표구에 마치 자판기에 동전 넣듯이 넣고 들어갔다. 지금은 교통카드를 이용해서 간편하게 찍고 들어간다. 모든 소련권 지하철은 들어갈 때 카드를 찍거나 제톤을 넣으면 나갈 때에는 딱히 아무런 검사를 하지 않는다. 지하철 역사에 한 번 들어가기만 하면 지하철을 타고 얼마나 멀리 가든, 얼마나 환승을 많이 하든 같은 요금이다. 그렇기에 지하철 역사로 들어가는 통로와 밖으로 나오는 통로를 엄격하게 구분하며 한 방향으로만 이동해야 한다.

전통적으로 소련권 지하철은 화려한 내부 장식으로 유명하다. 소련 시절에는 소련을 방문한 외국인들에게 체제 선전을 하기 위해 모스크바 지하철 관광을 시켜줬다고 한다. 키이우 지하철도 모스크바 지하철 못지않게 내부 모습이 아름답다. 우니베르시테트Universytet(대학)역은 유명한 우크라이나인들의 대리석 흉상으로 장식했고, 보크잘나역에는 우크라이나 및 러시아 역사를 큰 청동 부조로 만들어 설치했다. 슐랴우스카Shuliavska역에는 노동자 국가인 소련의 상징으로서 노동자와 공

도판 1-2

장을 테마로 대형 모자이크가 걸렸다. 키이우의 랜드마크인 황금문 근처의 졸로티보로타$^{Zoloti\ vorota}$(황금문)역은 옛 키예프 루스 시대를 나타내는 인물들의 화려한 모자이크화로 장식했다 (도판 1-2). 소련 해체 직후에 개통한 슬라부티치^{Slavutych} 역에서는 파란색과 스테인리스강으로 푸른 드니프로강과 하늘에 빛나는 별들을 상징하는 모습을 만들어놓았다. 이런 아름다운 역들을 보면서 지하철을 타면 절로 눈이 호강하는 기분이다.

한국의 지하철역에는 지하철역 근처의 전통적 지명을 나타내는 이름이 붙지만, 소련 지하철의 역 이름은 혁명이나 사회주의 이념을 드러내는 추상명사나 혁명가 및 정치인의 이름도 자주 사용했다. 10월^{Oktiabrskaia}(사회주의 혁명인 1917년 10월 혁명을 나타냄), 노동조합^{Profsoiuznaia}, 코민테른^{Komintern}(공산주의인터내셔널) 등과 더불어 레닌^{Lenin}, 스탈린^{Stalin}, 키로프^{Kirov}, 제르진스키^{Dzerzhinskii} 등 여러 혁명가와 정치인의 이름, 혹은 그들의 이름을 딴 시설명이 붙곤 했다. 이런 일이 유럽에서는 아주 이상하지는 않다. 예컨대 프랑스 파리 지하철에는 샤를 드골$^{Charles\ de\ Gaulle}$, 프랭클린 루즈벨트$^{Franklin\ Roosevelt}$, 조지 5세$^{George\ V}$ 같은 서방 지도자들의 이름과 더불어 스탈린그라드^{Stalingrad}, 아우스터리츠^{Austerlitz} 같은 역사상 중요한 전투의 이름도 역명으로 쓰인다(소련 지하철의 영향을 받은 북한의 평양 지하철은 한술 더 떠서 모든 역명이 붉은별, 전우, 통일, 승리 등 추상명사다).

키이우 지하철에도 여럿 존재했던 이러한 사회주의 냄새가 물씬 풍기던 이름들은 소련 해체를 겪으며 모두 바뀌었다. 예컨대 10월^{Zhovtneva}역은 벨라루스 도시인 브레스트^{Beresteiska}역으로, 공장볼셰비키$^{Zavod\ Bilshovyk}$역은 슐랴우스카역으로, 레닌^{Leninska}역은 테아트랄나^{Teatralna}(극장)역으로, 콤소몰^{Komsomol}(공산주의청년연맹)역은 체르니히우^{Chernihivska}역으로 바뀌었다.

이러한 이름 바꾸기는 2022년 러시아의 침략으로 인해 다시 공론의 장으로 올라섰다. 러시아와 벨라루스의 흔적을 지우기 위해 키이우 지하철의 브레스트역, 민스크^{Minska}역, 레프톨스토이광장$^{Ploshcha\ Lva\ Tolstoho}$역, 드니프로의영웅들$^{Heroiv\ Dnipra}$역, 제민족우애$^{Druzhby\ Narodiv}$역의 이름을 바꾸자는 주장이 수면 위로 올라왔다. 후보로 거론되는 이름 중 브레스트역 같은 경우에는 부찬스카^{Buchanska}역으로 부차^{Bucha} 학살을 기린다는 의도이며, 민스크역 같은 경우 폴란드 수도 바르샤바^{Warszawa}가 대안으로 이야기가 나온다고 한다. 실제로 레프톨스토이광장역은 인근에 러시아의 문호 레프 톨스토이$^{Lev\ Tolstoi}$의 이름을 딴 레프톨스토이 광장의 이름이 2023년 3월에 우크라이나의영웅들 광장$^{Ploshcha\ Ukrainskykh\ Heroiv}$으로 바뀌면서 몇 달 지나지 않아 우크라이나의영웅들광장역으로 이름이 바뀌었다.

앞의 세 역은 러시아나 벨라루스와 관련이 있어서 바꾼다 치더라도, 드니프로의영웅들역은 제2차 세계대전 당시 소련군이 드니프로강 동쪽의 우크라이나 땅과 키이우를 나치 독일로부터 되찾은, 단일 전투 기록으로 최대인 무려 2,438명의 붉은 군대 병사들이 소련영웅$^{Geroi\ Sovetskogo\ Soiuza}$ 칭호를 받은 1943년 드니프로강 전투를 상징하는 역명이다. 드니프로강 전투는 나치 독일로부터 우크라이나를 해방한 중요한 전투였으며, 당연히 수많은 우크라이나인이 이 전투에서 피를 흘려가며 싸웠고, 우크라이나인만 무려 수십만 명이나 되는 사상자를 낳았다. 이 전투를 나타내는 드니프로의영웅들이라는 역명을 바꾸겠다는 것은 잘 이해가 가지 않는다. 현재 우크라이나에서는 러시아나 소련과 관련된 어떤 과거라도 지우겠다는 무리한 과거사 청산이 벌어지고 있는데, 제2차 세계대전에서 파시즘과 맞서 싸워 세계를 구한 역사적 임무마저도 소련의 깃발 아래에서 러시아인과 함께했기 때문에 지우려고 하는 것일까.

마지막 역인 제민족우애역도 그렇다. 2023년 5월 키이우시의회는 역 근교 동네 이름인 즈비리네츠^{Zvirynets}를 따서 제민족우애역의 이름을 즈비리네츠카^{Zvirynetska}역으로 이미 바꿨다. 제민족우애란 소련 시절 국제주의에 입각한 여러 민족 사이의 우애를 나타내는 구호였다. 소련의 인구 구성은 제일 다수인 러시아인이 불과 50퍼센트, 그다음으로 많은 우크라이나인이 15퍼센트밖에 차지하지 않았으며, 그 외 100여 개 넘는 민족으로 이루어졌기 때문이다. 그리고 우크라이나 역시 전쟁 전만 해도 인구의 20퍼센트 이상이 비非우크라이나인이었다. 러시아인을 비롯해 루마니아인·벨라루스인·크림 타타르인·불가리아인·헝가리인·폴란드인 등 다양한 민족이 우크라이나 영토에 살고 있었다. 앞으로도 우크라이나에서는 제민족우애라는 말을 여전히 중요한 가치로서 추구해야 할 것이다. 그러나 이렇게 제민족우애라는 구호를 지워버리는 것은 유로마이단 봉기와 돈바스 전쟁 이후 점차 짙어지는 우크라이나 민족주의 정서를 표상하는 일이 아닐지 걱정이 앞선다.

황금문과 키예프 공국

지하철 3호선 졸로티보로타역에서 밖으로 나가니 주변에 100년은 넘은 듯한 여러 건물과 함께 아스팔트가 아닌 마름돌로 만든 차도가 보였다. 누가 봐도 예전 러시아 제국 때부터 내려온 것처럼 보이는 구도심 지역이었다. 실제로 이 주변에는 남쪽으로 키이우 국립오페라발레학술극장, 성 볼로디미르 성당을 비롯해서 북쪽으로는 성 소피아 대성당, 성 미카엘 황금돔 성당 등 수백 년 된 문화재가 여기저기 위용을 드러냈다.

이 지하철역에 내린 이유는 바로 그 이름에서 따온 우크라이나 수도의 랜드마크 중 하나인 황금문(도판 1-3)에 가기 위해

도판 1-3

서였다. 황금문은 지하철역 입구 바로 옆에 가로 150미터, 세로 70미터 정도의 조그만 황금문 공원 중앙에 있었다. 키이우 시민들이 이 공원을 중심으로 산책하거나 근처 식당이나 카페의 야외 테이블에 앉아 시간을 보내고 있었다. 평화로운 분위기가 마음에 들어서 나도 황금문 바로 옆 야외 테이블이 있는 프랑스 식당에 들어가서 맥주 한 잔을 주문했다.

황금문이라는 이름에서 무언가 황금으로 장식된 반짝반짝 빛나는 화려한 문을 기대하고 갔다면 조금 예상을 벗어났을지도 모른다. 실제로 황금문은 붉은색의 돌과 벽돌로 견고하게 지어진 성채에 더 가깝다. 이 이름은 당시 동로마, 즉 비잔티움 제국의 수도 콘스탄티노플 성벽의 황금문을 본떴다고도 한다. 원래 황금문은 키예프 공국의 야로슬라우^{Iaroslav} (러시아어로는 야로슬라프) 현공이 11세기 초에 건설했다. 그러나 1240년 몽골 침략으로 파괴되었고 그 자리에 잔해만 남아 있었다. 그러다가 1982년에 키이우 건설 1,500주년 기념을 맞이하여 완전히 재건축했다. 이 황금문을 세운 키예프 공국이야말로 지금의 우크라이나·벨라루스·러시아 세 나라의 공통 선조이자 최초의 역사적 국가라 하겠다.

2022년 이래로 키예프 공국이라는 이름을 우크라이나식으로 키이우 공국으로 불러야 하지 않느냐는 문제를 제기하기도 했다. 그러나 키예프 공국은 우크라이나만의 나라가 아니기 때문에 굳이 지금까지 관용적으로 불리던 이름을 바꾸어 키이우 공국이라고 부를 필요는 없다.

우크라이나·벨라루스·러시아 등 세 나라의 선조가 공통으로 쓰던 말을 고대 동슬라브어라고 한다. 고대 동슬라브어의 어떤 단어는 지금의 우크라이나어와 비슷하기도 하고 어떤 단어는 지금의 러시아어와 비슷하기도 하다. 지금은 우크라이나어로 키이우라고 부르지만, 고대 동슬라브어는 현재 러시아어 발음과 비슷한 키예버 Kyjevŭ 에 가까웠다. 우크라이나 젤렌스키 Zelenskyi 대통령의 이름인 볼로디미르 Volodimir 와 푸틴 대통령의 이름인 블라디미르 Vladimir 중에서 고대 동슬라브어와 가까운 이름은 볼로디미르이지만, 당시 교회에서 쓰이던 문어文語인 고대 교회 슬라브어로는 블라디미르도 쓰였다. 따라서 현재 쓰이는 우크라이나어 및 러시아어와 이 당시 쓰이던 동슬라브어의 표기는 공통점도 있고 차이점도 있으며 일관성 있는 표기를 유지한다면 어느 쪽을 선택해도 큰 문제는 없을 것이다.

유럽은 크게 라틴, 게르만, 슬라브 등 세 종족 집단으로 구성되어 있다. 하지만 한국에서는 라틴족과 게르만족에 비해 슬라브족에 대한 정보는 많지 않은 편이다. 슬라브 국가 대부분이 예전에 사회주의 국가였기 때문에 한국인들로서는 정보에 접근하기가 어려웠다. 이 슬라브라는 말은 언어를 의미하면서도 동시에 민족을 뜻하는 말이기도 하다. 슬라브인들은 슬라브어파 언어를 쓰는 사람들이다. 앞에서 이야기했듯이 우크라이나·벨라루스·러시아 사람들을 동슬라브어군에 속하는 언어를 쓰는 동슬라브인이라 하고, 중앙유럽에 있는 체코·슬로바키아·폴란드 사람들을 서西슬라브어군의 말을 쓰는 서슬라브인이라 한다. 마지막으로 알프스산맥 동남쪽과 발칸반도에 있는 슬로베니아·세르비아·보스니아헤르체고비나·몬테네그로·크로아티아·북마케도니아·불가리아에 사는 남南슬라브어군 언어를 사용하는 남슬라브인이 있다.

우크라이나·벨라루스·러시아인들의 최초의 역사적 국가라 할 수 있는 키예프 공국은 당연히도 현재 이들이 슬라브인이므로 슬라브인들이 세운 국가일까? 여기서 문제가 조금 복잡해진다. 이 키예프 공국을 다른 말로 키예프 루스라고 한다. 더 정확하게 말하자면 당대에 불렸던 이 나라 이름은 루스국이지만, 훗날 등장하는 여러 루스 계열의 국가들이나 혹은 러시아와 구별하기 위해서 후대 사람들이 편의상 수도인 키예프의 이름을 붙여 키예프 루스라고 불렀던 것이다. 여기서 루스는 나라 이름이자 루스인을 가리키기도 한다.

키예프 루스의 기원을 찾기 위해서는 옛 슬라브어로 기록된 동슬라브권 최초의 기록인 《지나간 시절의 이야기$^{Povist\ mynulykh\ lit}$》를 이야기하지 않을 수 없다. 우리나라의 《삼국사기三國史記》에 해당하는 이 책은 마침 《삼국사기》와 비슷한 시기인 12세기 초에 편찬되었다. 이 책에 따르면 루스의 기원은 노르만인 류리크라는 사람을 필두로 한 바랴히^{Variahy} (러시아어로 바랴기^{Variagi})라 불리는 스칸디나비아에서 온 도래인渡來人들이었다. 부족 단계에 머물렀던 동슬라브인들이 끝없는 불화와 전쟁에 지쳐 이 바랴히-루스인들에게 찾아가서 자신들의 땅이 비옥하고 넓으나 질서가 없으니 와서 자신들을 통치해달라고 부탁했다는 것이다.

다시 말해 키예프 공국, 혹은 루스국을 세운 루스인들은 북쪽 스칸디나비아에서 온 노르만인들이라는 것인데, 이를 노르만설說이라고 한다. 이 노르만설은 다른 말로 '노르만 문제'라고도 불리며, 키예프 루스의 기원을 다룰 때 첨예한 논쟁의 대상이 되었다. 이 설에 따르자면 루스의 국가체제와 문화는 원래 살고 있던 슬라브인이 아닌 노르만-스칸디나비아인들을 중심으로 만들어진 것이다. 이는 옳고 그름을 떠나 민족주의적 시각에서는 상당히 불편할 수 있는 관점이었다. 이에 따라 현대 러시아어를 정립시킨 학자이자 시인인 미하일 로모노소프Mikhail Lomonosov가 처음으로 반기를 들면서 노르만인의 역할을 축소하고 토착 슬라브인의 중요성을 강조했다. 수백 년 동안 토론이 벌어졌지만, 어느 쪽을 지지할 만한 결정적인 사료가 없는 관계로 여전히 이 논쟁은 결론을 내리지 못하고 있다.

그러나 전체적으로 현대 우크라이나·벨라루스·러시아인들은 토착 슬라브인과 이주 노르만인이 섞여서 형성된 루스인의 후손이라고 보면 될 것 같다. 고대 사회에서 이러한 이주와 동화는 매우 흔한 일이었다. 당장 우리 한민족 또한 그 기원이 한반도가 아닌 남시베리아 및 만주에 있었으며, 이들이 지속해서 한반도로 남하하면서 북방의 예맥濊貊족과 남방의 한韓족이 융합하며 만들어졌다.

키예프 공국 혹은 루스국의 역사는 882~1240년까지 350년이 넘는다. 물론 그 전인 862년에 류리크가 노브고로드Novgorod에서 나라를 세웠다가 키예프로 옮겨 왔지만 말이다. 초기 키예프 공국의 정치사에서 가장 중요한 인물은 980~1015년까지 재위한 볼로디미르(러시아어로 블라디미르) 1세다. 우크라이나와 러시아 양국에서 존경받는 인물로 현재 우크라이나 1흐리우냐 지폐의 앞면에 그 모습을 장식하고 있다. 볼로디미르 대공의 가장 큰 업적은 바로 기독교 수용이다. 그전까지 루스인들은 기독교 전파 이전의 켈트인이나 게르만인처럼 자기 나름대로 신을 믿고 있었다. 그러나 그 이후로 루스인들은 기독교, 특히 정교회$^{orthodox\ church}$를 믿는 사람들로 거듭났다. 이 루스인들의 정교 신앙은 앞으로 강력하게 가톨릭을 믿는 서슬라브의 폴란드인 등과 구별되는 제1의 정체성으로 자리 잡았다.

내려오는 전설에 의하면 볼로디미르는 이슬람교, 유대교, 가톨릭, 정교를 두고 하나를 결정하기로 했다. 이슬람교는 술을 금했기 때문에 거절했고, 유대교는 나라 없는 민족의 믿음이라서 거절했다. 가톨릭은 로마 교황에게 간섭을 받을 수 있다는 것 때문에 탈락했다. 반면 비잔티움 제국의 수도 콘스탄티노플의 하기아 소피아 성당을 방문한 사절들은 볼로디미르에게 "우리는 우리가 천상에 있는지 지상에 있는지도 모를 정도였습니다. 그러한 아름다움은 어떻게 말해야 할지도 모를 지경입니다"라고 보고했고, 이에 깊은 인상을 받은 볼로디미르는 정교로 개종하기를 선택했다. 정교의 도입으로 키예프 공국에는 고도로 발달한 비잔티움 제국의 문화가 들어오기 시작했다. 정교는 정치 분야에서 루스 군주에게 통치에 관한 강력한 이념적 기반을 제공했다. 이는 마치 삼국시대에 고구려, 백제, 신라가 불교를 수용하면서 왕권을 강화하고 국가체계를 만들어간 일과 똑같은 일이었다.

키예프 공국의 최전성기는 1019~1054년까지 재위한 야로슬라우(야로슬라프) 현공의 치세였다. 그는 외부적으로는 유럽의 수많은 다른 지배가문과 혼인을 맺으면서 교류를 맺어나가면서, 내부적으로는 기독교의 정착과 확산을 위해 수도원과 성당을 건설했고 이에 따라 성직자들의 수도 증가했다. 또한 루스 최초의 법전인《루스카야 프라브다$^{Russkaia\ Pravda}$》를 만들어 반포했으며, 학교와 도서관을 건설하고 예술가와 건축가를 지원했는데, 앞서 말했듯이 황금문을 지은 것도 바로 야로슬라우 시기였다. 우크라이나 2흐리우냐 지폐와 러시아 1,000루블 지폐 모두 앞면에 이 야로슬라우가 등장하는 것만 봐도 얼마나 역사적으로 위대한 군주였는지를 잘 보여준다.

야로슬라우 현공 이후에도 키예프 공국은 200년 가까이 존속했다. 키예프 공국은 항상 외세의 침략에 시달렸는데, 1113~1125년까지 키예프 대공을 지낸 볼로디미르 2세 모노마흐Monomakh의 경우, 폴란드인, 헝가리인, 특히 영어로는 쿠만인Cuman이라 불리는 폴로베츠인Polovets의 침략을 여러 차례 막아냈다. 그러나 볼로디미르 모노마흐의 죽음 이후로 지금의 러시아 영토에 있는 블라디미르-수즈달Vladimir-Suzdal, 노브고로드, 스몰렌스크Smolensk 등의 공국과 서부 우크라이나에 있는 할리치나-볼린 공국 등 지방 공국들이 성장했다. 키예프를 중심으로 한 연결구조의 중요성은 날이 갈수록 떨어졌고, 결국 1240년 바투 칸이 이끄는 몽골의 침략으로 이 도시는 완전히 파괴되었으며, 황금문도 그해에 불타버렸다.

1982년에 '재건'한 황금문에 들어가보니 1층에 각종 전시물이 놓여 있었다. 벽에는 그림으로 재현한 당시 키예프시의 모습이 걸려 있었고, 옆에 설치된 모니터에서는 황금문 및 키예프 공국과 관련한 다큐멘터리가 나오고 있었다. 각종 미니어처로 만든 당시 황금문의 모습과 더불어 복원되기 이전 폐허가 된 황금문 터의 사진도 볼 수 있었다. 실제로 재건된 황금문은 옛 황금문의 석재 유적 위에 바로 세워져서 예전의 모습을 어느 정도 짐작하게 했다. 천년의 세월이 담긴 황금문 유구遺構를 가만히 바라보니 때 묻은 흔적이 단지 시간의 자취인

도판 1-4

지 몽골 침략의 전흔인지 궁금해졌다.

돌계단을 통해 위쪽으로 오르니 층마다 밖으로 나가서 키이우 시내를 바라볼 수 있었고, 중간중간 전시된 유물들도 천천히 관람할 수 있었다. 제일 꼭대기까지 오르니 탁 트인 공간이 나오긴 했지만, 아무래도 전근대 건축의 복원이라서 다른 건축물들을 압도할 만큼 높지는 못했다. 실제로 황금문 주위를 100~200년 정도 된 4~5층짜리 건물들이 둘러싸고 있었는데(도판 1-4), 꼭대기에서 바라보니 황금문보다도 더 높은 느낌이었다. 아마 이 도심에 현대 건축물 높이 제한이 있는 모양인지 주변에는 러시아 제국 시절로 보이는 건축물들만 있어서 충분히 고풍스러운 풍경을 즐길 수 있었다.

사람이 올라갈 수 있는 제일 높은 곳에는 예배당이 있었다. 예배당이 탑처럼 삐죽 솟아서 황금문의 전체 높이가 높았다. 예배당 바닥은 그리 넓은 장소는 아니었는데 실제로 예배를 이곳에서 드릴 일이 없어서 그런가 싶었다. 그래도 십자 모양의 통로에는 모자이크 장식이 깔려 있어서 제법 화려했다.

800년 전에도 비슷한 구조의 황금문이 있었더라면 사람들은 이곳에서 자신의 도시를 불태울 몽골군의 진격을 바라보고 있었으리라. 몽골군이 이곳에 불을 지르는 동안에도 수많은 사람이 이곳 예배당에 모여서 기도를 드리고 있지 않았을까 하는 생각에 잠시 상념에 빠졌다.

우크라이나 역사의 아버지, 흐루셰우스키

한때 "역사를 잊은 민족에게 미래는 없다"라는 말이 널리 퍼진 적이 있다. 단재 신채호 선생의 명언으로 알려져 있지만 실제로는 출처가 불분명하다(외국에서는 정확히 똑같은 말을 영국의 수상 윈스턴 처칠이 했다고 알려져 있다). 자국의 수치스럽거나 힘들었던 과거를 잊지 말고 같은 역사를 다시금 겪지 말자는 뜻으로, 한국에서는 주로 일본의 식민지배와 관련된 일에 쓰인다. 최근 10여 년 동안 한국인들의 민족주의적 성향은 예전보다는 약화했지만, 여전히 일본과 관계되는 일에서만큼은 이른바 '역사적 감수성'을 가져야 한다고 주장하는 사람들이 상당수 있다. 그래도 예전에는 한국인들에게 민족주의에 대한 도전을 신성모독처럼 간주했던 것을 생각하면 지금은 여러 다양한 의견이 공존하는 상황이라고나 할까.

"역사를 잊은 민족에게 미래는 없다"라는 말만큼 우크라이나의 역사와 어울리는 말이 없다. 대단히 흥미롭게도 이전에 존재하지 않았던 어떤 민족이 한 역사가가 역사를 쓰면서 창조되었고, 결국 그 민족의 국가까지 만들어졌다. 그는 바로 우크라이나 역사를 서술하면서 키예프 공국에서부터 이어지는 우크라이나 민족을 창조해 궁극적으로 우크라이나 국가를 세우는 데 크게 기여한 역사가 미하일로 세르히요비치 흐루셰우스키Mykhailo Serhiiovych Hrushevskyi다.

8월의 따사로운 햇볕을 맞으며 나는 키이우 호스텔 숙소에서 나와 지하철을 타고 키이우 지하철 1호선 아르세날나역에서 내렸다. 아르세날나라는 이름은 영어 단어와 똑같은 뜻인 무기고arsenal에서 왔는데, 이 근처에 1764년에 지어진 우크라이나에서 가장 오래된 무기공장이 있어서 붙인 이름이다. 이 공장은 러시아 내전기에 일어난 친親볼셰비키 봉기로 매우 유명하다. 1917년 2월 혁명으로 러시아 제국이 무너지자 우크라이나에서는 범민족적 성격을 띤 우크라이나인민공화국이 세워졌는데 이 우크라이나인민공화국과 러시아에서 권력을 잡은 볼셰비키가 전쟁을 벌이기 시작했다. 단순히 우크라이나 대 러시아의 민족 대결이 아니라 우크라이나 민족주의 세력 대 우크라이나 및 러시아 사회주의 세력의 대결이라고 보는 것이 더 정확할 것이다.

1918년 1월 29일, 이 무기공장의 노동자들은 우크라이나인민공화국 제헌의회 선거를 사보타주sabotage 하고 키이우로 진격하는 붉은 군대를 돕기 위해 무장봉기를 일으켰다. 비록 최종적으로 진압당했지만, 이 영웅적 봉기는 소련 시절 내내 기념했다. 또한 역사상 최고의 여성 저격수로 제2차 세계대전 동안 309명을 사살한 류드밀라 파블리첸코Liudmila Pavlichenko가 전쟁 전 이 공장에서 일한 것으로도 유명하다.

길을 따라 서북쪽으로 올라가면 오른쪽에 커다란 마린스키 공원Mariinskyi park이 보인다. 마린스키 공원은 우크라이나 대통령의 집무실이자 관저인 마린스키 궁전Mariinskyi palats 바로 앞에 있어서 같은 이름이 붙었다. 이 이름은 19세기 러시아 황제 알렉산드르Aleksandr 2세의 황후인 마리야 알렉산드로브나Mariia Aleksandrovna의 이름을 딴 것이다. 마린스키 공원은 1874년에 세워졌는데 혁명이 일어나자 소비에트 공원으로 이름이 바뀌었다. 앞에서 말한 1918년 1월 무기공장 봉기 기념비가 공원 한가운데에 세워졌으며, 독소전쟁 시기 우크라이나 해방에 큰 공을 세운 니콜라이 바투틴Nikolai Vatutin 장군의 전신상과 무덤도 있었다. 바투틴 장군은 나치와 협력한 우크라이나 민족주의자들의 기습공격으로 전쟁 중에 키이우에서 사망했다. 소련 해체 이후 1993년에 이 공원은 다시 마린스키 공원으로 이름을 바꿨다. 그리고 바투틴 장군의 전신상은 2023년 2월에, 1918년 1월 무기공장 봉기 기념비는 12월에 각각 철거됐다.

마린스키 공원을 지나면 그 앞에 헌법 광장Ploshcha Konstytutsii이라 불리는 넓은 공간이 있다. 이 헌법 광장 또한 개명의 역사가 상당히 길다. 19세기에는 궁전 광장으로 불렸으나, 소련 시절에 각각 우크라이나중앙집행위원회 광장, 10월 광장, 최고회의 광장을 거쳐 소비에트 광장으로 이름이 고정되었다. 2012년까지 이 광장의 이름은 소비에트 광장을 유지했다. 왜냐하면 대표회의라는 뜻을 가진 러시아어 소비에트를 우크라이나어로는 '라다Rada'라고 하는데, 이 라다라는 말은 사실 옛적부터 슬라브어권에서 회의, 의회라는 뜻으로 쓰던 말이다. 따라서 슬라브어권에서는 공산주의 국가든 비공산주의 국가나 큰 거리낌 없이 라다라는 말을 쓰곤 했다. 우크라이나에서도 역시 혁명 이전 대의기관, 소비에트 시절 대의기관, 독립 이후 대의기관 모두 우크라이나어로 라다라고 불렸기 때문에, 이 광장 이름은 라다 광장이었고 굳이 고칠 필요가 없었던 것이다. 그러나 결국 헌법 광장이라는 이름으로 바뀌었다.

헌법 광장 뒤편으로 우크라이나 최고회의 건물과 마린스키 궁전이 웅장한 자태를 드러낸다. 우크라이나 최고회의 건물은 말 그대로 최고회의, 즉 한국으로 따지면 국회가 있는 건물로 국회의사당이다. 러시아 제국 지배기에는 당연히 의회 같은 것은 키이우에 없었고 그 이후 우크라이나소비에트사회주의공화국의 첫 수도는 하르키우였기 때문에, 1934년에 하르키우에서 키이우로 천도하자 정부 기관 건물이 필요했다. 1939년에 지어진 이 건물은 소련 시절에도 우크라이나 최고회의(라다, 소비에트) 건물로 쓰였다. 건물 위로 불쑥 솟은 돔이 한국 국회의사당을 떠올리게도 한다.

그 옆에 있는 마린스키 궁전(도판 1-5)은 현재 볼로디미르 젤렌스키 대통령이 머무는 곳이다. 러시아 제국 황제 옐리자베타^{Elizaveta}의 지시로 1752년에 완공된 이 건물은 옐리자베타 시대의 바로크풍 양식으로 지어졌다. 19세기 초 잦은 화재로

도판 1-5

버려졌으나 나중에 재건해서 앞서 이야기했듯이 알렉산드르 2세의 황후 마리야의 이름을 붙였다. 혁명 전까지는 황실 가족들이 방문했을 때 거주용으로 쓰이다가 혁명 이후에는 군사본부, 농업학교 등으로 쓰였고 최종적으로 박물관으로 자리 잡았다가 독립 이후 대통령궁으로 쓰이는 중이다.

다시 말해 헌법 광장이 있는 이곳은 현재 우크라이나의 입법과 행정 중심지라 해도 과언이 아니다. 한국으로 치면 용산의 대통령실과 여의도의 국회의사당이 나란히 한 광장에 있는 격이다. 게다가 조금만 거리를 따라 내려가면 정부청사 건물까지 있다. 바로 이 중심지의 거리 이름이 미하일로흐루셰우스키 거리다. 현재 우크라이나 사람들이 얼마나 흐루셰우스키(도판 1-6)를 높게 평가하는지 그 중요성을 알 수 있는 사례다.

흐루셰우스키는 단순한 역사가가 아니다. 1917년 2월 혁명으로 러시아 제국이 무너지자 러시아 제국 내의 여러 소수민족 사이에서는 민족 자치기구가 세워지기 시작했다. 우크라이나도 예외가 아니었다. 3월 4일에 우크라이나 중앙라다$^{Tsentralna\ rada}$가 세워졌는데, 이 중앙라다의 의장이 바로 미하일로 흐루셰우스키였다. 흐루셰우스키는 1918년 4월 29일 우익 쿠데타로 중앙라다가 해산될 때까지 우크라이나의 초대 국가원수였다. 주로 신생 독립국가의 초대 국가원수는 미국의 조지 워싱턴처럼 무장독립운동을 이끈 군인인 경우가 많다. 그러나 놀랍게도 앞에서 말한 것처럼 흐루셰우스키는 역사가였다. 어떻게 일개 역사가가 국가원수의 위치까지 올랐을까? 사실 흐루셰우스키의 업적은 어떤 면에서는 조지 워싱턴 그 이상이다. 펜으로 글을 써서 자신의 민족을 창조해 그 민족의 국가를 세우고 국가수반이 되었으니 말이다.

호루셰우스키는 1866년 러시아 제국 홀름Kholm(현재 폴란드 헤움Chełm 시)의 한 성직자 집안에서 태어났다. 어린 시절부터 러시아 문학을 접했지만, 동시에 아버지 세르히 호루셰우스키에게서 우크라이나의 전통에 관한 교육을 받으면서 우크라이나에 대한 민족 감정을 키웠다. 1886

도판 1-6

년 키이우 대학에 입학한 호루셰우스키는 '우크라이나 역사학의 창시자'라는 평가까지 받은 볼로디미르 안토노비치Volodymyr Antonovych를 사사하면서 역사학자의 길을 걷기 시작했다.

안토노비치에게 엄격한 역사연구 방법론을 배움과 동시에 우크라이나 인민을 중심에 놓는 인민주의적 사관에 크게 영향을 받은 호루셰우스키는 학부 시절부터 대학 논문집에 여러 차례 우크라이나 지방의 역사에 관한 우수한 연구를 게재했다. 젊은 시절 우크라이나의 급진적 인민주의 전통에 영향을 받아 민중을 민족보다 중요시한 호루셰우스키의 태도는 시간이 지나면서 민족 쪽으로 기울었다. 1898년부터 호루셰우스키는 자신의 대표작이 될 《우크라이나-루스의 역사Istoriia Ukrainy-Rusy》(총 10권)의 첫 권을 출판하기 시작했다.

호루셰우스키는 정치활동에도 적극적으로 참여했다. 할리치나 지역에서 폴란드인 당국자들의 폴란드화 시도와 우크라이나인 보수파의 친러시아적 노선 모두 반대했던 호루셰우스키는 할리치나를 우크라이나 문화와 민족의식을 높이는 전진

기지로 만들려고 했다. 1905년 혁명 이후 러시아 제국의 의회인 국가두마Gosudarstvennaia duma가 설립되자 흐루셰우스키는 원내집단인 우크라이나 클럽의 활동에 개입하면서 이념 지도자가 되었다. 흐루셰우스키의 러시아 입헌민주당 정치인들과 협력하면서 러시아 제국 내에서 우크라이나를 비롯한 모든 소수민족의 자치를 확보하는 방향으로 나아가려 했다. 이 와중에 일반 대중을 위한 개설서 《우크라이나에서 옛 시절에 관하여Pro stari chasy na Ukraini》를 출간했는데, 이 책은 20세기 초까지 우크라이나 역사를 다뤄 호응을 크게 얻었다. 물론 대표작인 《우크라이나-루스의 역사》의 저술도 멈추지 않았다.

1917년 러시아에서 2월 혁명이 발발하면서 러시아 제국이 붕괴했다. 키이우에서는 3월 초 우크라이나 중앙라다가 만들어지면서 흐루셰우스키가 의장으로 선출되었다. 흐루셰우스키는 점차 우크라이나 인민의 정치적 자결권 요구가 거세다는 것을 깨닫고 11월에 우크라이나인민공화국Ukrainska Narodna Respublika 수립을, 다음 해 1월에 우크라이나인민공화국의 독립을 선언했다. 그러나 한 달 만에 볼셰비키 군대가 키이우를 점령하면서 정부는 지토미르Zhytomyr로 피신했다. 그러자 인민공화국 정부는 독일과 오스트리아에 출병을 요청하면서 키이우가 점령당하는데, 독일군이 4월에 꼭두각시 정부를 세우면서 흐루셰우스키는 중앙라다 의장직에서 물러났다. 그다음 해에 그는 망명길에 올랐다.

그러나 흐루셰우스키는 소비에트 권력이 안정화된 1924년에 키이우로 다시 돌아왔다. 그는 볼셰비키의 사회주의 건설이라는 대의를 인정했으며 사회정책 측면에서 자신의 이념과 소비에트 정권의 차이는 크지 않다고 판단했음이 분명하다. 특히 볼셰비키가 우크라이나를 러시아와 동등하고 독립된 사회주의공화국으로 편성하는 소비에트사회주의공화국연맹(소련) 국가를 수립했으며, 레닌주의적 민족 정책에 따라 우크라이나의 독자성을 장려했기 때문에 흐루셰우스키는 충분히 볼셰비키와 타협할 수 있었다.

흐루셰우스키는 키이우에서 저술 활동에 몰두했지만, 언론에서 긴 비판 캠페인이 이어진 끝에 1931년, 모스크바로 추방되었다. 1933년에 《우크라이나-루스의 역사》의 마지막 권을 출간한 흐루셰우스키는 다음 해 68세의 나이로 세상을 떠났다.

1895~1933년까지 그야말로 전 생애를 바쳐 저술한 《우크라이나-루스의 역사》를 통해 흐루셰우스키는 그전까지는 존재 자체도 불확실했던 우크라이나 민족을 자신의 역사서술로 만들어냈다. 전통적 러시아 역사의 이해와 상반된 이 책의 내용은 상당한 충격을 가져왔다. 오늘날까지 러시아사를 바라보는 일반적 시각은 모스크바 공국이 키예프 루스의 적통을 이어서 이후에 러시아 제국으로 이어진다고 보는 것이다. 그와는 반대로 흐루셰우스키는 키예프 루스의 법제 및 문화가 우크라이나-루스 민족의 창조물이며 할리치나-볼린 왕국과 그 이후에 리투아니아로 이어진다고 보았다. 따라서 모스크바 공국과 그 이후 모스크바의 법제 및 문화는 우크라이나-루스 민족과 별개의 것이라고 주장했다. 이로써 흐루셰우스키는 그전까지 루스 국가(러시아 제국)를 이루는 분리할 수 없는 세 형제 집단(대大루스[러시아], 소小루스[우크라이나], 백白루스[벨라루스]) 중

하나였던 소루스인들을 러시아 민족과 완전히 구분되는 우크라이나-루스 민족으로 새롭게 정의했다. 이는 지금까지도 우크라이나인들이 자신들의 민족과 역사를 인식하는 아주 기본적인 틀로서 자리 잡고 있다.

20세기가 될 때까지 우크라이나는 존재하지 않았고, 키예프 루스의 멸망 이후에 우크라이나 지방은 계속 외세의 지배를 받았다. 그러나 흐루셰우스키는 '우크라이나적 요소'가 우크라이나 땅에 계속 존재했다고 주장한다.

첫째 요소는 키예프 루스다. 흐루셰우스키는 루스가 스칸디나비아에서 왔다는 노르만설을 거부하며 키예프 부근 주민들이 바로 루스였다고 본다. 게다가 우크라이나인과 러시아인은 처음부터 달랐다고 역설하면서 오히려 슬라브인이 아닌 리투아니아 대공국으로 키예프 루스가 이어지며 우크라이나 동북 지방에 존재하던 루스계 공국들은 외부자라고 선을 긋는다.

둘째 요소는 정교다. 키예프 루스 멸망 이후 우크라이나가 폴란드-리투아니아 왕국의 지배하에 놓였지만, 우크라이나인들의 종교인 정교야말로 '우크라이나인'들을 폴란드인들과 구분되는 루스의 정체성을 유지하게 하는 핵심 요소로 본다.

인민주의적 역사관을 지니고 있던 흐루셰우스키는 우크라이나 민중의 삶에 주목했는데, 그중에서 코자크 집단을 '우크라이나적 요소'의 세 번째로 꼽는다. 흐루셰우스키는 《우크라이나-루스의 역사》의 마지막 네 권을 코자크 집단의 역사를 기술하는 데 바쳤으며, 우크라이나 민족성의 근간이자 문화의 수호자로서 격찬했다. 그런데 이 코자크 집단-국가가 러시아의 지배에 들어가게 되면서 사실상 두 민족의 차이는 찾기 힘들어진다. 러시아도 우크라이나도 모두 정교를 믿는 사회였으며, 코자크(러시아어로 카자크) 집단도 사실 우크라이나 지방에 있던 자포리자 코자크만 있던 것이 아니라 돈 카자크, 쿠반 카자크 등 러시아 제국의 여러 지역에서 발견되는 이른바 범凡루스적 현상이었기 때문이다.

흐루셰우스키는 마지막 '우크라이나적 요소'로 언어를 꼽는다. 근대 우크라이나 민중의 구어를 중시한 그는 러시아와의 언어적 공통성을 제거하고 우크라이나어로 쓰인 문헌과 문학작품을 높게 평가하면서 우크라이나어가 독자적 언어임을, 따라서 우크라이나인도 독자적 민족임을 강조한다.

흐루셰우스키는 레오폴트 폰 랑케Leopold von Ranke가 대표하는 19세기 독일에서 탄생한 근대의 과학적 역사방법론의 연장선상에 서 있었다. 엄중한 사료 비판을 통해 우크라이나 민족의 실체를 규정하려는 흐루셰우스키의 꼼꼼한 연구는 오늘날에도 성실한 역사학자들에게 많은 시사점을 던져준다. 그러나 흐루셰우스키가 완벽한 역사학자는 아니었다. 무엇보다도 흐루셰우스키는 우크라이나 민족을 창조해내겠다는 열망하에 오늘날에도 일부 역사학자들이 범하는 목적론적 편향의 오류를 저질렀다. 우크라이나 민족이 과거로부터 존재했다는 가정하에 사료를 읽고 선택적으로 교묘하게 이용했다. 따라서 흐루셰우스키의 책은 어찌 보면 우크라이나 민족의 원초성primordiality을 강조하기 위해 쓰인 고도의 정치적 선전물에 해당할지도 모른다.

그러나 이러한 오류가 흐루셰우스키의 위대함을 가리지는 않을 것이다. 앞에서 이야기했듯이 흐루셰우스키가 살고 있던 시기인 19세기에는 이미 모스크바 중심의 루스 역사관이 정설로 확고한 상태였다. 이 역사관에서 우크라이나인은 러시아인의 형제로서 루스의 나라 로시야^{Rossiia}(러시아어로 러시아)를 구성하는 '소루스인'이며, 키예프 루스의 역사는 그 이후의 혼란을 극복하고 루스계 공국들의 통합을 이루어낸, 훗날 러시아 제국으로 발전할 모스크바 공국의 전사前史였다.

흐루셰우스키는 천 년 전부터 러시아 민족과 구별되는 계보를 지닌 우크라이나 민족의 독자성을 증명하고자 했다. 따라서 우크라이나 민족은 흐루셰우스키의 손에서 탄생했다 해도 과언이 아니다. 흐루셰우스키는 칼이 아니라 펜으로 한 민족과 그들의 역사를 만들어냈다. 그가 독립 우크라이나의 국부國父로 추앙받는 것은 역사를 돌이켜 볼 때 너무도 당연한 사실이라 하겠다.

비키우냐 매장지와 대숙청의 시대

드니프로강이 도시를 가르며 북에서 남으로 지나가지만, 키이우의 많은 주요 시설물과 중심지는 앞에서 말했듯 강 서쪽, 우안에 있다. 지하철역도 대부분 강 서쪽에 있어서, 동서로 길게 뻗은 키이우 지하철 1호선을 타고 동쪽으로 달리면 드니프로강을 건넌다.

히드로파르크^{Hidropark}역은 강 중간에 있는 베네치아^{Venetsiia}섬 위에 지어졌다. 가족 단위의 수백, 수천 명의 시민들이 이곳을 자주 찾는다. 우크라이나는 여름에 해가 늦게 지기 때문에 나도 문서고 작업을 마치면 이 섬을 찾아와 산책하고 시원한 생맥주도 마시면서 중앙아시아식 꼬치구이인 샤슬릭을 먹곤 했다. 이곳은 마치 서울의 한강공원과 같은 곳인데, 더 좋은 점이 하나 있다면, 이 섬 주위로 수영을 할 수 있는 장소가 곳곳에 있다는 것이다. 여름날이면 가족, 연인, 친구끼리 모여 예전 서울 시민들이 한강에서 그랬듯 드니프로강에서 수영을 즐길 수 있다. 만약 여름에 키이우에 온다면 꼭 한 번쯤 방문할 것을 권하고 싶다.

강을 건너 계속 동쪽으로 가면 1호선 종점인 리소바^{Lisova}역이 나온다. 내리면 뜬금없게도 교토 공원이라는 이름의 공원이 나오는데, 1972년 일본-우크라이나 친선을 상징하는 의미로 설립되었다고 한다. 이곳에서 길을 따라 동쪽으로 1시간쯤 걸었다. 버스를 타고 갈 수도 있지만 나는 낯선 나라에서 걷는 것을 좋아하는지라 계속 걸었다. 생각보다는 거리가 멀다고 느꼈을 때쯤에는 이미 버스를 타기에 애매한 시간이었다. 나중에 검색해보니 리소바역에서 목적지까지는 3.5킬로미터 정도 떨어져 있었다. 걷다 보면 길 오른쪽에 동상과 더불어 숲으로 들어가는 길이 보인다. 국립역사기억보존단지 비키우냐^{Bykivnia} 매장지, 일명 비키우냐 처형장이다.

비키우냐 처형장은 비키우냐 숲 한가운데 만들어졌으며 특히 제2차 세계대전 직전인 1937~1941년까지 숙청 피해자들을 처형하고 집단으로 매장한 장소였다. 볼셰비키가 사용한 처형장은 대개 도시 근처의 숲속이었다. 지금도 소련의 주요 도시 근처에는 그 처형장이 남아 있어서 기억 및 추모 시설로 쓰인다. 비키우냐 처형장에서 총살당한 사람들은 수만 명으로 추산되지만 정확한 수는 알 수 없다. 이 처형장에서 처형은 스탈린 시기를 통틀어 계속되었지만, 대부분 대숙청 시기에 집중적으로 처형했다.

한국인들에게 1905년에 일어난 역사적 사건을 물어보면 누구나 을사조약을 떠올리고, 1910년에는 한일합방, 1945년에는 광복, 1950년에는 6·25를 떠올릴 것이다. 마찬가지로 옛 소련 출신 사람들에게 1937년에 일어난 사건을 물어보면 누구나 대숙청을 떠올린다. 대숙청은 1937~1938년까지 당시 소련에서 벌어진 대규모 정치 탄압 캠페인으로 소련의 모든 사회 분야에서 벌어진 사건이었다.

처음에는 최고위 지도부와 고참 볼셰비키(혁명 이전부터 볼셰비키 당원)에 대한 재판으로 시작된 대숙청은 1937년 7월 30일 쿨라크(부농富農) 출신, 범죄자, 다른 반소反蘇 분자를 모조리 체포하라는 악명 높은 내무인민위원부^{NKVD} 명령 제00447호에 의해 소련 전역으로 확대되었다. 당과 국가의 중간 간부들이 체포되면서 학계와 예술계, 그리고 모든 사회, 군부까지 숙청의 물결이 퍼져나가 이 기간에 총살된 사람만 무려 최소 70여만 명에 달했다. 한국인들에게는 연해주에 살던 고려인 20만 명을 중앙아시아로 강제 이주한 것으로 알려진 사건도 이 대숙청 기간에 있었던 일이다. 고려인뿐 아니라 독일인, 체첸인, 크림 타타르인 등 수많은 민족이 이 기간에 국경지대를 떠나 후방으로 강제 이주를 당해야만 했다. 스탈린의 명령을 따라 이 숙청 작업을 지휘한 사람이 당시 내무인민위원*이었던 니콜라이 예조프$^{Nikolai\ Ezhov}$였는데, 러시아어로 대숙청 시기를 가

---

* 인민위원(narodnyi komissar)은 러시아 혁명 이후에 생긴 직위로 타국의 장관에 해당한다. 인민위원은 각 인민위원부(narodnyi komissariat)를 이끈다.

리커 예조프시나^{Ezhovshchina}(예조프 시대라는 뜻)라 부르기도 한다.

예전에 우리가 소련의 내부 사정에 대해서 잘 모르던 시기에는 이 숙청을 당시 소련공산당 총서기(서기장)였던 스탈린의 권력욕에서 비롯했다고 여겼다. 당시 스탈린은 트로츠키, 지노비예프, 카메네프 같은 경쟁자들과 싸워 승리해 이미 소련의 제1인자 자리에 올랐지만, 농업 집단화와 급격한 공업화로 인해서 당내에서 점차 신망을 잃었다는 것이다.

1960~1970년대에 학계에서는 나치 독일이나 소련을 똑같은 '전체주의^{totalitarianism}' 사회로 보는 관점이 유행했는데, 스탈린 치하 소련은 스탈린이 모든 권력을 한 손에 틀어쥐고 사회의 모든 부분을 통제해서 개인의 자유를 말살했기 때문에 전체주의 사회였다고 주장했다. 1920년대 후반에 경쟁자들을 물리쳤지만 1930년대 중반까지 스탈린의 당내 권력은 상대적으로 취약했고, 점차 힘을 쌓아 가던 스탈린은 자신의 철저한 독재 권력을 수립하려는 목적으로 자신에게 도전하려는 가능성이 있는 세력을 뿌리 뽑기 위해 대숙청을 일으켰다는 해석이었다. 대숙청에 이어 제2차 세계대전에서 승리를 이끌며 스탈린의 권력은 정점에 달했고, 1940~1950년대 소련에서는 그 누구도 스탈린에 대한 반대 의견을 함부로 말할 수 없었다.

그러나 소련 해체 이후 기존에 읽을 수 없었던 소련 지도부의 내부 사정을 알 수 있는 여러 사료에 역사학자들이 접근할 수 있게 되면서 대숙청이 벌어진 역사적 맥락을 더욱 자세히 알 수 있었다.

우선 대숙청을 두고 소련공산당이 당시로서는 복잡했던 지방의 상황을 정리하고 새로운 통제 기제를 설치해서 당의 기율을 확립해 근대국가로서 소련의 체계를 다시 세우려는 시도였다는 설명이 있다. 기존의 전체주의 이론에서 본 스탈린은 서기국의 총책임자로서 당내 인사 문제를 좌지우지하는 인사권을 손에 넣을 수 있었기에 지방당 서기들을 조종해서 '지지'를 확보할 수 있었다. 그러나 실제로 1920년대 소련은 지금의 한국처럼 컴퓨터를 통해 일률적으로 인사 '명부'를 관리하는 행정력을 보유하지 못했다. 특히 혁명 기간에 지하당이던 볼셰비키가 대중 정당으로 변모하면서 당원 수가 급작스럽게 늘었고, 내전 기간에는 전쟁의 혼란 속에서 과거 이력을 파악하기 힘든 사람들까지 당원 행세를 하곤 했다. 따라서 지방의 상황에 관한 정보가 극히 부족했던 1920년대 스탈린과 중앙당은 지방당의 상황을 그대로 수용하고 현 권력 상황과 지방당 간부들의 '자율성'을 인정할 수밖에 없었다.

하지만 5개년 계획이라는 거대한 경제 업무와 함께 당의 정치 사업을 동시에 진행해야 했던 지방당의 업무 능력은 많은 경우에 중앙에서 기대하는 것 이하였다. 지방당에서는 5개년 계획 기간 동안 중앙에서 더 많은 예산을 타내기 위해 혈안이 되었으며, 서로 자신의 지역에 공장을 유치하려고 중앙에 거짓 보고를 올리는 일도 비일비재했다. 예컨대 소련의 핵심 기계제작공장이 될 우랄마시Uralmash의 위치를 놓고 여러 지역이 경쟁을 벌였는데, 승자가 된 도시 스베르들로프스크Sverdlovsk는 중앙당의 허가 없이 지역 기금을 사용해 공장 건축을 미리 시작함으로써 위치 결정을 사실상 중앙에 강요했다.

1930년대 중반에 중앙당에서 전체 당원 명단을 조사하자 지방당의 상황이 엉망이라는 것도 드러났다. 출신을 속인 자들뿐 아니라, 온갖 횡령과 비리가 만발했으며, 과음으로 인한 근무 태만은 일상이었다. 1920년대에 중앙은 이를 통제할 만한 힘이 없었고 무엇보다도 사회주의 건설이라는 대의 앞에서 이러한 '사소한' 문제는 일단 뒤로 밀쳐놓았다. 그러나 두 번의 5개년 계획을 끝낸 1930년대 후반이 되면 중앙은 충분히 힘을 기른 상태였고 지금까지 통제할 수 없었던 지역의 온갖 인적 문제를 고르디우스의 매듭처럼 단칼에 해결할 준비가 되어 있었다.

또한 1936년, 이른바 '스탈린 헌법'이라 부르는 새로운 헌법의 도입이 대숙청의 시작에 영향을 미쳤다는 견해도 있다. 1937년 선거에서는 복수 후보에 대해 보통·평등·직접·비밀 선거를 해서 (한국에서는 국회에 해당하는) 소련 최고소비에트 대의원을 뽑을 예정이었다. 게다가 기존 헌법에서는 혁명의 여파가 남아 불로소득자·개인사업자·성직자·기존 지배 계급에 속하는 자 등에게 투표권을 박탈했는데, 새 헌법에서는 모든 소련 공민에게 투표권을 부여했다.

우리의 편견과는 다르게 소련 굴라그^{GULAG}(교정노동수용소)에서는 매년 수많은 죄수가 석방되고 있었는데, 이 석방자들은 중앙당에는 믿음이 있었으나 지방당에는 상당한 불만을 품었다. 이에 따라 지방당 지도부는 반대 세력에 의해 본인의 직위를 잃을 것을 두려워해서 '반소 분자'에게 선거권을 부여하는 일에 적극적으로 반대했고, 체제 불만 세력이 선거에 출마해 소비에트라는 국가 기구를 장악할 것을 염려했다. 이들에 관한 체포와 처형을 중앙에 요구하면서 대숙청의 불길이 치솟았다. 물론 스탈린은 결코 '인민의 적'을 잡아들이는 데 소극적인 사람이 아니었지만, 때때로 지방당에서는 스탈린이 허용한 이상의 '인민의 적'에 대한 체포와 처형을 요구했고, 스탈린과 NKVD는 이러한 지방의 '요청'이 결코 선을 넘지 않도록 관리해야만 했다.

이 과정에서 일반 인민들이 적극적으로 '아래로부터' 대숙청에 참여하면서 대숙청은 빠르게 전국 규모로 퍼져나갔다. 예컨대 당시 스탈린과 중앙당이 내세웠던 '민주주의'와 '자유선거'의 구호는 노동계급의 지지를 얻어 반대파와 부패를 없앤 단결된 당을 재구성하는 방법이었다. 지역 엘리트에 대한 불만은 각 지역의 '아래'에서도 들끓었다. 소련 인민에게 새로운 헌법은 노동 조건, 주택, 식량 공급, 임금에 관해 자신들을 대변할 대의원을 선출할 기회를 제공했다. 또한 소련 사회에 만연하던 투서donos 문화는 심지어 굴라그의 죄수들도 보낼 권리가 있었는데, 중앙당에서도 반관료주의 투쟁의 목적으로 투서를 독려했다. 공장 차원에서 번져간 대테러에서 핵심적인 역할을 한 것은 공장 신문이었는데, 이 공장 신문의 부추김을 받아 일반 노동자와 기술자는 순전히 경제적·기술적 원인으로 발생한 현장의 문제를 정치적 의도가 있는 '파괴행위'로 비난했다. 이런 과정 속에서 고발당한 중하급 지도부는 대숙청의 대표적인 희생자가 되었다.

무엇보다도 소련을 둘러싼 악화하는 국제 정세로도 대숙청의 원인에 대해 설득력 있게 설명할 수 있다. 1931년 만주사변 이래 일본 제국주의의 중국 진출이 가시화되고, 1933년 나치당이 독일에서 집권하면서 나치 독일은 공공연하게 '유대 볼셰비즘'과의 투쟁을 선포했으며, 소련과 전쟁할 것이라고 이야기했다. 1936년 스페인 내전의 발발과 같은 해 독일과 파시스트 이탈리아 사이에 우호 협정이 체결되었고, 또한 독일과 일본 사이에 반코민테른 협정이 맺어졌다. 또한 명령 제00447호가 내려진 1937년 7월에는 중일전쟁이 시작되면서 사실상 제2차 세계대전이 발발했다.

애초에 볼셰비키는 혁명과 내전을 통해 자신들이 자본주의 세력에 포위되었으며 기회만 되면 내전에서 그랬던 것처럼 소련에 군사 개입을 할 것이라는 '포위 심성$^{siege\ mentality}$'을 지니게 되었는데, 이러한 국제 정세 때문에 더욱 불안감은 커져만 갔다. 물론 소련 지도부는 공업화에 따른 재무장 계획을 진행했지만, 군사력은 성숙하기까지 상당한 시간이 걸린다. 따라서 전쟁의 위협에 대응하고자 이른바 우리가 제5열이라 부르는 내부의 적을 미리 단속해서 제거해야 한다는 목적에서 대숙청을 벌였다는 설명이다.

결정적으로 레닌그라드 당위원회 제1서기 세르게이 키로프$^{Sergei\ Kirov}$가 제명당한 전직 공산당원 레오니드 니콜라예프$^{Leonid\ Nikolaev}$에 의해 암살당하는 사건이 벌어졌다. 예전에는 아무런 근거 없이 키로프를 스탈린에 대항하는 '온건파'로 보거나 혹은 스탈린의 '대항마'로 여겨서 사실 스탈린이 키로프를 암살했다는 가설도 떠돌았다. 그러나 소련 해체 이후, 그전에는 공개되지 않았던 내부 문서들을 보게 되면 키로프는 스탈린의 반대자가 아니라 지지자였으며 스탈린을 대신할 만큼의 인물은 아니었다. 스탈린과 지도부는 키로프 암살로 인해 정말로 공포를 느꼈다. 그전까지 볼셰비키 지도부는 남몰래 모스크바 시내를 산책하기도 했으나 키로프 암살 이후 그런 습관은 자취를 감췄다. 스탈린과 최고위 지도부는 국내에 외국과 연관된 첩자들이 암약하고 있다고 믿었으며, 소련을 상대로 한 전쟁이 임박했다고 보았다. 물론 결국 독일과 전쟁을 치렀으니 궁극적으로 이러한 '의심'은 틀린 것이 아니긴 했다.

지금도 역사학자들은 대숙청의 원인에 대해서 많은 학설을 제시하고 있다. 비교적 최근에 일어난 사건이어서 우리에게 친숙한 공산주의 국가의 숙청은 북한에서 있었던 김정은의 장성택 숙청일 것이다. 사람들은 장성택 숙청을 이야기하면서 공산주의 사회에서는 항상 구조적으로 숙청이 일어나는 특성이 있다든가, 독재 국가에서 이러한 권력 암투나 인명 경시는 당연한 일이라든가, 자신을 옹립한 고모부마저 숙청하는 권력의 비정함 등을 말한다. 그러나 소련 대숙청에 관한 최신 연구 결과를 살펴보면 적어도 소련에서 있었던 숙청은 그러한 '상식'과는 거리가 먼 것 같다.

소련 대숙청은 혁명 이후 계속 혼란스러운 국내 상황, 중앙과 지방의 서로 다른 이해관계가 악화하는 대외 환경과 합쳐지면서 볼셰비키 특유의 세계관과 최고 지도자의 집요한 성격이 더해져 발생한, 대단히 복합적인 형태의 국가 폭력이었다. 대숙청을 단순히 폭군의 폭정으로만 본다면, 당시 1930년대 소련의 정치·경제·사회·대외 관계를 둘러싼 상황과 맥락을 심도 있게 이해하기 어려울 것이다.

비키우냐 처형장 입구에는 한 남자가 고개를 약간 숙이고 두 손을 앞으로 모아 잡은 동상이 있었다(도판 1-7). 뒤에는 '1937'이라는 대숙청을 상징하는 숫자가 바위에 새겨져 있

도판 1-7

다. 길 맞은편 바위에는 정치 탄압 희생자들이 이 숲에 묻혔다는 내용이 담담하게 우크라이나어로 적혀 있었다. 입구에는 검은 십자가 여러 개가 꽂혀 있는데 사람이 양팔을 들듯 가운데가 둔각의 V자로 꺾인 모습이었다. 하늘색 우크라이나 전통 무늬가 있는 하얀 천을 목도리를 걸듯이 십자가마다 걸어놓았다. 앞에는 유명한 우크라이나인 대숙청 희생자의 사진과 설명, 그리고 폴란드인 희생자에 관한 사진과 설명도 있었다. 우크라이나 땅에서 벌어진 처형이었기에 희생자 대부분이 우크라이나인이었지만, 30개가 넘는 다양한 민족의 사람들이 이곳에 묻혔다고 한다. 숲으로 들어가는 길가에 있는 나무에는 우크라이나 국기를 상징하는 파란색과 노란색의 기다란 끈이 매여 있었다.

한참 걸으니 저 멀리 화강암으로 만든 추모 시설이 보였다. 그 앞에서부터 나무줄기에 여러 희생자의 얼굴과 사연이 적힌 팻말이 박혀 있었다. 사진과 생년월일만 건조하게 적힌 팻말도 있었지만, 일부 팻말에는 이들이 처형당한 이유가 적힌 것도 있었다. 예컨대 당시 키이우 대학에 재학 중이던 페트로 크라스노쿠츠키$^{Petro\ Krasnokutskyi}$ 외 3명은 우크라이나의 독립을 꿈꿨다는 이유로 처형되었다. 막심 바툐하$^{Maksym\ Batiokha}$는 수미주 에스만^{Esman} 마을의 기계트랙터보급소장이었는데 대마 생산량의 저하를 이유로 처형되었다고 한다. 아마 당시에 흔했던 사보타주 혐의가 아니었나 싶다. 1만 명이 넘는 사람들이 이곳에 매장되었다고 하는데, 얼굴과 이름을 모두 확인할 수 있는 나무 위의 사람들은 수십 명에 불과했다.

추모 시설에 들어서니 이곳에서 총살당한 사람들의 이름이 화강암 벽에 새겨져 있었다. 폴란드 병사들을 위한 추모 시설도 함께 있었는데, 2012년에 폴란드 정부의 지원으로 이곳에 세워진 것이라고 한다. 폴란드어와 우크라이나어로 쓴 "1939년 9월 17일 소련 NKVD에 체포되어 1940년 5월 5일 소련 최고당국의 결정으로 살해당한 카틴^{Katyn} 학살*의 희생자인 폴란드 공화국 시민들을 기억하며"라는 문장이 희생자들을 기리고 있었다. 소련 서부 스몰렌스크^{Smolensk} 근방 카틴 숲에서 벌어진 학살이 제일 먼저 발견되어 '카틴 학살'이라는 이름이 붙었지만, 이 학살은 소련 서부 지역 전역에서 벌어졌으며, 이곳 비키우냐에서도 처형과 매장이 이루어졌다.

카틴과 비키우냐에서 벌어진 대규모 학살은 공교롭게도

---

* 1940년 4월부터 6월까지 소련 서부 포로수용소에서 벌어진 사건으로, 1939년 9월 폴란드 동부 영토를 점령하며 잡은 폴란드군 장교와 부사관 포로 2만 명을 비밀리에 학살했다. 당시 포로로 잡힌 폴란드군은 20만 명이 넘었는데, 병사들은 대개 즉시 석방되었고, 장교와 부사관은 1년 동안 개별 인터뷰를 하면서 인원의 절반 정도 소련에 협조적인 사람들은 풀어줬지만, 남은 사람들은 소련의 여러 지역으로 끌려가 총살되었다.

나치 독일이 독소전쟁 발발 이후 서부 소련의 영토를 점령하면서 처음 세상에 밝혀졌다. 비키우냐에 묻힌 시신은 1941년에, 카틴 숲에 묻힌 시신은 1943년에 각각 드러났는데, 나치 독일은 이 시신들을 확인하자마자 소련의 학살을 전 세계적으로 보도했다. 소련에는 다행스럽게도 시신을 발견한 쪽은 나치 독일이라는, 실제로 수많은 학살을 저지르는 안성맞춤의 적국이었다. 소련은 그 시신들이 독일군이 소련을 침공하면서 잡은 포로들을 학살한 것이라며 적반하장으로 나섰다.

마침 비키우냐의 경우에는 비키우냐 숲에서 불과 5킬로미터 떨어진 곳에 나치 강제수용소가 있었고 그곳에서 소련군 7만 5,000명이 처형되었는데, 소련 당국은 비키우냐에서 발견된 시신들이 그때 처형당한 소련군이라고 주장했다. 영국과 미국은 자체 조사를 통해 이 학살들이 소련에 의해 저질러졌다는 사실을 파악했지만, 소련과 같은 연합국으로서 전쟁 중이었기 때문에 침묵을 지켰다. 냉전에 돌입하면서 서방에서는 소련의 학살이라는 점을 밝혔지만, 소련 당국은 소련이 해체되기 직전까지 이 사실을 부인하고 나치 독일에 학살을 떠넘겼다. 1990년에서야 당시 소련 대통령 미하일 고르바초프Mikhail Gorbachev가 포로 학살을 공식적으로 인정했으며, 소련 해체 직후에 카틴 학살과 관련된 여러 사료가 공개되었다. 2010년에는 러시아 국가두마에서 공식적으로 스탈린과 소련 지도부가 학살을 직접 지시한 사실과 그것이 범죄라는 성명을 승인했다.

그밖에도 비키우냐 숲속에는 여러 추모 시설이 있었다. 네 기둥이 어떤 종鐘을 둘러싼 형태의 조형물도 있는데, 각 기둥에는 가톨릭 십자가, 정교 십자가, 다윗의 별, 이슬람 초승달 모양으로 구멍이 뚫렸다. 대숙청 희생자 명단뿐 아니라 카틴 학살 희생자 명단도 이름을 하나하나 커다란 돌판에 새겨 적어놓았다. 폴란드 정부와 협업해서 이곳을 꾸며서인지 국기 게양대에는 우크라이나와 폴란드 국기가 함께 휘날렸다. 생각해보니 함께 이 시설물을 완성한 2012년에는 우크라이나와 폴란드가 UEFA 유럽축구선수권대회도 같이 개최했다는 사실이 떠올랐다.

적석積石으로 봉분 형태를 만든 무덤 모양의 돌무더기는 높이가 몇 미터는 될 정도로 거대했는데, 열 개의 대형 십자가가 위에서부터 네 줄로 각각 하나, 둘, 셋, 넷씩 꽂혀 있었다(도판 1-8). 시설 여기저기에는 누군가가 두고 간 꽃들이 있었다. 토요일 오후였는데도 사람을 거의 찾아볼 수 없어 어쩐지 쓸쓸한 풍경이었다.

숲을 빠져나가 다시금 1시간 가까이 걸어서 리소바역으로 되돌아갔다. 해가 지면서 어느새 붉은 노을이 서서히 내리고 있었다. 80여 년 전 아마도 차량에 타고 어딘가 목적지도 모르고 불안한 눈빛으로 이 도로를 따라 끌려갔던 수많은 사람의

도판 1-8

마지막 여행이 머릿속에 생생하게 그려지는 듯해서 기분이 착잡해졌다.

바빈야르 유대인 학살

코로나 기간 키이우에서 숙박했던 곳은 키이우 기차역에서 700미터 정도 떨어진 엑스프레스^{Ekspres} 호텔이었다. 기차역과 지하철역이 근처에 있어서 여기저기 이동하기에 동선이 너무 좋았다. 호텔의 7층 방에서는 기차역까지 연결된 길과 함께 키이우 시내의 모습이 한눈에 들어왔다.

호텔 건물 앞에는 6.5미터 화강암 기단 위에서 오른손을 들고 앞으로 뻗은 청동 기마상이 있었다. 길이 경사져서 이 기마상을 보려면 밑에서 걸어 올라가는 꼴이었기에 총 길이 14미터인 기마상의 모습은 더욱 웅장해 보였다. 붉은 군대 지휘관 미콜라 시초르스$^{Mykola\ Shchors}$(러시아어로는 니콜라이 쇼르스$^{Nikolai\ Shchors}$)의 기마상이었다. 우리에게는 낯선 인물이지만 러시아 내전 시기에 활약한 바실리 차파예프$^{Vasilii\ Chapaev}$는 전설적인 지휘관으로 그 명성이 소련 전역에 유명한데, 이 시초르스는 '우크라이나의 차파예프'라고 불릴 정도였다.

나는 그 정체를 확인하자마자 이 기마상이 도대체 어떻게 지금까지 무사할 수 있는지부터 궁금했다. 기마상 받침대는 낙서투성이였다. 특히 'KAT'라는 낙서가 기단에 쓰였는데, 우크라이나어로 사형집행인, 이른바 망나니라는 뜻이다. 의외로 이 지휘관은 전쟁이 벌어지고 시 당국에서 철거를 결정했음에도 2년 가까이 무사했다. 그러나 결국 지난 2023년 12월, 시초르스의 기마상도 더는 버티지 못하고 철거되어 역사 속으로 사라졌다.

호텔 근처 1호선 우니베르시테트역에서 지하철을 타서 환승한 후 3호선 도로호지치Dorohozhychi역에 내렸다. 도로호지치역은 3호선 북쪽 종점에서 한 정거장 앞에 있지만, 1호선과 3호선의 환승역인 황금문이 위치한 졸로티보로타역과 겨우 6킬로미터 떨어져 있을 정도로 도심과 그리 멀지 않다. 행정구역상으로도 셰우첸코구에 속하는 엄연한 키이우 시내인데, 제2차 세계대전이 벌어지던 당시에는 도시 외곽이었다. 이곳의 바빈야르Babyn Iar(러시아어로 바비야르Babii Iar)라 불리는 골짜기에서 역대 최악으로 악명 높은 유대인 학살사건이 일어났다.

지금의 우크라이나·폴란드·벨라루스·리투아니아 지방은 주민 중 유대인의 비율이 아주 높았다. 러시아 제국 시절 이곳은 유대인 거주구역Pale of Settlement이라 불렸으며, 유대인은 이 지역 바깥에서는 거주를 제한받았다. 거주구역 안에서 유대인은 작은 마을에 모여 살았는데, 농업에 종사할 수 없으니 장인 일을 하거나 작은 상점을 운영했다. 이 거주구역에 균열을 낸 것은 전쟁이었다. 1914년 제1차 세계대전이 발발하면서 거주구역이 전선으로 변하자 많은 유대인이 독일군을 피해 러시아 내륙으로 피난을 가기 시작했다. 유대인 인구를 통제할 수 없게 되자 결국 1915년, 러시아 당국은 거주구역 외부에 유대인의 거주를 허용하면서 실질적으로 거주구역은 무의미해졌다. 그리고 1917년 2월 혁명으로 제국이 붕괴하면서 명목상으로도 유대인 거주구역은 완전히 폐지되었다. 그렇지만 이동의 자유가 생겼더라도 수백만 명이 갑자기 이동할 이유가 없었으니, 여전히 그 지역에는 많은 유대인이 살고 있었다.

1941년 6월 22일 독소전쟁이 발발하고 얼마 지나지 않아 9월 19일에 키이우가 독일군에게 점령당했다. 당시 키이우에는 15만 명의 유대인이 있었다. 9월 28일 나치에 협력한 우크라이나 보조경찰은 우크라이나어와 러시아어, 독일어로 유대인의 안전을 보장하기 위해 다른 곳으로 이동할 것이니 다음 날 아침 8시까지 특정 장소로 모이라는 명령서 2,000장을 도시 이곳저곳에 게시했다. 신분증·돈·귀중품·따뜻한 옷·속옷 등을 챙겨올 것이며, 명령에 불복종하는 유대인은 총살될 것이라는 협박도 있었다.

　키이우에서 추방될 것으로 생각한 수만 명의 유대인이 다음 날인 9월 29일 아침에 자발적으로 모여들었는데, 남자들은 대부분 징병되었기 때문에 다수가 여성, 어린이, 노인이었다. 이들은 걸어서 키이우 외곽 바빈야르 협곡으로 차례로 걸어 들어갔다. 도착한 유대인들은 소지품과 입은 옷을 모두 벗어두고 벌거벗은 채로 계곡으로 끌려가서 총살되었다. 당시 계곡에는 바람이 심하게 불었고 거리마저 있어서 희생자들은 앞 사람들이 처형당하는 소리를 듣지 못했으며, 그 모습을 눈으로 목격한 다음에는 너무나 끔찍한 광경에 저항할 의지마저 잃었다고 한다. 글로 표현하기도 어려운 살육의 행사가 마치 거대한 컨베이어 벨트가 돌아가듯이 기계적으로 행해졌다.

　1941년 9월 29일에서 30일까지 단 이틀 동안 골짜기에서 살해당한 유대인의 수는 무려 3만 3,771명이었다. 학살을 주도한 것은 특수작전집단Einsatzgruppe C의 특별특공대Sonderkommando 4a였으며, 제45예비경찰대대와 정규경찰 제303경찰대대도 학살에 참여했다. 우크라이나 보조경찰 또한 독일 경찰을 도와서 희생자들을 학살 지점으로 안내했다. 3일 동안 3만 4,000명이 살해된 1941년 10월 '오데사 학살'과 이틀 동안 4만 3,000명이 살해된 1943년 11월 폴란드 '수확 축제 작전'과 더불어 나치 독일의 가장 악랄한 범죄로 손꼽힌다. 바빈야르 학살은 이것으로 끝이 아니었다. 1943년 9월까지 2년 동안 우크라이나인, 러시아인 포로, 집시 등 여러 대상자가 지속해서 이곳에서 살해되었다. 학자들은 대략 10~15만 명이 이곳에서 처형되었을 것으로 추측한다.

지하철역을 나서자마자 나는 깜짝 놀랐다. 많은 정보 없이 방문한 이곳이 지하철역 종점에서 한 정거장 떨어진 곳이거니와 처형 장소인 만큼 외지고 쓸쓸한 분위기일 것이며 여러 추모비와 십자가가 가득하리라 생각했다. 그러나 내 예상과 달리 이곳 국립역사기억보전공원 '바빈야르'는 일반 공원의 모습이었다. 지하철역 출입구가 공원 안 건물에 있어서 지하철을 나서자마자 여러 식당에서 맛있는 음식 냄새부터 풍겨 왔다. 건물을 나서자마자 눈 앞에 펼쳐진 것은 푸른 나무로 가득한 공원에서 아이를 데리고 온 가족들이 산책하면서 주말을 보내는 풍경이었다. 내가 방문한 날에는 하늘도 바다처럼 푸르렀고 햇볕마저 따사로워서, 정말 80년 전에 수만 명이 살해당한 그 장소에 와 있는 것이 맞는지 순간 당혹스러웠다.

일견 다른 평범한 공원과 크게 다르지 않은 모습이었지만, 천천히 둘러보니 여러 추모비가 눈에 들어오면서 무거운 분위기가 조심스럽게 다가왔다. 맨 처음 발견한 "1941년 바빈야르에서 총살당한 아이들에게"라는 문구가 새겨진 3명의 아이들

동상은 2001년에 세워진 것으로, 삶과 죽음의 경계선 안에서 이미 영혼마저 사라진 모습이었다. 바빈야르에서 그렇게 많은 사람이 살해당했는데도 3세 미만 아이들은 통계 수치에 제대로 포함되지 않았다. 특히 이런 아이들은 총탄이 아니라 몽둥이로 살해되거나 그저 생매장되었다고 한다. 이 참혹한 바빈야르에서 목숨을 건져 탈출한 아이들의 수는 두 손가락으로도 채 꼽을 수 없다고 한다. 오늘날 이스라엘 국기에도 들어간 다윗의 별과 함께 가지가 7개 달린 촛대인 메노라menorah를 새긴 비석에는 1941~1943년까지 독일에 점령당한 기간 중 이곳에서 유대인 수만 명이 살해당했다는 사실을 서술했다.

넓은 공터에는 가운데에 검은 철제 게시판을 열 개 가까이 만들어 놓고 당시의 사진과 함께 역사적 배경 설명을 전시했다. 위에서 말했듯이 이곳에서 유대인 3만 3,771명이 살해되었으며, 전쟁 기간에 유대인 7만여 명이 이곳에서 살해되었다는 내용이 있었다. 이곳에 나치 독일은 시레츠Syrets 강제수용소를 만들어 학살의 흔적을 지우려 했으나 학살 2주년이 되는 날인 1943년 9월 29일 수용소에서 대규모 반란이 일어났다. 안타깝게도 20명 정도밖에 탈출에 성공하지 못했고, 나치는 질서를 회복한 뒤 300명이 넘는 죄수를 처형했다고 한다.

그밖에 이스라엘 정부가 수여하는 칭호인 '열방의 의인The Righteous among the Nations'을 받은 우크라이나인 2,500여 명에 관한 사진도 있었다. '열방의 의인'은 유대인이 아니면서도 홀로코스트 때 유대인을 구하기 위해 목숨을 건 사람들을 일컫는 말로, 우크라이나인으로서 이 칭호를 받은 사람은 폴란드인, 네덜란드인, 프랑스인에 이어 네 번째로 많다. 가혹했던 나치 점령하에서도 죽음을 두려워하지 않고 어려움에 닥친 이웃을 도운 수많은 우크라이나인의 숭고한 정신에 절로 고개를 숙이지 않을 수 없었다.

지나가다가 2020년 10월에 설치된 〈거울 들판 Dzerkalne pole〉이라는 시청각 전시물을 발견했다(도판 1-9). 바닥은 지름 40미터의 원판 형태로 스테인리스강으로 만들어져 거울처럼 반질반질하게 비쳤고 그 위에 같은 재질로 된 원형 기둥 열 개가 솟았다. 기둥은 구멍으로 빼곡하게 뒤덮였는데 바빈야르 학살 때 사용된 총알과 동일한 구경이라고 한다. 기둥에는 스피커가 장착되어서 소리의 통로를 만들었는데, 바빈야르 희생자들 이름의 각 히브리어 알파벳에 해당하는 고유 숫자를 통해 그 이름들을 소리로 만들어 1920~1930년대 이디시어(유대인들이 사용했던 독일어 계통의 언어) 노래와 함께 섞었다고 한다.

이 전시물 근처 말고도 공원에서는 히브리어로 된 알 수 없는 노래와 방송이 계속 나왔는데, 계속 알 수 없는 웅얼거리

도판 1-9

는 듯한 방송을 듣자니 분명히 눈앞에는 푸른 하늘과 초록빛 나무와 들판이 펼쳐졌는데도 어쩐지 조금은 침울해진 느낌이 들었다. 길 건너편에는 〈나치즘의 희생자들에게〉라는 이름의 기념비가 있었다. 1976년 2월에 건설된 이 기념비에는 러시아어·우크라이나어·이디시어로 "이곳에서 1941년부터 1943년까지 독일 파쇼 침략자들에게 10만 명이 넘는 키이우 시민과 전쟁 포로가 총살되었다"라고 적혔다.

물론 소련 시기에는 유대인 학살을 대단히 의미 있게 기리지는 않았다. 소련 당국이 키이우 탈환 이후에 이곳에서 있었던 학살에 관해 기념비를 세우라고 명령하긴 했다. 그러나 그 기념비는 유대인 학살에 관해서만이 아니었는데, 전쟁의 희생자는 특정한 일개 민족이 아니라 총체로서의 형제적 소비에트 인민이어야만 했기 때문이다. 바빈야르를 포함한 키이우 외곽 구역은 모래 채석장으로 쓰였는데, 키이우가 확장하면서 많은 부분에 새로운 도로가 깔리고 거주지가 생기기까지 했다.

1961년 9월, 시인 예브게니 예프투셴코$^{Evgenii\ Evtushenko}$가 〈바비야르〉라는 시를 발표하면서 소련에서 큰 반향을 불러일으켰다. 이 놀라움이 가라앉기도 전인 1962년 12월, 작곡가 드미트리 쇼스타코비치$^{Dmitrii\ Shostakovich}$의 교향곡 제13번이 〈바비야르〉라는 이름으로 모스크바에서 초연되었다. 1966년에 작가 아나톨리 쿠즈네초프$^{Anatolii\ Kuznetsov}$가 잡지 《유노스트^{Iunost} (젊음)》에 발표한 소설 〈바비야르〉는 기존에 알려지지 않은 학살에 관한 정보까지 포함하고 있었다. 이런 지경이 되자 소련 당국도 이곳에 영구 기념비를 짓는 문제에 직면했고, 결국 건축 공모전을 실시했다. 우승한 작품이 여러 차례에 걸쳐 우크라이나공산당 지도부에게 거부당한 끝에 1976년에 되어서야 비로소 기념비가 세워졌는데, 앞에서 이야기한 〈나치즘의 희생자들에게〉라는 기념비가 바로 이때 세워진 것이다. 심지어 이디시어가 포함된 명판은 1991년에서야 만들어졌다.

우크라이나 독립 이후 바빈야르에 다양한 희생자 집단을 추모하는 기념비가 여러 곳에 설치된 것은, 소련 시절에 소련 인민이라는 단일한 피해자를 단 하나의 기념비로 기린 것과 비교한다면 매우 긍정적인 변화라 할 수 있을 것이다. 앞에서 이야기한 시레츠 강제수용소 수감자, 살해당한 어린이들, 나치에게 살해당한 병원 환자들, 나치에게 저항하도록 독려한 성직자들 등 여러 희생자를 위한 기념비가 세워졌다. 그러나 점차 우크라이나 민족 해방 투쟁이라는 맥락에서 바빈야르를 배치하려는 공직자들의 노골적인 시도가 계속되었다. 심지어 바빈야르 학살에도 참여한 극우 민족주의 조직인 우크라이나민족주의자단OUN의 단원들을 반나치 투쟁의 희생자라며 추모비를 세우기까지 했다. 당시 우크라이나 대통령인 빅토르 유시첸코Viktor Iushchenko는 OUN 관련 기념비를 만드는 계획을 승인했지만, 바빈야르에서 살해된 유대인 추모와 관련해서는 단 하나의 지시도 내리지 않았다. 오히려 유시첸코는 2007년 이스라엘을 방문하는 도중에 OUN이 제2차 세계대전에서 반유대주의 활동에 전혀 관여하지 않았다고 일방적으로 주장했다. 소련 시절에 바빈야르가 나치 독일에 맞서 싸운 소련 인민 전체의 희생을 상징하는 장소였다면, 이제 독립 우크라이나는 바빈야르를 소련에 맞서 우크라이나 독립을 위해 싸운 극우 민족주의자들의 희생을 상징하는 장소로 삼으려 한다.

지난 2008년 9월 23일, 프랑스 신문《르 피가로 Le Figaro》는 우크라이나인 학자 수십 명이 보낸, 유시첸코 대통령과 정부가 공포하는 우크라이나 역사에 반대하는 공개서한을 게재했다. 그리고 "바빈야르에서 키이우 시민들을 쏜 사람들, 볼린 Volyn에서 인종 청소에 가담한 사람들, 폴란드인과 유대인을 학살하고 벨라루스의 무고한 민간인들을 대상으로 징벌 작전을 수행한 사람들과의 화해를 우크라이나인들에게 강요하려는 관리들의 시도"에 관해 비판을 아끼지 않았다. 그러나 여전히 바빈야르에는 '가해자'를 '희생자'라고 강변하는 추모비가 다른 추모비와 함께 추모의 공간 한구석을 차지하고 있다.

가해자가 가해자로서의 자신의 과거를 인정하고 피해자에게 사죄해도 모자랄 텐데 오히려 스스로를 '독립 투사'라고 내세우다니 심정이 몹시 착잡했다. 이런 모습이 '열방의 의인'으로서 목숨까지 걸어가며 유대인을 살리려 노력했던 수천 명의 우크라이나인의 용기를 빛바래게 한다는 사실을 생각해본다면 정말 마음이 무거워지지 않을 수 없었다.

독립 광장과 유로마이단 봉기

우크라이나 최고회의 건물과 마린스키 궁전을 보고 나니 바로 길 건너편에 우크라이나 내각 건물인 우크라이나 정부 청사가 보였다(도판 1-10). ㄷ자 형태로 중앙 건물에 양 날개가 달린 모습의 고전 건축의 원칙을 사용한 웅장한 10층짜리 건물로 전면부가 반원형으로 안쪽으로 들어간 모습이다. 나치 독일의 군수전시생산부 장관이자 건축가였던 알베르트 슈페어 Albert Speer는 키이우 점령 이후 이 건물을 보고 무척 마음에 들

도판 1-10

어서 건축가를 초대하려고까지 했다고 한다.

애초에 소비에트 우크라이나의 수도는 동부의 하르키우였는데 1934년에 수도를 키이우로 옮기면서 당과 정부 기관이 상주할 건물이 여럿 필요했다. 원래 우크라이나 내무인민위원부NKVD가 들어가려 했지만, 계획이 바뀌면서 당시 우크라이나 정부이던 인민위원회의Radnarkom가 입주했다. 그 이후에도 전후 명칭이 바뀐 우크라이나 장관회의Radmin를 거쳐 현재 우크라이나 내각이 이용하고 있으니, 이 건물에 100년 가까운 우크라이나 정부의 역사가 밴 것이다.

그 이후에 미하일로흐루셰우스키 거리를 따라 북쪽으로 올라갔다. 왼쪽에 우크라이나 국립미술관, 우크라이나 역사연구소, 우크라이나 학술원 등 중요한 장소가 눈에 들어온다. 길 끝에 도달하니 18세기부터 있었던 유서 깊은 유럽 광장Ievropeiska ploshcha이 보인다. 격동의 역사를 겪은 우크라이나인만큼 이 광장의 이름도 일곱 번은 바뀌었는데, 유럽 광장은 1851~1869년까지 쓰인 이름이다. 소련 시절에는 제3인터내셔널(코민테른) 광장이었다가 코민테른이 해체되면서 스탈린 광장으로 바뀌었고, 스탈린 격하로 인해 최종적으로 레닌 콤소몰 광장으로 불렸다. 말이 광장이지 광장에 차량이 지나가게 된 지금으로서는 그저 교차로로 보인다.

이곳에서 왼쪽으로 꺾으면 흐레시차티크Khreshchatyk 거리가 나타난다. 우크라이나 키이우의 중심 거리로 십자가를 뜻하는 크레스트 혹은 흐레스트에서 온 이름인데, 놀랍게도 소련 시절부터 사용했다. 키이우가 1500년 이상의 역사를 지녔다고 하는데, 흐레시차티크 지역은 일종의 신시가지로 19세기에 와서야 개발되었다. 길이는 1.3킬로미터 정도이지만 키이우 시의회, 키이우 시행정청, 중앙우체국, 농업정책부, 중앙백화점 등 주요 시설이 들어섰으며, 북쪽 독립 광장Maidan nezalezhnosti에서 시작해서 남쪽 베사라비아 시장Bessarabskyi rynok에서 끝난다.

소련 시절에는 양대 국경일이라 할 수 있는 노동절(5월 1일)과 10월 혁명 기념일(11월 7일)에 이 거리를 따라서 여러 집회나 행진이 있었다. 지금 흐레시차티크 거리에는 각종 상점과 식당, 기념품 가게가 들어섰으며, 주말이면 길거리에서 콘서트도 열려 젊은이들은 여기저기서 자신만의 공연을 보여주곤 한다. 지하철역도 거리 북쪽에 1호선 흐레시차티크역과 2호선 마이단네잘레즈노스티(독립 광장)역의 환승역, 남쪽에 2호선 우크라이나의영웅들광장역(구舊 레프톨스토이광장역) 3호선 팔라츠스포르투Palats Sportu (스포츠 궁전)역의 환승역이 있어서 키이우 어디서든 지하철로 손쉽게 접근할 수 있다. 우크라이나의영웅들광장역 지하에서 베사라비아 시장 쪽으로 메트로흐라드Metrohrad 쇼핑몰이라고 불리는 무려 2만 평방미터에 달하는 커다란 지하 몰이 있어서 쇼핑을 즐기기에도 제격이다.

이쪽에 독립 광장이 있다. 19세기 말 맨 처음에는 흐레시차티크 광장이라는 이름이었으나, 그 이후 두마, 소비에트, 칼리닌(소련의 정치인) 광장 등의 이름이 번갈아가며 붙었고, 1977년에는 10월혁명 광장이 되었다. 그러다가 1991년에 우크라이나가 소련에서 독립하면서 독립 광장이라는 이름이 붙었다.

광장이라는 말은 우크라이나어로 러시아어 광장ploshchad과 비슷한 플로시차ploshcha라고 하는데, 다른 키이우 시내의 광장도 대부분 플로시차라고 부른다. 그런데 이 광장은 마이단maidan이라고 한다. 페르시아어로 '광장'을 뜻하는 메이던meydān에서 온 말이다. 광장 한가운데에는 원래 1977년에 만들어진 〈10월 대혁명 기념비〉가 있었지만, 1991년에 허물고 2001년에 새롭게 〈우크라이나 독립 기념비〉를 만들어 세웠다.

이곳에서 2013년, 유로마이단 봉기가 발생했다. 유로마이단의 지지자들에게는 민주화를 쟁취해낸 혁명으로 요즈음 우크라이나에서는 이 사건을 대단히 높여서 특히 2014년 2월에 일어난 5일간의 시위를 '존엄혁명Revoliutsiia hidnosti'이라 부른다. 반면 이 사건을 반대 관점에서 보는 사람들에게 이것은 쿠데타이며 국민투표로 집권한 대통령과 집권 세력을 미국의 지원을 받아 전복한 폭동으로 본다. 2004년에 일어난 오렌지 혁명*과 달리 유로마이단 봉기에 대한 관점은 정치적 입장에 따라 첨예하게 대립하고 있으며, 유로마이단을 어떻게 보느냐에 따라

---

* 2004년 11월 대선에서 여당 빅토르 야누코비치 후보가 승리하자 야당 빅토르 유시첸코 후보 지지자를 중심으로 이를 부정선거라 규탄하며 광범위한 시위가 일어났다. 결국 재선거를 통해 빅토르 유시첸코 후보가 당선되었다.

우크라이나의 현대사를 보는 관점과 정치적 견해가 달라진다고 해도 과언이 아니다.

이 사건에 관해 아주 간단히 이야기하자면, 2013년 당시 러시아와 유럽연합으로부터 차관을 받을 수 있었던 빅토르 야누코비치Viktor Ianukovych 정권이 러시아를 선택하자 이에 반발하는 친서방 시위대가 저항을 시작했고, 2014년 2월에 시위대와 경찰 사이에 발생한 끔찍한 폭력으로 100명이 넘는 사망자가 나온 끝에 야누코비치는 탄핵당했다. 그러자 이에 반발한 우크라이나 동부와 남부 지역에서 독립을 선언하는 등 저항이 거셌고, 크림반도는 주민투표 끝에 러시아에 합병되었다. 도네츠크주와 루한스크주에 세워진 두 인민공화국은 러시아의 지원을 받아 8년 동안의 기나긴 '돈바스 전쟁'을 시작했다.

내가 2018년에 처음 독립 광장을 찾았을 때는 사건이 발생한 지 4년이 넘어서인지 언론에서 보도하던 전쟁과 같은 사건의 흔적은 찾아보기 어려웠다. 다만 〈우크라이나 독립 기념비〉(도판 1-11)를 중심으로 여기저기 유로마이단 봉기 때 있었

도판 1-11

던 일들을 선전하는 게시판이 설치되어 있었다. 기념비는 다른 여러 유명 시설처럼 이런저런 낙서투성이였고, 정치 구호도 있었지만, 그저 관광객의 이름이나 현지인이 남긴 실없는 사랑 맹세도 있었다. 기념비 앞에는 어느 도시에나 유행처럼 놓여 있는 'I ♥ Kyiv' 조형물도 있었다.

5년 전에 있었던 치열한 싸움은 옛일인 듯 독립 광장에서 키이우 시민들과 관광객들은 휴일 한낮을 한가로이 보내고 있었다. 2021년 여름에 마지막으로 독립 광장을 찾았을 때 키이우는 더욱 평화로웠다. 3년 전 보았던 유로마이단과 '혁명' 선전판조차 다 사라졌고, 여전히 키이우 시민들은 다시 찾은 일상이 계속될 것인 양 그 시간을 오롯이 즐기고 있었다. 그 이후로 반년밖에 지나지 않아 이곳에 포탄이 떨어지고 미사일이 날아올 줄 누가 짐작했을까.

2013년 유로마이단 봉기는 1991년 이래로 우크라이나의 역사를 바꾼 가장 급격한 변곡점이었다. 10년이 지난 지금 우크라이나는 아직도 유로마이단이 가져온 혼란의 연속선상에서 헤매는 중이다. 유로마이단은 2004년 오렌지 혁명처럼 평화롭게 마무리될 수 없었던 것일까. 불가능한 일은 아니었지만, 그동안 지나버린 10년 동안 변화된 정치세력의 구조와 국제 정세, 그리고 사람들의 선택과 행동이 결국 나라를 산산조각 내는 비극으로 인도했다. 유로마이단 봉기와 돈바스 전쟁에 이어 러시아 침공으로 이어지는 이 기나긴 길 끝에 어떤 미래가 있을지 우리는 아직 알지 못한다.

2부 동부

U

K

R

A

I

N

E

2장
드니프로
정치와 경제를 이끄는 핵심

다시 찾아온 정겨운 도시

내가 드니프로시에 처음 발을 디딘 것은 2019년 여름이었다. 드니프로시 자체는 다음에 연구 때문에 오래 머물 기회가 있을 것이니 주변 도시에 있는 자포리자 댐이나 카먄스케의 브레즈네프 생가 등을 우선 돌아보려는 목적이었다.

이때 며칠 동안 머물렀던 곳은 기차역 바로 옆의 하타^{khata} 호스텔이었다. '하타'는 우크라이나어로 집을 뜻하는데 주로 작은 오두막집을 말한다. 당시에는 이곳 다인실에 머물면서 저녁에 몇몇 현지인과 술을 마셨을 뿐 드니프로 기차역 주변을 벗어나진 않았다. 낮에는 다른 도시를 돌아보고, 밤에는 호스텔에 머물렀기에 그때는 드니프로라는 도시를 거의 경험하지 못하고 떠났었다. 그러다가 우크라이나 문서고 및 도서관에서 박사논문에 필요한 자료 리서치를 오랫동안 준비해야 했기 때문에 다시 드니프로에 머무르게 되었다.

2020년 10월에 서울에서 출발한 나는 폴란드 바르샤바에서 환승해 키이우에 도착했다. 밤 기차를 타고 드니프로로 가는 여정은 대략 8시간 정도 걸렸다. 1년 전에 보았던 웅장한 드니프로 기차역은 여전했다. 역 앞에서 1번 트램을 타고 시 중심가로 향했다. 이번에 머물게 된 숙소는 트로이츠카Troitska 광장 거리에 있었다. '트로이츠카'는 우크라이나어로 삼위일체Triitsia 라는 말의 형용사다(원래는 우크라이나어로 붉은색을 뜻하는 체르보나Chervona 거리였는데 공산주의적 이름이라 몇 년 전에 바뀌었다). 집 주변에 삼위일체 거리와 삼위일체광장 거리가 따로 있어서 위치가 굉장히 헷갈렸다. 게다가 숙소는 네모난 구역의 안쪽에 있다고 지도상에 나와 있었는데 그 구역 안쪽으로 들어가는 길이 어디인지 확실치 않았다. 둘레가 몇백 미터는 되는 그 구역을 돌고 돌다가 간신히 들어가는 입구를 찾았다.

숙소는 거리의 좁은 골목 뒤에 허름한 건물들 사이에 숨어 있었다. 좁은 골목길에 차가 여러 대 있어서 통행을 방해했고, 옛 이름인 붉은 광장과 함께 화살표가 벽에 거칠게 스프레이로 그려져 있었다. 화살표를 따라 들어가면 넓은 마당 주위로 낡은 이층집들이 둘러싼 광경이 등장했다.

마당 중앙에는 빨랫줄 여러 가닥이 머리 위를 가로질렀고, 수많은 길고양이가 야옹거리며 애교를 부렸다. 이곳 사람들은 길고양이에 관대했다. 고양이들은 가끔 우리 집뿐 아니라 다른 집에도 놀러 가서 시간을 보내다가 가기도 했다. 집주인은 다샤 마슈코바라는 20대 여성이었는데 가끔 친구들을 불러 마당에서 파티를 하곤 했다. 나의 10개월간 우크라이나에서의 생활은 이 집을 중심으로 펼쳐졌다.

드니프로는 우크라이나에서 서너 번째로 큰 도시다. 제일 큰 도시는 수도인 키이우이고 그다음 큰 도시는 인구 150만 명이 살고 있는 하르키우다. 인구 100만 명인 드니프로와 오데사가 그 뒤를 앞서거니 뒤서거니 하며 경쟁한다. 드니프로시가 주도州都인 드니프로페트로우스크주는 인구 320만 명이 넘어서 전쟁 이전에는 440만 명의 도네츠크주에 이어 두 번째로 인구가 많았다. 지금은 전쟁으로 도네츠크주의 인구 유출이 많아서 아마 드니프로페트로우스크주가 우크라이나에서 제일 인구가 많은 주가 아닐까 짐작한다. 도네츠크시도 인구가 100만 명이라 원래 오데사와 드니프로와 비슷한 순위권에 있는데 현재는 우크라이나가 실효 지배를 하지 못하고 있다. 그다음 도시는 드니프로 바로 밑에 있는 자포리자로 인구 80만 명 정도이며, 서부 제1의 도시 르비우가 70만 명으로 그 뒤를 잇는다.

드니프로페트로우스크의 인구가 많은 이유는 이 지역이 우크라이나 최대의 산업 중심지이기 때문이다. 특히 철강산업을 비롯해서 파이프·공작기계·광업기계·농기계·압연금속제품 등의 제조업이 크게 발달한 우크라이나 최대의 중공업 중심지다. 특히 1950년대 이후에는 우주산업이 발달했는데 러시아어 이름으로 잘 알려진 유즈노예luzhnoe(우크라이나어로는 피우덴네Pivdenne) 설계국과 유즈마시luzhmash(우크라이나어로는 피우덴마시Pivdenmash) 공장이 유명하다(2011년에는 북한 첩보원들이 이곳의 로켓 설계도와 기술을 유출하다가 붙잡혀 징역형을 선고받은 일도 있었다). 도네츠크와 더불어 우크라이나 산업을 이끄는 곳이었지만, 역시 전쟁 이후로 도네츠크의 역량에 타격이 가해졌다. 그러므로 누가 뭐래도 드니프로페트로우스크야말로 현재 우크라이나 최대의 산업 중심지라 하겠다.

게다가 이곳은 정치 중심지이기도 하다. 소련 시절에는 '드니프로페트로우스크 마피아'라고 불릴 정도로 드니프로페트로우스크 출신 인물들이 소련 정치를 주름잡았다. 1964~1982년 소련공산당 총서기를 지낸 레오니드 브레즈네프^{Leonid Brezhnev}, 1980~1985년 소련 정부 수장인 장관회의 의장을 맡았던 니콜라이 티호노프^{Nikolai Tikhonov}, 소련공산당 서기 안드레이 키릴렌코^{Andrei Kirilenko}, 우크라이나공산당 제1서기 볼로디미르 시체르비츠키^{Volodymyr Shcherbytskyi} 등 수많은 정권의 핵심 인사가 이곳 출신이었다. 이 현상은 심지어 우크라이나 독립 이후에도 계속되었는데, 우크라이나 총리를 역임한 율리야 티모센코^{Iuliia Tymoshenko} 뿐 아니라, 현 대통령인 볼로디미르 젤렌스키도 드니프로페트로우스크주 출신이다.

우크라이나의 젖줄, 드니프로 강변

우크라이나는 산이 드문 국가답게 많은 강이 있지만, 가장 유명하고 중심이 되는 강은 바로 드니프로강(도판 2-1)이다. 러시아어로는 드네프르^{Dnepr}라고 하며 이에 따라 예전에는 러시아어 표기를 따라 '드네프르', 혹은 '드니에프르' 등 다양한 표기법으로 표시되었다. 영어판 위키백과에는 아직도 표제어가 러시아어에서 온 '드네프르^{Dnieper}'로 등재되어 있다. 벨라루스어로는 드냐프로^{Dniapro}라고도 한다.

러시아어와 벨라루스어 명칭을 모두 소개한 것은 드니프로강이 러시아에서 발원해서 벨라루스를 거쳐 우크라이나로 들어오기 때문이다. 이 강은 러시아 스몰렌스크에서 시작해 벨라루스 마힐료우^{Mahiliou}를 거쳐 수도인 키이우로 들어온다.

그 이후에 체르카시Cherkasy, 드니프로, 자포리자를 거쳐 헤르손을 지나 흑해로 접어든다.

드니프로강은 재미있게도 지금의 우크라이나 국토를 정확히 반으로 가른 지점을 따라 흐른다. 이 강을 경계로 정치적 지형도 바뀐다는 점은 흥미롭다. 한국 언론에도 잘 알려졌듯이, 강 좌안, 즉 동쪽은 친러이며 강 우안, 즉 서쪽은 친서방 형태를 띤다. 그 이유를 간단히 설명하면 동쪽은 러시아 역사와 아주 관계가 깊지만, 서쪽으로 갈수록 러시아와의 교차점이 점차 줄어들기 때문이다.

드니프로시는 드니프로강과 그 지류인 사마라강이 도시를 T자로 삼등분한 형태다. 그러나 도시의 중심은 서남쪽 부분이다. 이쪽에 모든 정치적 중심지와 주요 시설, 철도 등이 놓여 있다. 따라서 도시의 중심에서 보면 드니프로강이 북쪽에 있는데, 서쪽에서 동쪽으로 흐르다가 방향을 바꿔 남쪽으로 내려간다. 템스강이나 센강 같은 세계적으로 유명한 강들이 의외로 한강에 비하면 지천支川으로 보일 정도로 폭이 좁은 경우

도판 2-1

가 많은데, 드니프로강은 그 폭이 1킬로미터를 조금 넘기 때문에 한강 못지않게 폭이 넓고 큰 강이다. 더구나 댐이 많이 지어져서 저수지도 여럿 생겼기 때문에 더 폭이 넓은 경우도 종종 볼 수 있다.

드니프로시 드니프로강 상류에 웅장하게 들어선 건물이 드니프로의 '랜드마크'인 파루스Parus 호텔이다(도판 2-2). 흔히 이 호텔은 평양에 있는 류경 호텔과 비교하는데, 완공되지 않은 랜드마크라는 점에서 그렇다. 드니프로페트로우스크 출신 총서기 브레즈네프가 권력을 잡고 있던 1970년대 중반에 호텔 건설 계획이 수립되었다. 드니프로페트로우스크 출신의 우크라이나 영예건축가 볼로디미르 주예우Volodymyr Zuiev가 지휘를 맡았고, 600개에 가까운 객실과 600석의 레스토랑, 450석의 콘서트홀, 수영장, 주차장을 갖춘 28층의 대형 호텔이 될 예정이

도판 2-2

었다. 엄청난 액수의 건축 자금이 소요되었는데, 이는 브레즈네프의 특별한 '배려' 덕분에 가능했다. 그러나 브레즈네프가 사망하고 소련 경제가 어려워지자 1987년부터 사실상 호텔 건축은 중지되었다. 1995년에는 완전히 건축을 멈춘 상태로 현재까지 외골격만 남았다. 최근 드니프로시 당국은 이 호텔을 철거할 것이라 밝혔지만 전쟁 때문에 일정이 불투명해졌다.

파루스 호텔 근처까지 접근하는 것은 어렵지 않았다. 단지 펜스를 둘러놓아서 호텔에 들어갈 수는 없었다. 독립 이후에 페인트칠을 했는지 우크라이나 국기 색깔로 칠해져 있었다. 사실 이 나라에는 건축물부터 계단 난간에 이르기까지 어디에나 파랑-노랑 조합의 페인트칠이 보인다. 멀리서 봤을 때는 웅장해 보였지만 가까이 접근하자 앙상한 콘크리트 골조가 눈에 띄었다. 그나마 우크라이나 국기 색의 페인트도 빛이 바래서 더욱 쇠락한 모습이 측은해 보였다. 건물 중간층에 "타냐 ♥ 아르투르 TOGETHER FOR LIFE!"라는 검은 페인트 낙서가 인상적이었다. 도대체 저 한복판에 어떻게 글씨를 쓴 걸까? 이런 종류의 폐허가 그렇듯이 아마 밤중에는 젊은이들의 놀이터가 되나 보다. 언제 한 낙서인지는 모르겠지만 타냐와 아르투르는 정말 평생 이어졌을까 하는 실없는 생각이 들었다.

드니프로 강변은 한국 도시의 강변만큼 잘 정비해놓았는데, 강을 따라 여러 식당이 영업하고 있었다. 포장 음식만 파는 것이 아니라 정찬을 파는 식당들이 드니프로강의 멋진 풍경을 보여주는 강변에서 손님들을 받았다. 드니프로 시민들은 날이 따뜻해지면 강변에서 일광욕을 즐기거나 가족끼리 즐거운 시간을 보냈다. 봄이 되면 어디에서 준비했는지 모를 1인용 쿠션과 소파가 잔디밭에 널려 있었다. 많은 시민이 소파에 누워서 일광욕을 했고, 특히 남자들은 웃통을 벗고 햇볕을 쬐는 모습도 볼 수 있었다. 바닥이 잘 정리되고 포장되어 있어서 운동하는 사람들도 많았다.

드니프로 강변에는 소련 시절에 만들어진 여러 기념물이 전시되었다. 주로 대조국전쟁(1941~1945) 관련 기념물이다. 소련에서는 1812년 나폴레옹의 침략을 물리친 전쟁을 조국전쟁이라고 부르고, 나치 독일의 침략을 물리친 전쟁을 대조국전쟁이라고 부른다. 대조국전쟁에서 무려 2,700만 명의 소련인이 희생되었는데, 이는 제2차 세계대전 전체 희생자의 절반이 훨씬 넘는 수치. 전쟁 기간에 매일매일 쉬지 않고 하루에 2만 명씩 사망했다는 말이다. 나치 독일을 물리친 빛나는 승리 이면에는 이러한 끔찍한 참상 또한 있었다.

파루스 호텔에서 동쪽으로 내려가면 소련영웅 니콜라이 스타시코프 Nikolai Stashkov 의 흉상이 근엄한 자태를 취하고 있다. 헤르손에서 태어난 스타시코프는 1926년에 드니프로페트로우스크로 이주해서 '스파르타크' 공장에서 일했으며 드니프로페트로우스크 금속연구소에서 공부했다. 1941년 전쟁이 발발하고 우크라이나 전역이 나치 독일의 군홧발에 짓밟히자, 스타시코프는 드니프로페트로우스크주 지하위원회 제1서기직을 맡았다. 지하위원회는 게릴라 및 빨치산 활동을 통해 침략자들과 맞서 싸웠다. 1942년 나치 독일이 운용하려 했던 드니프로페트로우스크 지역의 수많은 공장에 사보타주가 가해졌고, 경작지 중 절반에서 곡물을 수확하지 못했다. 그해 7월, 스타시코프는 파블로흐라드 Pavlohrad 시장에서 발각되었고 총상을 입으면서도 탈출하려 했지만 결국 게슈타포에 체포되었다. 스타시코프는 혹독한 고문을 당했지만 지하조직에 관해 침묵을 지켰고 결국 1943년 1월 26일에 총살당했다. 1945년에는 그에게 소련영웅 칭호를 수훈했다. 스타시코프의 흉상을 보고 있자면 얼마나 많은 우크라이나 사람들이 나치 독일의 침략에 맞서 영웅답게 항전했는지 생각하게 된다.

드니프로강을 계속 따라 동쪽으로 내려가면 큰 하중도가 있다. 소련 시절에는 콤소몰 섬으로 불렸는데 2015년에 수도원 섬으로 이름이 바뀌었다. 멀리 조그만 성당 하나가 보이는데, 이 성당은 소련 해체 이후인 1999년에 지어졌다. 섬으로 건너는 큰 다리는 상당히 높아서 강으로 뛰어들지 말라는 경고 메시지가 담긴 표지판이 있었다. 다리를 건너서 걸어가니 우크라이나를 대표하는 문학가인 타라스 셰우첸코 Taras Shevchenko 상이 거대하게 서 있었다(도판 2-3). 사실 우크라이나를 처음 방문했을 때는 잘 몰라서 레닌인가 하고 몇 번 착각도 했다. 둘 다 민머리에 수염을 기른 캐릭터이기 때문이다. 그러나 현재 우크라이나에 있는 레닌 및 공산주의 관련 인물들의 기념물은 철저하게 파괴된 상태다.

도판 2-3

섬 안쪽으로 들어가니 가족들 단위의 방문객들이 길을 가득 메웠다. 섬 안쪽에 수영을 할 수 있도록 백사장이 마련되어 있었기 때문이다. 주변의 몇몇 식당에서는 음식을 팔았다. 나는 홀로 와서 딱히 수영할 준비도 되지 않아 구석에 앉아 시원한 생맥주를 몇 잔 마셨다. 연인들도 있는 것 같았지만 가족끼리, 특히 아이들을 데리고 온 사람들이 압도적으로 많았다.

드니프로에는 강남과 강북을 잇는 두 개의 주요 다리가 있다. 서쪽에 있는 기차역 부근의 다리는 정식 명칭이 아무르 다리라 하는데 1884년에 개통되었다. 러시아 제국 시기에는 기차역 부근이 도시의 중심이었기 때문이다. 동쪽에 있는 지금 도시 중심부에 가까운 다리는 1966년에 개통되었고 '위대한 10월 50주년 기념 다리'라는 긴 이름을 지니고 있었다. 앞서 말했듯 소련권에서 10월이라는 말은 무조건 1917년 10월 혁명을 말한다. 지금은 물론 단순하게 '중앙 다리'라고 불린다. 그러나 시민들은 아무르 다리를 옛 다리로, 중앙 다리를 새 다리로 부른다고 한다.

드니프로시의 중심 거리는 소련 시절에는 카를마르크스 대로라 불렸지만 지금은 지역 역사학자 드미트로 야보르니츠키Dmytro Iavornytskyi의 이름으로 바뀌었다. 그러나 사람들이 여전히 카를마르크스 대로라 부르는 것은 새 이름이 무려 7음절이나 되기 때문일 것이다. 이 거리는 기차역에서부터 강변과 평행을 이루며 강이 흐르는 방향으로 직선으로 쭉 이어진다. 이곳을 따라가면 지하철 연장 공사 현장이 이어진다. 1995년에 일부 개통된 지하철 1호선 노선을 연장하는 중인데, 개통한 지 30년이 가까운 지금까지 연장 구간은 완공되지 않았다.

도시의 중심 광장의 이름은 '마이단의영웅들 광장 Ploshcha Heroiv Maidanu'이라 한다. 2014년에 이 이름을 얻기 전에는 당연히 소련의 수많은 도시처럼 '레닌 광장'이라 불렸다. 이곳에는 레닌 동상이 있었으나 유로마이단 봉기와 돈바스 전쟁 발발 이후 철거되어서 지금은 흔적조차 없다.

드미트로야보르니츠키 대로는 점차 오르막길로 향한다. 경사가 45도쯤 되는 가파른 길이다. 오르다 보면 중간에 드니프로 세무대학이 보이고 더 올라가면 드니프로페트로우스크 주 도서관이 눈에 띈다. 도서관에서 공부할 때 주로 트램을 타고 다녔는데, 이상하게도 내려오는 트램은 중간에 세무대학 앞에서 정차하는 정류장이 있는데 올라가는 트램에는 중간 정류장이 없어서 오르막길 초반에 타면 1킬로미터나 중간에 멈추지 않고 도서관까지 쭉 올라가야 한다. 트램에서 내리면 간단하게 핫도그와 커피 등을 파는 간이식당이 있어서 도서관을 방문하기 전에 커피 한 잔을 꼭 사곤 했다. 이 도서관에는 특히 소련 시절에 드니프로페트로우스크에서 우크라이나어나 러시아어로 발행된 지역 공산당 신문이 보관되어 있어서 연구를 위해 자주 찾았다.

도서관에서부터는 다시 완만하게 내리막길이다. 드니프로페트로우스크주 역사박물관이 있고 그 앞에는 러시아 언어학자인 미하일 로모노소프 Mikhail Lomonosov의 동상이 서 있다. 조금 더 내려가면 대조국전쟁 때 나치에게서 드니프로페트로우스크를 해방하는 데 일조한 소련영웅이자 전차부대 중장中將이었던 예핌 푸시킨 Efim Pushkin을 위한 전차 기념물이 서 있다.

대로의 끝에는 '영원한 영광 Vichna slava'이라는 거대한 기념비

도판 2-4

가 있다(도판 2-4). 기념비는 동쪽으로 흐르다가 사마라강과 만나 남쪽으로 방향을 튼 드니프로강을 바라보고 있다. 대조국전쟁 승리 20주년 즈음, 건립이 논의되기 시작해 1967년에 세워진 이 기념비는 높이 29.5미터에 달한다. 기념비 위쪽 옆에 있던 낫과 망치는 어느 순간에 제거되었다. 매년 5월 9일 전승절 때마다 시민들은 이 기념비를 방문해서 헌화하고 조상들의 영웅다운 투쟁과 희생을 기린다.

현지인과 함께하는 공장 탐험

2021년 4월 어느 날. 며칠 전부터 집주인 다샤의 집에는 모스크바에서 놀러 온 러시아 친구가 머물러 있었다. 나는 2주마다 금요일이 되면 문서고 분관, 속칭 당(黨)문서고 partarkhiv에서 연구를 했다. 오후 3시쯤에 문서고 문이 닫혀서 집에 오는 길에 KFC에 들러 치킨윙 바스켓을 사 먹는 게 나의 소소한 즐거움이었다.

그날도 치킨을 사 들고 오는데 집 앞에서 다샤를 만났다. 다샤는 뜬금없이 자기 친구와 같이 드니프로의 공장을 둘러보러 가자고 제안했다. 잠시 당황했지만 현지인이 안내해주는 드니프로시 탐방은 놓칠 수 없는 기회였다. 드니프로시에 있는 3대 금속공장은 레닌 공장, 페트로우스키 공장, 카를리프크네히트 공장이다. 당시 내가 매일 보던 사료에서 뻔질나게 등장하던 이 공장들을 직접 눈으로 볼 수 있다고 하니 가슴이 두근거렸다.

이 공장으로 가는 지하철을 타기 위해 다샤와 함께 트램을 타고 기차역으로 향했다. 소련에서는 인구 100만 명이 넘는 도시에 지하철을 건축했는데 드니프로페트로우스크는 이미 1979년에 인구 100만 명이 넘었다. 1980년에 첫 계획을 수립했을 때는 무려 4호선까지 있는 야심찬 프로젝트였다. 그러나 불운하게도 공사가 시작되자마자 소련은 경제 위기를 겪었고, 1988년 고르바초프가 이곳에 와서 지하철 완공을 약속했음에도 결국 소련은 해체되고 말았다. 1995년에 간신히 6개 역을 개통했지만, 남은 구간은 30년 가까이 흐른 지금도 공사 중이다. 2018년에 시 당국은 2023년까지 남은 구간을 개통하겠다고 선언했지만, 가뜩이나 전쟁까지 발발하게 되면서 드니프로 지하철의 미래는 알 수 없게 되었다.

우리는 트램을 타고 기차역에 도착한 다음 바로 앞에서 지하철로 들어섰다. 앞서 키이우 지하철에처럼, 옛 소련에서는 동전같이 생긴 제톤을 넣고 지하철을 탄다. 모스크바나 키이우, 하르키우 같은 대도시에서는 슬슬 교통카드로 바뀌었지만, 벨라루스 수도인 민스크 등에는 제톤과 카드를 혼용하고, 드니프로 같은 지방 도시에서는 제톤만 사용할 수 있다.

이어서 드니프로 지하철의 제일 동쪽 역인 보크잘나역에서 지하철을 탔다. '나[na]'라는 여성형용사 어미가 붙은 우크라이나어 '보크잘'은 기차역이라는 뜻이다. 우리가 내린 곳은 자

보드스카Zavodska 역으로, 직역하면 공장역이다. 키이우에서도 키이우 국립대학이 있는 곳의 지하철역 이름을 직역하면 그냥 대학역인데, 레닌 공장과 페트로우스키 공장이 있는 곳이 공장역인 것은 가히 이 둘이 드니프로를 대표하는 공장이기 때문이 아닐까 싶다.

소련에서 제일가는 금속공장이었기에 처음에는 굉장히 기대가 컸지만, 자세히 보니 기대와 다른 부분도 많았다. 당연히 일반인으로서 마음대로 공장 안을 헤집고 다닐 수 없으니 주변에서 공장을 살펴보기로 했다. 페트로우스키 공장 주변에는 폐건축 자재나 쓰레기가 산더미처럼 쌓여 있었고, 황량할 정도로 아무것도 없었으며, 버려진 폐허처럼 보였다. 한국이었다면 하다못해 '함바집'이라도 여럿 있었을 텐데 이곳 노동자들은 공장 안에서 식사를 해결하는가 싶었다. 황야를 뚫고 가는 느낌으로 가까이 접근해서 언덕 위로 올라가니 공장의 일부 시설이 한눈에 들어왔다. 공장 굴뚝에서 때때로 연기나 불이 뿜어 나오면 우리는 좋아하면서 사진을 찍었다(도판 2-5).

도판 2-5

걷다 보니 드니프로 코크스 화학공장에 도달했다. 1929년에 건설된 이곳은 소련의 명목상 국가원수이던 미하일 칼리닌 Mikhail Kalinin 의 이름을 따서 칼리닌 공장이라 불렸다(2010년에 페트로우스키 공장 산하로 들어갔다고 한다). 소련 시절에 만들어졌음 직한 금속노동자의 모습을 그린 모자이크화가 인상 깊게 다가왔다. 사진을 찍고 있으니 갑자기 경비아저씨가 나와서 사진을 찍으면 안 된다고 경고했다. 그와 잠시 이런저런 이야기를 나눴는데, 소련 말기에 나태해진 노동 규율에 관해서 몇몇 에피소드를 들을 수 있었다. 금요일 퇴근 시간 무렵에 방문했기 때문에 사람이 없는 것은 당연한 일일지도 모르겠지만, 정문에서 흘깃 안쪽으로 살펴본 공장 안은 말소리 하나 들리지 않고 조용했다.

레닌 공장은 기찻길 북쪽에 있었다. 상당히 넓은 부지에 여러 시설로 가득한 모습을 보니 과연 큰 공장이구나 싶었다. 그래도 너무나 주변이 정돈되지 못한 풍경에 의문이 들었다. 공장만 보아도 사실 1980년대 소련 시절에서 더 발달하지 못한 외관이었는데, 주변 모습은 더 오래된 시대에서 발전이 없는 듯했다. 예전 스탈린 시기에 쓰였을 법한 낡은 건물들도 있었고, 우크라이나의 무슨 관청, 공공시설의 명패가 붙은 건물들도 있었는데 문제는 그 건물들도 100년은 되어 보여서 정말 이 건물이 그 용도로 사용되고 있는지 의문만 들었다는 점이다. 그밖에 버려진 건물들이 가득했는데, 도대체 왜 이 도시에서 가장 큰 공장 주변을 이렇게 방치하고 있는지 궁금해졌다. 소련에서 제일 큰 제철소가 있는 곳이었는데 소련 시절에도 주변이 이랬는지, 아니면 소련 해체 이후에 관리 소홀로 이렇게 된 것인지도 알고 싶었다.

공장 주변을 보고 나서 다시 기차역으로 걷기 시작했다. 지금 드니프로의 중심 거리는 기차역으로부터 동쪽으로 꽤 떨어져 있지만, 애당초 러시아 제국 예카테리노슬라프 Ekaterinoslav 였던 시절 이 도시는 이 기차역을 중심으로 뻗어나갔다. 그래서 오래된 건물이나 19세기 풍의 건축은 이 주변에 많다. 지금의 하얀 대리석 기차역 이전 도시 최초의 기차역이었던 건물도 아직 있었고, 그밖에 초기 예카테리노슬라프 시절 중요하게 쓰이던 건물들도 지금도 대학 등으로 잘 사용되고 있다. 드니프로 오르간챔버음악관은 마치 성당처럼 생긴 건물 외관처럼 애당초 성당으로 지어졌으나, 스탈린 시기에 폐쇄되어 공장 건물로 쓰이다가 소련 해체 직전에 새로이 음악 시설로 재개관했다고 한다. 이 주변에는 특히 우크라이나 정부에서 문화재로 지정한 건물들이 많이 있는 듯했는데 시간이 별로 없어 아쉽게도 모두 훑어보진 못했다.

이제 끝나겠거니 싶었던 산책은 계속되었다. 다샤와 그 친구는 생각보다 철인이었다. 현지인이 아니라면 몰랐을 숨어 있는 철교를 통해 기찻길을 건너 기차역 북쪽을 탐험하기 시작했다. 기차역 북쪽을 1시간은 더 걷고서 다시 다리를 건너 기차역 앞으로 넘어와 트램을 타고 집으로 돌아오니 출발한 지 4시간 가까이 지나 있었다.

소련 후기 로큰롤 문화

6월이 되니 영하 20도를 넘나들던 겨울이 도대체 언제였는지 기억도 나지 않았다. 집에는 에어컨은 물론이거니와 선

풍기도 없어서 한낮에는 가만히 있어도 온몸에 땀이 절로 배어 나왔다. 후텁지근한 어느 날, 다샤가 나에게 저녁에 놀러 갈 시간이 되냐고 물었다. 어디로 가냐고 묻자 '현대예술의 축제'라는 거창한 이름을 단 곳이긴 한데 그냥 공연도 보고 맥주도 한 잔 하는 곳이라고 했다. 코로나 때문에 우크라이나 사람들과의 만남에 항상 굶주려 있던 나는 해가 슬슬 기우는 저녁 즈음에 다샤를 따라 집을 나섰다.

도착한 곳은 겉으로 보기에 높이가 2층 정도였지만 면적 자체는 큰 건물이었다. 나중에 찾아보니 드니프로 현대문화센터였다. 입구에서 돈을 내니 한국의 클럽처럼 손목에 밴드를 채워줬다. 맥주 한 병은 공짜라고 했다. 맥주를 손에 들고 이곳저곳 탐방하듯이 돌아다녔는데 상당히 구조가 복잡했다. 높은 건물은 아니었지만, 미로처럼 복잡하게 꼬여 있어서 넓이가 더욱 넓어 보였다.

단순히 술 먹고 춤추는 곳을 예상했는데 조금 다른 모습이었다. 어떤 방에서는 밴드가 공연 중이었고, 어떤 방에서는 미술 작품을 전시하고 있었다. 미술 작품도 더 전통적으로 보이는 그림들이 걸려 있기도 했고, 불을 다 꺼놓고 한쪽 벽에 영상을 틀어놓는 공간도 있었다. 평범한 카페처럼 테이블과 의자가 놓인 방에서는 젊은이들이 옹기종기 모여 앉아 이야기를 나누고 있었다. 평일 저녁이었는데도 수백 명 정도가 이 공간에서 시간을 즐기고 있었다. 사람들을 만나 이런저런 이야기를 하다가 이 행사의 기획자인 슬로베니아 류블랴나 출신의 현대 미디어 예술가 마르틴 바라가[Martin Baraga]를 만나 교분을 맺기도 했다.

드니프로의 젊은이들은 언제부터 이런 문화를 즐기며 흥겨운 시간을 보냈을까? 몇몇 사람들은 아마 소련 시절에는 억압적인 체제 때문에 오로지 '공식' 문화만 가능했고 이러한 문화를 1991년 독립한 이후에야 비로소 접할 수 있었다고 생각할지도 모른다. 한국 사람들이라면 북한 사람들이 남한의 문물, 즉 K-드라마나 K-영화, K-팝 등을 들으면 처벌당한다는 소식에 익숙할 것이기 때문이다. 이른바 '철의 장막'을 둘러치고 문을 꽉 걸어 잠그며 자본주의의 '반동적' 문화 침투에 철저하게 맞서고 이를 받아들이는 인민들을 탄압하는 모습이 우리가 전형적으로 사회주의 국가들의 문화정책에 관해 떠올리는 생각이다.

그러나 그런 단편적인 모습으로만 소련에서의 문화생활을 그려낼 수는 없다. 물론 소련이 문을 활짝 열고 당대의 많은 서방의 문화를 모두 적극적으로 받아들이지는 않았다. 그러나 이미 스탈린 시기부터 재즈와 같은 서방 음악이 알음알음 유통되었고, 1953년 스탈린 사후에는 흐루쇼프가 집권하면서 문화적 해빙을 내세우자 서방 문화는 더욱 급속도로 소련에 들어오기 시작했다. 1964년 흐루쇼프가 실각하고 브레즈네프가 집권했지만, 그 뒤로도 계속 서방 문화는 소련 젊은이들의 삶 속에서 중요한 부분을 차지했다. 다시 말해 소련인들은 제2차 세계대전 이후 공식적 혹은 비공식적으로 쭉 서방 문화를 접했던 것이다.

소련 당국 또한 단순히 이를 탄압하지만은 않았다. 사회주의 체제가 자본주의 체제의 대안이었듯이, 서방 '부르주아' 문화의 대안으로서 어떻게 사회주의 대중문화를 만들어갈 것인가의 문제는 소련 지도부에게 항상 큰 고민거리였다. 인민들이 문화생활에서 계속 새로운 요구를 하고 있었기에, 소비에트 국가는 복잡한 구성으로 이루어진 거대한 국가에 문화적 헤게모니를 확립하고 새로운 사회주의 문화와 새로운 소비에트형 인간을 창출하려고 애썼다. 이런 와중에 소련에 들어온 재즈나 로큰롤과 같은 서방의 문화를 어느 정도 허용하면서, 소련에서는 국가가 후원하는 사회주의적 유희가 성행했다.

소련 일반인들이 보기에 소련의 문화산업은 우리가 지금 생각하는 것만큼 억압적이지 않았고 대중의 요구에 더 잘 반응했다. 소련 사람들은 공식 문화를 즐김과 공시에 비공식적 문화의 즐거움도 누렸다. 소련 젊은이들 사이에서는 비틀스나 핑크플로이드, 딥퍼플 같은 서방 록 그룹의 인기가 드높았고, 공식 문화를 즐기도록 한 장소에서 서구식 댄스나 금지된 재즈 음악이 행해지기도 했다. 소련 당 간부들은 젊은이들의 선호를 파악하려고 애쓰면서 즐거움과 엔터테인먼트를 강조하고 젊은이들 스스로 클럽 활동을 조직하도록 초대함으로써 젊은이들의 요구를 만족시키려 했다.

이러한 국가가 후원하는 대중문화의 형성은 어느 정도 성공적이었고, 젊은이들도 열정적으로 이러한 활동에 참여했다. 흐루쇼프와 브레즈네프를 거치며 해빙과 보수적 '후퇴' 사이에서 정책은 계속 지그재그로 왔다 갔다 했는데, 자발성과 의식성이라는 소비에트 문화 정책에서의 오래된 길항 관계는 소련 시절 내내 계속되었다. 흔히 브레즈네프 시기를 '후퇴'의 시기로 보고 있지만, 오로지 후퇴만 있었던 것은 아니었다. 클럽 조직에서 젊은이들의 풀뿌리식 주도권은 제한했지만, 한편으로는 클럽에서 제공하는 엔터테인먼트의 종류는 확대했으며 여기에는 심지어 해빙기 때조차 금지되었던 몇몇 서방의 대중문화도 포함했다.

드니프로페트로우스크의 경우도 소련의 다른 지역과 크게 다르지 않았다. 그곳은 특히 로켓 산업의 발달로 인해 1959년부터 외국인에게 문을 닫은 비밀 도시였다. 이처럼 닫힌 도시에도 수도인 모스크바나 서부 우크라이나의 국경 도시 르비우를 통해 음악 레코드판 등이 유통되었다. 1950년대 중반부터 재즈가 크게 유행하면서 1960년대에 콤소몰 관리들은 새로운 문화 소비 형태의 대안으로 재즈를 후원했다. 1960년대 중반에 로큰롤이 드니프로페트로우스크에 들어왔지만 1960년대 말까지는 그렇게까지 유행이 퍼지지 않았다. 당시 그곳 젊은 이들은 도어스, 크리던스클리어워터리바이벌 등 오직 4개 그룹 정도의 음악을 들었다. 1956년 흐루쇼프에 의한 스탈린 격하 이후 드니프로페트로우스크 젊은이들은 민족자결권을 긍정하는 레닌주의적 민족주의의 원칙으로 돌아가자며 어느 정도의 우크라이나 민족의식에 눈을 떠서 우크라이나어로 노래하기도 했다.

1970년대 초에는 딥퍼플과 같은 서방의 하드록 그룹과 영화가 드니프로페트로우스크 젊은 남녀 노동자와 여러 사회 집단에서 인기를 끌었다. 이렇게 서방 음악에 빠지게 되면서 비틀스 등을 신봉하거나 혹은 동아시아 종교, 아니면 록오페라 〈지저스 크라이스트 슈퍼스타Jesus Christ Superstar〉 등을 통해 기독교에 빠지기도 했다. 소련 당국은 1960년대 말부터 공식 소비에트 록 그룹을 만들도록 하거나 아니면 제한적으로 '서방' 밴드의 음악을 허용하는 등의 조치를 취했으나, 드니프로페트로우스크 관리들이 이런 명령에 눈살을 찌푸리며 모스크바와 거리를 두게 되는 결과도 낳았다. 흥미로운 점은 1960년대와는 달리 드니프로페트로우스크 젊은이들 사이에서 러시아어가 더 많이 쓰였는데, 서방 문화를 접하는 통로가 주로 모스크바에서 오는 라디오 방송이나 러시아어로 쓰인 잡지, 각종 정기간행물이었기 때문이다. 이를 통해 대중문화의 점진적 러시아화가 발생해서 1970~1980년대 우크라이나 록 그룹은 우크라이나어를 버리고 대부분 러시아어로 노래했다.

1970년대 후반은 디스코와 펑크록의 시대였다. 중앙 콤소몰 기관은 젊은이들의 문화 소비를 관리하기 위해 당시 유행하던 디스코텍을 후원했다. 이는 서방 음악과 공산주의 이념을 결합한 새로운 문화의 발달과 제고를 위해서였다. 그러나 흥미롭게도 드니프로페트로우스크 콤소몰과 노동조합은 위에서의 요구를 만족시키기 위해 불법적으로 암시장에서 서방 음악을 구해야 하는 처지가 되고 말았다. 암시장과 관리들 사이의 이러한 수익성 높은 관계가 시작되면서 관리들은 훗날 드니프로페트로우스크의 자본주의적 기업의 창시자가 되었다.

1980년대 초에는 반反펑크음악 캠페인이 일어나서 크래시나 섹스피스톨스의 펑크 음악을 국제적 신파시즘으로 간주하기도 했다. 그러나 일부 콤소몰 당, 심지어 KGB 관리들은 금지된 '파쇼 펑크 음악'을 포함한 서방 음악을 들으며 음주 파티에 탐닉하곤 했다. 무엇보다도 이런 파티는 돈줄이 되었다. 1980년대 중반 이후 고르바초프의 페레스트로이카^{Perestroika} 기간에 상업화의 맛을 본 콤소몰은 입장권과 술 판매로 엄청난 이

익을 봤다. 이것 역시 훗날 독립 우크라이나의 기업적 자본의 중요한 원천이 되었다.

'닫힌' 도시 드니프로페트로우스크는 닫힌 도시가 아니었다. 후기 소련 시기 내내 드니프로페트로우스크는 서쪽으로는 르비우와 동유럽, 북쪽으로는 모스크바, 레닌그라드, 발트 3국을 통해 서방과 연결되어 있었다. 그러나 이 '열린' 도시에서 소비에트 당국은 새로운 소비에트 문화 창출에 실패하면서 스스로 무덤을 파게 된 꼴이었다. 서방 문화에 관한 소련인들의 애호와 동경을 기반으로 한 각종 부패의 만연, 그리고 이른바 '제2경제'라 불리는 지하 경제의 성장은 이미 독립 우크라이나, 자본주의 우크라이나를 착실하게 준비했다고 해도 과언이 아니었다.

거리 이름으로 살펴보는 탈공산주의법

박물관은 도시가 성장한 역사와 맥락이 압축적으로 드러나는 곳이기 때문에 어떤 나라, 어떤 지역을 방문하든 찾을 가치가 있다. 거리 한복판에서 사람, 건물, 풍경과 마주하며 공기를 들이마시는 일이야말로 여행을 할 때 가장 중요하겠지만, 박물관은 밖에서는 볼 수 없는 그 장소의 깊은 속을 들여다볼 수 있게 하는 현미경 역할을 한다. 당연히 이러한 박물관은 어떤 도시나 국가가 자신들을 바라보는 관점 또한 명징하게 보여주고 있기에 더욱 흥미로운 장소이기도 하다. 특히 우크라이나의 박물관은 가기 전부터 상당히 기대하고 있었는데, 우크라이나의 복잡다단한 역사를 해석하는 방식, 그리고 소련의 역사를 대하는 태도, 2014년 이래로 악화한 러시아와의 관계가 어떻게 박물관에서 드러날지 매우 궁금했기 때문이다.

드니프로에 있는 박물관의 정식 명칭은 드니프로 드미트로야보르니츠키 국립역사박물관이다. 앞서 이야기한 대로 이 도시의 중심 거리인 드미트로야보르니츠키 대로를 따라 쭉 언덕길을 올라가면 나온다. 소련에서는 이런 지역 박물관을 상당히 잘 만들어놓았는데 각 지역의 모든 역사와 생태를 망라해 놓았다. 예컨대 많은 박물관이 선사시대부터 시작하며 각 지역의 지리적 특징과 고유한 동식물에 관해서도 알려준다. 일종의 자연사박물관도 겸하는 셈이다. 그러면서 토기라든가 각종 석기 등이 등장하면서 인간의 역사가 시작된다.

드니프로 박물관에서도 시간순으로 여러 전시관에서 드니프로의 역사를 다루고 있었다. 마지막 전시관에 들어선 순간, 나는 깜짝 놀랄 수밖에 없었다. '골리앗에 맞서서'라는 표제로 전시된 것은 제2차 세계대전 당시 나치 독일과 협력한 극우 파쇼 민족주의 조직인 우크라이나민족주의자단[OUN] 및 그 산하의 무장조직으로 민간인 학살을 저지른 우크라이나봉기군[UPA]의 주요 인물이었다(도판 2-6). OUN은 극단적인 '배타적 민족주의'를 기반으로 해서 우크라이나의 민족정체성을 '핏줄'에서 찾는 인종주의를 이념으로 삼아 러시아인이나 폴란드인, 유대인과 같은 타자를 우크라이나 땅에서 모두 '물리적'으로 제거하고 우크라이나인들의 민족국가를 세우겠다는 강령을 내세웠다. 스테판 반데라[Stepan Bandera]는 이러한 조직인 OUN의 지도자였고, 로만 슈헤비치[Roman Shukhevych]는 대략 10만 명의 폴란드인들을 학살한 할리치나-볼린 학살의 주동자였다. 이런 학살자들을 '골리앗(소련)'에 맞선 영웅으로 묘사하며, "자유는 절

도판 2-6

망의 다른 한편에서 시작된다" 같은 미사여구를 붙여 홍보하는 일은 우크라이나 역사를 공부한 나로서는 정말 상상조차 하기 힘든 일이었다.

그 이후에 나는 우크라이나 여행을 가게 되면 꼭 박물관을 들러 보겠다고 결심했다. 우크라이나 도시를 스무 곳 넘게 돌아다니면서 코로나 때문에 문을 닫은 일부 박물관을 제외하고 거의 모든 역사박물관을 돌아보았다. 나는 우크라이나 지역 박물관이야말로 혼란스러운 우크라이나의 정체성 문제를 잘 보여주는 하나의 전형이라고 생각한다. 앞에서 이야기한 바와 같이 우크라이나 역사는 다른 나라 역사와 달리 선형적이지 않다. 키예프 공국에서 시작한 역사는 서부의 루스계 공국들이 폴란드와 리투아니아에 합병될 때까지 지속되다가 끝나고, 동부 자포리자 지역의 코자크 국가에서 '새로이' 우크라이나 역사의 맥이 이어졌다. 흑해 남부 도시들은 러시아 제국이 건설한 도시들로 1919년 이전까지 우크라이나 땅이었던 적이

한 번도 없었다.

복잡한 우크라이나 역사를 어떻게 평가할 것인지에 관해 독립된 지 30년이 지난 지금까지도 우크라이나 정부는 어떤 지침을 아직 마련하지 못했다. 거의 모든 박물관에서 어수선하고 정리가 덜 된 느낌을 지울 수 없었다. 드니프로 박물관만 하더라도 1930년대 스탈린 혁명 이후의 전시관은 폐쇄하고 아직 '리모델링'을 진행 중이었다. 르비우 역사박물관 같은 경우가 최악이었는데, 그저 폴란드 왕국의 왕과 왕족들 초상화를 수십 점 전시해놓고 폴란드어와 우크라이나어로 설명을 달아놨을 뿐이었다. 어떤 박물관은 소련 시절의 역사를 그대로 두기도 하고 제거해버리기도 했으며, 또 다른 박물관은 단지 1932~1933년 대기근에 관한 자료나 독소전쟁 당시 UPA에 관한 내용만 추가하기도 했다. 절반 정도는 돈바스 전쟁에 관련된 여러 무기나 장구류, 우크라이나 국기 등과 함께 진열하기도 했다.

2020~2021년에 방문한 우크라이나 박물관들은 공통으로 두 가지 테마를 전시하고 있었는데 하나가 앞에서 말한 '골리앗에 맞서서'이고, 다른 하나는 시대별 우크라이나 군복 전시회였다. 우크라이나 역사의 시작부터 현재까지 시기별로 속해 있는 군인들의 군복을 시쳇말로 '코스프레'를 하고 포스터를 만들어서 전시한 것이다. 그런데 놀랍게도 외세의 지배를 받던 여러 시기, 예컨대 제1차 세계대전 시기 오스트리아-헝가리 제국 소속의 우크라이나총병대의 군복까지도 '우크라이나군'의 군복으로 전시했으면서, 20세기에 70년 넘게 존재했던 우크라이나소비에트사회주의공화국은 전시되지 않았다.

제2차 세계대전 때 전쟁 범죄를 저지른 UPA의 군복은 충실하게 재현했는데도 말이다. 이 '군복의 역사'에서 1919~1991년까지 우크라이나의 역사는 사라진 상태였다. 이는 각종 외세의 지배뿐 아니라 민간인 학살을 저지른 극우 민족주의 조직도 '우리 역사'로 포용하지만, 소련 시절은 '우리 역사'가 아니라고 부인하는 것이나 마찬가지였다. 나라에서 운영하는 박물관에서 공식적으로 20세기의 70년 역사를 지워버리고 그 자리를 극우 민족주의 역사로 대신해도 되는 것일까.

유로마이단 봉기와 돈바스 전쟁 이후로 우크라이나의 분위기는 점차 극우화하고 있다. 예컨대 "우크라이나에 영광이 Slava Ukraini!" 같은 구호도 있다. "우크라이나에 영광이!"로 시작하면 "영광이 영웅들에게 Heroiam Slava!"로 끝나는 구호다. 전쟁이 발발하자 우크라이나를 지지한다며 수많은 사람이 길거리에서나 혹은 인터넷에서 아무 생각 없이 "우크라이나에 영광이!"를 외쳤다. 그런데 문제는 이 구호가 앞에서 이야기한 OUN의 경례 구호라는 것이다. OUN은 이 구호를 외치며 폴란드인과 유대인을 학살하는 범죄를 저질렀다. 그런데도 이 구호는 2018년부터 우크라이나군의 공식 경례 구호로 쓰이고 있다. 마치 현재 독일 연방군이 오른손을 높이 올리며 "지크 하일 Sieg Heil!"을 외치는 격이다.

혹자는 예전에 어떤 집단이 그 구호를 썼든지 "우크라이나에 영광이, 영광이 영웅들에게"라는 말 자체에는 인종차별이나 극우적 메시지가 없기에 아무 문제가 없다고 말할 수 있다. 그러나 언어라는 것은 역사적·사회적이며 합의의 산물이다. 그 구호 자체가 순수해서 쓰일 수 있다면 왜 독일에서는 "지크 하일!"이나 "하일 마인 퓌러Heil, mein Führer!"라는 구호를 금기시하는지 생각해볼 필요가 있다. 문구의 뜻으로 보면 단순히 "승리 만세!"나 "나의 지도자 만세!"라는 뜻일 뿐이고 전혀 인종과 관련된 의미가 아니다. 나치의 상징으로 유명한 하켄크로이츠Hakenkreuz 깃발도 사실 고대부터 여러 문명권에서 상징적으로 쓰인 유서 깊은 문장이며 동아시아 불교에서는 아직도 '卍자' 형태로 잘만 쓰인다. 그러나 많은 나라에서 나치 경례 구호나 하켄크로이츠 깃발은 엄격하게 사용을 금지한다. 우크라이나에서 과거 극우 민족주의 조직이 사용했던 상징이 널리 사용되는 현상에 관해 전쟁 전까지는 우려를 표했던 세계 언론도 전쟁 발발 이후에는 침묵을 지키는 것으로 보인다.

어떤 사람은 우크라이나에서 극우 정당의 지지율이 낮다는 이유로 우크라이나의 '나치화'가 사실이 아니라고 한다. 그러나 이 책을 내기로 마음먹었을 때 어떤 선생님께서 나를 응원해주시며 나에게 던지신 질문이 갑자기 떠오른다. "독일 사회민주당SPD이 만약 나치가 하던 일을 그대로 한다면 독일에 나치당이 따로 존재할 필요가 있을까?" 우크라이나 전역의 박물관에서 공통으로 파쇼 집단인 OUN, UPA를 칭송하고 그들의 만행을 감추고 있으며, 과거 실제로 학살을 저지른 극우 민족주의자의 상징이 나라 안에서 공식적 위치를 획득하고 거리낌 없이 여기저기서 사용된다. 그렇기에 단지 극우 정당의 지지율이 낮다는 현상만으로 우크라이나의 사회문화적 분위기를 예단하는 일은 어쩌면 피상적 판단일지도 모르며 오해를 낳을 수도 있어 보인다.

1991년 소련 해체 이후 우크라이나는 러시아처럼 아주 '약간'의 점진적 탈소비에트화de-Sovietization를 거쳤다. 러시아에서도 레닌그라드가 다시 상트페테르부르크로, 스베르들로프스크Sverdlovsk가 예카테린부르그Ekaterinburg로 돌아갔듯이, 돈바스의 즈다노프Zhdanov 시가 다시 예전의 마리우폴이라는 이름으로 돌아왔고, 특히 서부를 중심으로 몇몇 공산당 지도자들의 기념비를 철거했다. 그러나 어떤 면에서는 발트해 국가들이나 중앙아시아 국가들보다 우크라이나의 탈소비에트화는 철저하지 못한 편이었다. 여전히 많은 도시의 중심에는 러시아에서처럼 레닌 동상이 그 위용을 뽐냈고, 대개 동상이 위치한 곳 또한 이름이 레닌 광장이었다.

그러나 유로마이단 봉기 이후 우크라이나 전역의 레닌 동상이 끌어내려지기 시작했다. 2015년부터 우크라이나 정부는 '탈공산주의법'이라 불리는 일련의 법안을 통과시켰다. 과거 공산주의 시절의 수많은 기념물을 철거하고, 공산주의와 관련 있는 도시 이름을 비롯해서 도로나 광장, 다른 시설들의 이름을 바꿨다. 드니프로페트로우스크의 이름 자체가 혁명가 페트로우스키에서 왔기 때문에 도시 이름은 페트로우스키의 이름을 제외하고 강 이름과 똑같은 드니프로가 되었다. 그러나 주 이름은 그대로 드니프로페트로우스크로 남았는데, 주 이름을 고치려면 헌법을 고쳐야 해서 손을 댈 수 없었다.

드니프로의 중심 거리는 카를마르크스 대로에서 일반인들에게는 생소한 드니프로 출신 역사가의 이름을 딴 드미트로야보르니츠키 대로가 되었다. 내가 살았던 집을 둘러싸고 있는 붉은광장 거리는 삼위일체광장 거리로, 카를리프크네히트 거리는 미하일로흐루셰우스키 거리로 바뀌었다. 또한 러시아의 소설가 고르키^{Gorkii} 거리는 올하^{Olha}대공 거리로, 레닌그라드 거리는 야로슬라우현공 거리로, 레닌 거리는 보스크레센스카 (부활) 거리로, 모스크바 거리는 볼로디미르모노마흐 거리로, 러시아 혁명가 플레하노프^{Plekhanov} 거리는 볼로디미르대공 거리로, 러시아 혁명을 기념하는 10월광장 거리는 성당광장 거리로 바뀌었다. 철저하게 러시아 및 소련 시절의 흔적을 뺀 것처럼 보인다.

그러나 우크라이나의 역사는 러시아 및 소련의 역사와 떼어놓을 수 없는 불가분의 관계다. 과연 어디까지 거부할 수 있고 어디까지 받아들일 수 있단 말인가? 예컨대 러시아의 시인 블라디미르 마야코프스키$^{Vladimir\ Maiakovskii}$의 이름을 딴 마야코프스키 거리의 이름은 그대로였다. 비록 볼셰비키와 완전히 의견이 일치하지는 않았지만 러시아 혁명을 상징하는 대표적인 인물이 마야코프스키임에도 그 이름이 남아 있는 것은 희한한 일이다. 그리고 유리 가가린$^{Iurii\ Gagarin}$의 경우도 그렇다. 가가린은 러시아 스몰렌스크에서 태어나 사라토프에서 교육받았고 우크라이나와는 전혀 관계가 없다. 그러나 많은 우크라이나 도시에 아직 가가린의 이름이 쓰이고 있고 하르키우에는 지하철역 중 가가린(우크라이나어로 하하린)대로$^{Prospekt\ Haharina}$역이 있다. 수백 년 동안 러시아와 우크라이나는 씨줄과 날줄이 엮이듯 어느 것이 완전히 러시아적인 것이고, 어느 것이 완전히 우크라이나적인 것이라 구별하기 어려운 역사를 만들어왔다. 이러한 역사적 배경 속에서 우크라이나인과 러시아인들은 서로를 완전한 '남'이라 생각하지 않았고, 속된 말로 네 것 내 것 구분 없이 지금까지 지냈던 것이다.

흥미롭게도 탈공법脫共法 이후 거리 이름을 고친 지도 6~7년이 지났지만, 현지인들은 여전히 이전 이름을 사용하고 있었다. 앞에서 말한 것처럼 우크라이나의 버스는 대개 우리나라의 승합차보다 조금 더 큰 정도인데 하차 벨이 따로 없다. 정류장에 세워 달라고 이야기하거나, 아니면 현지인 같은 경우는 주로 자기가 내려야 할 곳의 거리 이름을 이야기한다. 내가 매일 문서고에서 버스를 타고 퇴근할 때 하차했던 거리 이름은 스타로코자츠카Starokozatska, 한국어로 번역하면 '옛 코자크', 혹은 '늙은 코자크'란 뜻이었다. 그러나 버스에서 그 이름을 외치는 사람은 들어본 적이 없었다. 다들 소리 높여 다소 불온한 옛 거리 이름인 콤소몰을 버스 기사에게 외쳤다.

게다가 우크라이나의 행정 집행력은 당국의 의지에 미치지 못했다. 심지어 드니프로페트로우스크는 우크라이나에서 가장 부유한 곳임에도 그랬다. 시내의 중심 거리에는 여전히 카를마르크스 대로의 이름이 붙은 명판이 대놓고 여기저기 있었는데, 세련된 폰트와 새 재질을 볼 때 21세기에 들어서 새로 만든 명판으로 보였다(도판 2-7). 문서고 앞의 세탁소 가게

도판 2-7

간판에는 대놓고 옛 거리 이름인 스탈린그라드의영웅들 Heroiv Stalinhrada 대로의 이름이 있었다. 공식적으로 코자크 반란자 보흐단흐멜니츠키 Bohdan Khmelnytskyi 대로로 바뀌었지만, 사실 간판의 주소가 옛 주소라는 이유로 시에서 간판을 교체하는 비용까지 지원해주지는 않았을 것이다.

시내 중심과 문서고가 연결되는 거리는 독일 혁명의 지도자 카를 리프크네히트 Karl Liebknecht의 이름이 붙은 거리였지만, 우크라이나 '국부'의 이름을 따 미하일로흐루셰우스키 거리로 바뀌었다. 그러나 여전히 소련 시절에 만들어져 50~60년은 지나 보이는 낡고 녹슨 카를리프크네히트 거리의 명판은 단 하나도 교체되지 않은 채였다. 이래서야 행정상으로 거리 이름이 바뀌었다 치더라도 현지인들이 이름이 바뀐 사실을 알 방법이 없다. 명판을 교체할 정도의 예산과 집행력이 부족하고 사람들도 옛 명칭을 자연스럽게 쓰고 있는데 과연 언제쯤 탈공법은 효과를 보게 될까.

전쟁이 시작되고 여러 기사에서 우크라이나가 더욱 철저한 탈러시아화, 탈소비에트화를 추구하고 있다는 내용을 보았다. 이 사례가 너무 많아서 하나하나 열거할 수는 없지만, 예컨대 2022년 5월에 수도인 키이우에서도 추가로 100여 곳의 장소명을 더 바꿨다고 하며, 2023년 1월에는 서부 우크라이나의 루츠크에서도 화학자 드미트리 멘델레예프 Dmitrii Mendeleev와 핵물리학자 이고르 쿠르차토프 Igor Kurchatov 등의 이름이 들어간 17곳의 거리명을 바꿨다고 한다. 과연 우크라이나에서 가장 부유한 곳인 드니프로페트로우스크에서도 수년 동안 달성하지 못한 지명의 탈러시아화, 탈소비에트화를 이 전쟁 기간에 서부의 가난한 루츠크에서 달성할 수 있을지 의문이다. 게다가 그동안 알려지지 않은 우크라이나의 숨은 위인 이름으로 바뀐다면 모르겠지만, 우크라이나의 극우 민족주의를 상징하는 이름이라면 더욱 문제가 심각하다.

2022년 11월, 우크라이나 중서부의 도시 빈니차Vinnytsia 시의회는 러시아의 소설가 이름을 딴 레프톨스토이 거리를 OUN의 지도자 스테판 반데라의 이름으로 바꿨으며, 빈니차 공항에는 유대인과 폴란드인을 학살한 UPA의 장군 이반 트레이코Ivan Treiko의 이름을 붙였다고 발표했다. 러시아와 소련의 흔적을 지우기 위해 그 자리에 죄 없는 민간인을 참혹하게 학살한 자들의 이름을 새겨넣는 게 과연 올바른 일일까.

3장
하르키우
전쟁을 견디고 부흥한 첫 수도

장염과 폭설의 추억

드니프로에서 북쪽으로 220킬로미터쯤 가면 우크라이나 제2의 도시 하르키우가 나온다. 2019년에 드니프로 여행을 마치고 모스크바로 돌아가려다가 드니프로에서 모스크바까지 가는 직행열차가 매진되어 하르키우까지는 버스를 타고 하르키우에서 기차로 갈아타기 위해 잠시 들른 적이 있었다. 아무리 돈바스 전쟁 이후라지만 러시아-우크라이나 국경을 넘는 열차는 운행되던 시절이었다.

드니프로에서 버스를 타고 하르키우까지는 4시간 정도 걸린다. 버스 정류장 근처에 있는 지하철역 가가린대로에서 세 정거장 지나 남역南驛, Pivdennyi Vokzal에서 내리면 웅장한 기차역이 나온다. 현금 결제만 가능한 역 건너편에 있는 술집에서 맥주와 저녁을 먹었는데 무엇을 잘못 먹었는지 장염에 걸려 기차 안에서 밤새 끙끙 앓다가 모스크바에 도착한 다음부터 며칠 고생했던 기억이 난다.

두 번째 하르키우 방문은 2021년 1월 말의 추운 겨울날이었다. 하르키우 기차역 남쪽의 한 '호텔'을 숙소로 예약하고, 2년 전처럼 드니프로 버스터미널에서 버스를 타고 지하철역에서 내려서 지하철을 타고 기차역에 도착했다. 그때는 제톤을 사용해서 지하철을 탔는데 이번에는 초록색 교통카드가 있어서 하르키우 방문 내내 편하게 지하철을 이용할 수 있었다.

숙소에 도착해 짐을 풀고 나니 저녁 먹을 시간이 지나 있었다. 간단하지만 따뜻하게 먹을 수 있는 음식을 찾아 나섰다. 재작년 여름에 갔던 일명 '장염 식당'이 목적지였는데, 아직도 현금 결제만 가능했다. 당황해서 근처 식당을 찾아 지도를 검색해보니까 '장염 식당'에서 ㄴ자로 끝나는 곳에 조지아 식당이 하나 있었다. 숙소까지 편도로 30분쯤 걸리는 거리를 걷기 시작하니 갑자기 폭설이 내리기 시작했다. 눈이 온다는 것은 기온이 영하로 떨어졌다는 것일 텐데. 과연 오늘 밤 난방 없이 잠을 자도 무사할지 걱정되었다. 눈을 맞아가며 간신히 식당에 도착하니 빈자리가 없을 정도로 인파가 바글바글했다. 맛이 보장되는 식당 같았는데, 이번에는 음식 포장이 안 된다는 것이었다.

난방도 안 되는 숙소에서 집 앞의 맥도날드 햄버거 세트나 사 먹어야 하나 싶어 검색해보니, 숙소 반대 방향으로 조금 더 가면 러시아어로 야로슬라프스키[Iaroslavskii] 라는 식당이 있다고 나왔다. 이러다가 하르키우 시내를 횡단하는 거 아닌지 모르겠다는 불안감이 들었지만, 다른 대안이 없었다. 몇 블록을 걷고 또 걸어서 식당에 도착해 안경과 모자에 수북하게 쌓인 눈을 털어내면서 음식 포장이 된다는 이야기를 들으니 그야말로 하늘에서 동아줄이 내려온 느낌이었다.

보통 우크라이나 식당에서 포장 음식을 기다리면서 맥주 한 잔씩 마시는 편인데, 메뉴판을 보다가 주변을 살펴보니 여러 종류의 와인을 정수기 물통에 각각 담아놓은 광경이 눈에 들어왔다. 예전에 몰도바 키시너우^{Chişinău} 나 조지아 바투미^{Batumi} 에서 여러 번 봤던 광경이었다. 음식을 기다리면서 드라이한 와인 한 잔을 주문해 마셔 보니 가끔 마트에서 사 먹는 와인보다 훨씬 맛이 있었다. 분명 플라시보 효과겠지만 와인에 관해서 잘 모르다 보니 역시 직접 담근 와인이라서 뭔가 맛이 다르다고 그저 고개를 끄덕일 수밖에 없었다.

포장 음식을 들고 숙소까지 걸어가는데 하늘이 무너진 것처럼 폭설이 쏟아졌다. 몇 걸음 걷지도 않았는데 신발이 다 젖고 안경알에 내려앉은 눈 때문에 앞을 보기 힘들었다. 다음날 온종일 젖은 신발을 신고 걸어 다니는 일이야 피할 수 없겠지만 빙판길이나 되지 않기만을 바랐다.

거센 눈발을 뚫고 간신히 숙소에 도착해서 방에 들어서니 바깥 온도와 전혀 다르지 않은 실내 공기에 허탈한 웃음이 터졌다. 편도로 한 20분 넘게 걸어서 수프가 다 식을까 걱정했는데, 다행히 우크라이나에서는 대개 국물 용기를 은박지로 다시 한 번 싸주기 때문에 포장을 뜯자 따뜻한 김이 모락모락 올라왔다. 하슐라마^{khashlama} 라는 이름의 양고기가 들어간 수프에 지금은 정확히 기억나지 않는 고기로 만든 케밥을 먹었는데 배 속에 들어가자마자 정말 문자 그대로 몸이 사르르 녹는 기분이었다. '살기 위해' 보드카를 조금 마셔서 잠은 쉽게 들었지만, 새벽에 눈과 코가 너무 시려서 잠에서 깨고 말았다. 다행히 뜨거운 물로 샤워를 할 수 있어서 간신히 언 몸을 녹였다.

헌법 단지로 보는 하르키우의 역사

다음날 지하철을 타고 1호선 헌법광장Maidan Konstytutsii 역에 내렸다. 이 이름이 붙은 것처럼 역 주위에는 헌법 광장이 있다. 1659년에 만들어진 오래된 광장으로, 광장을 둘러싼 건물들도 하르키우의 역사를 그대로 보여준다. 애초에 이곳에는 매년 8월마다 성모안식聖母安息 시장이 열리기 때문에 정기시장이라는 뜻의 우크라이나어 '야르마로크Iarmarok'(러시아어로는 '야르마르카Iarmarka') 광장으로 불렸다. 그리고 혁명 이후 1975년까지는 볼셰비키 혁명가 모이세이 테벨료프Moisei Tevelev*의 이름을 따 테벨료프 광장이라고 불렸다. 1975년부터는 소비에트우크라이나 광장으로 이름이 바뀌었다. 바로 그해에 지하철역이 만들어지면서 역 이름을 '소비에트', 우크라이나어로 '라댠스카Radianska'라고 했다. 뒤늦게 2015년에 지하철역 이름이 헌법광장역으로 바뀌었는데, 우크라이나어 '라댠스카'의 명사형인 '라다'는 소비에트를 뜻하기도 하지만 의회를 뜻하기도 하기 때문이다.

이곳 광장에는 1975년에 소비에트우크라이나 광장으로 이름을 바꾼 것을 기념하여 〈우크라이나 소비에트 권력 선언을 기리는 기념비〉를 세웠으나 2011년에 철거했다. 적색 화강암으로 만든 18미터 높이의 기념비에는 우크라이나에서 열린 소비에트 대회 대표인 노동자, 농민, 병사, 수병 등 남녀 다섯 명

---

* 1917년에 러시아사회민주노동당 하르키우 위원회에서 활동하면서 적위대 창설, 노동조합 조직, 신문 《프롤레타리아》 창간 등 활발한 활동을 하다가, 1918년 독일군에게 붙들려 살해당했다.

과 함께 붉은 깃발에 "권력이 인민들에게", "토지가 농민들에게", "모든 권력이 소비에트로"와 같은 구호가 새겨져 있었다. 그리고 기념비 앞에는 "1917년 12월 24~25일 하르키우에서 제1차 전全 우크라이나 소비에트 대회가 개최되었고, 그곳에서 우크라이나소비에트사회주의공화국 창설을 선언했다"라는 문구가 쓰여 있었다. 당연히 소련 해체 이후에 철거했고, 그 이후에 2012년에 새로 만든 독립 기념비가 〈비상하는 우크라이나〉다(도판 3-1). 회색 화강암 기단 위에 청동으로 만든 구체를

도판 3-1

올리고 역시 청동으로 만든 그리스 신화의 승리의 여신 니케를 설치했다. 총 높이는 16.5미터다. 기단 앞에는 우크라이나 국장國章을 붙였는데, 그 바로 밑에는 극우 민족주의 구호인 "우크라이나에 영광이"가 모습을 드러내고 있어서, 이 구호는 정말 우크라이나 전역에 퍼져 있다는 실감이 들었다.

지하철 헌법광장역은 2호선 역사박물관Istorychnyi muzei 역과 환승된다. 한국에서는 무조건 환승역은 대부분 몇 개의 노선이 거치든 이름이 똑같지만, 소련의 영향을 받은 지하철 시스템에서는 환승역이라도 이름이 같은 경우가 드물기에 주의해야 한다. 어쨌든 헌법광장역과 역사박물관역은 한국식으로는 같은 역인데, 헌법 광장 한가운데에

역사박물관이 있기 때문에 각 역에 하나씩 이름을 붙인 것 같았다.

박물관의 외관은 우크라이나의 기존 건물들과 독특하게 다른데, 전면부 절반 전체를 유리로 덮어버린 모습이었다. 물론 우크라이나에도 한국에서 속칭 '유리궁전'이라 부르는 외장재를 유리로 쓴 현대식 건축물은 많이 있지만, 이렇게 기존 건물의 절반에 새로 유리로 된 겉 건물을 덧씌운 형태는 처음 보는 것이었다.

하르키우는 1654년에 요새로 처음 건설되어 러시아 제국 시기에 산업 및 문화 중심지로 크게 발달했다. 코자크가 형성한 군사 행정 정착촌은 러시아 정부가 보호하는 반자치적 지위였으며 권리와 특권을 누렸기에 친러시아적 성향을 보였다. 예카테리나 2세가 1765년 코자크의 특권을 폐지하고 현縣, guberniia 을 설치했으며, 1835년에는 이름이 하르키우현으로 바뀌었다. 18세기 말에 우크라이나 동부를 중심으로 있었던 코자크 헤트만국, 우크라이나 남부의 크림 칸국, 우크라이나 서부의 폴란드-리투아니아 연방이 모두 소멸하고 러시아의 지배를 받으면서, 하르키우는 이제 조국을 수호하는 변경의 요새가 아니라 무역 및 행정 루트의 요충지로서 자리 잡았다. 돈바스의 석탄이 개발되고 철도도 놓였으며 각종 행정기관, 대학, 법원 등이 세워졌다.

역설적인 사실은 러시아 제국이 우크라이나 지방 전체를 영토화한 후부터 소비에트 시절까지 200년 넘도록 하르키우는 제국의 '심장부'였으나, 우크라이나 독립 이후로는 350년 전 처음 도시가 건설되었을 때처럼 국경지대 '변경'으로 되돌아갔다는 점이다. 실제로 하르키우는 러시아 국경과 불과 30킬로미터 정도밖에 떨어져 있지 않다. 게다가 러시아와 전쟁을 치르면서 이곳은 지속해서 군사적으로 압박을 받고 있다.

하르키우 역사박물관에 들어서니, 특이하게도 선사시대부터 시작하는 다른 우크라이나의 지역 박물관과 달리 20세기 전쟁으로 박물관 전시를 시작했다. 제1차 세계대전을 거쳐서 제2차 세계대전으로 넘어갔고, 특히 하르키우 공방전과 관련해서 자세한 내용을 전시하고 있었다. 하르키우가 워낙 하르키우(러시아어로 하르코프 Kharkov) 공방전으로 잘 알려진데다가 독소전쟁 동안 군사적 중요성이 대단히 컸기 때문일 것이다. 이 기간에 독일군에게 살해당하거나 강제 이주를 당하는 등 하르키우 사람들의 힘겨운 삶의 모습도 생생했다. 그 이후에는 '재건 이후 하르키우'라는 제목으로 1943~1991년까지 일반 시민들의 삶을 전시해놓았는데 볼 것이 많았다. 당시의 부엌이라든가 옷차림(도판 3-2), 심지어 빨래판을 비롯해, 텔레비전, 라디오, 재봉틀, 자전거 등 소소한 물품까지 다양한 종류로 갖췄다. 심지어 가가린과 우주여행 부분에서는 우주비행사들이

도판 3-2

사용했던 우주식량까지 전시했다.

그 이후에 하르키우 사람들이 만든 도자기나 여러 미술품 전시와 어느 박물관에나 있는 우크라이나의 독립 이야기를 다룬 내용, 그리고 석기시대의 유물들이 일부 전시했다. 그러나 이렇게 20세기에만 집중된 박물관은 그 이후에도 여러 박물관을 가봤지만, 이곳이 유일했다. 십중팔구 다른 우크라이나 지역 박물관처럼 독립 이후 어떻게 스스로의 역사를 전시해야 할지 혼란을 겪고 있기 때문일 것이다(이 글을 쓰면서 하르키우 역사박물관을 인터넷에서 검색해보니 현재 임시 휴업 중이었다). 우크라이나에서 러시아의 침략으로 소련과 대조국전쟁의 의미가 폄하되는 지금, 이를 중심으로 완성된 박물관의 전시 내용을 그대로 유지하기 힘들어서 '빨간 물'을 더욱 빼는 작업을 하는 게 아닐까 염려되었다.

역사박물관을 보고 나오니 해가 져서 헌법 광장에 독립 기념비를 둘러싼 조명에 빛이 들어왔다. 다시 한 번 광장을 둘러보는데 놀랍게도 제1차 세계대전 때 쓰였을 법한 영국제 초기 전차와 소련제 전차 T-34-85, 각종 대포 포신이 마치 박물관을 수호하듯이 둘러싼 대열로 놓여 있었다. 박물관에 들어가기 직전에도 흐린 날씨에 눈이 아주 살짝 내렸는데, 안에 있는 동안 새로 눈이 왔는지 전차 위에는 눈이 조금 더 쌓였다.

숙소로 돌아가는 지하철을 타러 가면서 예전에 본 드라마 〈제5공화국〉을 떠올렸다. 그리고 헌법 광장이 상징하는 의미를 살펴볼 때 헌법을 파괴하는 반란군이 있다면 전차를 몰고 가서 머리통을 다 날려버리겠다는 단호한 헌법수호의 의지를 나타내는 것이 아닐까 하는 실없는 생각에 빠져들었다.

기억 단지 '영광'과 하르키우 공방전

아침에 시내에서 간단히 식사를 했다. 아마 점심을 제때 먹기 힘들 것이라는 생각에 맥도날드에서 파는 맥모닝 세트와 카샤^{kasha}라는 죽까지 시켜서 든든하게 배를 채웠다. 그다음에 버스를 잡아타고 도시 북쪽으로 향했다.

우크라이나 북쪽 도시 수미의 형용사형인 숨스카^{Sumska} 거리는 헌법 광장에서 시작해서 막심 고르키 공원까지 이어졌다. 도로는 다시 하르키우 도로라는 이름으로 바뀐 채로 계속 동북쪽으로 나아간다. 버스에서 내리니 어제 밤새 내린 눈으로 인도는 어디가 포장도로인지 모를 정도로 하얗게 빛났다. 약간 녹은 눈은 밟을 때마다 질퍽질퍽하게 신발 틈으로 들어와 양말을 흠뻑 적셨다. 발걸음마다 아무도 밟지 않은 눈에 허우적대며 도착한 곳은 도시 외곽의 기억 단지 '영광'^{Memorialnyi kompleks Slavy}이었다.

소련 어느 도시를 가든 이러한 기억 단지와 영원의 불, 전사자 명단이 있다. 전화戰火가 미치지 못한 우랄산맥이나 시베리아, 중앙아시아 또한 마찬가지였다. 예전에 러시아 친구를 만나러 친구가 사는 모르도바^{Mordova} 자치공화국의 한 도시인 코빌키노^{Kovylkino}를 방문한 적이 있다. 그곳에도 역시 전사자들을 위한 추모비가 세워져 있었다. 제2차 세계대전 당시 코빌키노의 인구는 5,000명에 불과했다. 그러나 내가 본 전사자의 이름은 수백 명은 족히 됨직했다. 실제로 독일군의 발길이 닿지 않았던 마을만 해도 이 정도 비율로 희생자가 많았다. 전선과 수천 킬로미터 떨어진 중앙아시아 5개국(카자흐스탄·우즈베키스탄·투르크메니스탄·키르기즈스탄·타지키스탄)의 사망자도 적게는 7퍼센트에서 많게는 10퍼센트에 이를 정도였다. 그러니 실제로 독일군에게 점령당한 벨라루스와 우크라이나의 피해는 이루 헤아릴 수조차 없었다. 가장 피해가 극심했던 벨라루스의 경우에는 나치 점령 동안 무려 주민의 4분의 1이 사망할 정도였다.

이 하르키우의 기억 단지는 1977년에 건설되었다. 지금도 시 외곽에 있어 주변에 다른 건물을 보기 힘들었는데, 전쟁 당시에는 정말로 숲속이어서 이곳에서 유대인, 소련 파르티잔, 전쟁 포로를 처형했다고 한다. 기억 단지 정문은 몇 미터는 됨직한 커다란 석판 둘이 양쪽에 세워진 것으로 대신했다. 각 석판에는 1941과 1945라는 숫자와 함께 총기를 든 군인들과 몇몇 민간인들의 모습이 새겨졌다. 뒷면에는 "당신들을 우리 가슴 속에서 항상 기억한다", "우리에게 당신의 불멸하는 대의는 계속된다"라는 문장이 있었다.

단지 안쪽으로 붉은 벽돌길이 수십 미터 정도 이어졌는데, 누군가 아침에 청소라도 했는지 눈을 거의 쓸어놓았다. 그러나 이 돌길에는 거친 돌과 매끈한 돌이 섞여 있었는데, 매끈한 돌 같은 경우에는 이렇게 눈 내리는 날씨에 너무나 취약이었다. 눈이 조금이라도 있으면 잘못 밟을 때마다 미끄러져 넘어질 뻔해서 조심히 걸어야만 했다.

입구에서부터 웅장하거나 슬픈 분위기의 노래를 틀어줘서인지 분위기가 심히 장중했다. 소련 노래만 나오는 건 아니었고 클래식 음악과 심지어 밴드 시크릿가든의 〈송 프롬 어 시크릿 가든Song from a Secret Garden〉, 〈아다지오Adagio〉 같은 노래도 나왔다. 중간중간 견인포와 같은 무기를 전시했고, 여러 석판에 하

도판 3-3

르키우 사람들이 겪은 전쟁의 참화와 위업을 담담하게 묘사했다. 비문에 따르자면 230명의 하르키우 사람들이 소련 최상위 칭호인 소련영웅을 수훈했으며, 수만 명이 각종 훈장과 메달을 받았다고 한다. 그리고 독일군이 하르키우에서 시민 27만 299명을 처형했고, 하르키우 해방 전투에서 군인 18만 6,306명이 목숨을 잃었다고 한다. 길 끝에는 양옆으로 길쭉하게 하르키우 전투에서 군인들이 용맹하게 싸우고 있는 모습의 부조, 그리고 '영웅'이 된 사람들의 명단이 새겨져 있었다. 그 옆에는 12.75미터 높이의 〈어머니-조국〉상이 서 있었는데, 슬퍼하는 어머니의 얼굴이 녹은 눈으로 젖어 있어서 정말로 눈물을 흘리는 듯했다(도판 3-3).

하르키우에서는 네 차례의 주요 전투가 벌어졌고, 인류 역사상 최대의 총력전인 독소전의 주요 전투답게 전투마다 수십만 명이 사망하는 엄청난 비극이 발생했다. 내전 때처럼 도시의 주인은 계속 바뀌었다. 독일군은 1941년 10월부터 1943년 2월까지, 다시 1943년 3월부터 8월까지 이 도시를 점령했다. 이것을 흔히 한국에서는 하르키우(하르코프) 공방전이라고 하는데 영어로나 러시아어로나 그저 '전투'라고 표현한다. 제1차 전투는 소련 침공인 바르바로사 작전의 막바지인 1941년 10월에 발생했으며 하르키우가 독일군에게 점령당한 싸움을 이야기한다. 제2차 전투는 1942년 5월 소련군의 선공이 독일군의 역습에 의해 참패한 싸움으로, 이후 독일군이 카프카즈의 석유를 노리고 동진하면서 스탈린그라드 전투까지 이어졌다. 제3차 전투는 소련군이 스탈린그라드 전투 승리 직후인 1943년 2월, 일시적으로 하르키우를 되찾자 벌어진 전투로 이번에도 소련군이 패배하면서 독일군은 하르키우를 재탈환했다. 붉은 군대는 1944년 8월 마지막 제4차 전투 때 벨고로드-하르키우 공세작전을 통해서야 비로소 독일군에게 승리하고 하르키우를 완전히 해방할 수 있었다.

전쟁 발발 직전 하르키우의 인구는 90만 명에 달했는데, 전쟁이 발발한 직후에는 피난민이 모여 현재 하르키우 인구와 비슷한 150만 명에 달했다. 그러나 독일군에게서 최종 해방된 직후 하르키우의 인구는 18만 명밖에 되지 않았다. 첫 번째 점령 기간에만 거의 50만 명의 하르키우 민간인이 추위와 질병, 굶주림으로 사망했다. 독일군은 수만 명 이상의 병사들과 파르티잔 및 저항군을 처형했고, 6만 명 이상을 강제노동으로 활용하려고 독일로 이송했다. 특히 하르키우주에서만 7만 명 이상의 유대인이 처형되었다. 독일군은 키이우 근처의 바빈야르 협곡처럼 하르키우의 드로비츠키야르$^{Drobytskyi\ Iar}$ 협곡을 처형

장소로 선택했다. 이곳에서 1941년 12월 5일 하루 동안 무려 1만 5,000명의 유대인을 처형했다. 그들은 끔찍하게도 총알을 아끼려고 영하 15도의 추운 겨울 날씨에 어린아이들을 산 채로 구덩이에 던져서 얼어 죽게 했다.

이러한 아픔을 겪은 하르키우에 80년이 지난 지금 다시 전쟁이 찾아왔다. 2022년 초 수개월 동안 하르키우를 점령하려고 한 러시아군의 시도는 실패로 돌아갔지만, 많은 민간인이 사망했으며 수십만 명이 하르키우를 떠나 대피했다고 한다. 2022년 9월 우크라이나 가을 공세의 성공으로 당분간 하르키우는 안전해진 것처럼 보인다. 그러나 전쟁이 점점 길어지면서 전황이 어떻게 바뀔지 예측하는 것은 정말 어려워졌다.

과연 하르키우의 운명은 어떻게 될 것인가. 이대로 큰 피해 없이 전쟁을 마무리짓게 될 것인가, 아니면 또다시 전화에 휘말리게 될 것인가. 정말 한 치 앞도 내다볼 수 없는 역사의 흐름 속에서 일개인은 그저 닥쳐올 상황에 무방비로 휩싸이게 될 수밖에 없는 것인가.

하르키우의 재건과 부흥

하르키우는 1917년 러시아 혁명 이후 내전기에 다른 우크라이나 지방들처럼 독일군, 우크라이나인민공화국, 데니킨의 백군 등 수많은 세력이 점령했고, 단명했던 여러 나라의 수도를 잠시 맡기도 했다. 그러다가 마침내 우크라이나소비에트사회주의공화국이 수립되면서 1919~1934년까지 우크라이나의 수도였기 때문에 흔히들 하르키우를 '첫 수도'라는 별명으로 부른다. 초반의 혼란스러운 소비에트 우크라이나의 상황 때문에 공식적으로 하르키우가 수도로 선포된 것은 1923년에 이르러서였다. 1934년 이후 수도의 자리를 잃었지만 하르키우는 우크라이나에서 줄곧 두 번째로 큰 도시로 현재 150만 명의 인구를 자랑한다. 소련 해체 직전인 1989년에도 모스크바·레닌그라드·키이우·우즈베키스탄 타슈켄트·아제르바이잔 바쿠에 이어 여섯 번째로 큰 대도시였다.

기억 단지 '영광'에서 남쪽으로 난 숨스카 거리를 따라 내려오면 오른쪽으로 자유광장Maidan Svobody 거리가 있다. 이곳에서는 하르키우 지하철 2호선 우니베르시테트역과 3호선 데르즈프롬역이 환승한다. 하르키우 지하철은 3호선까지 있는데 각 노선이 다른 노선과 한 번씩만 환승하기 때문에 하르키우 지하철 전체의 환승역은 단 세 곳뿐이다. 그중 하나가 여기 자유광장 거리에 있다는 것은 이곳이 하르키우에서 아주 중요한 곳 중 하나라는 말이기도 하다. 자유 광장 거리를 따라서 올라가면 원형의 자유 광장이 보이는데, 자유 광장 주위로 독특하고 웅장하게 생긴 건물들이 광장을 둘러싸고 있다. 이 건물들이 바로 지하철역 이름이기도 한 카라진 하르키우 국립대학과 데르즈프롬Derzhprom 건물이다.

자유 광장을 둘러싼 건물은 세 종류인데, 자유 광장 입구에서 볼 때 왼쪽에서 오른쪽으로 첫 갈색 건물은 카라진 하르키우 국립대학 본관, 두 번째 흰 건물은 데르즈프롬, 세 번째 갈색 건물은 하르키우 국립대학 북관北館(도판 3-4)이다.

소련에서 건축은 국가의 상징이자 중앙 계획 경제의 산물이며 또한 선전의 주요 도구였다. 1920년대에 소련 지도부는 각 공화국 및 자치 단위에서 민족문화를 창달하기 위해 노력

도판 3-4

했는데 특히 수도의 현대 건축이야말로 소련 공민들에게 진보적인 소비에트 사회와 향후 그 발전에 관한 믿음을 심어줄 수 있다고 믿었다.

건축가들은 실용성을 갖추고 기하학적으로도 강력한 조화를 나타내는 새로운 건축물을 세우기 시작했다. 흔히 구축주의 양식이라 불리는 독특한 건축양식은 1920년대부터 소련 건축계를 풍미했다. 아직도 모스크바에 주예프^{Zuev} 노동자 클럽 건물이나 재무인민위원부(나르콤핀^{Narkomfin}) 건물 등이 이 새로운 도전을 대표하는 증거로서 남아 있다.

카라진 하르키우 국립대학은 1804년에 설립된 우크라이나에서 두 번째로 오래된 대학이다. 하르키우 대학의 설립자인 바실 카라진$^{Vasyl\ Karazin}$은 부계로는 세르비아, 모계로는 우크라이나 코자크의 피를 이어받았으며, 러시아 제국 내각에 인민계몽부를 설치하기도 할 만큼 교육에 관심이 많았다.

19세기에 이 대학에는 철학, 법률, 의학 등 세 학부가 있었는데, 철학부는 역사학과 언어학을 가르치는 학과와 물리학과 수학을 가르치는 학과로 나뉘었다. 이 시절 졸업생 대부분은 변호사나 의사의 길을 걸었다. 러시아 혁명 이후 1921년에 이 대학은 하르키우 인민교육연구소^{KhINO}라는 이름으로 바뀌었으며, 1933년에 다시 하르키우 국립대학의 이름을 되찾았다. 1936년에는 그해에 사망한 작가 막심 고르키$^{Maksim\ Gorkii}$의 이름이 붙었다. 독소전쟁 기간에는 홍범도 장군이 살았던 것으로 유명한 카자흐스탄의 크즐로르다^{Kyzylorda}로 피난을 갔고, 마치 한국전쟁 동안 부산에서 전시연합대학을 만든 것처럼 키이우 대학 등과 통합해서 연합우크라이나국립대학을 운영했다. 1962년 노벨 물리학상을 받은 천재 물리학자 레프 란다우$^{Lev\ Landau}$가 1930년대에 이곳에서 교편을 잡았고, 1965년 소련 경제개혁의 이론적 기초를 닦은 예프세이 리베르만$^{Evsei\ Liberman}$ 또한 이 학교 교수였다.

예프세이 리베르만은 1965년에 실시된 소련 경제개혁의 이론적 기초를 제공한 것으로 유명하다. 그는 지금의 우크라이나 흐멜니츠키주 슬라부타^{Slavuta}라는 마을의 유대인 가정에서 태어났다. 1920년 키이우 대학 법학과를 졸업한 이후부터 계속 하르키우에 머물며 우크라이나 정부 기관에서 일하면서 조직분석연구소를 창립했고, 1930년부터는 하르키우 공학경제연구소에서 기계공학산업조직계획 부서를 이끌었다. 그는 대숙청 기간인 1938년 간첩 및 테러 혐의로 체포되어 15년형을 선고받았지만, 다행스럽게도 1939년 말에 풀려났다. 1947년부터 1950년대 내내 경제학자 집단의 수장으로서 하르키우 지역의 기계공학 기업들이 포함된 폭넓은 연구 프로그램을 진행했으며, 하르키우 공학경제연구소 산하에 기계공학 관련 연구소를 창립했다. 하르키우의 경제학자들은 1940년대 후반에 하르키우에서 기업에 독립채산제를 적용하고 기업의 수익성을 제고하는 실험을 주도하는 등 소련 학계에서 독특한 학풍을 만들어나갔는데, 리베르만의 영향을 크게 받았다.

리베르만 연구의 핵심은 자본주의 경제와 달리 기업이 사적 이윤을 추구하지 않는 사회주의 경제체제 안에서 어떻게 기업에 물적 자극을 줘서 생산 수익성을 높일 수 있을지에 관한 것이었다. 1950년대 후반부터 1960년대 중반까지 소련의 경제계획 부서들과 연구 기관에서는 소련 경제에서 생산 효율성 감소, 자본투자 및 국민소득의 하락 등을 지적하는 보고가 올라오기 시작했다. 리베르만은 1962년 9월 9일 소련공산당 기관지 《프라브다^{Pravda}》에 〈계획, 이윤, 상여금$^{Plan,\ pribyl,\ premiia}$〉이라는 글을 실으면서 새로운 상여금 및 보상 체계를 설정해서 기업이 계획 과정에서 스스로 목표를 설정하게 하는 등 기업의 권한을 확대할 것을 요구했다. 이러한 리베르만의 주장은 점차 더 많은 동조자를 얻으면서 소련 경제학계 내부에서도 다수의 지지를 얻었다. 결국 1965년 가을, 소련 장관회의 의장 알렉세이 코시긴$^{Aleksei\ Kosygin}$은 독립채산 강화, 이윤, 상여금 등을 이용해 생산에 대한 경제적 자극을 강화하는 새로운 경제개혁을 실시했다.

많은 서방 학자들은 지금까지 리베르만의 방식에서 시장경제적인 요소들을 찾아냈다. 이윤과 상여금 등 물적 유인을 강조하는 리베르만의 주장은 지금까지 스타하노프^{Stakhanov} 운동에서 잘 나타나듯 개인과 집단의 생산성 증대 운동을 발족하고 그에 따라 보상을 제공하는 소련의 '의지주의적' 해결책과는 몹시 다른 것이었다. 애초에 리베르만 당대의 소련의 전통 경제학자들조차 리베르만의 해결책을 '부르주아적'이거나 '자본주의적'이라고 비판했다. 그러나 리베르만은 그렇게 생각하지 않았다. 사회주의에서 '이윤'은 자본주의의 '이윤'과 다르며, 이것은 노동의 효율성을 보여주는 치수일 뿐, 공산주의 건설에 충분히 이용할 수 있는 범주였다. 리베르만에게 계획과 이윤은 사회주의와 자본주의를 나누는 이분법적 요소가 아니었다. 흔히 생각하는 대로 1950~1960년대 소련의 경제개혁 실험은 소련에 자본주의적 혹은 시장 요소를 더하는 것이 아니라 사회주의 체제 내부에서 어떻게 사회주의 체제를 발전시켜 나갈 것인가에 대한 논쟁이자 실천이었다.

다시 하르키우 대학 건물 이야기로 돌아가면, 하르키우 대학 본관과 북관은 모두 구축주의 건축양식을 따르고 있다. 본관(도판 3-5)은 1930~1932년에 지어졌으며, 총 14층에 높이는 68.5미터로 1954년까지 20년 동안 우크라이나에서 가장 높은 건물이기도 했다. 당시에는 하르키우가 우크라이나 수도였기 때문에, 원래는 우크라이나 정부인 인민위원회의 건물로 쓰일 예정이었다. 그러나 수도 이전으로 이와 관련된 건설 및 설계 조직들이 사용하게 되면서 '설

도판 3-5

계의 집^{Dim Proektiv}'이라는 이름도 얻었다.

 독소전쟁 기간에 부분적으로 파괴되었는데, 복원하면서 높이를 66미터로 조금 낮추고 가용면적을 5만 제곱미터에서 6만 제곱미터로 늘렸다. 하르키우 대학이 옮겨온 것은 1957년부터 1962년까지의 일이다. 북관도 비슷한 시기에 건축을 시작했으나, 다른 고층 건물처럼 철근콘크리트가 아니라 벽돌로 지어져서 시간이 더욱 걸렸다고 한다. 독소전쟁 이전까지는 현재의 3분의 1밖에 완공되지 않았고 최종적으로 건축을 마무리한 것은 1954년에나 이르러서였다. 역시 정부 건물로 쓰일 예정이었으나 수도 이전으로 이 건물은 군사공학무선기술사관학교^{VIRTA}에서 사용했다. 이후 우크라이나 독립으로 이 군사학교가 폐교되면서 이 건물도 2004년부터 하르키우 대학의 여러 학과가 이용하고 있다.

 1925~1929년에 본관과 북관 사이에 지어진 건물인 데르즈프롬(도판 3-6, 러시아어로 고스프롬^{Gosprom})은 국가산업이라는

도판 3-6

뜻이다. 63미터의 높이로 당시 유럽 전역에서 제일 높은 건물이자 소련 최초의 마천루라 불렸으며 건축면적만 6만 제곱미터로 세계 최대의 단일 건물이었다. 장식을 배제하고 오로지 철근콘크리트와 유리로만 구성된 하얀 건물은 복잡한 구조로 마치 거대한 동물의 뼈대처럼 보였다. 크게 세 부분으로 나뉜 건물은 자유 광장을 바라보며 정확히 대칭을 이루고 있었다.

데르즈프롬은 소련 사회주의의 성취를 보여주는 빛나는 상징으로, 영화나 텔레비전에서 근대성의 상징으로 자주 등장했다. 건설 후에 이 건물에는 우크라이나 정부인 인민위원회의가 입주해 있었다. 지금까지도 산업도시이자 근대도시 하르키우를 나타내는 가장 대표적인 상징 건물로 손꼽힌다. 2007년에는 유네스코 세계유산의 후보 목록에도 올랐다.

하르키우의 건축물을 언급하면서 1930년에 건설이 시작된 하르키우 트랙터 공장Kharkivskyi traktornyi zavod을 언급하지 않을 수 없다. 트랙터 공장은 댐, 철도, 운하와 더불어 스탈린 시대 공업화의 대표적인 상징이었다. 특히 하르키우 트랙터 공장은 스탈린그라드Stalingrad 트랙터 공장, 첼랴빈스크Cheliabinsk 트랙터 공장과 더불어 소련의 3대 트랙터 공장으로 이름을 날렸다.

당시 소련은 제1차 경제개발 5개년 계획을 실행했으며, 농촌에서는 농업 집단화를 통해 사회주의 경제체제를 새로 만들어나가는 제2의 혁명, 혹은 스탈린 혁명에 돌입한 상태였다. 농업 집단화를 통해 농민들을 집단농장에 귀속시키는 데는, 농촌에서 생산수단의 사적 소유를 폐지하려는 이념적인 측면도 있었지만, 무엇보다도 영농의 기계화를 통해 농촌 생산력의 향상을 도모하려는 경제적인 측면도 있었다.

그러나 당시에는 트랙터가 거의 없었을 뿐 아니라, 농업 집단화를 통해 '생산 수단'인 가축을 국가에 빼앗기게 된 농민들이 가축을 넘기느니 차라리 도살하는 일이 발생하면서 트랙터의 필요성은 더욱 절실해졌다. 스탈린은 하르키우 트랙터 공장을 "우크라이나 농업 집단화의 강철 요새"라 부를 정도로 이 공장 건설의 중요성을 높게 평가했다.

1931년 트랙터 생산을 시작한 이 공장은 다음 해인 1932년에 제1차 5개년 계획이 끝날 때까지 1만 7,000대가 넘는 트랙터를 생산했다. 공장의 생산 속도가 갈수록 높아지면서 1935년에는 생산된 트랙터가 10만 대를 돌파했으며, 불과 다음 해인 1936년에는 15만 대를 돌파했다. 독소전쟁이 발발하자 공장은 처음에는 스탈린그라드로 옮겨졌다가, 다음에는 시베리아에 있는 카자흐스탄과의 국경 도시 루브초프스크 Rubtsovsk 로 다시 피난을 갔다.

원래의 공장은 그동안 철저히 파괴되었으나, 1943년 하르키우가 해방되자마자 복구를 시작해서 다음 해에 곧바로 새로 트랙터를 생산할 수 있었다. 전후에도 공장에서는 계속 다양한 종류의 트랙터를 생산하면서, 노동적기훈장과 레닌훈장을 비롯한 많은 훈장을 받았다. 하르키우 트랙터 공장은 소련 경제 발전에서 빼놓을 수 없는 여러 주춧돌 중 하나였으며, 하르키우라는 도시 자체를 상징하는 공장이기도 했다.

전시에 사라진 것은 트랙터 공장만이 아니었다. 500개 이상의 공장이 사라졌으며, 철도역과 발전소, 전화 및 전신 시설도 모조리 파괴되었다. 전후에 하르키우는 막대한 규모의 복구 사업을 진행해야 했는데 하르키우 시민들의 노동뿐 아니라 독일군 포로와 납치한 민간인에 의한 강제 노동도 있었다. 독일이 비슷한 식으로 전시에 소련 시민들을 이용했기 때문에 이 행위 또한 일종의 '배상'으로 보았다. 물론 이 철저하게 파괴된 도시를 복구하는 일은 보통 일이 아니었기 때문에, 소련 시민들이 대부분의 일을 맡아야 했지만 말이다.

1959년에 이르러서 도시 인구는 다시 전전 수준인 90만 명에 도달했고, 1962년에 100만 명을 넘어섰다. 1950년대 중반부터 건물에는 천연가스를 공급했으며, 1960년대 중반부터는 지하철을 건축했고, 각종 트램 및 트롤리버스, 버스 노선이 확충되었다. 대학과 연구소도 재건해서 하르키우가 우크라이나에서 손꼽히는 교육 도시로서 이름을 날리게 했다. 의료 서비스 또한 훌륭해서 1970년대 중반에는 도시에 병원 70곳과 7,000명이 넘는 의사가 있었으며, 클리닉, 리조트, 요양소 등도 충분히 갖춰졌다.

자유 광장 바로 아래에는 19세기 초에 만들어진 셰우첸코 정원이라는 이름의 공원이 있었다. 물론 우크라이나의 다른 모든 도시의 공원처럼 우크라이나의 대표 문인 타라스 셰우첸코의 이름을 딴 공원이다. 하르키우의 공원 중 가장 도심에 자리 잡은 공원으로 동물원과 수족관, 콘서트홀 등 볼거리가 여럿 있었다. 공원 곳곳에 셰우첸코나 하르키우 출신의 화가 일랴 레핀 Ilia Repin을 비롯한 여러 동상과 기념비가 있었고, 여기저기에서 다양한 음식들을 팔고 있었다.

흥미로운 역사 속에서 독특한 건물과 혁신적인 사상이 넘치는 매력 넘치는 도시인 하르키우는 우크라이나를 방문한다면 누구나 꼭 둘러볼 만한 가치가 있는 도시일 것이다.

4장

카먄스케

소련공산당 총서기 브레즈네프의 고향

브레즈네프의 자취를 따라서

2019년 8월 7일, 나는 드니프로 버스터미널에서 카먄스케행 버스를 탔다. 카먄스케는 서쪽으로 1시간쯤 가면 도착할 수 있다. 드니프로페트로우스크주에서 드니프로, 크리비리흐에 이어 세 번째로 큰 도시다. 역시 카먄스케도 소련 해체 전후로 28만 5,000명까지 인구의 정점을 찍었다가 전쟁 직전에는 23~24만 명 정도로 다소 감소했다.

카먄스케는 다른 도시들처럼 코자크에 의해 세워졌는데, 처음으로 이 마을에 관한 기록이 남은 것은 18세기였다. 19세기에 야금공장이 건설되면서 마을의 규모가 점차 커지기 시작했다. 원래 이름은 카먄스케였지만 소비에트 러시아의 정보기관인 체카Cheka의 창립자 펠릭스 제르진스키Felix Dzerzhinskii의 이름을 따서 1936년에 드니프로제르진스크Dniprodzerzhynsk로 이름이 바뀌었다. 그러다가 2016년에 탈공산주의법이 실시되면서 원래의 이름인 카먄스케로 되돌아갔다.

카먄스케는 북쪽에 드니프로강을 접하고 있는데 터미널이

도시 남쪽이 아니라 강과 접한 북쪽에 있었다. 다른 도시의 버스들처럼 도시를 빠져나가는 동안 중간중간 정차하며 사람들을 태우고, 도시로 들어오는 버스 역시 중간중간 정차하며 사람들을 내려줬다. 사람들이 내리는 광경을 보고 있다가 어차피 드니프로로 돌아가려면 북쪽 터미널에서 버스를 타야 하는데, 빨리 내려서 남쪽에서부터 북쪽으로 도시를 훑어보자는 생각이 들었다. 재빨리 내렸지만 그래도 도시의 거의 절반은 거쳐온 것 같았다. 버스가 내려온 길을 따라 다시 도시 입구로 힘들게 걸어 올라갔다. 북쪽이 강이어선지 남쪽의 고도가 더 높아서 오르막길을 오르는 느낌이었다. 도시 입구에 도착하니 그곳에 브레즈네프 흉상이 있었다. 카먄스케가 바로 18년 동안 소련을 통치한 레오니드 브레즈네프 Leonid Brezhnev 총서기가 태어난 곳이기 때문이다.

브레즈네프(도판 4-1)는 카먄스케에서 금속노동자의 아들로 태어나 본인도 금속노동자로 일했다. 1923년부터 콤소몰 활동을 시작했으며 1931년에 입당했다. 카먄스케 금속연구소에서 기술 관련 학위를 받으면서 동시에 제르진스키 금속공장에서 기술자로서 경험을 쌓아나갔다.

1937년에 대숙청으로 기존의 간부들이 상당수 숙청당하자, 브레즈네프처럼 젊은 세대의 발탁이 이루어졌다. 브레즈네프는 같은 해 드니프로제르진스크시 집행위원회 부위원장을 시작으로 당-국가의 요직을 밟아나가기 시작했다. 독소전쟁 기간에는 카프카즈에서 동유럽까지 전장을 누비며 정치위원으로서 전쟁을 경험했으며, 이때 상급자인 니키타 흐루쇼프와 인맥을 쌓았다. 1946~1947년까지는 자포리자주, 1947~1950

도판 4-1

년까지는 드니프로페트로우스크주 제1서기를 지냈고, 1950년에는 소련 최고회의 대의원으로 선출되면서 몰도바 제1서기로 승진해서 1952년까지 그 자리를 지켰다. 1957년 흐루쇼프 반대파가 흐루쇼프를 내쫓으려는, 일명 반당反黨 사건이 일어날 때 브레즈네프는 흐루쇼프를 강력히 지지하면서 흐루쇼프가 자리를 지키는 데 큰 도움을 주었고 그 직후 소련 정치국원이 될 수 있었다. 그 이후 1960년 브레즈네프는 소련의 명목상 국가원수인 소련 최고회의 상무회 의장 자리까지 올랐다. 그러나 1964년 소련의 경제 및 외교 문제를 두고 지도부의 신망을 잃으면서 '궁정 쿠데타'가 발생해 흐루쇼프는 하루아침에 권력의 자리에서 축출되었다. 브레즈네프는 흐루쇼프의 자리인 소련공산당 총서기(스탈린 시기에 총서기였던 명칭을 흐루쇼프가 제1서기로 바꿨다가 브레즈네프 때 명칭을 다시 가져옴)에 올라 소련의 최고 권력자 자리에 올랐다.

1964~1982년까지 브레즈네프 시기는 흔히 회색의 시기, 혹은 정체停滯, zastoi의 시기라 부른다. 브레즈네프 시기의 이미지는 예전처럼 혁명과 전쟁, 숙청 등과 같은 격정적인 사건도 없는 평화로운 모습이지만 어떠한 발전이나 쇄신도 없이 점차 침몰해 가는 관료주의 체제의 모습이기도 하다. 제때 해야 할

개혁에 실패하면서 결국 1980년 소련의 몰락에 앞길을 깔았다는 평가도 있다.

그러나 사실상 소련의 최전성기는 1970년대였는데 일반 소련 인민들에게 주택과 더불어 냉장고나 세탁기, 텔레비전이 보급되었고, 빵이나 생선, 고기, 통조림 등 먹거리도 아주 싸게 살 수 있었다. 여가를 풍족하게 즐길 수 있도록 문화생활 시설이 도시마다 건설되었고, 1년에 한 달씩 휴가와 휴가 비용을 보장하고 별장까지 지급했다.

2010년에 나온 다큐멘터리 〈나의 페레스트로이카〉에서 1970년대에 어린 시절을 보낸 주인공들은 어린 시절을 얼마나 평화롭고 자유롭게 보냈었는지 추억한다. 역사학계에서도 21세기에 들어서 브레즈네프 시기를 재평가하기 시작했는데, 이를테면 당내 매파를 누르고 서방과 데탕트^{détente}를 이룬 브레즈네프의 평화주의가 높게 평가받는다.

드니프로페트로우스크 클랜

소련의 역대 지도자 중 레닌과 스탈린의 생가는 잘 보존된 수준을 넘어 그 도시의 대표적 상징으로 여겨진다. 레닌은 러시아 울랴노프스크^{Ulianovsk} 출신인데 울랴노프스크에는 레닌 박물관뿐 아니라 레닌 가족이 잦은 이사로 짧게는 1년마다 옮겨 다닌 집 하나하나가 모두 박물관이 되어 레닌이 산 기간이 명패로 붙어 있다. 스탈린은 조지아 고리^{Gori} 태생인데 이 도시의 제일가는 명소도 스탈린 생가이며, 허름한 생가 바로 위에 거대한 석조 건물을 덧씌워 웅장한 박물관을 만들어놓았다.

그러나 다른 지도자들의 경우에는 이렇게까지 요란하지는

않다. 니키타 흐루쇼프는 우크라이나 사람이라는 이미지와 달리 러시아 쿠르스크주 칼리노프스카Kalinovska라는 마을에서 태어났는데, 아무래도 1964년에 실각당했기 때문인지 칼리노프스카에 그의 흉상이 세워진 것은 채 10년이 되지 않았고, 집도 철거되어서 비석 하나만 남았다고 한다. 유리 안드로포프Iurii Andropov는 스타브로폴Stavropol의 나구츠카야Nagutskaia에서 태어났는데 생가는 알 수 없고 흉상 하나가 세워졌으며, 시베리아 크라스노야르스크주 볼샤아테스Bolshaia Tes라는 작은 마을에서 태어난 콘스탄틴 체르넨코Kostantin Chernenko는 마을의 정보조차 찾기 힘들다. 그나마 브레즈네프는 상대적으로 큰 도시에서 태어나서인지 생가는 아니더라도 살던 건물이 그대로 남아 있다.

카먄스케의 북쪽 대로인 힘나지치니Himnazychnyi(김나지움) 대로 40번지에 도달했다. 이 대로의 이름은 원래 그리고리 펠린Grigorii Pelin의 이름을 딴 펠린 대로였다. 펠린은 흑해 함대 순양함의 잠수부였으며 키가 2미터에 달하는 거한이었다고 한다. 그는 2월 혁명 때부터 볼셰비키 편에 섰고 10월 혁명 이후에는 공장위원회 위원장으로 선출되었다. 그러다 내전 기간 때 갱단에 맞서 싸우다가 상처를 입고 포로로 잡혀 처형당했다. 거리 이름은 물론 2016년에 탈공법으로 바뀐 것이다.

대로에 도착하니 분홍색 페인트를 칠한 갈색 지붕의 아담한 2층짜리 건물(도판 4-2)이 눈앞에 나타났다. 이 건물이 바로 브레즈네프 가족들이 1929~1936년까지 살던 집이다. 그런데 건물 앞에 커다란 명판이 떨어져 나가서 회색 시멘트가 드러난 부분이 있었다. 이 건물에 따로 브레즈네프가 살던 곳이라는 안내가 없어서 아마 소련 시절에 붙인 명패를 떼어낸 흔적

도판 4-2

이라 생각했다.

나중에 인터넷으로 찾아보니 독립 이후에 우크라이나에서 "이 건물에서 1930년대 초반에 사회주의 시기 저명한 정치적·국가적 인물인 레오니드 일리치 브레즈네프가 가족과 함께 살았다"라는 새 명패를 우크라이나어로 써 붙였는데, 돈바스 전쟁 발발 이후에 당국의 결정인지 일부 개인의 폭거인지 모르겠지만 다시 철거된 것이다.

나와 지인이 유심히 건물을 살피며 사진을 찍고 있으니 건물 뒤에서 팔순에서 구순은 됨직한 할머니 한 분이 다가와서 우리에게 말을 걸었다. 본인이 브레즈네프 가족을 기억한다며 이런저런 이야기를 들을 수 있었는데, 메모라도 해뒀어야 하는 것을 그저 고개를 끄덕이며 듣기만 했더니 지금에 와서는 기억에서 휘발되어 사라져버렸다.

소련 후기에 정치를 주름잡았던 우크라이나인들을 가리켜

우크라이나 클랜, 혹은 드니프로페트로우스크(드네프로페트로프스크) 클랜이라고 부른다. 더 심한 용어로는 드네프로페트로프스크 마피아라고도 부른다. 우크라이나인, 특히 그중에서도 드니프로페트로우스크 출신의 당원들이 소련 고위 정치를 주름잡은 현상을 이야기한다. 유명한 인물로 브레즈네프의 유력한 후계자로 여겨지기도 한 안드레이 키릴렌코Andrei Kirilenko, 우크라이나 장관회의 의장과 우크라이나공산당 제1서기를 지낸 볼로디미르 시체르비츠키Volodymyr Shcherbytskyi, 국가보안위원회KGB 위원장을 지낸 빅토르 체브리코프Viktor Chebrikov 등이 있다. 소련의 3대 권력기관인 소련공산당(당), 소련장관회의(정부), 소련최고회의(대의기관) 중 소련장관회의 의장을 지낸 니콜라이 티호노프Nikolai Tikhonov는 바로 옆 동네 하르키우에서 태어났지만 드니프로페트로우스크에서 교육을 받고 경력을 쌓기 시작했으며, 소련 최고회의 상무회 의장을 지낸 니콜라이 포드고르니Nikolai Podgorny도 하르키우 출신이지만 이쪽에 속한다고 본다.

이 드니프로페트로우스크 클랜 구성원들은 브레즈네프가 드니프로페트로우스크, 자포리자, 몰도바 등에서 근무할 때 인연을 맺은 사람들이었다. 이들의 후견인은 바로 스탈린 사후 최고 권력자가 된 소련공산당 제1서기 니키타 흐루쇼프였다. 우크라이나에 너무 호의적이어서 우크라이나인으로 오해받기도 하는 흐루쇼프는 러시아인이었지만 많은 경력을 우크라이나에서 쌓았다. 스탈린도 흐루쇼프를 니키타Nikita의 우크라이나식 이름인 미키타Mykyta라고 농담 삼아 부를 정도였다. 아무래도 흐루쇼프의 우크라이나 사랑의 정점은 1954년 크림반도를 러시아에서 우크라이나 땅으로 떼어준 일일 것이다. 이 '브레즈네프 사단'은 공교롭게도 1957년 흐루쇼프의 권력 투쟁 때 흐루쇼프를 지지하면서 흐루쇼프를 소련의 제1인자 자리에 앉히는 데 지대한 공헌을 했지만, 1964년에는 흐루쇼프에게 기습 공격을 가하면서 흐루쇼프를 최고 권력자에서 야인으로 끌어내렸다.

드니프로페트로우스크 클랜에 관한 연구 논문에 따르자면, 브레즈네프 시기 드니프로페트로우스크에서 정치 경력을 쌓은 당원들이 다른 지역 출신들보다 더 많이 승진했다고 한다. 실제로 어떤 연구는 1954~1973년까지 드니프로페트로우스크의 주 위원회, 도시 위원회, 콤소몰, 공장, 인민경제회의, 노동조합, 연구소 등에서 일한 24명의 출세경력을 보여주면서, 다른 지역 출신의 161명과 비교할 때 이들이 주요 정치적 직위에 더 많이 올랐다는 것을 증명했다. 브레즈네프가 후원자^{patron}로서 인맥과 정치적 충성으로 이어진 피후원자^{client}들을 국가-당의 요직에 임명했다는 것이다.

예컨대 소련공산당 중앙위원회에서 지역대표의 수를 비교해본다면 드니프로페트로우스크의 약진을 확실히 알 수 있다. 스탈린 사망 직후인 1956년만 해도 드니프로페트로우스크는 중앙위원회 내에 정위원正委員 2명에 후보위원 1명을 배출한 평범한 지역이었다. 그러나 흐루쇼프와 브레즈네프 집권기를 거치면서 1971년이 되면 당시 소련에서 100개가 넘는 행정구역에서 정위원 241명, 후보위원 155명을 선출했는데, 드니프로페트로우스크에서만 정위원 12명, 후보위원 10명을 확보했던 것이다.

내가 옛 소련 시절에 발행된 신문을 읽던 드니프로페트로우스크주 도서관 맞은편에는 1899년에 개교한 드니프로 국립 기술대학이 있다. 이 대학 졸업생으로 우크라이나 첫 총리를 지낸 비톨드 포킨Vitold Fokin과 오렌지 혁명을 이끌었던 율리야 티모셴코Iuliia Tymoshenko가 있다. 이렇듯 드니프로페트로우스크는 소련뿐 아니라 독립 우크라이나에서도 수많은 쟁쟁한 인물을 배출했다. 현재까지 우크라이나의 유일한 재선 대통령인 제2대 레오니드 쿠치마Leonid Kuchma도 체르니히우Chernihiv 태생이지만 드니프로페트로우스크 국립대학을 졸업하고 그 후 드니프로페트로우스크에서 경력을 쌓았다. 제5대 총리인 파울로 라자렌코Pavlo Lazarenko는 드니프로페트로우스크 태생에 드니프로페트로우스크 주지사까지 지냈다. 젤렌스키를 대통령으로 만든 재벌 이호르 콜로모이스키는 물론이거니와 바로 그 젤렌스키 대통령까지 드니프로페트로우스크 태생이다.

소련식 '민주주의', 발탁, 민족 정책

도판 4-3

브레즈네프 생가를 보고 다시 힘나지치니 대로를 따라 동쪽으로 카먄스케의 중심 거리를 향해 걸었다. 힘나지치니 대로와 카먄스케의 중심 거리가 교차하는 부분에는 카먄스케를 상징하는 〈프로메테우스Prometei〉라는 이름의 멋들어진 기념비(도판 4-3)가 있었다. 기념비는 1922년에 개관했는데, 소련에서 만든 여러 기념비 중에서도 오래된 축에 속한다. 높이 3.82

미터의 이 예술적 기념물은 사각기단 위에 사각기둥을 놓고 각 면에 레닌의 어록과 내전에 참여한 볼셰비키 이름 등을 써 넣었으며 그 위에 원형 기둥을 세웠다. 제일 꼭대기에는 왼손을 하늘로 뻗은 프로메테우스가 서 있었다. 필경 인류에게 불을 가져다준 프로메테우스에 인류에게 노동해방 사회주의 사회를 가져다준 볼셰비키를 비유하는 그런 의미의 기념비일 것이다.

이 교차로에서 다시 길을 따라 남쪽으로 내려갔다. 이 카먄스케의 중심 거리 이름은 당연히 소련 시절에는 레닌 대로라 불렸고, 지금은 자유 대로^{Prospekt Svobody}라고 한다. 길이는 3킬로미터 정도이고 네 가지 버스 노선이 이 거리를 따라 지나간다. 자유 대로와 중간쯤에서 교차하는 아노슈킨 대로는 카먄스케의 프리드니프로뱌^{Prydniprovia (연海드니프로)} 화학공장의 공장장을 지낸 미하일로 아노슈킨^{Mykhailo Anoshkin}의 이름을 딴 거리다. 이 거리에서 1996년 7월 2일, 약 150여 명의 승객을 태운 트램이 탈선해서 콘크리트 벽과 충돌해 무려 34명의 사망자를 낳은

도판 4-4

도판 4-5
드니프로
금속콤비나트

비극이 발생하기도 했다.

자유 대로를 따라 걷다가 대로변에 있는 카먄스케 역사박물관(도판 4-4)으로 들어갔다. 가장 인상 깊었던 전시물은 소련 시절에 드니프로제르진스크에 방문해서 교육을 받고 노동을 경험한 비非우크라이나인들의 모습이었다. 특히 카프카즈나 중앙아시아에서 당시에 더 선진적이던 우크라이나의 중견 공업도시인 이곳에 와서 금속산업(도판 4-5)이나 화학산업에 관해 배워가는 모습이 아직도 머릿속에 남아 있다.

사회주의 국가들의 역사에 대해서 관심이 없는 사람들이 보기에는 사회주의 국가들의 민족 정책이 상당히 억압적이었으리라 생각한다. 항상 중국의 위구르·티베트 탄압이 뉴스를 장식하고, 또한 1937년 고려인들을 연해주에서 중앙아시아로 강제 이주시킨 사건으로 인해 우리 '민족'이 겪었던 '고통' 등이 널리 알려진 까닭일 것이다. 따라서 공산주의에 덧씌워진 폭력과 탄압의 이미지와 섞이면서, 사회주의 사회에서는 항상 민족문화를 억누르는 경향이 있다고 본다. 소련 역사에 조금이나마 관심이 있는 사람이라면, 레닌 시기에는 민족자결과 민족해방을 중시하며 소수민족을 보호해줬는데, '나쁜' 스탈린이 집권하면서 다시 러시아 문화를 강조하고 소수민족 문화를 탄압했다고 알고 있기도 하다.

그러나 이런 통념과는 다르게 소련은 소수민족에 관해 레닌 시기부터 스탈린 시기를 거쳐서 줄곧 일관적으로 '적극적 조치affirmative action' 정책을 시행했다. 적극적 조치란 현재 미국에서 주로 인종별로 시행되고 있는 일종의 쿼터제를 이야기한다. 그러나 소련은 미국에서 이런 정책을 영어로 표현할 단어가 없던 시절부터 이러한 조치를 시행했다. 소련식 '민주주의'란 일선의 노동자, 농민, 병사들을 교육해 우수 인재를 당이나 정부의 주요한 직위로 '발탁vydvizhenie'하는 일을 뜻했다. 혁명이 일어나면서 나라를 다스리는 데 전문가가 필요했지만 많은 전문가는 구체제 차르 정권하에서 교육을 받았기 때문에 볼셰비키로서는 이들을 신뢰할 수 없었다. 볼셰비키는 이런 '부르주아' 전문가 대신 노동자나 농민을 교육해서 새로운 '프롤레타리아' 전문가를 양성하고 이들을 발탁하는 작업에 심혈을 기울였다.

또한 러시아 볼셰비키는 마르크스주의적 역사발전론을 믿고 있었다. 이에 따르자면 사회주의 사회로 나아가기 위해서는 부르주아 민주주의 및 자본주의를 반드시 경험해야 했다. 그러나 러시아 제국의 영토에 있던 수많은 민족의 '역사 발전 단계'가 러시아인들보다 훨씬 떨어졌기 때문에 이 소수민족과 함께 사회주의를 건설하려면 이들이 그 이전의 단계인 부르주아 단계에 먼저 들어서야만 했다. 그러나 예컨대 중앙아시아 같은 경우는 많은 정치체제가 아직도 '부족' 단계에서 벗어나지 못하고 있었고, 민족의식은커녕 전근대 부족 의식에 머물러 있었다.

볼셰비키는 이들의 '역사발전'을 앞당기기 위해서 '민족'과 '국민국가'를 창조해주기로 했다. 볼셰비키는 '과학적 방법론'에 의거해서 누가 어떤 민족인지를 명확히 규정하고 그들이 써야 하는 언어를 표준화했으며 알파벳을 도입했다. 또한 의무교육과 보통교육을 통해 언어와 더불어 새로이 규정된 민족 문화를 전파하는 일도 잊지 않았다. 이러한 교육을 통해 새로이 등장한 엘리트 계층을 등용해서 사회주의 건설의 길로 나아가려 했다.

이 일은 우크라이나에서도 마찬가지였다. 소련 시기에 소련 당국은 우크라이나어를 표준화하고 우크라이나어를 교육했으며, 어떤 면에서는 그 사용을 강제하기도 했다. 우크라이나어로 된 문화 창달에 힘썼으며 각종 우크라이나 예술가를 후원했고, 교육을 통해 우크라이나 민족 엘리트 형성을 위해 노력했다. 이에 따라 수많은 우크라이나인이 당과 정부의 주요 직위로 올라갔다. 앞에서 설명했던 것처럼 특히 스탈린 사후 권력을 잡은 흐루쇼프는 우크라이나에서의 정치 경험 때문에 우크라이나 및 우크라이나인들에게 대단히 호의적이었다. 1957년 반당 사건에서 브레즈네프를 비롯한 우크라이나인들은 흐루쇼프를 지지했고, 그에 따라 흐루쇼프 시기 우크라이나인들은 요직에 진출했다. 1964년 흐루쇼프가 정변으로 쫓겨나가고 브레즈네프와 그의 벗들이 소련의 핵심에 도달하자 고위 정치에서 우크라이나인들의 상승은 정점에 달했다.

물론 언제나 소련에서 소수민족 위주로, 소수민족만을 위해서 정책을 펼치지는 않았다. 대大러시아 민족주의를 고취하는 것처럼 보이는 사건과 흐름도 여럿 있었다. 그러나 이를 두고 소련이 소수민족 우대 정책을 포기했다고 말하는 것은 문제가 있다. 무엇보다도 소련 인구의 절반은 러시아인이 차지했기에, 지나친 소수민족 위주의 정책은 정반대로 러시아인들의 불만도 가져왔던 것이다. 따라서 소련 지도부는 항상 러시아인과 비非러시아인 사이에서 정책적으로 균형을 잡으려 애썼다. 또한 소련 인민들도 사회주의 체제가 소수민족을 존중해준다는 사실을 이해했기 때문에, 후기 소련 사회에서 만약 모스크바가 지역 지도부에 너무 많은 러시아인을 임명한다든가 혹은 지역의 민족문화를 무시한다든가 하면 불만을 토로하거나 시위를 해서 '레닌주의적 민족 원칙'으로 돌아갈 것을 촉구하곤 했다.

이러한 사실을 고려할 때 우크라이나가 소련의 '식민지'였다는 일각의 주장에는 회의감이 든다. 우크라이나인들은 러시아인들과 함께 소련을 운영하는 파트너였다. 우크라이나에도 러시아와 마찬가지로 볼셰비키, 멘셰비키, 사회혁명당을 비롯한 여러 정파가 있었고, 치열한 내전의 결과로 우크라이나에서도 볼셰비키가 인민의 적극적·소극적 지지를 얻어서 권력 쟁취에 성공한 것이다. 우크라이나 민족주의자들은 인구의 절대다수를 자치하고 있는 농민과 노동자의 지지를 얻지 못했다. 우크라이나소비에트사회주의공화국은 우크라이나 노동자와 농민의 지지를 얻어서 성립되었다. 앞에서 이야기한 1918년 키이우 무기공장 봉기는 우크라이나 키이우의 무기공장 노동자들이 신생 우크라이나 정부의 선거를 사보타주하고 볼셰비키 붉은 군대의 키이우 입성을 도와주기 위한 것이었다. 분리된 우크라이나와 러시아 민족이라는 지금의 민족주의적 관점으로 보자면 이렇게 어이없는 사건도 드물 것이다.

특히 카먄스케 역사박물관 전시 중에서 떡하니 모습을 드러낸 카자흐스탄 초대 대통령 누르술탄 나자르바예프Nursultan Nazarbayev가 가장 예상외의 인물이었다. 나는 단순히 나자르바예프가 우크라이나를 방문할 때 이곳이 방문지 중 한 곳이었다는 뜻인 줄 알았다. 그러나 알고 보니 나자르바예프는 젊은 시절 카먄스케, 즉 드니프로제르진스크 금속공장에서 교육과 훈련을 받아서 금속노동자로서의 자질을 갖췄던 것이다. 이렇게 소련은 단순한 국민국가를 넘어선 하나의 '제국'이었다. '제국'의 서로 다른 공간에서 여러 민족들이 오가며 다양성을 유지한 채 새로운 교류를 만들어가는 곳이 바로 소련이었던 것이다.

그러나 소련 '제국'하에서 평화를 누리던 여러 민족은 '제국'이 소멸하자마자 탄생한 여러 국민국가 사이의 전쟁으로 피바람에 휩싸였다. 우크라이나-러시아 사이의 현재 전쟁뿐 아니라 아직도 진행 중인 아르메니아-아제르바이잔 전쟁, 타지키스탄 내전(1992~1997), 러시아-체첸 전쟁(1994~1996, 1999~2000), 조지아 내전(1991~1993), 조지아-압하지아 전쟁(1992~1993), 러시아-조지아 전쟁(2008), 트란스니스트리아 전쟁(1992) 등 다민족 거주지역이라면 어디에서나 유혈 사태가 있었고, 여전히 많은 지역에서는 진행 중이다. 어쩌면 1988년 시작된 아제르바이잔과 아르메니아 사이의 제1차 나고르노카

라바흐 Nagorno-Karabakh 전쟁의 발발은 무려 37년째(2024년 기준) 계속되는 '장기 소련 내전'의 서막을 알린 사건일지도 모르겠다.

우크라이나의 식문화

브레즈네프 흉상과 박물관을 비롯해서 카먄스케의 여러 명소를 방문하느라 8월 한낮에 카먄스케 시내를 몇 번이나 횡단했다. 일정이 끝나고 드니프로의 숙소로 돌아가기 위해 버스터미널로 향했다. 해가 지기 직전 늦은 오후의 더위가 원래 제일 거센 법이다. 땀을 너무 많이 흘려서 머리가 어질어질하기까지 했다. 그러다가 버스터미널 근처에서 크바스 kvas를 파는 아주머니를 발견하고 재빨리 크바스 한 잔을 주문했다. 크바스는 호밀빵으로 만든 흑갈색의 음료다. 소련권에서는 여름에 길거리에서 시원한 크바스를 파는 상인들을 흔히 볼 수 있다. 하루 종일 땀을 흘리고 300밀리리터쯤 될 법한 플라스틱 컵에 가득 담긴 크바스를 단번에 비우니 순식간에 몸에 다시 활력이 넘쳤다. 다시 한 잔을 더 주문해서 크바스를 마신 후 숙소로 돌아가는 버스 안에서는 에어컨은 없었지만 정말 살 것 같았다.

우크라이나 식문화는 러시아 제국과 소련을 거치면서 대단히 다양해지고 국제적으로 변했다. 한국에서 흔히 케밥이라고 부르는 샤우르마는 어디에서나 인기가 있는데, 특히 우크라이나에서는 시리아식 샤우르마를 파는 곳이 많았다. 이 샤우르마는 샤와르마 shawarma라고도 하는데 중동에서 온 음식이다. 또한 고기 꼬치인 샤슬릭 shashlyk 역시 중동이나 혹은 중앙아시아에서 온 음식으로 쇠고기나 양고기, 닭고기, 혹은 이슬람권에서는 먹지 않는 돼지고기를 숯불에 구워서 먹는다.

이 외에 우크라이나에서뿐 아니라 소련 전역에서 가장 인기 있는 요리는 조지아 요리다. 러시아의 국민 시인 푸시킨은 "조지아 음식은 한 접시마다 한 편의 시詩"라고 극찬하기까지 했다. 꼭지가 두툼한 조지아식 만두 힌칼리khinkali나 치즈를 채운 조지아식 빵인 하차푸리khachapuri, 쇠고깃국인데 밥알도 들어가서 한국인 입맛에도 잘 맞는 수프인 하르초kharcho 등은 우크라이나인들에게 너무나 친숙한 요리다.

최근에는 맥도날드, 버거킹, KFC 같은 외국 패스트푸드 식당도 거리에 많다. 마치 한국에서 현지식으로 불고기버거를 파는 것처럼 우크라이나 맥도날드의 맥모닝 세트에는 동유럽식 잡곡죽인 카샤가 함께 나오는데, 1회용 케첩처럼 이 카샤에 넣을 일회용 꿀도 이야기하면 같이 준다. 문서고를 이용할 때 아침에 맥모닝 세트만 먹고 가면 점심때에 배 속이 허해지는 느낌을 지울 수가 없었는데, 카샤까지 먹게 되면 점심은 물론 오후까지 든든해서 작업에 집중할 수 있었다.

물론 이런 외국에서 유래된 요리를 제외하고도 우크라이나에는 전통 요리가 참 많다. 순무 수프로 유명한 보르시치borshch는 우크라이나를 대표하는 수프 요리로 한국의 된장찌개나 김치찌개에 해당한다. 바레니키varenyky, 혹은 피로히pyrohy라 부르는 피 안에 소를 넣은 우크라이나식 만두 또한 사람들이 즐겨 먹는다. 단지 한국에서는 만두를 간장에 찍어 먹지만, 우크라이나에서는 스메타나smetana라 부르는 사워크림이나 아니면 과일잼을 뿌려서 먹는다.

고기 요리로는 일단 우크라이나식 소시지인 코우바사

kovbasa가 있는데 한국의 피순대처럼 피로 만든 코우바사를 먹기도 한다. 영어로 커틀렛이라 부르는 저민 고기를 굽거나 튀긴 요리를 코틀레타kotleta라 하고 시체니키sichenyky라 부르는 요리는 미트볼에 가까운데 종종 혼용되어 쓰인다. 그리고 미국과 달리 생선요리가 발달했는데, 생선을 구워 먹기도 하고 스튜를 끓여 먹기도 하며, 갈아서 피시볼을 만들기도 하고 말려서 건조나 반건조로 먹기도 한다. 또한 디저트와 케이크가 여러 종류가 있어서 후식을 좋아하는 사람들에게 우크라이나는 천국과도 같을 것이다.

그런데 역설적으로 우크라이나만의 고유한 전통 음식을 찾는 것은 참으로 어렵다. 우크라이나가 자기만의 문화가 없다는 이야기가 아니다. 이 이야기는 우크라이나 요리뿐 아니라 주변국 러시아·폴란드·벨라루스 요리 등에도 똑같이 적용된다. 동유럽은 동아시아처럼 완벽하게 구분된 정치체제가 수백 수천 년 동안 고립되어 문화를 발전시킨 곳이 아니다. 서유럽부터 동쪽으로 우랄산맥에 이르기까지 자연 방벽 없이 평야가 펼쳐진 곳이다. 예컨대 우크라이나 요리인 데루니deruny는 정확히 한국에서 먹는 감자전과 똑같은데 이걸 러시아와 벨라루스에서는 드라니키draniki라 부를 뿐이다. 물론 독일, 체코, 리투아니아 등 모든 동유럽 나라에서는 이 '감자전'을 먹는다. 보르시치도 러시아, 벨라루스, 몰도바, 폴란드, 리투아니아 등 그 근방의 모든 슬라브권 혹은 그 영향을 받은 무려 19개 민족 요리와 연관이 있다고 한다. 우크라이나식 소시지인 코우바사는 폴란드어로는 키에우바사kielbasa, 러시아로 콜바사kolbasa, 헝가리어로는 콜바시kolbász라고 한다.

우크라이나 요리의 다수가 다른 동유럽 국가들에서 발견되고 그 나라들의 요리가 우크라이나에서도 보이는데, 이것은 현대 동유럽 국가들의 국경선이 확정된 것이 불과 80여 년 전인 제2차 세계대전 직후라는 점을 고려한다면 전혀 이상하지 않다.

2023년 초에 고기 요리만 다루는 것으로 유명한 한 유튜버가 전쟁에서 우크라이나를 응원하기 위해 우크라이나 국민 요리라면서 '보르시(보르시치의 러시아식 명칭)'랑 치킨 '키이우' 요리를 올린 영상을 보았다. 이 요리들을 우크라이나 요리라고 소개하는 것은 아무런 문제가 안 된다고 생각하지만, 이 유튜버는 이 요리들이 러시아 요리와는 다른 별개의 요리라고 주장하면서, 심지어 인터넷에 올라온 조리법 중 러시아인이 소개한 것은 제외하고 우크라이나인이 제시한 조리법만 사용했다고 하며 자랑스러워했다.

일단 앞에서 이야기했다시피 보르시는 수많은 국가에서 먹는 음식이라 기원을 찾기가 어렵다. 그리고 치킨 '키이우'는 치킨 키예프로 잘 알려졌으며, 저민 닭고기 안에 버터와 계란을 넣고 빵가루를 묻혀 튀겨낸 요리인데, 애당초 러시아 제국 시기에 기원을 두고 있으며 프랑스식 요리기법을 도입하면서 변주된 것이다. 원래 러시아 제국 시기는 러시아와 우크라이나를 칼처럼 나누는 게 불가능했던 때이기도 하다. 1912년 제국 수도 상트페테르부르그에서 만들어졌다는 설이 가장 유력한데 반론도 있고, 그 뒤로 '키이우'의 한 호텔에서 오랫동안 제공되면서 유명해졌다는 이야기도 있다.

현대의 치킨 '키이우'는 제2차 세계대전 이후에 해외에 알

도판 4-6
길거리 음식점.
"시리아식 샤우르마"라고 쓰여 있다.

려지면서 유명해진 것이니 차라리 소련 요리라고 하는 게 더 어울릴지도 모른다. 치킨 '키이우'에 '키이우'가 붙어 있다고 우크라이나 요리라면, 일본식 케첩 파스타인 '나폴리탄'은 이탈리아 나폴리 요리라는 이야기가 된다.

우크라이나에는 조지아나 터키, 미국처럼 나라별 요리를 파는 식당도 많지만, 다양한 메뉴를 취급하는 식당도 많다. 내가 자주 들른 드니프로 중심가의 일식당 반자이^{Banzai}에서도 초밥과 롤뿐 아니라 차가운 고기 수프인 오크로시카^{Okroshka} 같은 슬라브 전통 음식도 팔고, 각종 피자나 샤슬릭 같은 고기 꼬치도 구워서 팔았으며, 힌칼리나 하차푸리 같은 조지아 음식도 팔았다. 웬만큼 테이블이 들어찬 음식점에는 전통 슬라브 음식, 조지아 음식, 중앙아시아 음식, 롤 스시, 피자 등 5대 음식은 꼭 판다. 물론 이탈리아 식당이나 프랑스 식당도 많다. 우크라이나에서 유명한 식당 체인점은 푸자타 하타$^{Puzata\ khata}$다. 푸자타 하타는 번역하면 '배불뚝이 시골집'이란 뜻으로 우크라이나 전통 음식을 값싸게 파는 식당인데, 들어가면 식판을 들고 뷔페처럼 널린 요리들을 원하는 만큼 담고 계산하면 된다.

우크라이나 사람들은 단것을 참 좋아한다. 특히 차를 즐겨 마시는데 설탕을 듬뿍 넣고 마시는 편이다. 콤포트^{kompot}라 불리는 과일 차는 딸기, 복숭아, 사과 등에 설탕이나 건포도를 듬뿍 넣고 만드는데, 그 당도가 마치 우리네 유자차와 같다. 우크라이나 사람들에게 특히 초콜릿은 인기가 많다. 러시아에서 소련 시절부터 내려온 알료나^{Alena} 초콜릿이 유명하다면, 우크라이나에서는 로셴^{Roshen} 초콜릿이 인기다. 로셴 초콜릿은 마트에서도 팔리지만 주로 당사 지점에서 판다. 웬만한 큰 길거리에 가면 로셴 초콜릿 매장이 있다. 처음에 갔을 때 평일 낮 시간대임에도 어마어마한 사람들이 그곳에서 초콜릿을 사는 모습을 보고 깜짝 놀랐다.

이 로셴 초콜릿의 창립자가 바로 우크라이나 대통령을 지낸 페트로 포로셴코$^{Petro\ Poroshenko}$다. 로셴이라는 이름도 포로셴코라는 이름에서 만든 것이다. 포로셴코는 로셴을 설립한 후 여러 국영 제과 기업에 관한 통제권을 획득해서 '초콜릿 왕'이라 불릴 정도로 성공했다. 그는 2012년 포브스^{Forbes} 선정 억만장자 목록에서 10억 달러 이상을 소유한 것으로 드러났는데, 우크라이나에서 열 손가락 안에 드는 갑부로 올라섰다. 포로셴코는 초콜릿을 팔아서 부와 명성을 얻었고, 또 그 부와 명성을 바탕으로 대통령까지 선출되었다 해도 과언이 아니다.

5장
자포리자
코자크의 요새에서 소비에트 공업화의 상징으로

거센 급류를 넘어선 산업 도시

2019년 8월 8일, 나는 일행과 함께 드니프로역 근처에 있는 하타 호스텔에서 나와 버스터미널로 향했다. 오늘의 목적지는 드니프로시 남쪽에 있는 자포리자주의 주도 자포리자였다. 드니프로에서 자포리자까지는 불과 100킬로미터도 떨어지지 않은 거리여서 1시간 30분 정도 버스를 타고 달리니 금세 도착했다.

자포리자 역시 드니프로처럼 드니프로 강변에 발달한 도시다. 도시 중심가는 드니프로시와 달리 드니프로강 좌안을 중심으로 발달했지만, 역시 도시가 확장하면서 강 건너편으로도 거주지를 건설했다. 전쟁 직전 인구조사에 따르면 인구는 70만 명이 조금 넘는데 지금은 러시아에 점령된 도네츠크를 포함해도 우크라이나에서 여섯 번째로 큰 도시다. 그다음 도시인 르비우와 몇만 명 차이가 나지 않아 아마 거의 최전선이 된 지금은 르비우보다 인구가 줄었을 것이다. 그러나 소련 해체 직후인 1992년에는 인구가 90만 명이 넘어서 당시에 80만 명이던 르비우와는 10만 명 이상의 차이가 있었다.

자포리자는 1770년에 러시아 제국에 의해 러시아어로 알렉산드로프스크Aleksandrovsk, 우크라이나어로는 올렉산드로프스크Oleksandrovsk라는 이름으로 건설되었는데, 원래 이곳에 건설된 요새 이름에서 따온 것으로 그 요새는 어느 '알렉산드르'의 이름을 딴 것인지 정확하지 않다. 어쨌든 러시아 제국의 인물에서 따온 이름은 1921년 자포리자, 러시아어로는 자포로제Zaporozhe라는 이름으로 바뀌었다. '거센 급류porih를 넘어가야za 한다'는 뜻이다. 19세기 중반 이후 이 지역에 새로운 농업기계 산업과 제분 산업이 발달하면서, 제1차 세계대전 직전에 도시 인구는 6만 명을 넘었으며, 다양한 공장과 작업장이 수십 곳 있었다. 전쟁 중 최전선 지역의 수많은 기업이 후방으로 대피하면서 알렉산드로프스크는 더욱 발전했고 인구도 증가했다. 1917~1921년까지 내전기에 이곳은 우크라이나 중앙라다, 볼셰비키, 백군白軍, 농민반란군 등 다양한 세력의 각축장이었지만, 결국 우크라이나의 다른 지역처럼 최종적으로 볼셰비키가 승리했다.

제2차 세계대전 이전에 5개년 계획 기간 동안 자포리자는 대규모 산업도시로 변모했다. 드니프로 수력발전소의 건설은 자포리자뿐 아니라 소련 전체에서 스탈린주의 공업화의 상징으로 떠올랐다. 기차역 건설과 함께 도시에는 여러 개의 대형 공장, 특히 제철소 자포리즈스탈Zaporizhstal, 코크스화학공장, 알루미늄공장, 마그네슘공장, 합금철공장과 공구강工具鋼공장 드니프로스페츠스탈Dniprospetsstal이 건설되었다. 또한 소련 해체 이후 모토르시치Motor Sich로 이름이 바뀐 자포리자 엔진제작공장은 군용 항공기 산업을 포함한 소련 항공기 산업 발전에 큰 역할을 했다. 자포리자는 강철 및 비철금속 생산, 중공업 및 전력 생산에서 빼놓을 수 없는 중심지였는데, 소련 전체 생산량 중 마그네슘 100퍼센트, 알루미늄 60퍼센트, 합금철 60퍼센트, 압연강 20퍼센트를 생산했다.

1941년 8월, 독일군이 도시로 접근하면서 당국은 드니프로 수력발전소를 파괴하고 많은 공장을 후방으로 소개하기 시작했다. 10월에 독일군에게 점령당한 자포리자에서는 2년이 넘는 점령 기간에 약 4만 4,000명의 민간인과 전쟁 포로가 사망했다. 전쟁 전에 30만 명에 육박했던 인구도 10만 명으로 감소했다. 자포리자의 중심가인 좌안 부분은 1943년 10월에 붉은 군대가 해방했지만, 독일군은 드니프로강 우안과 강 중앙 호르티차^{Khortytsia} 섬에 거점을 확보해서 계속 저항하다가 그해 12월에 퇴각했다. 전후 몇 년 동안 도시는 더욱 성장했고, 1950년대에는 이미 전쟁 전 인구를 추월했다. 1950년대부터 1970년대까지 폭발하는 인구 증가에 대처하기 위해 여러 주택단지를 건설했고, 자포리자 변압기공장^{ZTP}, 고전압장비공장, 케이블공장 등 다양한 공장을 전후에 건설해서 자포리자의 성장은 소련 해체 때까지 멈추지 않았다.

드니프로 수력발전소와 5개년 계획

드니프로시 중심가는 드니프로강 우안에 있고 자포리자 중심가는 드니프로강 좌안에 있어서 이미 버스를 타고 다리로 쓰이는 드니프로 수력발전소를 건너온 상태였다. 따라서 제대로 수력발전소를 보기 위해서는 다시 온 길을 따라 되돌

도판 5-1

아가야만 했다. 지나가다가 러시아 작곡가 미하일 글린카^{Mikhail Glinka}*의 이름을 딴 콘서트홀이 보였다. 글린카의 곡 중 한국인에게 가장 잘 알려진 곡은 오페라 〈루슬란과 류드밀라〉의 서곡으로, 방송이나 광고에서 많이 쓰였다. 글린카가 1833년에 작곡한 곡이 소련 해체 이후 러시아에서 1991~2000년까지 '애국가'로 사용되었는데 인기가 없어서 소련 국가의 노랫가락을 그대로 쓴 현재의 국가로 대체한 바 있다.

댐(도판 5-1)으로 이어지는 자포리자 주도로의 이름은 소보르니^{Sobornyi} 대로로 '성당'이라는 뜻이다. 무려 10킬로미터가 넘는 도로로 애초에는 서로 다른 이름의 여러 도로로 이루어졌다. 주요 부분은 볼셰비키가 권력을 장악한 이후 독일 혁명가 리프크네히트의 이름을 따서 카를리프크네히트 거리로 불

---

* 러시아 클래식 음악을 정립한 선구적 작곡가로, 푸시킨이 시로 새로운 러시아어를 창조했다면 글린카는 음악으로 했다는 평을 얻었다. 민족의식을 가지고 민족 고유의 특색을 음악에 반영하던 국민악파(musical nationalism)라는 사조를 열어 훗날 '러시아 5인조'에게도 큰 영향을 끼쳤다.

렸는데, 독일 점령기에는 아돌프히틀러 거리로 불렸다. 전쟁이 끝난 후에 여러 거리를 합쳐서 레닌 대로라는 이름을 붙였다. 그러다 2016년 탈공법에 따라 레닌 대로는 소보르니 대로로 바뀌었다. 대로의 남쪽 끝에는 기차역과 버스터미널이 있는데, 이곳에서 동쪽으로 가면 도네츠크와 루한스크, 러시아의 볼고그라드까지 이어졌다. 워낙 긴 대로라 주요 성당·호텔·대학·공장·시의회·도서관·박물관, 심지어 대형 상점이나 맥도날드까지 자포리자의 주요 시설은 대부분 이 대로 근처에 있었다.

댐으로 다가가다가 17세기에 코자크 반란을 일으킨 보흐단 흐멜니츠키Bohdan Khmelnytskyi의 동상을 발견했다. 탄생 400주년을 기념한다고 쓰인 것을 봐서는 소련 해체 이후에 세워진 것 같았다. 소보르니 대로 북쪽 끝에 도달하니 자포리자 광장Zaporizka ploshcha 중심의 사각기둥에도 푸른색의 빛바랜 코자크 그림이 있었다. 이 그림은 군데군데 떨어져 나가서 붉은 화강암이 그대로 드러났는데, 아무래도 어떤 건물의 기단처럼 보였다. 역시 찾아보니 이 광장은 예전에 레닌 광장이었고, 이 자리에는 레닌이 있었던 것이다.

레닌 동상은 1964년에 세워졌는데 총 높이는 19.8미터이며, 레닌의 뻗친 오른손은 드니프로 수력발전소를 가리켰고, 받침대 바닥에는 금속노동자, 건설노동자, 집단농장원, 학자의 동상이 함께 있었다고 한다. 광장은 바로 드니프로강과 맞닿아서 풍경이 한눈에 들어왔는데, 자연의 아름다운 모습과 인간이 만든 위력 있는 발전소 건물의 웅장함이 조화로워서 아주 볼만한 광경이었다.

버스를 타고 건넜던 댐을 다시 걸어서 건넜다. 차들은 4차선 도로를 쌩쌩 달렸지만, 보행자를 위한 공간은 극히 좁아서 인도의 폭이 차도의 절반밖에 되지 않았다. 상류 쪽 인도로 건넜는데 육중한 철제 구조가 방패처럼 인도를 보호하는 듯했고, 배수구 쪽으로 댐 건설로 형성된 저수지가 육지가 보이지 않을 정도로 거대하게 나타났다. 완전히 건너가니 어디에나 있는 낚시꾼이 저수지에서 물고기를 낚는 장면이 보였다.

댐이 시작되는 부분에 키릴문자로 드네프로게스^{DNEPROGES}라는 명칭이 크게 조각되어 있는데(도판 5-2), '게스'는 러시아어로 수력발전소^{gidroelektrostantsiia}의 약자이니 드네프르(드니프로) 수력발전소라는 말이다. 그 위에는 무언가를 철거한 원형 흔적이 두 개나 있었다. 원래 레닌훈장과 노동적기훈장이 있었는데, 2016년에 탈공법 이후 철거된 것이었다. 길을 건너서 이번에는 하류 쪽 인도로 걸어서 세 번째 댐을 따라 강을 건넜다. 하류에는 수많은 송전탑과 거기에 연결된 전깃줄이 가득해서 발전소의 모습이 완연했다. 1932년에 완공되었을 때, 발전량으로 따지면 미국의 윌슨^{Wilson} 댐에 이어 세계에서 두 번째로 큰 수력발전소였다.

도판 5-2

5개년 계획으로 잘 알려진 경제 정책은 소련을 유럽의 후진국에서 유럽 최고의 경제 대국으로 만들었다. 1926년 16퍼센트에 불과했던 도시 인구는 1939년에 33퍼센트로 두 배 증가했으며 1959년에는 48퍼센트까지 늘어났다. 1928~1965년까지 산업, 건설, 운송 부문에 고용된 사람의 수는 650만 명에서 3천 9,000만 명으로 거의 6배 증가했다. 이 시기에 산업 생산은 최소 11배에서 14배까지 늘어났다.

2차 5개년 계획이 끝난 1930년대 중반만 해도 5개년 계획 시작 전에는 단순하고 규모도 작았던 기계제작산업이 가장 중요한 산업으로 변모해서 복잡한 공작기계, 철강제조장비, 전차 등을 생산하고 있었다. 이때 급격한 경제 발전이 없었더라면 소련은 제2차 세계대전에서 독일에 필연적으로 패하고 말았을 것이다. 더군다나 이러한 성장은 자본주의 경제 세계가 1920년대 말에서 1930년대 초까지 대공황으로 고통받는 상황에서 이뤄냈기에 충격적이었다. 소련의 국가 주도 경제개발 계획은 만주국에서 통제파統制派 장교, 신흥재벌, 혁신관료 등 테크노크라트technocrat 집단이 주도하는 통제 경제에 큰 영향을 미쳤으며, 한국에서도 박정희가 국가 주도의 경제개발 계획을 설계하는 데 직·간접적으로 영향을 끼쳤다.

내전이 끝난 1921~1920년대 말까지 소련 경제는 내전으로 황폐화한 나라 경제를 회복하려는 의도에서 신경제정책NEP을 실시했다. 신경제정책은 레닌이 정의한 대로 "국가 통제를 받는 시장 경제와 자본주의"로서, 볼셰비키는 국유화를 부분적으로 취소하고 중소 규모의 사기업 운영을 허용했으며, 농민들에게 강제로 곡물을 징발하는 일을 그만두고 잉여 농산물을 시장에 팔 수 있게 했다. 이로 인해 네프맨NEPman이라 불리는 신흥 기업가들이 등장하기도 했다.

소련 해체 이전에 많은 학자는 이 네프 시기가 상당히 안정된 시기였다고 보면서, 나중에 숙청당한 니콜라이 부하린Nikolai Bukharin 같은 농민 편을 드는 온건한 '우파' 지도자의 노선을 따라갔더라면 스탈린 시기와 같은 극도의 국가 폭력과 희생자 없이 경제 발전을 이뤘을 것이라 가정하기도 했다. 이러한 가설은 볼셰비키 혁명을 긍정적으로 보지만 그 이후의 '타락'과 '퇴보'에 대해 불만을 품은 사람들에게 그 원인을 명확히 설명할 수 있고 스탈린의 '대안'을 찾을 수 있었다는 점에서 크게 인기를 얻었다.

그러나 소련 해체 이후에 문서보관소의 여러 문서를 열람할 수 있게 되면서, 기존의 상식과는 다른 네프 시기의 모습이 발견되었다. 우선 네프 시기는 기존에 생각한 것처럼 안정된 시기가 아니었는데, 광대한 국토와 행정상의 대혼란, 아직 극복되지 못한 후진성, 자본주의 요소 재도입으로 인한 사회적 불만 축적으로 인해 폭발하기 직전의 끓는 솥과 같았다. 또한 국제 정세의 위기로 인해 소련 지도부에게는 내전 때부터 품었던, 자본주의 국가에 의해 포위당했고 틈만 보이면 저들이 우리에게 쳐들어올 것이라는 '포위 심성'이 여전했다. 1927년 4월에는 중국 장제스蔣介石의 상하이 쿠데타로 국공합작이 종료되고 내전이 시작되었으며, 5월에는 영국에서 1924년 노동당 내각의 등장으로 맺었던 외교관계를 보수당이 집권하면서 단절했다. 게다가 6월에는 레닌그라드 당내 클럽에서 폭탄 테러가 일어났고, 같은 날에는 폴란드에서 소련 대사가 암살되었다.

일련의 사태로 볼셰비키 지도부는 영국이 내전기 때처럼 다시 군사적 침략을 감행할 수도 있다는 사실을 진지하게 믿고 사회주의 조국의 방어력을 보장할 수 있는 근대적 공업화의 필요성을 절감했다. 게다가 농촌에서는 농민들이 잉여 농산물을 내놓지 않는 이른바 곡물 조달 위기가 발생하자, 스탈린을 비롯한 지도부는 농업 집단화를 통해 공업화의 재원을 마련하려고 했다. 이렇게 당시 볼셰비키를 둘러싼 내외의 환경은 볼셰비키를 압박했고, 이념상으로나 경제상으로나 급진적 공업화에는 어울리지 않았던 네프는 새로운 국가 주도의 경제 발전 계획으로 대체될 수밖에 없는 운명이었다.

1차 5개년 계획은 무엇보다도 중공업 중심의 투자, 특히 대규모 산업단지를 건설하는 데 중점을 뒀다. 산업, 건설, 운송 분야에서 스탈린 시대를 상징하는 대규모 프로젝트가 시행되었다. 여러 프로젝트 중 가장 대표적인 것들을 꼽자면 마그니토고르스크Magnitogorsk 제철소와 투르케스탄-시베리아 철도, 그리고 드니프로 수력발전소다. 마그니토고르스크는 러시아 우랄산맥 지역 첼랴빈스크주의 도시로 1929년 제철소가 지어지기 전까지는 허허벌판에 지나지 않았지만, 이곳에 세계 최대의 제철소를 지으며 순식간에 사회주의 건설의 위대함을 알리는 상징이 탄생했다. 투르케스탄-시베리아 철도는 약자인 투르크십Turksib으로 불리는데, 중앙아시아와 시베리아를 잇는 2,375킬로미터의 광궤廣軌 철도로 중앙아시아에 근대적 경제를 건설하는 첫발이었다. 그 외에도 농업 기계화를 보여주는 스탈린그라드 트랙터 공장과 수로 운송을 위해 뚫은 볼가-돈운하와 백해-발트해 운하, 그리고 극동에 새로이 건설한 도시 콤소몰스크나아무레$^{Komsomolsk-na-Amure}$ 등은 모두 앞으로 성장할 스탈린주의 사회주의 계획경제의 기반이 될 시설이었다.

드니프로 수력발전소(도판 5-3)에 대해 이야기하자면 먼저 소비에트 러시아 최초의 '경제계획'이던 고엘로^{GOELRO} 계획을 이야기해야 한다. 내전이 거의 마무리될 무렵인 1920년 12월, 제8차 소비에트 대회에서 레닌은 "공산주의, 그것은 소비에트 권력 더하기 온 나라의 전기화다"라는 유명한 말을 남겼다. 고엘로는 '러시아전기화국가위원회'의 러시아어 약어를 따서 만든 줄임말이다. 《타임머신》, 《투명인간》 등을 쓴 영국의 SF작가 허버트 조지 웰스$^{Herbert\ George\ Wells}$는 1920년에 러시아를 방문해서 레닌을 만나 대담을 했는데, 레닌의 전기화 계획을 공상적이라며 회의적으로 여겼다. 그러나 1934년에 다시 소련을 방문한 그는 자신의 생각이 틀렸다는 사실을 인정해야만 했다. 고엘로 계획은 단순히 전력에 관한 계획만은 아니었으며, 전력 생산을 위해서는 연료와 기계공업 산업의 발달도 필요했다. 고엘로 계획에 따르면 전 국토를 8개 구역으로 나눠서 화력발전소 20개와 수력발전소 10개를 건설하고 에너지를 운송하는 체계를 갖출 것이었다. 소련 당국은 1931년에 고엘로 계획을 완수했다고 선언했는데, 1913년에 비해 1932년의 전력 생산량은 20억 킬로와트에서 135억 킬로와트로, 애초 계획했던 4.5배가 아니라 거의 7배로 증가했다.

이때 건설조직 드네프로스트로이^{Dneprostroi}(우크라이나어로는 드니프로부드^{Dniprobud})가 수력발전소 건설을 맡았다. 당시 여러 지역에 '스트로이'가 만들어졌고, 드네프로스트로이는 각지의

도판 5-3
발전소의
현재 모습

건설을 진두지휘했다. 1930~1931년 겨울에는 악천후와 얼음 형성으로 인해 댐 작업이 거의 이루어지지 않았고, 1931년 5월에는 매우 높은 홍수로 인해 작업이 더욱 지연되었다. 그러나 홍수로 인한 피해는 거의 없었으며, 댐, 강철 프레임, 방수로 게이트 설치에 사용할 터빈 및 이동 크레인 조립 작업이 계속되었다.

건설 작업에서 가장 중요한 작업인 댐 폐쇄 작업은 1932년 3월에 완료했으며, 발전소 건설의 첫 번째 단계인 5개의 발전기 설치는 같은 해 10월에 마쳤다. 개장일까지 350만 세제곱미터의 흙과 암석을 캐냈으며, 100만 세제곱미터 이상의 콘크리트를 댐, 발전소, 갑문 구조물에 타설했다. 교각 사이에는 수문 47개를 설치했고, 터빈 9개와 발전기도 설치했다.

이렇게 완성된 발전소는 계속 발전량을 늘려나갔고, 1941년 독일의 침공 직전에는 167억 킬로와트의 전력을 생산하기에 이르렀다. 발전소가 운영을 시작한 이래로 주변에 코크스

공장, 제철소, 알루미늄 단지가 급속도로 추가되었지만, 드니프로-돈 송전선은 1941년에 독일군이 쳐들어올 때까지 완성되지 않았다.

1차 5개년 계획을 빛낸 여러 프로젝트는 당시 매일 같은 언론 보도를 통해 소련 시민들에게 잘 알려졌다. 노동자들이 큰 강을 정복하는 등 지식의 부재에도 결국 환경을 지배하고 건설 문제를 극복한 승리의 경험은 시, 노래, 교향곡, 그림, 동화책의 주제가 되기도 했다.

이 중 우크라이나인 영화감독 올렉산드르 도우젠코 Oleksandr Dovzhenko의 명작 무성영화 〈이반 Ivan〉과 표도르 글라드코프 Fedor Gladkov의 장편소설 〈에너지 Energiia〉에도 드니프로 수력발전소가 등장한다. 이 기간에 사회주의 건설에 관한 수백 편의 다큐멘터리 영화와 단편을 제작하면서, 자연의 힘을 활용하고 사회에 봉사하는 사람들의 영웅다운 행위를 기념했다. 사회주의 사회 건설과 새로운 '호모 소비에티쿠스 Homo Sovieticus'의 등장은 예술 작품의 중요한 주제였다.

소련 사람들의 '투쟁' 소식은 서방 세계에도 시간이 지나면서 널리 퍼졌다. 1939년 뉴욕에서 열린 세계 박람회의 소련 전시관에서 드니프로 수력발전소 건설이 전시되었고, 사진작가 마거릿 버크화이트 Margaret Bourke-White는 《라이프 Life》 잡지에 소련의 산업 건설에 관한 일련의 사진을 실었으며, 존 스콧 John Scott은 1932~1941년까지 소련에 머무른 경험을 바탕으로 《우랄산맥 뒤에서 Behind the Urals》라는 제목으로 마그니토고르스크 건설을 위한 영웅다운 '전투'에 대한 회고록을 썼다.

스탈린 시기의 공업화는 대단히 성공적이었다. 한때 소련이 미국과 더불어 세계를 양분하는 열강이어서 사람들이 착각하지만, 러시아 제국의 경제는 상상 이상으로 후진적이었다. 예컨대 흔히 제국주의 국가의 특징을 이야기할 때 자본 수출을 이야기하는데, 당시 러시아는 자본 수입국이었다. 어떻게 이런 나라가 유럽 제1의 경제 대국으로 성장해서 미국과 상대하고 전 세계의 사회주의 국가들을 지원할 수 있었겠는가(물론 최전성기에도 소련의 경제력은 미국에 한참 못 미쳤다).

그 성장의 기반에 1차 5개년 계획 때 국토 여기저기에 심어놓은 거대한 산업단지와 운송 및 발전시설이 큰 역할을 했다. 1차 5개년 계획의 목표는 많이 생산한다는 것도 있었지만, 생산기지를 구축하는 것도 그 이상으로 중요했다. 게다가 드니프로 수력발전소는 물론 경제적인 측면에서도 대단했지만, 이념상으로도 중요한 일을 했음을 부정할 수 없을 것이다. 이 거대한 댐과 발전소는 마르크스의 《자본》에 적힌 잉크로 된 글씨가 아니라 실제로 돌과 콘크리트로 강물을 막고 세워진 육중한 실체였다.

90년 전 아직도 농촌의 삶에서 벗어나지 못한 소련 인민 대다수에게는 레닌이든 스탈린이든 어떤 훌륭한 지도자의 명언설보다도 이 웅장한 건축물 자체가 소비에트 권력과 사회주의 건설의 당위성을 증명해주었을 것이다.

자포리자 코자크의 탄생

자포리자시는 북에서 남으로 흐르는 드니프로강을 기준으로 둘로 나뉘는데 강 한가운데에 큼직하고 길쭉한 섬이 하나 있다. 바로 호르티차Hortytsia 섬이다. 호르티차섬은 드니프로강에서 가장 큰 섬으로 길이는 12.5킬로미터, 너비는 2.5킬로미터로 여의도의 네 배쯤 된다. 이 섬으로 가기 위해서는 앞에서 말한 자포리자의 주도로인 소보르니 대로에서 서남쪽으로 이어지는 세르히튤레닌^{Serhii Tiulenin} 거리를 따라가면 된다. 소련영웅 칭호를 받은 세르히 튤레닌은 독소전쟁 기간에 청소년 지하 저항 조직인 '젊은 근위대'에서 활동하다가 붙잡혀 처형당한 소년이다. 거리를 따라 걷다가 1925년에 개통한 프레오브라젠스키 다리를 건넜는데, 이 다리도 드니프로 댐처럼 보행자가 걷기에 쾌적한 환경은 아니었다. 인도 한가운데에 알 수 없는 굵은 파이프가 설치되어 보행을 방해했다. 다리를 건너며 오른쪽, 즉 북쪽을 보니 저 멀리 드니프로 수력발전소의 모습이 보였다. 다리 위에서 내려다보는 풍경이 매우 아름다워서 사람들이 예전부터 이곳에 거주하기로 한 이유를 알 것도 같았다.

이 섬은 키예프 루스 시대부터 역사 기록에 남아 있다. 훗날 드니프로 수력발전소 댐이 위치할 장소는 드니프로강에서 가장 좁은 곳으로 잘 알려진 교차로가 있었는데, 이는 다양한 역사적 시기에 스키타이인, 페체네그인, 쿠만인이 사용했으며 이후에는 크림 타타르인, 튀르크인도 애용했고, 나중에 자포리자 시치^{Zaporozka Sich}의 코자크가 통제했다. 시치(러시아어로는 세치^{Sech})는 코자크가 거주하는 요새화된 마을을 일컫는다.

호르티차섬을 방문한 것은 바로 이곳에 있는 우크라이나 민족의 직계 조상이라 할 수 있는 자포리자 코자크의 마을인 자포리자 시치를 둘러보기 위해서였다. 《수호전》에 등장하는 양산박도 습지대에 위치해 물로 둘러싸인 험준한 산지였던 것처럼, 애초에 도망 농노들이 모여서 숨어 살던 장소인 시치도 양산박과 비슷하게 격류를 넘어가지 않으면 찾을 수 없는 험준한 곳에 있었을 것이다.

다행히 섬에 들어서면서부터는 큰길이 닦여 있어서 길을 따라서 쭉 걸었다. 버스도 운행하는 것 같았는데 걸으면서 천천히 섬의 모습을 보려고 일부러 타지 않았다. 걷다 보니 자포리자 시치가 오른쪽으로 900미터 가면 나온다는 표지판이 보였다. 안내문에 따르면 이 시치는 2005년에 재건되었고, 넓이가 3.5헥타르 정도인데 원래 시치는 지금보다 열 배는 더 컸으며, 마지막 시치는 1775년에 러시아군에 의해 불탔다고 한다.

시치는 8자 형태인데 머리 부분이 더 작은 호리병 모양이었다. 입구를 통해 호리병 윗부분으로 들어섰다. 코자크가 살법한 여러 오두막(도판 5-4)이 복원되었고 기념품 가게가 있었다. 걸어오느라 힘이 들어서 음료를 마시며 잠시 쉬는데 어디에선가 날아온 벌이 너무 많아서 오래 있을 수는 없었다.

호리병 허리 부분을 지나 아래쪽으로 들어가는 통로가 있

도판 5-4

었는데 가는 날이 장날이라고 무슨 드라마인지 다큐멘터리인지 촬영을 한다고 오늘은 들어갈 수 없다고 했다. 사실 여기에 교회도 있고 더 많은 볼거리가 있었는데 말이다. 멀리서 바라보니 정말 여러 사람이 코자크 전통 의상을 입고 촬영하고 있었다. 그 옆에는 기계로 매끈하게 깎아낸 듯한 타라스 불바의 석상이 있었는데, 그 위치에서 저 멀리 드니프로강과 수력발전소가 한눈에 보였다. 만약 정말로 이곳에 요새가 있었다면, 찾아오는 길은 힘들고 강을 감시하기는 편리하니 방어하기가 편리했을 것이다. 돌아가는 길은 일부러 지름길로 가고자 도로를 피하고 산길을 택했는데, 길이 너무 험해서 중간중간 넘어지고 발이 푹푹 빠지는 등 온갖 고생을 사서 했다. 정말이지 코자크가 왜 이런 곳에 요새를 만들었는지 알 것도 같았다.

우크라이나인들이 자신의 조상이라고 자랑스럽게 이야기하는 코자크란 무엇일까. 코자크라는 말은 우크라이나어이고 세계적으로는 러시아어인 '카자크'나 영어 '코사크'로 더 널리 알려졌다. 고골의 소설 《타라스 불바》에 등장하는 것은 물론 미하일 숄로호프Mikhail Sholokhov의 《고요한 돈강》에도 등장한다. 이 코자크는 간단하게 정의 내리기 힘든 다양한 정체성을 지녔다. 우크라이나인에게 조상인 코자크는 러시아에서는 러시아의 변경을 개척한 '러시아의 아들'이었다. 또한 코자크는 유목민 집단이면서도 전사, 농민이면서도 어부였다. 흐멜니츠키 반란으로 잘 알려진 것처럼 체제에 대한 저항 정신을 상징하기도 했고, 러시아 제국 말기에는 '제국의 헌병'으로서 구체제를 수호하는 '보수' 또는 '반동'을 상징하기도 했다.

지금부터는 우크라이나 '코자크'뿐 아니라 러시아 '카자크'까지 함께 다루므로 카자크라는 용어로 통일한다. 카자크라는 말은 12~13세기 지금의 남부 러시아 땅을 지배한 쿠만인들의 어휘에서 왔다. 쿠만인을 우크라이나와 러시아에서는 폴로베츠polovets인이라고 하는데, 이들은 중앙아시아에서 온 튀르크계 유목민이었다. 고대 튀르크어 'qazian'은 모으다, 정복하다라는 의미를 지닌 동사였는데, 여기에서 파생된 정복하는 사람이라는 뜻을 지닌 명사형 'qazaq'에서 카자크라는 말이 유래했다고 본다. 쿠만인은 몽골 침략 이후에 역사 속으로 사라졌지만, 'qazaq'라는 말은 그대로 살아남아 약탈자, 정복자라는 뜻으로 쓰였다.

14~16세기까지 타타르인, 제노바인, 러시아인들은 계속 남부의 약탈자 '카자크'에 관한 기록을 남겼다. 그런데 이전까지 타타르인이나 유목민에 의한 습격은 러시아인이나 폴란드인에게 아주 일상적인 광경이었다. 도대체 왜 새로운 용어인 '카자크'가 필요했을까? 그것은 'qazaq'가 애초에는 어떤 종족 집단을 가리키는 것이 아니라 국가 권력의 통제를 받지 않으며 약탈과 용병 일로 먹고사는 '생활 방식'을 의미하는 표현이었기 때문이다. 몽골의 침략 이래로 이 지역을 다스리던 킵차크 칸국이 몰락한 뒤 이 지역에는 거대한 권력 공백이 찾아왔고, 이 '변경'에서 새로운 집단이 등장했다. 애초에는 튀르크인이 대다수였지만, 15세기부터 동유럽에서 농노제가 강화되면서 이곳으로 도망친 슬라브인 농노들이 모여 'qazaq'스러운 '생활 방식'으로 살아가게 된 것이었다.

따라서 16세기 후반에 이 카자크는 'qazaq'스러운 생활로 살아가는 슬라브인들의 집단을 의미하는 표현이 되었다. 이렇게 슬라브인이 카자크의 대부분을 차지하면서 점차 이들은 러시아와 폴란드의 관심을 살 수밖에 없었다. 이들이 도망 농노라는 사실은 러시아와 폴란드 지배자들에게 세수의 감소를 의미했다. 자신들의 통제 밖에 이러한 군사 집단이 있다는 사실은 변경의 불안을 가져올 것이고, 그럴 바에야 이러한 군사력을 잘 이용하면 당시 러시아와 폴란드 국가를 괴롭히던 안보 위협에 대처할 수 있을 것 같았다. 15세기 후반부터 크림 칸국이 러시아와 폴란드를 침공하는 일이 시작되었는데, 이전에는 종주권만 확인받는 목적이었던 킵차크 칸국과는 달리, 크림 칸국에는 오스만 제국에 팔아넘길 노예를 구하려는 경제적 목적이 있었다. 이런 상황에서 정반대로 대략 현재 우크라이나와 남부 러시아 땅에 거주하던 카자크도 반대로 타타르인을 약탈함으로써 변경의 불안을 한층 더 강화했다.

이전까지 단순히 도망 농노를 막기 위한 대책만 세우던 러시아나 폴란드에서는 공식적으로 기존에 존재하는 카자크를 '등록'하고 고용해 제도적 실체로 인정하고자 했다. 이렇게 탄생한 '등록 카자크 집단'은 그 대가로 현물을 받거나 신개척지의 사냥권, 경작권, 어로권 등의 '특권'을 받았다. '등록 카자크'의 탄생은 오히려 빠르게 카자크 수를 증가시켰는데, 당시 철저한 신분제 사회에서 고통받는 농노들이 자유를 누림과 동시에 용병일을 하면서 추가 소득까지 얻을 수 있는 변경으로 도망치게 된 것은 당연한 일이라 할 것이다. 하지만 국가는 이 모든 카자크를 고용할 수 없었다. 따라서 많은 사람은 평소에 생업에 종사하다가 농한기가 되면 '카자크짓'을 하러 변경으로 떠나는 '계절 카자크'가 되었다.

그렇다면 언제 우크라이나 민족의 선조라고 주장하는 자포리자 '코자크'가 탄생했을까? 이미 15세기 후반부터 드니프로강 일대에 '루스 카자크'라는 이름으로 기록에 등장하던 사람들을 모은 것은 지역의 지주이자 행정관이나 군사령관인 스타로스타^{starosta} 드미트로 비시네베츠키^{Dmytro Vyshnevetskyi}였다. 비시네베츠키는 드니프로강 하중도로 폭포와 급류에 둘러싸인 호르티차섬에 요새를 건설했는데, '급류를 넘어서 자리한 요새'라는 뜻의 자포리자 시치라고 불렸다. 이 자포리자라는 이름은 나중에 '우크라이나' 땅에 있는 모든 코자크를 지칭하는 표현으로 확대되었다. 당대 자포리자 코자크는 스스로에 관한 기록을 아예 남기지 않았지만, 이곳을 방문한 소수의 외부인이 있어서 어느 정도 자포리자 코자크의 삶에 대해 알 수 있다.

자포리자 시치의 지도자는 행정·군사·재정·사법 및 기타 문제를 담당하는 키시^{kish}라는 이름의 집행부 오타만^{otaman}으로 키시 오타만^{koshovyi otaman}이라 했는데 흥미롭게도 민주적 절차를 통해 선출되었다. 물론 현대식의 깔끔하고 신사적인 1인 1표식 투표가 아니라 때로는 '폭력'과 '유혈'을 통한 의견수렴이 있기도 했지만 말이다. 오타만을 선출하는 기구는 지금도 우크라이나 의회의 이름으로 쓰이는 '라다'로, 시치의 전체 구성원이 동등한 자격으로 회의에 참여할 수 있었다.

시치가 16세기 이후 영구거주지가 되면서 오타만을 보좌해서 보급과 행정을 담당할 군단서기^{viiskovyi pysar}가 등장했는데, 수입과 지출을 기록하고 외교 서신을 작성하는 등의 일을 했다. 서기의 임기는 1년으로 코자크 라다에서 선출되었지만 대개 수년 동안 자신의 역할을 했다. 또한 군단판관viiskovyi suddia 은 코자크의 관습법에 따라 재판의 선고를 내렸고 이를 오타만과 라다가 승인했다. 조악한 형태였지만 자포리자 시치에서는 구성원 총원으로 이루어진 라다, 오타만과 군단서기로 이루어진 행정부, 군단판관의 재판부라는 '삼권분립'이 이루어진 것 같다. 그 밑에는 러시아어로 '예사울Esaul'이라는 이름으로도 알려진 오사불Osavul이라는 장교단이 실질적으로 오타만의 명령을 실행하는 역할을 맡았다.

마치 훗날 소련공산당에서도 당대회에서 모든 사항을 결정할 수 없자 중앙위원회를 선출하고 나중에는 더 소수의 정치국을 선출해 중요사항을 결정했듯이, 자포리자 시치에서도 지도부 총회인 스호드카skhodka가 있었다. 여기에 참석하는 사람들을 스타르시나starshyna라고 했는데, 앞서 말한 오타만과 군단서기, 군단판관, 오사불을 포함했고, 시치에는 막사인 쿠린kurin 별로 오타만이 또 있었는데 이들도 스호드카의 일원이었다. 훗날 18세기 중반 이후에는 오타만의 권력이 커지면서 스호드카의 권한도 세지는데, 17세기에는 아직 시치 전체 구성원이 참여하는 라다의 위상에 비할 바는 아니었다. 라다는 전투현장에서도 언제든 구성원들이 원한다면 소집되어야 했으며 오타만은 탄핵당해서 해임되거나 심지어 살해당하는 일까지 있었다. 이렇게 코자크 집단은 더욱 강해지고 체계화되었으며 그 명성을 러시아와 폴란드는 물론 오스만 제국까지 떨쳤다.

앞에서 이야기했듯 폴란드에서는 이 자포리자 코자크를 '등록 코자크'로 만듦으로써 이 문제를 해결하려고 했다. 폴란드 왕 스테판 바토리Stefan Batory는 코자크에 대단히 관심이 많았는데, 귀족인 슐라흐타szlachta가 지배하는 신분제 의회 세임Sejm과 이해관계가 상충했기에, 농노제를 강화하고 싶어 하는 슐라흐타와 이해관계가 정반대인 코자크는 슐라흐타를 견제할 수 있다고 봤기 때문이다. 따라서 바토리는 코자크를 폴란드 국왕의 직속 부대로 삼았다. 세임 또한 코자크 부대의 충원을 금지하고 도망 농노의 참가를 금지하면서 코자크를 통제하려 했다. 그러나 이는 오히려 세임의 의도와는 반대로 슐라흐타의 사회경제적 이해관계와 정반대인 코자크 집단을 공식적으로 인정해주는 꼴이 되고 말았다. 코자크 부대는 그 명성에 어울리게 17세기 초중반 러시아 및 오스만 제국과의 전투에서 눈부신 승전을 거뒀다. 그러나 이 '등록 코자크' 제도는 코자크를 더욱 인기 있는 것으로 만들었고, '비등록 코자크'의 수는 더욱 폭발적으로 늘어만 갔다. 게다가 '등록 코자크'로 인해 폴란드 정부는 이들의 고용을 위한 재정 적자에 시달렸다. 코자크를 통제하기 위한 제도로 코자크를 공식화하자 오히려 폴란드의 코자크 통제는 더욱 어려워졌고 이 지역의 정치적·사회적 불안정성은 커져만 가는 모순된 결과를 낳았다.

그 이후 종교 문제로 인해 이들의 갈등은 더욱 격화되는데, 마침내 1648년 흐멜니츠키 반란이 일어나면서 폴란드-리투아니아 왕국은 전쟁의 불길에 휩싸였다. 이 코자크 반란에서 불붙은 전쟁은 스웨덴 및 러시아가 참전하면서 더욱 커졌다. 1667년에 불길이 꺼지기까지 이 20여 년의 기간을 폴란드어로 '대홍수potop'라고 한다. 당대에 쓰이던 표현은 아니고 소설《쿠오 바디스Quo vadis》의 저자로 잘 알려진 폴란드의 작가 헨리크 시엔키에비치 Henryk Sienkiewicz가 이 시기를 다룬 소설 《대홍수》를 쓰면서 역사용어가 되었다. 이 이후로 폴란드-리투아니아의 국력은 약화했고, 17세기 초에는 모스크바까지 점령할 정도로 러시아를 압도했던 국력은 결코 다시 회복되지 못했다. 결국 18세기 말 프로이센, 오스트리아, 러시아의 삼국분할로 폴란드는 지도상에서 사라져버렸다.

여기서 보흐단 흐멜니츠키가 1654년에 모스크바 러시아와 맺은 조약이 바로 페레야슬라우 조약이다. 폴란드인에게 이기기 힘들게 된 흐멜니츠키는 러시아 차르에게 충성서약을 했는데, 이로써 러시아의 군사적 보호를 확보했고 자치권을 얻었다. 이에 따라 러시아가 폴란드 전쟁에 참전하게 되었다. 어쨌든 흐멜니츠키와 자포리자 코자크는 가톨릭을 믿는 폴란드로부터 독립을 성취하고, 같은 정교를 믿는 러시아 '형제'와 한 식구가 된 셈이었다. 따라서 흐멜니츠키는 우크라이나에서 이중적 위치를 차지하는 인물이다. 코자크의 독립을 위해 폴란드에 맞선 용사이지만, 반면에 러시아 제국의 손아귀에 그가 자포리자 코자크를 던져준 셈이기도 하기 때문이다. 어쨌든 흐멜니츠키의 '용단'은 러시아와 우크라이나 두 민족 사이의 '우애'와 '하나됨'을 상징하는 것이기도 해서 소련 시절 내내 여러 기념물이 세워질 정도로 칭송의 대상이었다.

한국에서는 기차역이 위치한 도시명을 역명으로 붙이기 때문에 당연히 서울의 기차역은 서울역이고 부산의 기차역은 부산역이다. 그러나 러시아의 기차역 이름은 종착지의 이름을 딴다. 모스크바에서 벨라루스 방면으로 가는 열차가 출발하는 기차역은 벨라루스역이며, 카잔 방면으로 출발하는 기차역은 카잔역이다. 따라서 모스크바에 모스크바역은 없다. 모스크바 키예프역에서는 당연히 키이우 방면의 열차가 출발한다. 그래서인지 키예프역 근처에는 우크라이나와 관련된 기념비가 많이 세워졌다. 예컨대 역 북쪽에는 스탈린주의 건축으로 유명한 우크라이나 호텔이 있고, 그 근처에는 레샤 우크라인카, 타라스 셰우첸코 등 여러 우크라이나인의 동상도 있다.

이 역 동쪽의 키예프(키이우) 공원에 1954년 세워진 페레야슬라우 조약 300주년 기념비가 서 있다. 바로 흐루쇼프가 크림반도를 러시아-우크라이나 민족 우애의 상징으로 우크라이나에 양도한 해를 기념한 것이다. 나는 2022년 8월 5일 이 기념비를 찾았다. 생각보다 화려하지 않은 정육면체의 붉은 화강암 기념비였다. 역 근처였음에도 기념비 주변에 인적은 없었고, 바로 옆에 빈 술병과 함께 이리저리 쓰레기가 널려 있었다. 우크라이나 키이우에도 같은 기념비를 세웠는데 이것보다는 좀 더 멋들어지게 두 나라 인민이 어깨를 나란히 하고 다정하게 서 있는 모습으로 만들어졌다. 그러나 키이우의 기념비는 지난 2022년 7월 7일에 철거되었다. 키이우의 철거된 기념비와 모스크바의 청소 안 된 기념비는 현재 두 인민 사이의 관계를 상징적으로 보여주는 듯했다.

3부 남부

U
K
R
A
I
N
E

6장

오데사
역사의 중심에 선 흑해의 보석

흑해를 건너 항구로

밤 9시가 넘은 시간이었지만 여름이어서인지 이제야 어둠이 조금씩 다가왔다. 검푸르게 변한 하늘과 수평선 사이로 붉고 노란 태양의 마지막 빛이 가라앉고 있었다. 마치 기다란 무지개가 하늘과 바다를 연결해주는 것 같았다. 저 멀리 보이는 항구의 불빛이 하늘의 별빛처럼 빛났다. 인간이 만든 불빛과 자연이 그려낸 광채가 어우러져 갑판 위에 떨어졌다. 배가 항구에 접근할수록 하늘의 빛은 점차 어두워지고 전기에서 나온 빛은 더욱 밝아졌.

2019년 8월 4일, 나는 조지아 바투미에서 출발해 흑해를 가로질러 우크라이나 오데사로 들어가는 페리 선상에 있었다. 러시아 문서고는 대개 여름에 2주일 정도 휴관한다. 모스크바에서 연구하던 나는 이 기회를 놓치지 않고 지인과 함께 카프카즈의 아르메니아와 조지아를 구경하고 흑해를 거쳐 우크라이나로 들어가는 계획을 세웠다. 조지아에서 마지막으로 방문했던 흑해의 항구 도시 바투미는 소련 시절 아제르바이잔 바쿠에서 생산된 석유가 유럽으로 운반되던 거점이었다. 우크라이나 오데사까지는 이곳에서 배를 타고 2박 3일이 걸리는 대여정이었다.

흑해 항해는 만화《드래곤 볼》에 나오는 정신과 시간의 방을 떠올리게 하는 순수한 기다림의 연속이었다. 오전 8시, 오후 1시, 오후 6시 반이 되면 식당의 고정 좌석에 삼시세끼 나오는 식사 외에는 정말 아무것도 할 일이 없었다. 첫날밤에는 스탈린이 아주 좋아했다던 조지아 와인 세 병을 마시고 잤고, 다음 날 밤에는 쥐포를 안주 삼아 러시아 보드카를 마셨다. 그러다가 블랙 유머를 수준급으로 구사하는 영국 할아버지 토니를 만나 셋이 마셨다. 술이 떨어지자 갑자기 토니는 초록색 보드카를 꺼내왔다. 정말 놀랍게도 보드카에서도 초록색 맛이 느껴졌다(그 이후 1년 반쯤 지나 우크라이나 마트에서 그 초록색 보드카를 발견하고 깜짝 놀랐다. 자세히 살펴보니 폴란드 보드카인 주브루프카Zubrówka로, 향기 나는 풀인 향모가 들어 있어서 초록색 맛이 났던 것이었다).

술 마신 다음 날에 해장음식은 꼭 챙기는 편인데, 같이 숙취로 고생하던 일행이 거의 사망 직전이어서 혼자 식당에 아침을 먹으러 갔다. "네 친구는 어디 있냐"는 다른 이들의 질문에 길게 대답할 체력도 없고 해서 "그는 죽었다On umer"고 러시아어로 대답하니 같은 테이블 사람들이 박장대소했다.

입항하는 항구는 엄밀히 말하면 오데사항이 아니라 오데사 서남쪽에 위치한 조그만 외항인 초르노모르스크Chornomorsk다. 원래 이름은 소련의 창건자 블라디미르 일리치 레닌의 부칭父稱에서 따온 일리치우스크Illichivsk였으나, 2016년 우크라이나 전역을 휩쓴 탈공법의 영향으로 바뀌었다. 오후 4시에 입항 예정이었지만, 출항이 늦어서인지 밤 10시에나 입항했고, 각종 심사와 이동을 거치다 보니 항구를 빠져나온 것은 밤 11시 반이었다. 항구는 외진 곳에 있었고 대중교통도 끊긴 시간이었다. 다행히 핸드폰 심카드가 있었고 러시아어가 유창한 낯선 이에게 의지해 택시를 타고 새벽 1시에 숙소에 도착할 수 있었다.

혁명이 시작된 계단

아침에 숙소를 나와 버스를 타고 시내로 가려고 했다. 하필이면 출근 시간인데다가 이곳 주민들과 가려는 방향이 똑같아서인지 시내로 가는 버스 종류는 많지만 하나같이 사람들이 꽉 차 있었다. 사람 없는 버스를 기다리다가 슬슬 햇볕마저 따가워지기에 어쩔 수 없이 아무 버스를 골라서 탔다.

한국의 버스는 심지어 마을버스라도 상당히 큰 편인데, 옛 소련권의 버스 종류는 정말 다양하다. 우크라이나에서는 버스 번호가 같더라도 어떤 것은 자동문이고 어떤 것은 수동문이며 겉보기에도 완전히 다른 기종인 것도 많았다. 제일 많은 노선을 달리는 버스는 한국에서는 찾아보기 힘든 소형으로 마르슈루트카 marshrutka 라고 하는데 정말 작은 차량은 승합차 정도밖에 안 되는 것들도 있다. 그 작은 차량에 에어컨도 나오지 않는데 창문마저도 제대로 안 열리는 기종을 타게 되면 사람들과 살을 맞부딪히고 땀을 줄줄 흘리면서 제발 빨리 목적지에 도달하기만 기도할 수밖에 없었다.

그밖에 흔히 트램이라고 부르는 트람바이 tramvai 는 도로 위

도판 6-1

의 레일을 따라 달리는 노면전차를 말하는 것이고, 트롤리버스라고도 부르는 트롤레이부스troleibus (도판 6-1)는 무궤도전차로 외부 전력선을 통해 전력을 공급받아 달린다. 둘 다 한국에서는 보기 힘든 방식의 대중교통이다. 트롤레이부스는 말했듯이 차량이 공중의 전깃줄과 연결되어 거기서 전기를 받아야 하는데, 오데사에서 트롤레이부스를 타고 가다가 전깃줄과 연결된 집전봉이 빠져버리는 진귀한 경험을 하기도 했다. 기사분은 많이 경험해본 일이라는 듯이 차에서 내려 능숙하게 어떤 막대를 가지고 집전봉을 다시 전깃줄에 슥슥 연결한 후에 차량을 운행했다. 돈은 기사에게 직접 내거나 아니면 때에 따라서는 차장konduktor이 있어서 차량 안을 돌아다니는데 그 사람에게 내면 된다. 차장은 주로 나이가 있는 여성이었지만, 가끔 젊은 여자나 남자 차장을 만날 때도 있었다.

　오데사 시내로 향하는 버스에서 한참을 달리다 보니 뒷좌석에 앉은 한 시민이 뭐라고 말하며 돈을 앞 사람에게 건네는 것이 아닌가. 여러 사람을 거친 현금을 나도 모르게 얼떨결에 받아서 앞으로 넘겨줬다. 그 돈을 받은 버스 기사는 다시 거스름돈을 챙겨서 뒤로 넘겨줬고 역시 나도 그 릴레이 대열에 동참했다. 그 이후에 여러 우크라이나 도시들을 여행하면서 익숙해진 광경이었지만, 그때 오데사는 나에게 키이우에 이어 겨우 두 번째로 방문한 우크라이나 도시였다. 그리고 첫 여행지 키이우에서는 지하철이나 트람바이만 이용해서 마르슈루트카를 탈 일이 없었다. 우크라이나에서는 이렇게 일단 버스를 타고 자리에 앉은 다음에 주섬주섬 돈을 꺼내서 앞으로 전달하는 일도 흔하다. 장거리 운행 노선의 경우 거리와 비례해서 내는 돈이 다른 버스도 있는데, 그 경우에는 내릴 목적지 이름을 우렁차게 외치며 돈을 앞으로 전달하기도 한다. 그러면 역시 시민들이 돈과 함께 목적지 이름도 릴레이로 전하는 모습을 보기도 한다.

버스에서 내리니 건너편으로 흑해가 눈앞에 펼쳐졌다. 해변과 사람들의 모습을 기대했지만, 해변 쪽으로는 돌담이 길게 늘어서 있었던 데다가 그 건너편으로는 어제 초르노모르스크에서 봤던 것과 비슷한 항만 시설이 가득했다. 지도를 보니 해변은 동남쪽으로 한참을 내려가야 있었다. 길을 따라 내려가니 왼쪽으로는 항만 시설과 더불어 수많은 전깃줄이 빼곡하게 얽히고설켜 있었고 오른쪽으로는 평범한 골목길에서나 볼 법한 2~3층짜리 낮은 건물들이 하나둘씩 서 있었다. 조금 더 걸으니 왼쪽에 직사각형으로 투박하게 낮고 넓어 보이는 여객터미널이 나타났다. 터미널 안으로 들어가면 여러 조형물과 전시관, 해양 박물관 등 볼 만한 시설들이 여럿 있다. 바로 맞은편에 그 유명한 포툠킨 계단^{Potiomkinski skhody} 이 여객터미널과

도판 6-2

오데사항을 내려다보고 있었다(도판 6-2).

포툠킨 계단은 오데사 항구로 들어와서 도시로 진입하는 첫 입구다. 19세기 초반에 고전주의 양식으로 만들어진 이 계단의 수는 무려 192개로 높이는 27미터, 총 길이는 142미터에 달한다(도판 6-3). 사실 이 계단에는 원래 공식 명칭이 없었고 저마다 여러 이름으로 부르곤 했다. 세계적으로 명성을 떨치게 된 계기는 바로 세르게이 에이젠시테인^{Sergei Eizenshtein} 감독의 영화 〈전함 포툠킨^{Bronenosets Potemkin}〉(1925)*에 나오는 계단에서의 학살 장면 때문이었는데, 그 이후로 사람들이 '포툠킨 봉기의

---

* 영화에서 따로 촬영된 장면의 여러 부분을 붙여 이어 새로운 장면이나 의미를 만들어내는 방식인 몽타주 방식을 사용한 것으로 유명한, 영화사상 가장 위대한 걸작 중 하나로 손꼽히는 명작이다. 특히 '오데사 계단 장면'으로 알려진, 이 영화에서 가장 유명한 장면을 포툠킨 계단에서 촬영했는데, 아기를 태운 유모차가 도망치는 군중 속에서 계단 아래로 굴러떨어지는 장면은 훗날 여러 영화에서 오마주 혹은 패러디가 되었다.

도판 6-3

계단'이라고 부르다가 1950년대가 되자 그냥 '포툠킨 계단'이라 불렸다.

이 〈전함 포툠킨〉은 1905년 혁명 중에 실제 있었던 포툠킨 봉기를 배경으로 만들어졌다. 1905년 6월 27일(구력 14일) 포툠킨함의 수병들은 식사 재료인 고기가 썩어서 구더기가 들끓는 모습을 발견했다. 그러나 고기를 검수한 군의관이 식초로 소독해서 먹으면 충분히 괜찮다는 결론을 내리면서 갈등이 빚어졌다. 수병들은 이 고기로 만든 요리를 거부하고 빵과 물만으로 식사했고, 이에 부장 이폴리트 길랴로프스키Ippolit Giliarovskii 중령은 함장 예브게니 골리코프Evgenii Golikov 대령에게 수병들이 항명한다고 보고했다. 보고를 받은 함장은 승조원들을 함미갑판에 집합하게 한 후 고기를 육상에 보내 검수하겠다고 하면서 불만을 잠재웠다. 그러나 부장은 함장이 자리를 뜨자 수병 몇 명을 총살하겠다며 겁을 주며 군기를 잡으려 했다. 그러자 수병들의 분노가 하늘을 찌르며 마침내 반란이 시작되었다.

포툠킨 봉기는 마치 1882년 조선에서 일어난 임오군란과 놀랄 정도로 흡사하다. 13개월 동안 밀린 급료 대신 지급된 쌀에 모래가 섞여 썩어 있자 구식 군인들이 일으킨 이 봉기는 조선이 멸망의 길로 내딛는 첫 발자국이었다. 고종이 사태를 제대로 파악하고 진정시키려 하면서 일이 커지지 않을 수 있었으나 선혜청 당상 민겸호閔謙鎬가 주동자들을 체포해버리면서 사건이 격화된 것도 똑같다. 민겸호와 길랴로프스키 모두 결국 제 죽음으로 그 대가를 치러야만 했지만 말이다.

이렇게 기세등등하게 봉기에 나섰지만 포툠킨함의 반란은 어찌 보면 약간 용두사미식으로 끝난 감이 없지 않다. 반란이 일어나자마자 18명의 장교 중 함장, 부장, 군의관을 포함한 7명이 살해당했고, 어뢰정 '이즈마일Izmail'에서도 수병들이 봉기해서 포툠킨함에 합류한 뒤 두 척의 전함은 함께 오데사로 향했다. 이 소식을 들은 세바스토폴Sevastopol의 흑해 함대에서는 이를 진압하기 위한 전함 다섯 척을 급파했다. 이 전함들의 수병들은 포툠킨함과 이즈마일정을 포격하는 것을 거부했으며 그중 '게오르기 포베도노세츠Georgii Pobedonosets'함에서 반란이 일어나 일시적으로 수병들이 권력을 잡고 포툠킨함에 합류하면서 봉기의 절정에 이르렀다. 그러나 하루 만에 포베도노세츠함의 반란은 진압당했고 포툠킨함과 이즈마일정은 결국 오데사를 떠나 루마니아 콘스탄차Constanța로 도망쳐야 했다. 두 전함은 루마니아와 크림반도를 계속 떠돌다가 중간에 물자 및 석탄 보급에 계속 실패하면서 이즈마일정에서는 다시 반란이 일어나기도 했다. 결국 승조원이 무장 해제하고 항복하면 망명을 받아주겠다는 루마니아 측의 제안에 동의하면서 포툠킨함의 반란은 다소 싱겁게 막을 내렸다.

이러한 포툠킨함의 반란은 넓게 보자면 1905년 한 해 내내 러시아 제국을 뒤흔들었던 혁명의 연장선상에서 발생한 것이었다. 훗날 1917년 혁명의 '리허설'로 불리기도 했던 이 혁명이 바로 최초의 러시아 혁명인 1905년 혁명이다. '피의 일요일'이라 불리는 1월 22일(구력 9일), 수만 명의 시위대가 차르 니콜라이 2세의 초상화를 들고 '아버지 차르'에게 곤궁을 호소하려는 목적으로 겨울 궁전으로 행진했다. 그러나 군대는 시위대에게 발포해서 100명 이상을 그 자리에서 사살하고 500명 이상에게 부상을 입혔다.

이 소식이 퍼지면서 1905년 한 해 동안 러시아 제국 전역이 혁명의 불길에 휩싸였다. 우크라이나에서도 학살 소식이 알려지자마자 곧바로 키이우, 카테리노슬라우^{Katerynoslav} (지금의 드니프로), 유지우카^{Iuzivka} (지금의 도네츠크)를 비롯한 전국 주요 도시에서 노동자들이 파업에 나섰다. 주요 도시의 철도 및 산업 노동자들이 파업에 동참했으며, 공공연한 반란이 여기저기서 일어났다. 위에서 이야기한 포툠킨함의 반란도 이 선상에 놓여 있었다. 10월 중순까지 12만 명의 우크라이나 노동자들이 파업에 참여했다. 제국 전체로 보아도 이 불길은 쉽게 꺼지지 않을 것처럼 보였다.

결국 니콜라이 2세는 이른바 '10월 선언^{Oktiabrskii manifest}'으로 입헌 원칙을 승인하고 전국 선거를 열어 두마를 구성하기로 약속했다. 이에 발맞춰서 당시 서유럽 국가에서 볼 수 있던 남성 보통 선거권을 도입할 뿐 아니라, 사상·언론·집회의 자유와 같은 시민으로서의 권리를 보장할 것이라는 등 상당히 매력적인 조건도 붙어 있었다. 니콜라이는 끝까지 이 문서에 서명하고 싶지 않아 했지만, 저항을 누그러뜨리기 위해서는 다른 대안이 없었다. 이러한 차르의 '양보'로 인해 자유주의자들과 사회주의자들이 분열되었다. 자유주의자들은 기뻐하며 선거 출마에 몰두하면서 혁명에서 한 발을 뺐지만, 노동자들은 더욱 힘찬 투쟁으로 나서며 총파업을 선언했다.

이때 혁명의 중심기구로 등장한 것이 바로 소비에트^{Soviet}였다. 소비에트는 영어로 'council'로 번역하며, 한국어로는 '평의회'로도 번역하곤 했으나 요즈음에는 간단히 '회의'로 번역하기도 한다. 러시아 황제 알렉산드르 1세가 설치한 자문기구의 명칭인 국무회의$^{Gosudarstvennyi\ soviet}$에도 이 소비에트라는 말이 쓰였다. 그러나 혁명이 일어나면서 의미가 달라졌다. 1905년 10월에 노동자들이 설립한 소비에트는 공장에서 선거로 뽑힌 대표들이 모이는 노동자 대표회의로서 직접민주주의 정치기구였다. 소비에트는 총파업 기간에 다른 도시 기관들이 작동하지 않을 때 임시정부와 같은 역할을 하기도 했다. 그리고 노동자들과 사회주의자들을 위한 정치 광장 역할을 했다. 그러나 결국 12월에 페테르부르그 소비에트가 경찰에 의해 해산되면서 파란만장했던 1905년 혁명이 막을 내렸다.

훗날 1917년 2월 혁명이 일어나자 곧바로 전국의 공장에서는 약속이라도 한 듯이 1905년의 경험을 되살려 소비에트를 설립하고 대표를 파견했다. 이러한 직접 민주주의는 당시 제한된 투표권으로 누가 봐도 부르주아 계급에 봉사하던 의회민주주의의 확실한 대안으로 보였으며, 그 이후에도 사회주의 국가들이 자신들을 '부르주아 민주주의'와 대비되는 '프롤레타리아 민주주의'를 하고 있다고 주장할 수 있는 명분이 되었다. 볼셰비키는 1917년 10월 혁명 당시 노동자 계급이나 볼셰비키당의 이름이 아닌 소비에트의 이름으로 권력을 잡았다고 주장했고, 스스로가 세운 나라를 소비에트 공화국이라 불렀다.

다시 오데사로 돌아와서 오데사에서 일어난 어둡고 슬픈 역사 하나를 더 이야기하고 싶다. 바로 러시아 제국에서 유대인들에게 가해진 여러 폭력과 학살을 뜻하는 포그롬pogrom이다. 오데사는 안타깝게도 포그롬으로 유구한 역사를 지니고 있었는데, 1821년, 1859년, 1871년, 1881년, 1900년 등 다섯 번이나 유대인을 상대로 학살이 벌어졌다. 1905년에는 불과 며칠 사이에 400명 이상의 유대인이 우크라이나인들과 러시아인들에게 살해당했다.

그러나 이 포그롬이 최악의 포그롬은 아니었다. 1941년 독소전쟁이 발발하면서 우크라이나 전역을 점령한 독일군과 루마니아군의 손에 의해 우크라이나 전역의 유대인들은 무려 100만 명 가까이 살해당했다. 오데사만 따져도 점령 기간에 최대 10만 명 가까운 유대인들이 살해되었는데, 특히 1941년 10월 22일에서 24일까지 단 3일 동안 2만 5,000명에서 3만 4,000명의 유대인이 살해당하는 끔찍한 비극이 벌어졌다.

10월 22일 루마니아군 사령관 사무실이자 제10보병사단 본부로 사용되던 옛 소련 내무인민위원부NKVD 건물에서 폭발이 일어나 67명이 사망하는 일이 있었다. 소식을 들은 당시 루마니아의 독재자 이온 안토네스쿠Ion Antonescu는 즉각 보복할 것을 명령하면서, 총탄에 의한 잔혹한 홀로코스트가 이어졌다.

유대인뿐 아니라 도시에 살고 있던 시민들을 상대로도 가혹한 보복이 이어졌다.

오데사에는 비극을 추모하기 위한 여러 공간이 마련되었다. 모두 구시가지에서 멀지 않은 곳에 있다. 프로호로프 공원 Prokhorovskyi skver 가운데에는 〈홀로코스트의 희생자들에게 바치는 추모비〉가 있다. 윗부분이 잘린 피라미드 위에 헐벗은 희생자들이 서 있고 철조망이 그 주위를 둘러막고 있다. 이 공원은 당시 시 경계였던 곳으로 이곳에서 유대인들이 절멸수용소로 끌려가기 시작했기에 '죽음의 길'이라고 이름이 붙었다. 7개의 가지가 달린 촛대인 메노라와 다윗의 별 등 유대인을 상징하는 문양이 드러난 추모비가 이곳저곳에 모습을 보인다. 그밖에 '홀로코스트-파시즘의 희생자 박물관'과 '오데사 유대인 역사박물관'에서도 오데사에서 유대인들이 겪은 여러 영욕의 역사를 충분히 경험할 수 있다.

오늘도 수많은 오데사 시민들이 따사로운 햇살 아래에서 시간을 보내고 있는 이 포툠킨 계단을 보며 실제로 이 계단뿐 아니라 오데사의 역사 자체가 그동안의 우크라이나 역사만큼 여러 사람이 흘린 피로 물들어 있다는 것을 다시금 느꼈다. 1905년, 1917년뿐 아니라 독소전쟁 기간에 점령당하고 또 해방되면서 수많은 싸움이 오데사 여기저기에서 있었으리라. 1944년 이후 더는 충돌이나 싸움과 어울리지 않을 것 같던 오데사는 2014년 이후 다시금 역사의 중심지로 주목을 받았다. 그리고 2022년 이후 또 다른 전투의 가능성이 오데사를 위협하고 있다. 이 전쟁은 어떻게 끝날 것인가. 또다시 오데사가 전화에 휩싸이는 일이 있을 것인가. 5년 전 오데사를 방문했던 기억을 떠올리며 기분이 착잡해지는 느낌을 막을 수 없었다.

〈오데사의 창건자들에게〉

길고 긴 포톰킨 계단 꼭대기까지 올라가면 리슐리외 공작 duc de Richelieu 의 동상이 사람들을 맞는다. 리슐리외는 프랑스 왕당파 정치인으로(루이 13세 때의 리슐리외 추기경과는 다른 인물), 프랑스 혁명 이후 망명해서 러시아 제국군 소속으로 싸웠으며, 1803~1814년까지 오데사 시장을 지내다가, 프랑스 왕정복고 이후에 다시 프랑스로 돌아가 총리를 두 번 지냈다. 누구보다도 긴 시간 동안 오데사의 수장직에 머무른 리슐리외는 세워진 지 얼마 되지 않은 도시 오데사를 근대적 도시로 탈바꿈하는 데 크게 이바지했다.

포톰킨 계단에서 올라온 방향으로 리슐리외 동상을 지나치자 100여 미터 앞쪽에 또 다른 동상이 어렴풋이 보였고 길 양옆으로는 여러 식당과 가게가 늘어섰다. 한 곳의 식당에 들러 브런치와 맥주를 한 잔 주문했다. 날씨가 좋아 식당 밖 테이블에 앉아서 햇볕을 받으면서 식사를 하고 맥주를 한잔하니 몸이 녹아내리는 것 같았다.

식사를 마치고 다시 동상 쪽으로 발걸음을 옮겼다. 이 동상(도판 6-4)의 주인은 러시아 황제 예카테리나 2세였다. 포톰킨 계단에서 이어진 이 거리의 이름은 카테리닌스카 Katerynynska 거리인데 예카테리나 동상을 가운데 두고 있는 삼거리에서 왼편으로 꺾어 남쪽으로 1킬로미터 정도 쭉 내려간다. 러시아어 이름 예카테리나를 우크라이나어로는 카테리나라고 하니, 예카테리나 거리라는 뜻이다. 1804년에 만들어진 오데사의 역사

도판 6-4

와 함께한 거리다. 1920년에 카를 마르크스 거리로 이름이 바뀌었지만, 1991년에 다시 옛 이름을 되찾았다.

이 동상은 엄밀히 말하자면 예카테리나 2세 동상이 아니라 〈오데사의 창건자들에게Zasnovnykam Odesy〉라는 이름의 동상(도판 6-4)이다. 원주 모양 가운데 기둥 위에 서 있는 예카테리나 2세를 중심으로 그 밑의 원주 기둥 주위로 호세 데리바스José de Ribas, 프랑수아 생트 드볼랑François Sainte de Wollant, 플라톤 주보프Platon Zubov, 그리고리 포툠킨Grigorii Potemkin 같은 예카테리나의 총신들이 주위를 둘러싸고 있다.

그렇다면 왜 오데사에서 이렇게 러시아 황제와 그 총신들을 도시의 창건자로 기념하고 있는 것일까? 바로 오데사를 비롯한 남부 우크라이나 3개 주는 키예프 공국이나 코자크 역사와는 관련이 없고 러시아 제국의 남부 확장으로부터 생겨난 곳이기 때문이다.

맨 처음 남부 우크라이나에 자리를 잡은 것은 고대 그리스인들이었다. 그러나 중세시대가 되면서 여러 유목민이 이 지역을 점령했다. 처음에는 킵차크 칸국이 이 지역을 다스렸고, 15세기가 되면 크림 칸국의 영역에 속했다. 오늘날 남부 우크라이나와 크림반도에 사는 크림 타타르족이 이들의 후예다. 크림 칸국은 오스만 제국의 속국이었는데, 이로 인해 부동항을 찾아 남하하던 러시아 제국과 오스만 제국은 충돌할 수밖에 없었다. 16세기부터 러시아와 오스만은 수많은 전쟁을 치렀는데, 특히 1768~1774년에 벌어진 전쟁은 남부 우크라이나와 크림 칸국의 운명이 걸려 있었다. 이 전쟁에서 러시아가 승리하면서 맺은 퀴취크 카이나르자Küçük Kaynarca 조약으로 크림 칸국은 오스만 제국으로부터 '독립국'이 되었고 그 이후 크림 칸국에 영향력을 행사하던 러시아는 결국 1783년에 크림 칸국을 최종적으로 합병했다. 마치 일본이 청일전쟁에서 승리하며 1895년 시모노세키下關 조약으로 조선이 청나라로부터 '독립국'임을 확인한 후에 한일병합에 들어선 과정과 흡사하다.

원래 이 땅에는 튀르크인들이 세운 하즈베이Hacıbey라는 요새가 있었는데 그 자리에 1794년, 예카테리나 2세의 명령으로 세운 새로운 도시가 바로 오데사였다. 오데사는 러시아 제국의 군항이자 교역항으로서 안성맞춤인 곳이었다. 예카테리나 2세는 크림 칸국으로부터 점령한 흑해 해안에 도시들을 건설하고 옛 그리스 도시들의 이름을 따와서 지었다. 오데사의 이름은 옛 그리스 도시 오데소스Odessos를 여성형으로 바꾼 것으로 옛 오데소스 근처에 도시를 건설한다고 믿었기 때문이다. 이 도시의 러시아어 이름은 'Odessa'이기 때문에 'Odessa'로 널리 알려졌으나 요새 들어 우크라이나어 철자인 'Odesa'도 조금씩 쓰이는 추세다.

오데사는 금세 제국의 가장 큰 곡물 수출항으로서 급격하게 발전하기 시작했다. 1897년 최초의 제국 인구조사에 따르면 오데사는 상트페테르부르그, 모스크바, 바르샤바에 이어 인구 40만 명으로 제국 제4의 도시였다. 인구 구성은 러시아인 50퍼센트, 유대인 30퍼센트, 우크라이나인 10퍼센트였는데, 제2차 세계대전 시기 유대인 학살을 겪으면서 유대인 인구는 거의 사라졌고, 2001년 인구조사에 따르자면 우크라이나인 60퍼센트, 러시아인 30퍼센트로 변화했다. 현재 오데사는 인구 100만 명으로 드니프로와 함께 우크라이나 제3의 도시 위치를 다투고 있다.

〈오데사의 창건자들에게〉에서 카테리닌스카 거리로 한 블록 정도만 내려온 다음 왼쪽으로 꺾어서 조금만 들어가면 웅장한 오데사 오페라발레국립학술극장(도판 6-5)이 눈에 띈다. 우크라이나의 여러 오페라발레극장 중에서도 특히 아름다운 모습으로 손꼽힌다. 최초의 극장은 1810년에 지어졌으나 1873

도판 6-5

년 화재로 소실되었고 1887년에 신바로크 양식으로 재건했다. 광장 바로 앞을 가로지르는 거리 이름은 랑제롱(란제로니우스카 Lanzheronivska) 거리다. 프랑스 출신인 알렉상드르 루이 앙드로 드 랑제롱Alexandre Louis Andrault de Langeron 백작은 프랑스 혁명 당시 왕당파였기에 러시아로 망명을 와서 러시아에서 활동했다. 그는 리슐리외의 뒤를 이어 1815~1820년까지 오데사의 시장으로 있었다.

극장 앞에는 극장 광장Teatralna ploshcha이라는 그리 크지는 않은 광장이 있다. 광장이라기에는 사실 광장 앞을 랑제롱 거리가 수평으로 가로지르고 거기서 T자로 리슐리외 거리가 시작돼서 남쪽으로 쭉 뻗어가기에, 광장은 T자 차도로 둘로 나뉜 모양이 된다. 차도로 둘로 나뉜 각 광장에서 극장을 마주 보는 건물에 이른바 '영웅들의 벽stina heroiv'이 설치되었다. 한쪽에는 '오데사인 소비에트 연맹영웅', 다른 한쪽에는 '오데사인 사회주의노력영웅'의 명단이 조각되었다. 커다란 건물 벽에 웅장한 기둥을 세우고 지붕을 덮은 다음 각각 100명이 넘는 두 영웅 칭호 수훈자들의 이름을 하나하나 써 내려갔다(도판 6-6). 전쟁이 끝나고 도시 해방

도판 6-6

제20주년을 맞아 벽에 이들의 이름이 새겨졌다고 한다. 한국이라고 다를 바가 있겠냐만 이런 최고 등급의 훈장은 대부분 목숨과 맞바꾸지 않았겠는가. 전쟁 기간에 스러져 간 수많은 오데사인을 생각하니 정말 안타까웠다.

앞서 말한 랑제롱 거리에서 남쪽으로 한 칸 내려와 리슐리외 거리와 십자로 교차하는 거리가 오데사의 중심 거리인 데리바스(데리바시우스카 Derybasivska) 거리다. 아마 관광객들은 주로 이곳에서 시간을 보내게 될 것이다. 거리는 언뜻 보면 여전히 19세기 오데사의 모습을 그대로 간직하고 있는 듯했다. 예전에는 이 거리에 차들뿐 아니라 트롤레이부스 노선까지 있었다는데 1984년 이후에 모두 철거되었고 지금은 보행자 전용 도로다.

도시가 세워지고 거의 바로 19세기 초에 만들어진 도로라서 이 도로 양옆의 건물 수십 채가 대부분 이름이 있고 수백 년의 역사가 있다. 거리 제일 동쪽에 있는 호세 데리바스의 동상을 필두로 거리 곳곳에 여러 분수와 사자상, 에스페란토를 창시한 자멘호프 Zamenhof 동상 등 볼 것이 가득하다. 특히 거리 제일 서북쪽에는 오데사 최초의 공원인 도시 정원이 있는데, 이곳에는 오데사 출신의 에스트라다 estrada (소련식 대중음악 장르) 가수 레오니드 우툐소프 Leonid Utesov 동상을 비롯해 여러 전시물이 설치되어 있다. 누구나 오데사에 놀러 온다면 데리바스 거리에서 한가로운 시간을 보내보는 편이 좋을 것이다.

2022년 12월 28일, 나는 놀라운 소식을 접했다. 오데사에 있는 〈오데사의 창건자들에게〉 동상이 탈러시아화 정책에 따라 철거되었다는 것이다. 우크라이나 남부 3개 주 오데사, 미콜라이우, 헤르손이 러시아 제국에 의해 건설되었다는 것은 아무도 부정할 수 없는 역사적 사실인데 이렇게 동상을 철거한다고 그 역사적 사실을 가릴 수 있다고 생각하는 것인지 궁금하다. 그렇다면 이 도시의 역사에 관해 공교육에서 가르친다면 어떻게 가르칠 것인지 나로서는 상상도 되지 않는다.

런던과 파리는 무려 각국의 수도임에도 로마인들이 세운 요새에 그 역사적 기원을 두고 있지만, 영국인들이나 프랑스인들이 이에 대해 이탈리아인들에게 열등감을 느끼고 있다는 이야기는 들어본 적이 없다. 재미있게도 이 동상은 러시아 제국 황제와 총신들의 동상이므로 당연히 러시아 혁명이 일어나자마자 철거되었는데, 지금의 동상은 무려 2007년에 우크라이나인들의 손으로 직접 '복원'한 동상이다. 이는 도시의 역사적 풍경을 복원하겠다는 당시 오데사 시의회의 결정이었는데, 이제 와서 정치적 상황에 따라 도시의 역사적 풍경이 180도 바뀌었다니 한 편의 희극이 아닌가 싶다.

게다가 지난 2022년 9월에는 '영웅들의 벽'마저 다른 곳으로 옮길 것이라고 발표했다. 오데사 시장 헨나디 트루하노우 Hennadii Trukhanov 는 이 극장 광장을 역사적 중심지로 복원할 것이라 말하면서 이를 다른 장소로 옮길 것이라 밝혔다. 이러면서 트루하노우는 오데사를 나치에게서 구하고 목숨을 버린 사람들의 이름을 잊지는 않을 것이지만, 그걸 위해서는 다른 장소들이 있고 확실히 극장 광장은 아니라고 했다. 그리고 이것을 문명화된 접근법 tsyvilizovanyi pidkhid 이라 부르겠다고 말했다. 그러나 우리로 따지면 광화문이나 종로에 있던 조상들의 기념비를 떼어서 외곽으로 옮기는 일이다. 그렇기에 오데사 시장의 결정은 진정으로 그들을 기리려는 의도에서 나온 행동이라기보다는 공산주의 시절의 잔재를 도시 중심가에서 지워버리려는 목적에서 비롯되었을 것이다.

'도시의 창건자들'을 지우면서 18~19세기 역사를 삭제하고, 백번 양보해서 이 사람들은 우크라이나인이 아니었다고 치더라도, 20세기에 사회주의 건설과 반나치 투쟁에 나섰던 우크라이나인들의 역사까지 삭제한다니, 도대체 오데사에는 어떤 역사가 남게 되는 것일까?

게다가 아직도 러시아인들을 비롯해 러시아 제국에 봉사했던 사람들의 흔적이 이 도시 이곳저곳에 가득하다. 앞서 말했던 대로 포툠킨 계단 및 리슐리외 동상에서 내려가는 거리의 이름은 러시아 황제 예카테리나 2세의 이름을 딴 대로다. 그리고 오데사 구시가지의 중심가에는 데리바스, 랑제롱, 리슐리외 등 예카테리나 2세의 총신들인 비非우크라이나 외국인들의 이름이 붙어 있다. 이들의 동상도 철거했으니 이들 '부역자'의 이름도 지우는 것이 순서가 아닐까. 그밖에도 여전히 오데사에는 푸시킨, 차이코프스키, 가가린 같은 러시아인의 이름이 붙은 도로명이 수십 개다.

18세기 말 러시아인들에 의해 세워지고 '코자크 전통'마저 없는 이곳에서 탈공산화에 이은 탈러시아화까지 이어진다면 이 도시의 정체성과 이념을 형성하는 것은 무엇이 될 것인가? 결국 답은 하나, 오데사의 역사와 직접 관련도 없었던 스테판 반데라와 로만 슈헤비치를 비롯한 우크라이나 나치 '투사'들밖에 없지 않을지 심히 걱정된다.

실제로 오데사주의 스트류코베Striukove 마을은 2023년 3월 지금의 몰도바 출신의 볼셰비키 혁명가 세르게이라조^{Sergei Lazo} 거리를 스테판반데라 거리로 바꿨다. 공산주의 인터내셔널의 명칭을 딴 오데사주의 코민테르니우스케^{Kominternivske} 마을은 2016년에 마을 이름을 도브로슬라우^{Dobroslav}로 바꿨는데 2023년 4월에 러시아 원예가이자 생물학자 이름을 딴 미추린^{Michurin} 거리를 스테판반데라 거리로 바꿨고, 다른 거리 이름은 아예 UPA의영웅들 거리라는 이름으로 바꿨다. 극우 민족주의식 이름 붙이기의 '청정지대'였던 동부와 남부 우크라이나에서도 점차 반데라의 망령들이 동진 및 남진하고 있다.

고독한 파르티잔의 투쟁

파르티잔의 영광 박물관^{Muzei partyzanskoi slavy}에 가기 위해서 시내에서 버스를 탔다. 84번 아니면 90번 버스를 타고 시 외곽으로 1시간 가까이 달려서야 내린 곳은 네루바이스케^{Nerubaiske}라는 마을의 너무나 휑한 어느 시골길이었다. 처음에는 주변에 아무것도 보이지 않아 당혹감을 감출 수 없었다. 분명히 지도에는 이곳에 박물관이 있다고 했는데 마침 또 버스에서 내린 사람은 우리 일행뿐이었다.

정신을 차리고 자세히 살펴보니 도로 한 구석으로 내려가는 계단 같은 것이 보였다. 그 계단을 따라 내려가니 조금 넓은 평지가 나왔고, 육중한 철문이 눈앞에 모습을 드러냈다. 이곳이 박물관, 이른바 오데사 지하동굴^{Odeski katakomby}로 들어가는 입구인 것 같았다. 어떻게 들어가야 할지 헤매고 있었는데 관리인처럼 보이는 분이 다가와서 사람들이 더 올 때까지 기다리라고 했다. 입장료를 지불하고 사람들이 모일 때까지 기다렸다가 관광을 시작했다.

원래 이곳은 1830년대부터 광산으로 쓰이던 장소였다. 이 동굴의 95~97퍼센트는 지하 채석장으로 건축용 석회암이 채굴되었다. 이곳에서 채굴한 석회암으로 오데사가 건설되었다고 해도 과언이 아니다. 흔히 우리가 카르스트 지형이라고 부르는 동굴로, 빗물에 녹기 쉬운 석회암 지형이 녹거나 침전되면서 발생한 여러 형태의 자연적 구멍들이 존재한다. 1846년 핀란드 출신으로 오데사에서 교사를 하던 알렉산데르 폰 노르드만$^{Alexander\ von\ Nordmann}$이 처음으로 이 동굴에 대한 과학적 조사를 진행했고, 1869년 러시아인 광산기사이자 지질학자 니콜라이 바르보트데마르니$^{Nikolai\ Barbot-de-Marni}$를 필두로 20세기까지 수많은 동굴 탐사가 있었다. 현재까지 밝혀진 바에 따르면 이 동굴의 총 길이는 무려 2,500킬로미터에 달한다고 한다. 이런 엄청난 길이와 복잡한 구조 때문에 제2차 세계대전 당시 소련 파르티잔*이 이곳에 아지트를 두고 활동할 수 있었다.

소련에서는 이 파르티잔이 건국 때부터 중요했는데, 내전(1918~1921) 시기부터 전국 각지에서 친親볼셰비키 파르티잔이 지역 주민들과 결합해 반反볼셰비키 세력과 맞서 싸웠기 때문이다. 그 후 독소전쟁 발발 이후 단기간에 소련 서부 영토가 독일에 점령당하면서 파르티잔 활동은 독일군의 후방을 교란하는 굉장히 중요한 역할을 맡았다.

---

* 빨치산의 어원이 바로 러시아어 파르티잔(partizan)이다. 정당이나 당파를 뜻하는 프랑스어 파르티(parti)에서 온 단어다. 비슷한 말로는 스페인어에서 온 게릴라(guerilla)가 있고, 한자로 유격대라고도 한다.

우크라이나는 벨라루스 다음으로 나치 독일의 침략으로 인해 피해를 많이 입었다. 나치 정권은 우크라이나 사람들의 반소 정서를 이용하려고 시도했다. 처음에는 일부 우크라이나 주민들이 독일군을 환영했지만, 나치 지도부는 주민들에 대해 가혹한 조치를 취하면서 인심을 잃었다. 1942년 5월 30일에는 '파르티잔운동중앙본부Tsentralnyi shtab partizanskogo dvizheniia'가 수립되었고 동시에 우크라이나에도 '파르티잔운동우크라이나본부Ukrainskyi shtab partyzanskoho rukhu'가 만들어졌다. 이에 따르면 파르티잔 운동의 기본 목표는 교량, 철도, 차량 등을 파괴해서 적의 보급선을 무너뜨리고, 전화나 전신, 방송국 등 통신수단을 없애며, 적이 탄약이나 장비, 연료, 식량 등을 보관하는 창고나 보급고를 부수는 것이었다. 1941~1944년까지 우크라이나 영토에 있는 소련 파르티잔과 지하노동자의 수는 무려 22만 명으로, 53개 파르티잔 병단, 2,145개 분견대, 1,807개 조직이 있었다. 무려 38개국의 다른 국적을 가진 파르티잔이 우크라이나에서 대독 항전에 참여했다. 이 중 95명이나 소련영웅 칭호를 받았으며, 그중 두 명은 두 번이나 수훈했다. 이때 수십만 명의 독일군에게 피해를 줬고, 장갑차와 전차 1,500대, 항공기 211대, 자동차 1만 3,000대, 교량 2,300개를 파괴했으며 철도 5,000구간 이상을 탈선시켰다.

대개 우크라이나의 파르티잔은 산이 없는 우크라이나의 특성상 숲에서 활동했는데, 오데사의 파르티잔은 지하 동굴에서 활동했다니 과연 어떤 환경이었을지 매우 궁금했다. 관리인이 굳게 닫힌 철문을 열자 지하로 내려가는 동굴이 있었다. 생각보다 더 어두컴컴했고 애초에 가이드를 끼지 않고서는 관람하는 것이 불가능한 그야말로 미로였다. 관람하는 도중에도 어두컴컴한 샛길들이 군데군데 모습을 드러냈고, 한 모퉁이만 돌아도 불빛이 없는 곳에서는 칠흑 같은 어둠으로 눈앞이 깜깜했다. 실제로 여기 들어갔다가 나오는 길을 못 찾아 죽거나 실종된 사람들이 꽤 된다고 한다. 이런 엄혹한 곳에서도 반파쇼 투쟁을 멈추지 않은 소련 인민들의 위업에 경의를 표하게 되면서도, 이런 미로 같은 곳이 아니고서는 당시 독일군에 맞서기가 정말 어려웠겠다는 생각이 들었다.

그래도 그 당시의 모습을 여기저기 잘 재현한 것처럼 보였다. 미니어처로 애초에 이곳에서 일하던 광산 노동자들의 모습도 만들어놨다. 이곳에서 항전하던 사람들이 쓰던 여러 식기, 가재도구와 더불어 간단한 의료기기와 여러 약병도 전시했다. 벽에는 "피에는 피, 죽음에는 죽음", "확실히 적을 때려라!"(도판 6-7)와 같은 여러 호전적 문구가 러시아어로 쓰여 있었다. 당시 병사들이 사용했을 법한 여러 무기, 전화기 및 무선통신기 등도 함께였다. 레닌과 스탈린의 사진과 함께 벽에는

도판 6-7

스탈린이 유명한 연설의 잘 알려진 구절인 "독일 점령군에게 죽음을!"이 펜으로 쓰여 있었다.

관리인의 말에 따르면 역시 술을 좋아하는 우크라이나, 러시아 사람들답게 이 안에서도 사모곤samogon이라 부르는 밀조주를 만들어 먹곤 했다고 한다. 병사들의 모습을 묘사한 벽에 새겨진 조각들도 보였다. 어쩐지 슬퍼 보이는 병사의 표정에서 고독한 투쟁을 벌인 파르티잔의 모습이 보이는 듯했다(도판 6-8). 실제로 이곳에서 활동한 파르티잔 대부분은 살아남지 못했다고 한다.

도판 6-8

이 파르티잔을 이끈 사람은 블라디미르 몰로드초프Vladimir Molodtsov로 모스크바주에서 교육을 받고 NKVD에서 활동하던 인물이었다. 전쟁이 발발한 뒤 1941년 7월, 몰로드초프는 오데사로 가서 파르티잔 운동을 이끌라는 당의 명령을 받았다. 그는 파벨 바다예프Pavel Badaev라는 가명을 썼는데, 아내의 결혼하기 전 성에서 따온 것이었다. 같은 해 10월 오데사에 주둔하던 루마니아군의 사령부를 날려버리면서 장군 2명과 장교 147명을 죽이는 성과를 거두는 등 지속해서 몰로드초프는 점령군을 괴롭혔다.

몰로드초프의 부대는 75~80명으로 구성되었으며 지하동굴의 입구로부터 2킬로미터 안쪽에 본부를 두고 있었다. 직접 이곳을 방문해보니 전깃불도 없는 미로 같은 지하동굴을 30분이나 걸어 들어가서 저항군을 진압하는 일은 독일군으로서도 대단히 어려웠을 것이다. 독일군과 루마니아군은 지하동굴을 날려버리려고도 하고 우물에 독도 풀고 유독가스를 동굴 안으로 넣기도 하고 매복도 해봤지만 모두 실패했다. 그러나 1942년 2월, 부대원 한 명의 배신으로 몰로드초프와 관련 인사들이 시내 아파트에서 체포되었다. 몰로드초프는 극심한 고문을 당했지만 어떤 정보도 독일군에게 누설하지 않았다. 그해 5월, 사형 선고를 받고 자비를 구하라는 말에 몰로드초프는 이렇게 답했다.

"우리는 우리 땅에서 적들에게 자비를 구하지 않는다!"

그리고 7월 12일에 그는 총살당했다.

지하동굴을 지나 출구로 나오자 제2차 세계대전 당시 포스터와 이곳에서 활동했던 파르티잔 대원들의 모습이 담긴 작은 전시실이 있었다. 전시실을 지나 밖으로 나오자 입구 쪽과는 달리 드넓은 잔디밭에 독소전쟁 당시 사용된 장갑차와 포가 몇 대 서 있었다. 파르티잔 운동 기념비도 두 개나 서 있었다.

누군가 보이지 않는 곳에서 꼭 해야만 하는 일을 했다. 결국 그 행동 하나하나가 모여 어떤 결과를 만들어냈다는 사실을 다시금 생각하게 된다. 시내에서 멀리 떨어져 있고 찾아가기 힘든 곳에 있지만 오데사를 들르게 된다면 한 번쯤은 꼭 가볼 만한 여운을 남겨주는 장소였다.

노동조합 건물과 오데사 학살

나와 일행은 오데사에서 밤 기차로 드니프로시로 넘어가기 위해 오데사 기차역(도판 6-9)으로 향했다. 오데사 기차역은

도판 6-9

내가 지금까지 옛 소련 지역에서 본 어떤 기차역보다 웅장했다. 소련에서는 어디든 기차역만큼은 멋있게 지어놓았기 때문에 꼭 기차를 타고 그 도시를 방문하지 않더라도 기차역은 들르는 것을 추천한다. 베이지색으로 된 육중한 건물 위에 돔이 설치되어 있고 우크라이나 깃발이 그 위에 휘날리고 있었다. 기차역 정문에 서자 건물 위에 1905, 1917, 1944가 새겨져 있었다. 1905와 1917은 혁명의 해이고 1944년은 나치 점령군에게서 해방된 해다. 안쪽 플랫폼 쪽에서 보이는 곳에는 "영웅도시 오데사에 오신 것을 진심으로 환영합니다!"라고 새겨져 있었다.

간단히 저녁을 먹기 위해 '오데사 마마$^{Odessa\ Mama}$'라는 이름의 식당으로 들어갔다. 마마는 엄마이므로 오데사 가정식 요리라는 뜻일 것이다. 실제로 메뉴판을 보면 평범한 우크라이나인이나 러시아인이 먹을 법한 수프나 만두, 샐러드, 생선과 고기 요리로 가득하다. 사실 '오데사 마마'는 러시아 모스크바에도 여러 지점이 있는 체인 식당이어서 이미 모스크바에서도 예전에 들른 적이 있었다. 오데사 마마를 오데사에서 발견하니 너무 반가워서 저절로 발걸음이 식당으로 향했다. 꼬치구이 샤슬릭과 맥주를 먹으며 저녁식사를 했다.

저녁을 먹고도 시간이 남아서 오데사역 주변을 천천히 돌아다녔다. 기차역 건물 뒤편으로 쿨리코베들판$^{Kulykove\ pole}$이라는 이름의 광장이 있었다. 이 이름은 근처에 영지가 있던 쿨리코프스키라는 귀족 이름에서 따왔다는 설도 있지만, 1380년 모스크바 대공 드미트리가 이끄는 러시아군이 킵차크 칸국의 실력자 마마이^{Mamai}가 이끄는 몽골군을 물리친 쿨리코보^{Kulikovo} 전투에서 따온 것이라는 설도 유력하다.

이 쿨리코베들판 광장은 19세기까지는 정기시장이나 박람회가 열리는 장소였다. 그러다가 20세기에 들어서 내전이 발발하며 1918년부터는 공동묘지로 쓰이기 시작했다. 내전이 끝나고 새로 묻히는 사람들은 없었으며, 1932년에 당국은 이곳에 〈혁명 영웅들에게〉라는 오벨리스크 형태의 기념비를 세우고 이곳을 10월혁명 광장이라 이름 붙였으나, 독일 점령기에 기념비는 파괴되었다.

전후에 당국은 새로운 형태의 광장을 조성하기로 마음먹고 무덤을 이전한 뒤 새로 나무를 심고 새로운 형태의 기념비를 세웠다. 그리고 1958년에 우크라이나공산당 오데사주 위원회 건물, 다시 말해 오데사주의 행정 중심지 건물을 이곳에 세웠다. 1967년 10월, 혁명 50주년을 기념해서는 레닌 동상도 이곳에 세웠다. 그러나 소련 해체 이후 오데사시 당국은 공원을 다시금 옛날 형태로 되돌리려 했다. 사회주의 관련 기념비는 이전했으며 이름을 다시 옛 이름인 쿨리코베들판 광장으로 바꿨다. 그 뒤로도 예전 러시아 제국 시기나 소련 시기처럼 우크라이나 오데사의 시민들 또한 여전히 이곳에서 수많은 행사와 모임을 하는 등 여전히 오데사의 주요 명소가 되었다.

오데사에서 가장 큰 광장인 이 쿨리코베들판 광장에서 2014년 5월, 끔찍한 사건이 벌어졌다. 무려 48명이나 되는 인원이 이 비극으로 사망했으며 그중 42명이 쿨리코베들판 광장에 있는 노동조합 건물(도판 6-10)에서 화재와 다른 여러 원인으로 목숨을 잃었다. 이 노동조합 건물은 앞서 이야기한 우크라이나공산당 오데사주 위원회 건물이었는데, 오데사주 위원회가 새로 지은 다른 건물로 이전하면서 1982년부터 오데사주 노동조합이 사용하기 시작했다. 다시 말해 시내 중심가에 있는 구舊시청, 혹은 구舊도청 건물에서 수십 명이 불타 죽었다.

도판 6-10

오데사 노동조합 건물 학살사건은 2013~2014년에 걸쳐 유로마이단 봉기와 돈바스 전쟁이 발발하는 과정에 일어난 사건 중 가장 논쟁적인 사건이다. 이 이후로 우크라이나의 이른바 '친유럽' 및 친마이단 세력과 '친러시아' 및 반마이단 세력 간의 갈등은 도저히 돌아올 수 없는 다리를 건넜다.

유로마이단 봉기가 발생하고 2014년 초까지만 해도 오데사의 두 세력 간의 대결은 큰 폭력 없이 진행되었다. 그러나 2014년 2월 말에 빅토르 야누코비치^{Viktor Ianukovych} 대통령이 어쨌든 절차상으로는 문제 있는 방식으로 탄핵당하고 3월에 크림 자치공화국이 독립을 선언한 뒤 러시아에 합병되면서 우크라이나의 새 임시정부에 대한 저항이 우크라이나 동부와 남부 전역으로 퍼져나갔다. 이 '반마이단' 지지자들은 러시아어의 지위 보존과 우크라이나의 연방화, 러시아어 사용 소수자의 권리 보호, 정치 영역에서 동남부의 이익 고려, 러시아와 선린善隣 관계 회복, 우익 극단주의 거부 등을 요구하고 나섰다. 아예 크림 공화국을 본받아 우크라이나에서 독립을 선언하는 지방도 있었다. 4월 7일에는 도네츠크 인민공화국이, 27일에는 루한스크 인민공화국이 선포되었다. 오데사에서도 4월 16일 오데사 인민공화국이 선포되었지만 오데사주 청사 건물 점령에 실패하고 시위대 대다수가 이탈하면서 하루 만에 사라지기도 했다.

이미 2월부터 오데사에는 반마이단 무장 세력인 오데스카야 드루지나^{Odesskaia druzhina}가 조직되었고, 마이단 반대자들이 노동조합 건물 앞에서 텐트를 치고 집회를 열고 있었기에, 친마이단 세력과 극우 민족주의 집단 우익섹터^{Pravyi sektor}는 축구 홀리건을 동원하기로 했다. 5월 2일에는 하르키우 FC 메탈리스트Metalist와 오데사 FC 초르노모레츠Chornomorets 사이의 축구 경기가 있을 예정이었다. 오후 3시에 두 팀의 팬들과 마이단 지지자들은 성당 광장에서 '초르노모레츠' 경기장까지 '우크라이나 단결의 행진'을 하기로 계획했다. 쿨리코베들판 광장에서 텐트를 치고 있던 마이단 반대자들 사이에 이들이 텐트를 해산시키러 쳐들어온다는 소문이 파다하게 퍼졌기 때문에 이들도 마이단 지지자에 맞서 거리로 모이기 시작했다.

오후 3시 30분쯤에 이 두 집단은 무력으로 충돌했다. 마이단 지지자는 2,000여 명이었고 마이단 반대자는 300여 명이었다. 두 집단 모두 방패와 헬멧으로 무장하고 있었고, 총기와 야구방망이, 도로포장용 돌, 연막탄, 화염병 등을 사용했다. 혼란스러운 난투극 끝에 6명이 총을 맞고 사망했는데, 그중 둘은 마이단 지지자였고 넷은 마이단 반대자였다. 마이단 반대자들은 소수였기 때문에 결국 수세에 밀려서 원래 캠프가 있었던 쿨리코베들판 광장으로 후퇴했다. 이 두 집단의 충돌과 사망자 발생 소식이 인터넷에 퍼지면서 쿨리코베들판 광장으로 가서 마이단 반대자들의 '본부'를 쓸어버리라는 요구가 등장하기 시작했고, 다른 한편으로는 마이단 지지자들에 맞서 '본부'를 지켜내야 한다는 호소 또한 퍼지기 시작했다. 예컨대 이 사건의 최연소 피해자인 바딤 파푸라Vadim Papura는 두 집단 사이에 일어난 충돌이 있었을 때 그 장면을 부모님과 함께 집에서 텔레비전으로 보고 있었다. 인터넷상으로도 연락을 취하던 파푸라는 쿨리코베들판 광장으로 뛰쳐나갔다.

오후 6시 50분쯤에 쿨리코베들판 광장에 있던 사람들은 스스로를 방어하기 위해 노동조합 건물로 들어가기로 결정했다. 정문을 부수고 들어간 사람들은 전기 발전기와 화염병, 휘발유 통 등을 가지고 있었다. 이때 약 380여 명의 사람이 건물 안으로 피신한 것으로 추정한다. 저녁 7시 20분에서 40분 무렵, 양측 모두 화염병을 사용했으며, 옥상과 노동조합 건물에서 총기를 사용하는 모습도 포착했다. 건물 중앙 입구에서 계속되는 난투극이 벌어지는 동안 마이단 반대자들은 로비로 후퇴하여 급조한 물건들로 바리케이드를 만들어 건물 입구를 막으려 했다. 1층 바리케이드에서 발생한 불은 건물 뒤쪽 중앙계단으로 번졌고, 2층과 3층에서도 연기가 나는 것을 건물 밖에서 볼 수 있었다.

화재를 불러일으킨 화염병이 건물 내부의 마이단 반대자들이 사용한 것인지 아니면 외부의 유로마이단 활동가들이 화염병을 던져서 발생한 것인지 정확히 확인하기는 어려웠다. 옥상으로 피한 50여 명의 마이단 반대자들은 바리케이드를 치고 끝까지 떠나기를 거부하다가 경찰과 긴 협상을 하고 다음 날 오전 4시에 철수했다. 그러나 건물 안에 있던 사람들의 운명은 비참했다. 무려 42명이 건물 안팎에서 사망했다. 분명히 불타는 건물에서 사람들을 구하려고 한 마이단 지지자들도 있었다. 그러나 일부 지지자들은 화재 및 추락으로 다친 사람들에게 끔찍한 폭력을 행하기도 했다.

건물 밖에서 발견된 희생자들은 대부분 추락으로 인한 부상으로 사망했고, 건물 안에서 발견된 사람들은 대부분 가스와 연기에 질식되어 사망했다. 1~2층에서 발견된 사람은 없었다. 대부분이 3층 이상, 특히 4~5층에서 발견되었다. 남성

4명과 여성 1명은 시신이 화재로 크게 훼손돼서 끝까지 신원을 확인할 수 없었다. 희생자 중 여성은 7명이었고 미성년자가 1명 있었다. 제일 연소자이자 유일한 미성년자였던 파푸라는 불과 17세로 건물 밖에서 추락한 채로 발견되었고, 5층에서 발견된 69세의 블라디미르 노비츠키 씨가 희생자 중 제일 연장자였다. 희생자 대다수는 우크라이나 시민이자 오데사에 사는 주민이었다.

당국이 제대로 이 비극에 대처하지 못했다는 비판이 이어졌다. 지역 경찰은 대중 소요 가능성에 대해서 미리 인식하고 경고를 받았음에도 효과적으로 경찰력을 배치하지 않았다. 또한 광장의 텐트를 해체하려는 의도가 뻔히 보이는 마이단 지지자들이 광장에 모여들었음에도, 주변에 경계를 강화하지도 않았고 사람들을 대피시키지도 않았다. 그리고 건물에서 충돌이 발생하고도 곧바로 개입하기는커녕 이미 많은 사람이 죽어 나간 다음에야 시위대를 체포하기 시작했다. 또한 가장 가까운 소방서가 5분 거리였음에도 소방대가 도착하는 데 40분이나 걸렸다.

수십 명이나 죽은 끔찍한 사건이었지만 놀랍게도 누구도 이 사람들의 죽음에 대한 책임을 지지 않았다. 처음에는 200명 가까운 사람이 체포되었고 그 이후로도 여러 혐의로 많은 사람이 기소되었지만, 이 사건은 무엇보다도 정치적이었다. 마이단 지지자이자 극우 조직 우익섹터 소속의 세르히 호디야크Serhii Khodiiak가 유일하게 살인 혐의로 구속되었지만 이틀 만에 풀려났다. 우세볼로드 혼차레우스키Vsevolod Honcharevskyi는 노동조합 건물에서 뛰어내린 사람들을 구타한 혐의로 구속되었지만

한 달 만에 풀려났다. 2015년 11월, 오데사 지방법원에서 마이단 반대자 5명에게 보석을 허용하자, 수십 명의 우익섹터 및 마이단 지지자들이 구치소를 포위하고 모든 차량을 수색했으며 지방법원 판사들에게 사임할 것을 요구했다. 결국 수감자 석방 결정은 이러한 압력에 못 이겨 취소되었다. 오데사 지방법원 두 곳은 판사들이 위협을 받는다는 이유로 사건 심의를 거부하기까지 했다. 유엔인권사무소는 오데사에서 벌어지는 재판에 관해 책임자를 진정으로 기소할 의사가 없음을 보여준다고 보고했다.

오데사 노동조합 건물 사건은 2013년부터 현재까지 10년 넘게 벌어지고 있는 우크라이나 내부 혼란에서 가장 상징적이고도 유명한 사건이다. 이 참사에 분개하는 '친러시아' 및 반마이단 세력은 이 사건을 '오데사 하틴Odesskaia Khatyn'이라 부르며 계획된 학살이라고 주장한다.

스탈린과 NKVD가 폴란드 포로를 처형한 것으로 유명한 카틴 학살과 이름이 비슷해서 혼동할 수도 있는 하틴 학살은 1943년 3월 22일 나치가 벨라루스 민스크주 라호이스크군 하틴 마을의 주민 149명을 학살한 사건이다. 당시 나치 독일은 전황이 어려워지면서 5,000곳 이상의 벨라루스 마을을 파괴하는 이른바 벨라루스 초토화 작전을 펼치고 있었는데, 하틴 마을에서는 주민들을 헛간으로 밀어 넣고 짚으로 덮은 다음에 불을 질러서 산 채로 태워 죽였으며 탈출하려는 사람들은 기관총으로 쏴 죽였다. 이 산 채로 불탔다는 학살 방식이 오데사 사건과 유비를 이루면서 이 사건을 '오데사 하틴'이라고 부르는 것이다.

푸틴 또한 어느 정도는 전쟁의 '정당성'을 이 사건을 통해 찾고자 한다. 이 사건이야말로 우크라이나 민족주의자들의 극단성을 대표적으로 보여주며, "우크라이나에 나치가 없다"는 주장을 반박하는 강력한 '방증'이라는 것이다. 예컨대 지난 2017년, 독일의 앙겔라 메르켈 총리를 만난 자리에서 푸틴은 "우크라이나 극단 민족주의자들이 무력한 사람들을 노동조합 건물에 몰아넣고 산 채로 불태운 사건을 국제 사회는 잊을 권리가 없다"며 비판했다. 또한 전쟁 발발 이후 맞이한 첫 전승절인 2022년 5월 9일, 붉은 광장에서 푸틴은 연설을 통해 나치 독일과 맞서 싸운 위대한 선조와 영웅들의 행렬에 돈바스 전쟁에서 싸우다가 목숨을 잃은 사람들과 더불어 오데사 노동조합 건물에서 불타 죽은 사람들을 '순교자'라 칭하며 같은 반열에 놓았다. 물론 '반러시아' 및 마이단 지지자들은 푸틴의 이러한 주장에 거세게 반박하며, 이 사건은 불행하게도 의도치 않게 발생한 비극이라고 주장한다. 무장한 조직이 비무장한 선량한 시민들에게 폭력을 가한 것이 아니라, 양측 모두 무장하고 있었으며 원인을 제공한 첫 습격 및 총기 사용은 마이단 반대자들이 행했다는 것이다.

사실 무엇보다도 이 사건의 '책임'을 누구에게 묻느냐는 것도 중요한 일이긴 하지만 이 사건을 어떻게 '해결'하고 상처를 치유할지가 더 큰 문제다. 그러나 우크라이나 및 오데사는 이 일에 실패했다. 이 사건뿐 아니라 2013년 이후에 나타난 전 국민적 분열 사태에 대해 제대로 대응하지 못했기 때문에 결국 나라가 2014년 이후 '내전'으로 이어졌다는 점은 너무도 명확하지만 말이다. 아무도 노동조합 건물 사건에 대한 책임을 지지도 않았고 그렇다고 해서 희생자들을 제대로 위로하지도 않았다. 한 도시에서 수십 명이 사고도 아니고 정치적 충돌로 목숨을 잃었는데 어떠한 조치도 없이 마치 사람 피부에 난 상처처럼 시간이 지나면 아물 것이라 생각한다면 너무 안일한 것이 아닌가. 한국 언론에서는 당연하다는 듯이 푸틴의 침공 이후로 '친러시아'였던 우크라이나 동남부의 주민들도 '반러시아'로 변했다며 이 전쟁이 얼마나 푸틴의 크나큰 실책인지를 비판했지만, 다른 지역은 차치하고서라도 과연 오데사는 어떨까 생각해본다. 전쟁이 장기화되고 있는 지금, 2014년을 겪은 오데사 주민들은 무슨 생각을 하고 있을까.

흑해의 가장 큰 도시 오데사는 지난 200년 동안 러시아 제국과 우크라이나의 역사에 큰 족적을 남겼다. 1795년에 불과 2,000여 명의 주민으로 시작된 도시 오데사는 100년 후인 1897년에는 무려 인구 40만 명으로 늘어서 상트페테르부르크, 모스크바, 바르샤바에 이어 러시아 제국 제4의 도시로 성장했다. 그 뒤로 포툠킨함 반란을 필두로 한 1905년 혁명의 중심에 서기도 했고, 내전기에는 볼셰비키, 우크라이나 민족주의자, 독일군, 프랑스군, 백군白軍 등 다양한 세력이 도시를 점령하며 각축전을 벌이기도 했다.

내전 이후에 소련 도시로서 발전하던 오데사는 1941년, 나치 독일이 침공하자 8월부터 10월까지 무려 두 달이나 버티며 영웅답게 항전했다. 나치 점령기에도 여러 파르티잔과 붉은 군대 병사들이 지하 활동을 통해 끊임없이 독일군과 항전하면서 저항을 멈추지 않았다. 이로 인해 훗날 오데사는 '영웅도시'

의 칭호를 받았다. 전후에 나치 점령기의 상흔을 닦아내고 발전을 거듭한 오데사는 1979년에 인구 100만 명을 돌파했다. 그러나 독립 이후 우크라이나의 혼란과 갈등은 2014년 오데사 노동조합 건물 사건이라는 최악의 형태로 나타나고 말았다.

한편 크림 합병 이후 세바스토폴에 있던 우크라이나 해군 본부가 오데사로 옮겨 왔다. 2022년 전쟁 발발 이후 오데사항은 봉쇄되었고 지금까지 전쟁의 최전선에서 러시아 해군과 맞서고 있다. 앞으로 오데사 앞에 펼쳐질 미래는 어떤 모습일까. 5년 전이었지만 아직도 포툠킨 계단에서 내려다본 오데사항의 모습이 눈에 선하게 비친다.

7장
미콜라이우
고대 그리스 유적부터 강변 도시 경관까지

안개 낀 도시의 첫인상

2021년 봄, 나는 밤 기차를 타고 우크라이나 남부의 도시 미콜라이우로 향했다. 5월 1일 노동절 연휴를 끼고 있어서 문서고가 평일에 며칠 더 쉬는지라 짬을 내서 미콜라이우와 헤르손 두 도시를 돌아보는 계획을 세웠다.

밤 기차를 타러 기차역에 가기 전에 단골집에서 저녁을 먹었다. 내가 자주 가던 단골집은 집 근처의 조지아 식당 'One Gogi'라는 곳이었다. 'One'은 영어였고 'Gogi'는 열심히 조지아어로 검색해봤지만 결국 뜻을 찾지 못했다. 러시아 제국과 소련 시절을 거치면서 조지아 음식은 제국의 모든 곳에 퍼졌고, 옛 소련 도시 어디를 가든 조지아 식당이 있다. 이 단골집은 안주 대부분이 한화로 4,000~6,000원 사이로 정말 한국의 물가를 생각하면 말도 안 되게 싸다.

반년 동안 이곳에서 포장만 하다가 이날은 드디어 식당에서 저녁 한 끼를 먹었다. 메뉴는 조지아식 향신료가 들어간 돼지고기감자조림인 오자후리^{Ojakhuri}와 일종의 밥알이 들어간 쇠고깃국 하르초였다. 그리고 반주로 차차Chacha를 몇 잔 했다. 차차는 조지아식 브랜디의 일종으로 조지아 와인으로 만든 증류주인데 무화과나 오렌지 같은 다른 과일로 만들기도 한다.

기차에서 푹 자기 위해 마신 반주가 효험이 있었는지 숙면하고 아침 7시에 미콜라이우 기차역에 내렸다. 잠에서 덜 깬 채로 승강장에 내려서 차가운 아침 공기를 하품과 함께 들이마셨다. 한 치 앞도 안 보일 정도는 아니었지만, 안개가 자욱해서 바로 앞의 기차역 건물만 간신히 보였다. 서부 우크라이나 루츠크에서도 지독하게 안개가 짙게 꼈는데 이곳의 안개는 더한 것 같았다. 미콜라이우는 남南부흐Pivdennyi Buh 강과 그 지류인 인훌Inhul 강이 도시의 삼면을 둘러싸고 흐르는데 그 때문이 아닌가 싶다. 어차피 이 시간에 숙소에 체크인할 수는 없어서, 나는 곧바로 버스터미널로 이동해 미콜라이우 남부 파루티네Parutyne에 있는 고대 그리스 유적지부터 보고 올 계획이었다. 버스터미널로 가는 시내버스를 탔는데 요금이 불과 5흐리우냐(한화로 약 200원)여서 깜짝 놀랐다. 드니프로에서는 8흐리우냐(약 320원)이고 하르키우에서는 10흐리우냐(약 400원)인데 하르키우의 반값 정도였다.

꽤 이른 시간이기도 했고 천천히 걸으며 미콜라이우 거리도 볼 겸 해서 목적지보다 두세 정거장 전에 내렸다. 슬슬 안개가 걷히면서 미콜라이우 시내의 모습이 눈앞에 드러나기 시작했다. 4월까지만 해도 쌀쌀했던 날씨가 포근해져서 여행하기 정말 좋은 때였다. 운 좋게도 저 멀리서 소련 시절에 만들어진 것 같은 흉상 하나가 보여서 재빨리 뛰어갔다. 자세히 살펴보니 1943년 미콜라이우 탈환전에서 사망한 소련영웅 빅토르 랴긴 Victor Liagin 대위였다. 흉상 뒤로는 벚나무가 흐드러지게 피어서 참으로 아름다운 모습이었다.

레닌그라드 공작기계공장에서 기술자로 일하던 랴긴은 1938년부터 NKVD에서 정보업무를 맡았다. 1941년 전쟁이 발발하자, 랴긴은 다른 정보장교들과 함께 미콜라이우로 투입되어 지하 반파쇼집단 '미콜라이우 지하센터'의 활동을 이끌고 독일군을 사보타주하는 임무를 수행했다. 랴긴과 '지하센터'는 공항, 석유저장고, 창고, 공장, 선박 등 다양한 대상에 성공적으로 피해를 입혔으며, 지역에서 얻은 여러 첩보를 모스크바로 보내는 일도 맡았다. 안타깝게도 1943년 3월, 랴긴은 임무 중 체포되어 극심한 고문을 당했지만 아무것도 토설하지 않았다고 한다. 결국 같은 해 7월 17일에 랴긴은 총살되었다. 독일의 침략전쟁 내내 전 국토가 점령당한 우크라이나에는 정말이지 전쟁과 관련된 영웅의 희생담이 너무도 많다.

계속 걷다 보니 러시아어로 "니콜라예프(미콜라이우) 해방자들에게"라는 문구가 새겨진 해방탑(도판 7-1)이 나타났다. 독일군은 1941년 8월 16일, 미콜라이우를 점령하고 얼마 지나지

도판 7-1

않은 9월에 유대인을 포함한 3만 5,782명의 시민을 학살했다. 미콜라이우가 해방된 것은 1944년 3월 28일이었다. 해방탑의 아랫부분에는 나치에게서 미콜라이우를 탈환한 연도인 1944가 쓰여 있었다. 탑의 아랫부분에는 미콜라이우 탈환을 치하하는 스탈린의 명령이 길게 새겨져 있었다. 그 뒤에는 붉은 군대 병사들의 모습을 양면으로 새긴 부조浮彫가 우뚝 서 있었다.

미콜라이우 시내에는 버스터미널이 여럿 있는데 내 목적지는 '다치나Dachna' 터미널이었다. 소련 시절에는 레닌 대로로 불린 중앙 대로와 푸시킨 거리가 만나는 교차점의 서남쪽 블록에 있다. 터미널 앞을 지나는 거리는 모스크바에서 북극을 거쳐 미국까지 비행한 소련영웅 발레리 치칼로프Valerii Chkalov의 이름을 딴 치칼로프 거리였다. 터미널 건물은 생각보다 작았고 창구도 하나밖에 없어서 조금 기다려야 했다. 그런데 직원이 말하길 버스가 지금은 없지만 일단 20분 뒤에 와 보라는 게 아닌가. 역시 인터넷상의 정보와 실제 일정이 차이가 있구나 싶었다. 그래도 버스가 있기는 할 테니 일단 터미널 바로 앞 벤치에 쉬려고 앉았는데 눈앞에 바로 파루티네라고 목적지가 쓰인 버스가 보였다. 황당해서 버스 기사에게 물어보니 30분 정도 후에 출발한다고 해서 냉큼 버스에 올라탔다.

그리스 식민지 '올비아'

고대 그리스인들은 훌륭한 탐험가들로서 지중해 여기저기에 정착지를 건설했다. 이탈리아반도 남부나 아프리카 북부에도 수많은 그리스인 정착지가 있었다. 흑해도 예외는 아니었다. 지금의 우크라이나·루마니아·불가리아·그리스·튀르키예·조지아·러시아·크림반도를 따라 빼곡하게 흑해 연안에 그리스 식민도시들이 건설되었다. 이곳 올비아는 남부흐강의 하구에 있으면서도 흑해와 만나는 접근성이 좋은 위치다. 이곳에 도시를 건설한 것은 지금의 튀르키예 서부 해안에 있던 도시 밀레토스^{Miletos}에서 온 사람들이었다. 무려 기원전 7세기에 건설된 이 도시는 곡물과 어류, 심지어는 노예까지 거래되는 흑해의 주요 교역 항구로 발전했다.

올비아에 가기 위해서는 앞에서 말했듯이 다치나 터미널에서 파루티네라는 소도시로 가는 버스를 타야 한다. 미콜라이우 중심가는 북에서 남으로 흐르는 남부흐강 동쪽에 위치한다. 버스는 강을 건너서 남부흐강을 따라 남쪽으로 내려간다. 1시간 정도 달리면 인구 2,000명의 작은 마을인 파루티네에 도착한다. 파루티네는 다른 남부 우크라이나 도시들처럼 18세기 말에 러시아 제국이 새로 세운 도시다. 버스 정류장이라기에는 무색한 그저 농촌 마을회관 앞에 마련된 공터에서 승객들과 함께 내렸다.

올비아는 버스에서 내려 남쪽으로 15분 정도 더 걸어야 한다. 걷다 보면 전형적인 우크라이나 농촌의 모습이 눈에 들어온다. 이런 농촌 풍경은 한국이나 우크라이나나 크게 다르지 않다는 생각이 들었다. 소나 닭, 이름 모를 가금류들이 돌아다니는 모습을 보면 어린 시절 외갓집에 놀러 갔을 때의 풍경이 떠오르기도 해서 어쩐지 정겨웠다. 잠시 후 눈앞에 철제 울타리와 함께 올비아로 들어가는 입구가 나타났다. 돌로 된 벽에는 '우크라이나국립학술원 국립역사고고학보호구역 올비아'라는 명패가 붙어 있었다. 매표소에서 입장료를 지불하고 올비아에 들어섰다.

이곳 올비아는 우크라이나 미콜라이우주의 최남단으로 우크라이나에서 제일 긴 남부흐강과 드니프로강이 만나 흑해로 빠지는 드니프로만에 세워진 도시다. 그리스인들이 도시를 건설하기 전에도 스키타이인들이 이곳에 살았다고 한다. 기원전 5세기에는 《역사》를 쓴 헤로도토스Herodotos가 방문하면서 그리스인과 스키타이인이 서로 통혼한다는 증언을 남겼다. 기원전 6세기에서 4세기까지 올비아는 그리스 본토, 소아시아, 이집트 등지와 활발하게 교역했다. 그 이후에 경제적으로 올비아는 쇠퇴했고 로마인들이 다시 도시를 재건했다. 그러나 결국 고트 전쟁Gothic War 중에 도시는 두 번이나 불탔고 4세기에 버려지고 말았다.

그 이후에 16~18세기까지 이곳을 방문했던 튀르크인들은 남은 유적들을 파괴하고 심지어 채석장으로 사용했다. 땅 위로 드러난 유적들은 모조리 사라져버렸다. 18세기 말에 러시아가 이 땅을 지배하던 시기에는 일부 벽들과 언덕만이 남아 있었다. 20세기에서야 본격적으로 고고학적 발굴이 시작되었는데, 1902~1926년까지 몇몇 무덤들과 1~3세기까지 지어진 여러 건물이 발굴되었다. 1936~1971년까지는 레닌그라드와 키이우에서 온 고고학자들이 기원전 5세기에서 2세기에 이르는 거주 구역과 사원 등을 찾아냈다. 1970년대에도 발굴이 이어졌으며, 소련 해체 이후에도 1998~2013년까지 기원전 6세기부터 4세기에 이르는 첫 그리스인의 정착지 유적을 발굴하기도 했다.

올비아에 들어서니 광활한 녹색 대지 위에 여러 유적이 펼

도판 7-2

쳐져 있었다. 처음에는 가벼운 마음으로 방문했는데, 이 부지가 엄청나게 넓어서 깜짝 놀랐다. 제대로 보려면 아마 최소 반나절은 잡아야 할 규모였다. 들어가자마자 오른쪽에 보이는 무덤은 봉분과 기단이 있어서 한국식 왕릉과 크게 다르지 않았다. 무덤 아래로 들어가는 계단이 있어서 안쪽까지 들어갈 수 있었는데, 이런 형식의 무덤이 아마 굴식 돌방무덤이지 않을까 싶었다(도판 7-2). 2세기 말에 만들어진 에우레시비아스Euresibias 와 아내 아레타Aretha 의 무덤이라는 설명이 있었는데 다른 설명이 없었지만 이 정도 크기의 무덤을 만들려면 통치자가 아니었을까. 무덤 옆에는 옥석玉石 세공 박물관이 있었는데 코로나 때문인지 노동절 연휴 때문인지 문을 열지 않았다. 그 밖에 도자기 박물관이 있었는데 역시 문을 닫았다.

최대 1만 5,000명까지 살았던 것으로 추정되는 올비아는 길이만 1.5킬로미터에 폭은 그 절반에 이르는 광대한 넓이라서 가이드북에서도 짧은 루트와 긴 루트 두 가지로 관광 안내를 하고 있었다. 아폴로 신전 터를 비롯해서 그 주변에는 헬레

도판 7-3

니즘 시기의 거주지 유적이 상당히 많았다. 또한 많은 수의 거주지가 로마 지배기에 로마인들에 의해 건설된 것이었는데, 그 터에도 적지 않은 흔적이 있었다. 교역 장소뿐 아니라 행정 건물, 교육 기관, 약국 터가 있었으며, 로마 시기에 만들어진 요새도 보였다. 정말로 튀르크인들이 이곳에서 석재를 죄다 반출했는지, 큰 넓이에 비해서 유적들이 드문드문 있다는 생각이 들었다. 하지만 그만큼 자연의 모습도 아름다워서 사람 없는 휴양지에 소풍 나온 느낌이었다(도판 7-3).

나는 이곳을 다 돌아보지 못하고 나왔다. 애당초 이 유적의 규모가 이렇게 거대할 줄 모르고 식사도 못 하고 와서 넓은 곳을 돌았는데, 그러다 보니 몸에 활력이 없었다. 게다가 날벌레도 너무 많았다. 풍경은 정말 아름다워서 가히 그리스인들이 이곳을 택해서 살 만하다고 여겼는데, 태어나서 이렇게 많은 날벌레를 경험한 적이 없다. 유적 근처에는 정말 과장 없이 수천 마리의 날벌레가 날아다녔다. 사진을 찍으려고 핸드폰을 치켜들면 수십 마리가 손 위에 달라붙는 지경이었다. 유적지를 나가기 직전, 마지막으로 그래도 갈 데까지 가 보자는 심정으로 저지대로 쭉 내려가 봤는데 도중에도 엄청난 수의 벌레를 만나서 고생했다. 그렇게 끝까지 내려가다 안개 낀 남부흐강을 만났는데 상당히 몽환적인 분위기여서 만족스러웠다. 안개 낀 강가는 조용했고 강물 위에서는 오리 몇 마리가 조용히 흘러가고 있었다. 하지만 다음에 여기 올 일이 있다면 가을이나 겨울에 오겠다고 굳게 다짐했다.

관람을 끝내고 다시 15분쯤 걸어서 마을회관 앞에 도착했다. 버스가 언제 올지 알 수 없어서 바로 옆에 있던 슈퍼마켓에 들어가서 물어보니 무려 1시간 30분 넘게 기다려야 한다는 것이었다. 멍하니 시간을 보내기 싫어서 파루티네 시내를 돌아봤다. 그러다 마을회관 바로 뒤에 제2차 세계대전 전사자들을 위한 동상이 우뚝 서 있는 것을 발견했다. 내가 본 수많은 조형물 중 가장 멋진 모습의 추모비였다. 그 옆에는 우크라이나영웅 페디르 이바노우$^{\text{Fedir Ivanov}}$의 흉상이 서 있었다. 나중에 정보를 찾아보니 그는 여러 국영농장과 집단농장에서 수석 농학자로 근무했고, 1985년부터 사망할 때까지 집단농장 '올비아'를 지도한 사람이었다. 추모비 근처에는 쇠락한 '쇼핑센터' 건물이 있었는데 그 안엔 아무것도 없었다. 전반적으로 시내 중심가의 많은 건물이 버려지고 운영을 하지 않는 모습이었다. 소련 시절에서 많은 것이 바뀌지 않은 듯한 모습은 우크라이나의 여러 소도시에서 관찰할 수 있는 광경이었다.

기다리던 버스를 타고 오후 3시가 되어서야 간신히 미콜라이우 시내에 다시 들어섰다. 숙소까지 걸어가려는데 온종일 아무것도 안 먹어서 너무 배가 고팠다. 야키토리야^{lakitoriia} 라는 이름의 일본식당에 들어가 병맥주를 빈속에 마셨는데 온몸이 찌릿찌릿했다. 오징어를 비롯해 알 수 없는 해산물 꼬치 몇 개를 먹으니 어느 정도 허기가 달래졌다. 오후 4시에 드디어 숙소에 입성해 가방을 내려놓으니 살 것만 같았다.

혁명가 트로츠키의 자취를 찾아서

우연히 인터넷에서 정보를 찾다가 미콜라이우에 혁명가 레프 트로츠키Lev Trotskii가 살던 집이 그대로 남아 있다는 사실을 알고 깜짝 놀랐다. 트로츠키가 우크라이나 태생이고 젊은 시절에 남부 우크라이나에서 활동한 것은 알고 있었지만, 권력 투쟁에서 패하면서 트로츠키의 흔적이 소련에 남아 있기가 쉽지 않았을 텐데 가능한 일일까 싶었다. 인터넷에 제대로 된 주소도 없었고 거리 이름과 단지 10년 전에 찍힌 사진 몇 장뿐이었지만, 나중에 미콜라이우를 방문하면 무엇보다도 여기를 꼭 방문해야겠다고 생각하고 있었다. 파르투네까지 다녀오느라 많이 힘들어서 숙소에서 쉬고 싶은 마음이 굴뚝 같았지만 미콜라이우에 오래 머무를 시간이 없기에 지친 몸을 이끌고 곧바로 숙소를 나섰다.

인홀강의 이름을 딴 숙소에 머물렀는데 물리적으로 통하는 길은 없었지만, 북쪽으로 두 블록 너머에 인홀강이 북쪽에서 내려와 동쪽에서 서쪽으로 흐르고 있었다. 숙소 앞을 지나는 거리 이름은 아드미랄스카Admiralska 거리, 즉 해군 제독 거리였다. 2차선 도로의 아주 폭이 좁은 도로였지만 사실 미콜라이우의 행정 중심 거리이기도 했다.

아드미랄스카 거리를 따라 서북쪽으로 걸어서 500미터

정도 걸어가니 미콜라이우주행정청사 건물이 보였다. 건물 앞에 걸린 우크라이나 국기에 나치 구호인 "우크라이나에 영광이! 영광이 영웅들에게!"가 쓰인 것이 조금 마음에 걸렸다. 이 건물은 2022년 3월 29일 미콜라이우 전투 도중 러시아군이 쏜 미사일에 의해 파괴되면서 사망자 37명과 부상자 34명을 낳았다. 내가 이 건물을 지나쳤던 날은 휴일인 노동절 저녁이라 그때 일하고 있는 사람은 없었겠지만, 그 뒤로 마주쳤던 강변의 수많은 미콜라이우 시민 중에서도 분명히 희생자가 있었으리라 생각하니 정말 마음이 무거웠다.

그 앞에는 상륙자 영웅들에게 바치는 동상(도판 7-4)이 있었다. 1944년 3월 26일, 소련군 해병대의 콘스탄틴 올샨스키Konstiantyn Olshanskyi 대위가 이끄는 불과 68명의 대원들은 인훌강의 항구에 상륙해서 이틀 동안 무려 18번에 걸친 독일군의 공세를 방어하고 700여 명을 무찔렀다. 이틀 뒤 제2근위기계화군단이 도시를 탈환했을 때 이들은 올샨스키를 포함한 대부분이 전사하고 불과 12명만이 부상을 입은 채로 살아남은 상태였다. 이들 68명에게는 최상위 훈격인 소비에트연맹영웅 칭호가 수여되었다. 이 동상이 있는 공원 이름이 상륙자 68인 공원이며, 영원의 불과 함께 독소전쟁에서

도판 7-4

희생된 미콜라이우 출신 병사들의 넋을 기리고 있었다.

계속 아드미랄스카 거리를 따라가면 여러 분수대가 설치되어 있고, 그 뒤로는 왼쪽에 미콜라이우 예술학술드라마극장과 오른쪽에 미콜라이우 시청이 보인다. 세 블록쯤 더 길을 따라 올라가면 왼쪽에 러시아 작곡가 니콜라이 림스키코르사코프Nikolai Rimskii-Korsakov의 두상이 제1어린이음악학교 앞에 있었다. 각각 1874년과 1881년에 림스키코르사코프가 미콜라이우를 방문한 적이 있다고 한다.

그 앞에는 조선및해군박물관이 있었는데 건물 양옆으로 위대한 러시아 제독들의 흉상이 날개처럼 펼쳐져 있었다. 건물 왼쪽에는 1820년 남극을 최초로 발견한 파데이 벨린스가우젠Faddei Bellingauzen, 세계일주를 세 번이나 하고 조국 전쟁과 나바리노Navarino 전투에 참여한 미하일 라자레프Mikhail Lazarev, 자신이 참여한 모든 전투에서 승리한 표도르 우샤코프Fedor Ushakov의 흉상이 있고, 오른쪽에는 크림 전쟁에서 활약한 명장들인 파벨 나히모프Pavel Nakhimov, 블라디미르 코르닐로프Vladimir Kornilov, 그리고리 부타코프Grigorii Butakov의 흉상이 있다. 정말이지 미콜라이우는 조선造船과 해군의 도시라 해도 과언이 아닌 듯했다.

벨린스가우젠 흉상 앞으로 쭉 펼쳐진 거리를 따라 서남쪽으로 내려갔다. 이 거리의 이름은 나바린스카Navarynska 거리인데 1835년에 나바리노 전투의 이름을 따서 지어졌다. 나바리노 전투는 1827년 그리스 독립전쟁 와중에 영국·프랑스·러시아 연합군이 오스만 및 이집트 해군을 격파한 전투다. 이 거리의 이름은 1920년대에 무려 트로츠키 거리로 불리기까지 했다. 이 거리 끝까지 내려오면 마카로프제독Admiral Makarov 거리가 나오는데 여기서 왼쪽으로 꺾어 두 블록 내려가면 나오는 팔레예우스카^{Falieievska} 거리에서 왼쪽으로 꺾어 중앙 대로가 나올 때까지 걸었다. 중앙 대로와 팔레예우스카 거리가 만나는 사거리의 서북쪽 블록이 바로 트로츠키가 살던 집이었다. 팔레예우스카 거리는 예카테리나 2세의 총신이었던 그리고리 포툠킨의 친한 동료 미하일 팔레예프$^{Mikhail\ Faleev}$의 이름을 딴 거리다. 팔레예프는 귀족이자 기술자이며, 지주이자 기업인으로서 미콜라이우의 첫 시민이었다. 그는 이곳에서 성당을 비롯한 여러 건물을 짓고 해군 사관생도를 길러냈으며 여러 공장을 건설하는 등 초기 미콜라이우 건설에 큰 역할을 했다.

드디어 트로츠키가 1896~1898년까지 미콜라이우에 머물면서 처음에는 인민주의자로서, 나중에는 마르크스주의자로서 지하 활동을 하며 살았던 집(도판 7-5)을 발견했다. 그러나 지금의 모습은 대단히 실망스러웠다. 인터넷에 올라온 2013년도 사진은 120년 전 모습을 거의 그대로 간직하고 있는 것처럼 보일 정도로 낡고 쇠락한 모습이었다. 차라리 그대로 남아 있었다면 예전의 모습을 느낄 수 있었을지도 모른다. 하지만 지금은 집의 골조만 남기고 거의 사라졌다(나중에 숙소로 복귀해서 2015년도 구글 로드뷰 사진으로 다시 확인해보니 지금의 모습으로 완전히 변해 있었다). 건물 앞 비포장 인도에는 보도블록을 깔아놓았고, 낡고 해진 건물 외부를 완전히 리모델링해놓았다. 그리고 1층에는 통신사가 들어서서 커다랗게 시뻘건 간판을 달았다. 더욱 충격적이었던 것은 건물과 연결된 1층짜리 가건물에 첼렌타노^{Celentano}라는 이름의 이탈리아 피자를 파는 가게가 들어서 있던 모습이었다. 나중에 인터넷에서 가게 사진을 보니

도판 7-5

꽤 안쪽으로 규모가 커 보였다. 도대체 원래 건물 안쪽까지 얼마나 이용하고 있는지 짐작되지 않았다.

아무리 지금 우크라이나에서 러시아 혁명 지도자 트로츠키를 기릴 필요까지는 없다 하더라도, 최소한 이런 '역사적' 인물이 살던 곳이라면 어느 정도는 보존하거나 명패라도 달아놓는 것이 낫지 않았을까? 문득 드니프로페트로우스크주 카먄스케에 있던 소련공산당 총서기 브레즈네프의 생가가 떠올랐다. 2019년에 방문했을 때는 브레즈네프의 생가임을 알려주는 명패는 이미 떼어져서 벽에 흉한 흔적만 남아 있었다. 그러나 인터넷 사진을 찾아보니 우크라이나 독립 이후에 기존의 명패를 제거하고 우크라이나어로 브레즈네프 생가라는 명패를 다시 만들어서 설치해놓았다. 그 명패 또한 돈바스 전쟁 이후에 다시 철거했을 것이다. 나의 억측이지만 2013년까지는 옛 모습이었던 이 건물이 돈바스 전쟁이 발발한 이후 완전히 외부 리모델링을 거쳐 통신사와 피자집이 들어섰다는 것은 정말로 우연의 일치라고만은 보이지 않았다.

트로츠키는 우크라이나 미콜라이우와 헤르손에서 젊은 시절 활동했을 뿐 아니라 우크라이나 태생이었다. 트로츠키가 1879년에 태어난 곳은 러시아 제국 헤르손현 엘리사베트그라드Elisavetgrad면 야노프카(우크라이나어로 야니우카Ianivka)로, 지금의 키로보흐라드Kirovohrad주 크로피우니츠키Kropyvnytskyi군 베레슬라우카Bereslavka다.* 19세기 헤르손현은 지금의 헤르손주 일부와 미콜라이우주, 오데사주, 키로보흐라드주, 몰도바 내의 미승인국 트란스니스트리아의 일부까지 포함하는 광대한 크기였다. 베레슬라우카에 아직 트로츠키 생가가 남아 있다는 기사를 인터넷에서 읽고 방문하려 했으나, 어쨌든 우크라이나 체류의 목표는 박사논문을 쓰는 것이고, 거기에 지장을 줄 정도로 여행을 많이 다니면 안 된다는 생각에 포기한 바 있다. 전쟁이 날 줄 알았더라면 어떻게 해서든 짬을 내서 갔을 것이다.

젊은 트로츠키, 즉 레프 브론시테인Lev Bronshtein은 헤르손현

---

* 여기서 현, 주, 면, 군이라는 단위가 나오는데, 이에 대해 자세히 이야기해 보고 싶다. 우리나라는 현재 최상위 행정구역으로 도를 두고 그 밑에 시와 군을 둔다. 마찬가지로 러시아 제국 시기 러시아의 최상의 행정구역은 구베르니야(guberniia)라고 하는데 영어로는 'governorate'로 번역하고, 한국어로 '현'이라고 번역한 것이다. 그 밑의 행정단위로 러시아 제국은 우예즈드(uezd)를 설치했는데, 한국어로 '면'이라고 번역한다. 물론 학자마다 구베르니야를 '도'로 번역하기도 하는 등 100퍼센트 통일된 것은 아니다. 이 현-면, 즉 구베르니야-우예즈드 행정단위는 1920년대 소련에서 오블라스트(oblast)-라이온(raion)이라는 이름으로 바뀌었는데, 현재 번역할 때는 '주'와 '군'이라고 한다. 이 행정단위는 소련 해체 이후 러시아, 우크라이나, 벨라루스 등 많은 국가에서 아직도 사용한다.

에서 자라난 헤르손 사람이었다. 9년 동안 야니우카에서 유복하고 평화로운 어린 시절을 보낸 그는 오데사에서 새로운 교육을 받기 시작했다. 독일 루터교회 교구에서 설립한 성바오로 학교에서의 생활은 어린 브론시테인에게 오데사의 세계시민주의적 분위기를 흠뻑 느끼게 했다.

7년의 교육을 마친 브론시테인은 좀 더 상위의 교육을 받기 위해 1896년 미콜라이우로 이주했다. 브론시테인은 그전까지 정치적으로 완전히 무지했고 어떠한 지하 활동도 한 적이 없었다. 그러나 이곳 하숙집에서 사회주의 사상에 물든 젊은 이들과 만나게 되면서 열띤 토론의 장이 벌어졌다. 처음에는 보수주의적 관점에서 이들에게 맞서던 브론시테인은 어느 순간 '전향'해서 누가 봐도 열정적인 사회주의자로서 자신을 변호했다. 브론시테인은 미콜라이우에서 최초의 사회민주주의(당시에는 혁명적 사회주의를 뜻함) 조직을 만들었고 1898년에 경찰에 체포될 때까지 활동했다.

트로츠키 말고도 우크라이나 출신 혁명가는 아주 많다. 예컨대 10월 혁명 이후 트로츠키의 뒤를 이어 페트로그라드 소비에트 의장이 되고 코민테른 초대 의장을 지낸 그리고리 지노비예프$^{Grigorii\ Zinovev}$가 있다. 지노비예프는 현재 우크라이나 키로보흐라드의 주도인 크로피우니츠키에서 태어났는데, 이 도시는 혁명 이후 지노비예프의 이름을 따서 지노비예프스크라 불렀다. 레닌, 스탈린, 트로츠키처럼 사실 지노비예프 역시 가명으로, 본명은 라도미슬스키^{Radomyslskii}였다. 그러나 소련 내부 권력 투쟁에서 지노비예프가 실각하고 난 후, 지노비예프스크는 고위 정치인인 세르게이 키로프의 이름을 따서 1934년에 키로보Kirovo, 1939년에 키로보흐라드로 이름이 바뀌었다.

대단히 흥미롭게도 이번 전쟁에서 러시아와 우크라이나가 가장 격전을 벌인 두 도시인 마리우폴과 바흐무트Bakhmut에서 소련 시절 공산당 중앙위원회 정치국원을 각각 한 명씩 배출했다. 마리우폴에서는 한때 스탈린의 후계자로까지 거론된 거물 정치인 안드레이 즈다노프Andrei Zhdanov가 태어났다. 즈다노프는 당내의 이념 및 선전 분야에서 두각을 드러냈는데, 특히 전후에 소련의 문화정책을 결정지은 즈다노프 독트린, 혹은 즈다노프시나Zhdanovshchina로 유명하다. 1925~1940년까지 소련 국방인민위원을 지낸 클리멘트 보로실로프Kliment Voroshilov는 바흐무트 출신인데, 소련 시절에는 아르테미우스크Artemivsk (러시아어로는 아르툐모프스크Artemovsk)라는 이름이었지만 보로실로프가 태어난 러시아 제국 시기에는 바흐무트였다. 사실 엄밀히 이야기해서 보로실로프가 태어난 곳은 예카테리노슬라프현 바흐무트면이지만, 중심 도시인 바흐무트가 아닌 동쪽 끝의 마을 베르흐네Verkhnie다. 이곳은 지금 루한스크주 리시찬스크Lysychansk의 영역에 속한다. 따라서 보로실로프를 바흐무트 출신이라 하든 리시찬스크 출신이라 하든 틀린 것은 아니다.

러시아어로 그리고리 페트로프스키인 흐리호리 페트로우스키Hryhorii Petrovskyi 역시 고참 볼셰비크로서 오랫동안 혁명과 사회주의 건설에 매진한 활동가였다. 지금의 하르키우주 페체니히Pechenihy에서 태어났으며 1898년 러시아 사회민주노동당 창당 때부터 활동했다. 미콜라이우와 마리우폴에서 지하 활동에 참가했으며, 특히 지금의 드니프로시인 예카테리노슬라프에서 어린 시절부터 노동도 하고 1905년 혁명에서는 노동자대표

소비에트를 조직 및 지도하는 등 우크라이나를 대표하는 지역 혁명가였다. 따라서 1926년에 러시아 황제의 이름에서 온 예카테리노슬라프를 대체할 이름으로 강 이름인 드니프로와 그의 이름을 합쳐 이 도시의 이름은 드니프로페트로우스크로 바뀌었다.

그러나 이 수많은 혁명가는 이제 우크라이나에서 이름이 지워졌다. 마치 기록말살형처럼 도시나 거리에 붙은 이름은 삭제되었고, 박물관에서 한 자리를 당당히 차지하고 있던 19세기 말에서 20세기 초까지 이들이 활동했던 흔적들은 철거되었다.

한국의 역사에서도 수많은 '잊힌' 사회주의 혁명가들이 있다. 반공을 국시로 하는 남한에서는 당연히 오랜 세월 동안 그들의 이름을 꺼내는 것이 금기였고, 사회주의 국가 북한에서조차 김일성과 접점이 없거나 그 노선에 맞선 혁명가들은 정당한 대우를 받지 못했다. 그러나 한국의 혁명가들은 애초부터 '주류'가 아니었거나 '주류'였지만 권력 투쟁에서 패배한 사람들이었다. 반면 우크라이나의 혁명가들은 일부는 대숙청으로 처형되었지만 어쨌든 혁명에서 승리한 사람들이었고 새 나라를 건설한 사람들이었다. 최초의 우크라이나 국가를 건설했던 사람들이 바로 이들이었지만, 공산주의자라는 이유만으로 우크라이나 역사에서 그 존재가 삭제되는 중이다. 어느 나라에나 중요한 시기인 19세기 말에서 20세기 말까지, 이 100년의 역사를 이렇게 삭제하는 일이 나중에 우크라이나 국민국가의 건설에 어떤 역할을 할지는 지켜봐야 할 것이다.

역동적인 역사의 현장을 거닐다

다음 날 아침에는 숙소를 나와 도시를 크게 한 바퀴 둘러서 걸었다. 숙소를 나와 동쪽으로 걸어가니 한 공원이 있었다. 검색해보니 아드미랄테이스카^{Admiralteiska}(해군부) 광장이라는 이름이었는데, 그 근처에 있는 미콜라이우 조선소 행정 건물 이름이 '해군부'여서 붙은 명칭인 것 같았다.

공원 앞에 버스 정류장이 있어서 그곳에서 버스를 타려고 기다리면서 주위를 살펴보니 공원 안에 큰 동상이 있었다. 공원 이름이 이름이다 보니 또 어떤 해군 제독 한 명이겠거니 싶어서 관심을 두지 않았다. 한참을 기다려도 버스가 안 와서 다른 정류장에서 다른 버스를 타려고 이동하다가 어차피 시간도 남는데 누군지 보고나 가자는 생각에 동상으로 향했다. 그랬더니 예상외로 〈소비에트 권력을 위해 싸운 전사들에게〉라는 이름의 역동적인 형상의 동상이었다.

이 공원은 2016년 이전에는 코뮈나르 공원이라는 이름이었고, 1919년 11월 6~7일 러시아 내전기에 백군 장군인 안톤 데니킨$^{Anton\ Denikin}$에게 처형당한 공산주의자들을 기리기 위한 공간이다. 1936년에 만들어졌는데 1941년에 독일군에게 점령당하면서 파괴되었고 지금의 동상은 1967년에 재건된 것이라고 한다. 하마터면 의미 있는 조형물 하나를 놓칠 뻔했다.

이왕 이렇게 된 거 버스를 타지 않고 걸어서 미콜라이우 시내를 더 살펴보기로 했다. 공원 옆에는 미콜라이우주 지역 박물관이 있었고, 그 옆에는 미콜라이우 건축대학 건물이 있었다. 미콜라이우 건축대학은 1944년 5월에 설립된 기술학교로, 250여 명의 학생이 재학했으며 소련 건축인민위원부 교육

기관총국에 속했다. 이 건물은 전후에 독일군 전쟁 포로들을 시켜 재건되었는데 흥미롭게도 그 전에 이 건물은 트로츠키가 젊은 시절에 다니던 중등교육 기관인 알렉산드르 남학생 김나지움이었다.

건물 앞에 있는 흉상에는 "수병 흐나트 셰우첸코에게 영광이"라고 쓰여 있었다. 흐나트 셰우첸코Hnat Shevchenko(러시아어로는 이그나티 셰브첸코Ignatii Shevchenko)는 1854~1855년 크림 전쟁 중 세바스토폴 공방전 당시 프랑스군과 벌어진 치열한 전투에서 지휘관을 살리고 전사한 용맹스러운 수병이었다. 이 건물 하나에도 크림 전쟁과 젊은 혁명가를 포함하여 미콜라이우 200년의 역사가 고스란히 담겨 있다니, 정말 미콜라이우는 얼마나 흥미로운 도시인가!

한때 소련 시절에는 엥겔스 거리라고도 불린 사도바Sadova 거리를 타고 남쪽으로 네 블록쯤 내려가면 중앙 대로와 만나는 사거리에 카스페로우카 성모마리아 성화 성당(도판 7-6)이 눈에 보인다. 1904년에 짓기 시작해서 1916년에 완공된 이 성당은 무신론을 표방하는 소련 시절에 공장으로 쓰이며 일부분이 파괴되었고 종은 녹여졌다. 나치 점령기에는 다시 성당으로 쓰였으나, 전후에는 조선소 공장 건물로 쓰였고, 젊은이들의 클럽이나 영화관으로도 사용되었다. 지금의 성당은 소련 패망 이후인 1990년대에 다시 복원된 것이다. 이 성당은 예술에 문외한이더라도 기존에 정교 성당들을 몇 번 봤다면 뭔가 그 성당들과는 다르다고 알 만큼 독특한 분위기를 자아낸다. 양파 모양 지붕이 있는 후면부는 정교회 성당의 느낌이 드나, 앞면부는 고딕 스타일의 뾰족한 첨탑이 솟아 있다. 이 성당

도판 7-6

이 있는 교차로가 미콜라이우 시내의 중심부처럼 보였다. 성당 앞 사거리 중심에는 그리스도 탄생 2,000주년 기념 십자가가 세워져 있는데 당연히 소련 해체 이후에 세워졌을 것이다.

중앙 대로 남쪽으로는 〈법과 질서의 수호자들을 기념하며〉라는 이름의 동상(도판 7-7)이 칼과 방패를 번쩍 치켜든 채로 서 있다. 이 기념비는 1977년에 소련 경찰 창설 60주년을 맞이해서 세워졌다고 한다. 소련에서 경찰은 밀리치야militsiia라고 한다. 영어로 하면 '밀리샤militia'로 민병대를 뜻하지만 같은 어원인 밀리치야는 소련에서 경찰을 칭하는 용어로 쓰인다. 이 소련식 밀리치야는 우리가 흔히 생각하는 공산권 경찰로서 내무부의 행정업무를 맡고 따로 군사 병력도 거느렸으며 군대식 계급도 가지고 있었다. 전후에 소련식 사회주의 국가에는 이 소련식 밀리치야 조직을 도입했지만, 공산주의 정권이 무너진 이후에는 다들 밀리치야 대신 서유럽식 폴리치야politsiia(경찰) 제도를 도입했다. 러시아와 우크라이나에서도 각각 2011

년과 2015년에 경찰조직을 밀리치야에서 폴리치야로 변경했다.

이 글을 쓰면서 다시 한번 이 기념비의 정보를 찾아보니 지난 2022년 10월 19일에 철거되었다는 소식을 접했다. 인터넷으로 철거된 기념비의 잔해를 살펴보니, 아래쪽 기단에 "체키스트chekist!"라고 누가 써 놨는데 간단히 이야기하자면 소련식 비밀경찰이라고 비하하는 표현이다. 그 위에도 "체키스트에게 내줄 장소는 도시에 없다"라고 누군가가 칠을 해놓았다.

도판 7-7

이곳에서 다시 중앙 대로를 타고 서쪽으로 쭉쭉 강변으로 내려간다. 남부흐강이 보이는 해변까지는 3.5킬로미터쯤 된다. 중앙 대로가 끝날 때쯤 오른쪽에 축구팀 MFC 미콜라이우의 경기장인 중앙경기장이 보인다. MFC 미콜라이우는 1920년에 설립되었으며 현재 프로팀 중에서는 우크라이나에서 가장 오래된 축구클럽이다. 경기장 여기저기에 창단 100주년을 기념하는 포스터와 그래피티가 보였다.

경기장은 1만 6,000여 명을 수용할 수 있는 규모로 휴일이라서 관리자로 보이는 사람 두어 명만 있을 뿐 텅 비어 있었다. 경기장 바로 앞 중앙 대로에 기념비가 서 있어서 길을 건너서 다가갔다. 〈미콜라이우 축구 100주년〉이라는 기념비였는데, 무슨 내용인지 천천히 기념비의 내용을 읽어보니 자기들이 1908년 10월에 이 장소에서 영국 수병 팀과 축구를 했는데 승리를 거뒀고 거기에서부터 미콜라이우 축구팀의 근원이 시작되었다는 내용이었다. 그런데 영국 함정이 여기까지도 왔었다니 정말 당시에 영국은 세계 여기저기 개입하지 않은 곳이 없다는 생각이 들었다.

중앙 대로가 끝나는 지점에서 T자 삼거리가 나오는데 이 거리의 이름은 스포르티우나^{Sportyvna} 거리로 말 그대로 스포츠 거리라는 뜻이다. 눈앞에는 남부흐강이 펼쳐졌다. 미콜라이우를 지나는 남부흐강은 폭이 1킬로미터가 넘는데 서울의 한강만큼이나 큰 강이다. 중앙경기장을 오른쪽으로 끼고 오른쪽으로 꺾어서 왼쪽에 남부흐강을 두고 스포르티우나 거리를 따라 올라갔다.

슬슬 배가 고파서 남부흐강이 보이는 전망 좋은 식당에 들어왔다. '드렁크 패트릭$^{Khmilnyi\ Patrik}$'이라는 일종의 펍이었는데 맥주와 새우 요리를 시켰다. 짭짤한 새우는 안주로 제격이어서 나도 모르게 맥주를 여러 잔 비웠다. 강바람을 맞으면서 낮부터 마시는 생맥주는 그야말로 천상의 맛이었다. 배를 채우고 강변으로 내려가니 사람들이 많지는 않았지만 몇몇 가족들은 햇볕을 쬐고 있었고 몇몇 아저씨들은 낚싯대를 드리우고 있었다. 햇빛이 강물에 닿으며 산산이 부서지는 광경은 놀라울 정도로 평화로웠다.

앞에서 이야기했듯 미콜라이우에는 남부흐강과 인훌강이 만나서 흐른다. 남부흐강이 이리저리 휘며 흐르기에 미콜라이우 시내 육지 모습은 서쪽을 바라보는 말머리처럼 생겼다. 말머리의 정수리 부분에서 두 강이 만나는데 강변에 여기저기 여러 선박과 함께 창고 정비 시설과 여러 항만 시설이 가득했다. 인훌강을 건너면 승리 공원이 나오는데 넓은 공원에 여기 저기 가족들 혹은 젊은이들이 모여서 흥겨운 시간을 보내고 있었다. 승리 공원에는 그 이름답게 독소전쟁과 관련된 여러 조형물이 있었고, 특히 미콜라이우 탈환전에 대해서도 전시를 해놓았다. 우크라이나는 독소전쟁 동안 나치 독일에 온 영토가 점령당했기에 어느 도시를 가든 탈환전과 해방에 관한 이야기는 꼭 있다. 그밖에도 아프가니스탄 전쟁 참가자들에 대한 기념비도 보였다. 인훌 다리는 도개교였는데 이곳을 건너며 보이는 남부흐강의 풍경은 정말이지 눈을 뗄 수 없을 정도로 멋있었다. 너무나 드넓은 남부흐강은 마치 바다를 보는 듯했다.

우크라이나 도시를 스무 곳 넘게 여행했다고 하면 사람들은 어느 도시가 제일 괜찮았냐고 물었는데, 그럴 때마다 나는 미콜라이우를 내세우곤 했다. 고대 그리스 유적부터 20세기의 역사까지 아주 다양한 볼거리와 두 강을 함께 끼고 펼쳐진 아름다운 풍경, 강으로 둘러싸인 지형상 갈 만한 곳들이 시내에서 멀리 떨어지지 않고 모여 있는 접근성, 게다가 맛있는 음식까지 모든 것을 다 갖춘 도시였다. 앞서 이야기했듯이 날벌레 때문에 중간에 포기하고 나왔던 올비아나 문을 닫았던 파르티잔 운동 박물관 등 다시 미콜라이우를 방문한다면 갈 곳도 많고 즐길 것도 많다. 언제쯤 전쟁이 끝나서 미콜라이우에 다시 평화가 찾아오고, 평화가 찾아온 미콜라이우에 방문할 수 있을까. 전쟁이 시작된 지 2년이 가까워진 지금까지도 미콜라이우에 갈 길은 한 치 앞도 내다보이지 않는다.

8장
헤르손
옛 요새에서 시작된 해군 도시

가까운 도시, 다른 문화

미콜라이우 숙소 침대에서 눈을 뜨고 퇴실할 준비를 했다. 오늘은 미콜라이우에서 바로 옆 도시인 헤르손으로 이동하는 날이다. 숙소에서 미콜라이우 버스터미널까지는 걸어서 50분 정도 걸리는 먼 거리였지만 마지막으로 미콜라이우 시내를 보고 싶어서 일부러 걸었다. 지그재그 골목길을 걸으며 미콜라이우의 풍경을 눈으로 담았다.

다시 기차역 쪽으로 돌아가는 길에 보니, 버스터미널은 기차역 가는 길 회전교차로 서남쪽에 있었다. 북쪽과 남쪽을 연결하는 길은 보호야블렌스키Bohoiavlenskyi 대로로 기독교 주현절主顯節의 우크라이나어 '보호야블렌냐Bohoiavlennia'에서 온 이름이다. 서쪽으로 난 거리는 미콜라이우 도심으로 이어지는 포흐라니치나Pohranychna 거리로, 나머지 한 방위는 동남쪽으로 이어진 평화 대로Prospekt Myru 로 기차역까지 이어진다.

미콜라이우 버스터미널에서 표를 사고 헤르손에 도착하는 데 걸리는 시간은 불과 1시간 남짓 걸리는 정도였다. 미콜라이우주와 헤르손주가 붙어 있기는 하지만, 각각의 주도인 미콜라이우시와 헤르손시도 불과 60킬로미터 정도밖에 떨어져 있지 않아서 거의 옆 도시라 해도 과언이 아니다.

헤르손 버스터미널에서 숙소까지 버스를 타고 이동했는데, 버스를 타면서 재미있는 점을 발견했다. 미콜라이우에서는 버스를 탈 때 버스비가 5흐리우냐이고 대부분의 다른 도시들처럼 탈 때 돈을 냈다면, 여기 헤르손에서는 버스비가 6흐리우냐이고 드니프로페트로우스크주 도시 니코폴에서처럼 탈 때는 그냥 탔다가 내릴 때 돈을 냈다. 우크라이나에서는 운전석과 조수석 바로 뒤에 좌판처럼 알아서 돈을 내고 거슬러 가져갈 수 있게 해놓은 버스도 많다. 도시마다 대중교통 요금 내는 문화도 다르다니 참 재미있었다. 숙소에 도착해서 짐을 풀자마자 곧바로 낭비할 시간도 없이 헤르손의 모든 것을 눈에 담기 위해 숙소를 나서며 발걸음을 재촉했다.

헤르손 역사 논쟁

소련 도시에서 제일 중심이 되는 거리에는 대개 카를 마르크스나 블라디미르 레닌의 이름이 붙어 있다. 헤르손에서 내가 잡은 숙소는 우연하게도 마르크스 거리에 있었다. 물론 마르크스 거리라는 이름은 러시아 혁명 이후에 붙여진 이름으로 그전에는 포툠킨 거리라 불렸다. 소련이 붕괴하고 한참 지난 2012년에 도로 이름이 다시 원래 이름인 포툠킨 거리로 되돌아갔다. 그러나 드니프로에서 카를 리프크네히트나 마르크스 등 여러 사회주의자나 공산주의자 이름을 딴 거리 이름을 바꿨지만 조금만 시 외곽으로 나가면 옛 이름의 명패가 그대로

도판 8-1

있었듯이, 포툠킨 거리의 수많은 집에는 여전히 마르크스 거리라는 이름이 붙은 명판이 그대로 달려 있었다.

그런데 도시의 중심 거리여야 할 포툠킨 거리가 생각보다 폭이 좁은 2차선 도로에 주로 2층짜리 낮은 건물들이 늘어선 광경을 보고 순간 당황했다. 헤르손 인구가 30만 명이 조금 안 돼서 50만 명에 육박하는 미콜라이우보다 도시 규모가 작을 것이라 예상은 했지만, 생각보다 훨씬 초라해 보였다. 그러다가 동쪽으로 한 블록 이동해서 옆 거리로 넘어갔는데 깜짝 놀랐다. 넓은 대로와 큼직큼직한 여러 건물이 눈에 들어왔고, 조금 남쪽으로 내려가니 헤르손주 청사와 시청 건물까지 보였다. 아무리 봐도 포툠킨 거리가 아니라 여기가 도시의 중심 거리임이 분명했다. 지도를 찾아보니 이 거리의 이름은 러시아 제국의 해군 제독인 표도르 우샤코프 Fedor Ushakov 의 이름을 딴 우샤코프 대로(도판 8-1)였다. 놀랍게도 이 이름은 소련 시절인 1947년에 붙은 것으로, 마르크스 거리나 지금은 소보르나

Soborna 거리로 이름이 바뀐 레닌 거리가 엄연히 있음에도 쭉 우샤코프 대로가 헤르손의 중심 거리였던 것이다.

우샤코프 제독은 한국에는 그 이름이 잘 알려지지 않은 인물이다. 러시아에서 가장 위대한 해군 제독이 누구냐고 묻는다면 아마 우샤코프 제독을 1순위로 꼽을 것이다. 소련 시절인 1944년 3월, 소련 최고회의 상무회에서 러시아 제국 시절 명장들의 이름을 딴 훈장을 여럿 제정했는데, 육군에서는 알렉산드르 수보로프 장군과 미하일 쿠투조프 장군을, 해군에서는 표도르 우샤코프 제독과 파벨 나히모프 제독을 선정했다. 전쟁 이전까지 소련에서는 러시아 제국 황제나 옛 지배 계급, 혹은 지배 계급에 봉사한 옛 엘리트와 철저히 단절하면서 기존의 성인聖人이나 군주의 이름을 딴 모든 훈장을 폐지했다. 그러나 독소전쟁이라는 인류 역사상 유례없는 총력전에 직면하면서 이념적 가치에서 잠시 물러나서 인민들의 애국적 가치에 호소하는 의미로 예전 '지배 계급'의 명장들을 다시 불러왔다. 예컨대 1942년 7월에 제정된 알렉산드르 네프스키Aleksandr Nevskii 훈장이 있는데, 알렉산드르 네프스키는 몽골 지배기 노브고로드 공작으로, 막내아들 다니일 알렉산드로비치Daniil Aleksandrovich가 모스크바 공국을 세움으로써 현 러시아 역사의 뿌리가 되는 인물이기도 하다. 알렉산드르 네프스키는 온갖 외세에 맞서 결국 국토를 지켜냈기에 훗날 정교회에서 성인으로까지 받아들여졌으며, 무엇보다도 독일인들로 구성된 튜튼 기사단의 침략에 맞서 싸워 승리했기에 독소전쟁 때 상징으로 내세우기에 모자람이 없는 인물이었다.

표도르 우샤코프는 1745년에 지금의 야로슬라블주 부르나

코보Burnakovo에서 소귀족의 아들로 태어났다. 1766년에 해군사관학교를 졸업하고 발트해 함대에서 첫 근무를 시작한 우샤코프는 1768년 러시아-오스만 전쟁에 아조프Azov 전단 소속으로 참전하면서 경력을 쌓기 시작했다. 꾸준히 전쟁에서 활약하며 진급하던 우샤코프는 전쟁이 끝날 무렵에는 함장까지 올라갔다. 1774년에 전쟁이 끝나고 1780년대부터 우샤코프는 그리고리 포툠킨의 후원을 받으면서 남부 우크라이나, 즉 당대에 불리던 이름으로는 '새로운 러시아'라는 뜻의 노보로시야Novorossiia에서 활동하기 시작했다. 특히 1783년부터 헤르손에서 흑해 함대를 건설하는 일에 참여했고, 1785년부터는 크림반도의 세바스토폴로 이동해서 그곳에서도 함대 기지를 건설하는 일에 착수했다.

우샤코프의 대활약이 시작된 것은 1787년에 다시 벌어진 러시아-오스만 전쟁에서부터였다. 이 전쟁 기간 내내 우샤코프는 1788년 피도니시Fidonisi 전투, 1790년 케르치Kerch 해협 전투, 텐드라Tendra 전투, 1791년 칼리아크라Kaliakra 전투에서 오스만 해군을 상대로 단 한 척의 전함도 잃지 않는 놀라운 성과를 거두며 압승했다. 전쟁이 끝나고 1798년에 우샤코프는 대장으로 진급했으며 프랑스 혁명 이후 결성된 제2차 대프랑스 동맹에서 러시아와 오스만의 연합함대를 이끌며 프랑스에 맞서 싸웠다.

이때 우샤코프는 1797년부터 그리스 서부 이오니아해 섬들에 주둔했던 프랑스군을 몰아내고 이 섬들에 공화국을 수립하는 데 큰 공훈을 세웠다. 이것이 바로 1800~1807년까지 존재하던 '일곱 섬의 공화국Septinsular Republic'이었다. 일곱 섬의 공화국은 명목상으로 오스만 제국의 지배령이었지만 주민들이 정교를 믿고 있기도 해서 사실상 러시아의 지배령이었다. 1807년에 이 섬들은 다시 나폴레옹에게 반환되었다가 1815년부터는 영국의 보호령이 되었다. 어쨌든 이 이후 우샤코프는 함대를 이끌고 이탈리아까지 진출하는 등 종횡무진하며 전 유럽에 그 명성을 떨치다가 새로 황제가 된 알렉산드르 1세와 갈등을 빚었다. 결국 1807년 사임한 뒤에 지금의 모르도바 자치공화국에 있는 사낙사르Sanaksar 수도원에 은거했다. 1812년, 나폴레옹의 러시아 원정으로 발생한 조국전쟁에서도 침묵을 지킨 우샤코프는 1817년에 사망했고, 아직도 사낙사르 수도원에 우샤코프의 무덤이 있다.

43번의 큰 전투를 지휘하면서도 단 한 번도 패하지 않고 단 한 척의 배도 잃지 않은 전설적인 명장이었기 때문에 우샤코프 사후에 수많은 러시아-소련 해군의 전투함을 우샤코프의 이름을 따 명명했다. 처음으로 우샤코프의 이름이 붙은 함은 '해방전함'이라고도 불리는 연안경비함 우샤코프제독으로, 1892년 건조를 시작해서 1893년 진수했고 1896년에 취역했다. 이 전함은 1905년 러일전쟁 중 대한해협에서 일어난 쓰시마 전투에서 일본 해군의 공격으로 침몰했다. 그 뒤에 스베르들로프급 경순양함으로 1953년에 취역해서 1987년에 퇴역한 우샤코프제독함이 두 번째로 만들어졌다. 이렇게 우샤코프는 러시아 제국 시기에나 소련 시기에나 현대 러시아에서나 자국 해군을 대표하는 상징적인 명장으로서 그 위명을 떨쳤다.

흔히 러시아-소련 하면 가지고 있는 편견이 육군국, 대륙국가라는 것이다. 세계대전을 비롯한 여러 역사의 기록에 나오는 러시아-소련의 수많은 전설적인 육상 전투는 관심 있는 사람들을 흥분하게 만들지만, 바다나 해군과 관련해서는 사람들의 고개를 갸우뚱하게 한다. 그러나 미콜라이우와 헤르손을 둘러보면 우리가 잘 모르는 바다의 이야기가 도시에 흠뻑 배어 있음을 알게 된다. 우샤코프 대로의 헤르손 국립해양학술원 앞에 서 있는 우샤코프 제독의 동상은 헤르손의 바다 역사를 상징한다. 앞으로 헤르손이 자신의 정체성을 만들어갈 때 우샤코프가 상징하는 바다와 해군의 이미지는 우크라이나의 헤르손으로서도 결코 부정할 수 없는 소중한 자산이 될 것이다.

그러나 최근 증가한 우크라이나 민족주의와 반러시아 감정은 이 전설적인 '러시아인' 제독이 과연 헤르손을 대표하는 상징인지 의문을 제기한다. 이미 전쟁 전부터 일부 지역 사람들은 우샤코프 대로의 이름을 1947년 이전의 이름인 호바르디우스카Hovardivska 거리로 환원해야 한다고 주장했다. 그렇다면 이는 누구의 이름일까. 바로 영국의 박애주의자이자 감옥 개혁가인 존 하워드John Howard 의 이름을 딴 것이다. 하워드는 감옥 개혁에 평생을 바치면서 온 영국과 유럽을 순례하다가 지금의 우크라이나 헤르손에서 세상을 떴다. 우샤코프의 '반대파'가 보기에는 표도르 우샤코프보다 존 하워드가 더욱 헤르손을 대표할 만한 인물이라는 것이다.

하워드는 젊은 시절인 1755년, 포르투갈로 여행을 떠났다가 프랑스 사략선私掠船에 나포되어 프랑스 감옥에 포로로 잡혀 있다가 나중에 풀려났다. 이 일로 그가 감옥과 죄수 문제에 관심을 가진 것으로 추측한다. 그는 1773년 베드퍼드셔Bedfordshire 주의 고등행정관직을 맡으면서 전임자들과는 달리 직접 감옥을 순회하며 시찰했는데, 이때 알게 된 감옥의 실태에 충격을 받았다. 다음 해에 하워드는 이 문제를 영국 의회로 가져가면서 〈1774년 교도소 조례〉를 통과시키면서 수감자들의 상황을 개선하기 위한 첫발을 내디뎠다. 그 이후에도 하워드는 영국 전체 및 유럽에 있는 수백 곳의 감옥을 직접 방문한 뒤 1777년 《잉글랜드와 웨일스에서 감옥의 상태The State of Prisons in England and Wales》라는 책을 출간했다. 이러한 하워드의 열정적인 활동에 힘입어 영국 의회는 그 이후에도 감옥 개혁에 관한 조례를 둘이나 더 통과시켰다. 하워드는 지속해서 유럽 전역의 감옥 수백 곳을 방문했으며 계속 이에 관한 내용을 책으로 출간했다.

하워드가 처음으로 러시아를 방문한 것은 1781년으로, 당시 예카테리나 치하의 러시아가 실질적으로 사형제를 폐지한 것에 관심이 있었기 때문이다. 하워드는 수도인 상트페테르부르그와 더불어 모스크바와 헤르손을 방문했는데, 역시 병원과 감옥에 관심을 기울였다. 하워드의 두 번째이자 마지막 러시아 방문은 1789년이었다. 그때 유럽에서는 러시아 병사들이 잘 대우받지 못한다는 소문이 돌았는데 하워드는 러시아 병사들의 처우에 관심이 많았다. 여름에 지금의 우크라이나 중부에 있는 도시 크레멘추크Kremenchuk를 방문하고 나서 초가을에 헤르손으로 이동했다.

그러나 참으로 불운하게도 하워드가 헤르손을 방문하자마자 유행발진티푸스가 발발하기 시작했다. 그럼에도 하워드는 병원과 감옥을 방문하면서 환자들을 만나는 일을 그치지 않았다. 결국 하워드는 1790년 1월에 티푸스에 걸려 사망했다.

하워드는 자신이 산책하던 곳에 자신을 묻어주길 바랐고, 그곳이 지금의 헤르손시 바로 북쪽 접경 마을인 스테파니우카 Stepanivka 다. 존 하워드는 영국 런던 성바울로 성당에 민간인으로서는 처음으로 흉상이 전시되는 영예를 얻었다.

우샤코프 대로의 헤르손주 청사 건물 바로 옆에는 존 하워드의 이름을 딴 술집이 있다. 그곳에서 드니프로강 쪽이 아닌 반대 방향인 북쪽으로 세 블록쯤 올라가면 예카테리나 시기의 반란 지도자 예멜랸 푸가초프 Emelian Pugachev 의 이름을 딴 거리와 십자 형태로 만난다. 그 오른편에 존 하워드 기념비(도판 8-2)가 있다. 오벨리스크 형태의 이 기념비는 영국과 관계 증진에 관심이 많았던 러시아 제국 황제 알렉산드르 1세의 명령으로 만들어졌다. 혁명과 세계대전을 겪으며 부분적으로 파괴되기도 한 이 기념비는 최종적으로 1990년에 완전히 복원되었다. 여전히 존 하워드는 헤르손의 중요한 역사적 인물로서 많은 사람에게 기억되고 있다.

도판 8-2

다시금 반反우샤코프파의 주장을 들어볼 필요가 있는 것 같다. 헤르손 지역 향토사학자인 데멘티 빌리 Dementii Bilyi 의 주장에 따르자면 우샤코프는 함대 건조를 위해 헤르손에 잠시 머물렀을 뿐 그 이후 다시는 헤르손을 찾지 않아 헤르손의 역사에 기여한 일이 아무것도 없음에도 소련이 선전 활동을 통한 '신화 만들기$_{\text{mifobudivnytstvo}}$'를 통해 억지로 우샤코프를 헤르손과 연결했다고 한다.

어느 정도 이해는 가는 주장이지만, 개인적으로는 과연 존 하워드가 표도르 우샤코프를 대체할 만한 인물인지 여전히 의문이 들었다. 데멘티 빌리는 우샤코프가 전함 건조를 감독한 뒤에 다시는 헤르손에 돌아오지 않았다고 비판적으로 보는데, 물론 우샤코프가 헤르손에 머문 기간은 불과 1783~1785년까지 2년 정도다. 그러나 그렇게 치면 존 하워드는 1789년 초가을에 헤르손으로 왔다가 1790년 1월에 사망했으니 반년도 채 있지 않았다.

또한 데멘티 빌리는 일부 노인들이 끝까지 우샤코프 대로라는 이름을 하워드 거리라는 명칭으로 불렀다는 게 흥미롭다며 그것이 존 하워드에 대한 시민들의 애정을 방증하는 양 글을 쓰기도 했다. 그러나 그런 식이면 내가 살던 드니프로에서도 주민들이 소련 시절에 붙은 이름인 카를마르크스 대로, 콤소몰 거리 등의 명칭을 이름이 바뀐 지금도 일상생활에서 여전히 사용하고 있는데, 이것이 소련 시절에 대한 향수나 소련 체제에 대한 지지를 뜻한다고 해석해도 될지 의문이다.

어쨌든 우샤코프가 헤르손의 '대표' 상징이라고 할 만큼 엄청난 유산을 헤르손에 남긴 것 같지는 않다. 그러나 그런 우샤코프라도 도시의 상징으로 내세워서 정체성을 정립하려는 1947년 소련 당국자들의 고충 또한 생각해봐야 할 것 같다. 또한 1947년이 냉전이 시작되고 외국의 영향을 받은 여러 문화 요소를 배격하던 시점이었기에 '적국'인 영국인의 이름을 도시 중심 거리에 붙여놓는 게 저어되었을 가능성이 크다는 맥락도 고려해야 할 것이다.

하워드의 이름은 비록 거리 이름에서 사라졌지만, 위에서 이야기한 존 하워드 기념비를 철거했던 것도 아니었다. 어쨌든 이러한 모든 것이 짧은 역사와 정립되지 않은 정체성을 가진 남부 우크라이나 도시들의 딜레마이기도 하고, 크게 보면 우크라이나 전체의 딜레마이기도 하다.

쓸쓸한 정취가 서린 역사의 현장

숙소에서 나와 포툠킨 거리를 따라 남쪽으로 쭉 내려갔다. 중간에 보이는 공터에는 가벼운 좌판이 벌어져 여러 물건을 팔고 있었다. 포툠킨 거리 끝에 다다르자 자그마한 한 공원이 보였다. 크지 않은 이 공원의 이름 역시 포툠킨 공원이었다. 공원 한가운데에는 예카테리나 2세의 총신인 그리고리 포툠킨의 동상(도판 8-3)이 있었다. 최초의 포툠킨 동상은 이미 1830년대에 만들어져서 이 자리를 지켰다. 물론 혁명 이후에 그 동상은 박물관으로 보내졌고 독소전쟁 기간에 사라졌다고 한다. 포툠킨 자리에는 카를 마르크스 동상이 그 자리를 대신했다.

도판 8-3

지금의 포툠킨 동상은 무

려 2003년에 헤르손 사람들의 손으로 이 도시의 역사를 복원하는 일환으로써 다시 세워졌다. 동상의 앞면에는 헤르손 도시의 창건자 포툠킨 공작이라고 새겨져 있었다. 이 동상은 2022년 10월, 러시아군이 헤르손에서 철군하면서 포툠킨의 시신과 함께 가져갔다고 한다. 만약 헤르손이 우크라이나의 손에 남은 채로 전쟁이 끝나게 되더라도 다시 '러시아인' 포툠킨이 이 자리에 세워질지는 의문이지만 말이다(러시아군은 포툠킨 동상 외에도 이 도시에 있던 수보로프 동상과 우샤코프 동상도 가져갔다고 한다).

포툠킨 공원에서 동쪽으로 발걸음을 돌렸다. 테아트랄나 Teatralna 거리에서 한두 블록 정도 더 가면 사거리가 나오고, 페레코프스카 Perekopska 거리로 이름이 바뀐다. 이 페레코프스카 거리는 관광객들에게 특히 중요한데 옛 헤르손 요새 Khersonska fortetsia 를 가로지르면서 길 양쪽으로 헤르손의 웬만한 볼거리가 늘어서 있기 때문이다. 이 거리에 접어들자마자 왼쪽으로 헤르손 국립해양학술원 해양대학이 보이고 오른쪽에는 널따란 셰우첸코 공원이 모습을 드러냈다.

셰우첸코 공원은 원래 18세기 말 이 도시가 세워질 때부터 공원으로 점찍은 자리였는데 빈터로 남았다가 1869년 공원으로 재탄생했다. 1880년에는 황제 알렉산드르 2세의 이름이 공원에 붙여졌으나 러시아 혁명 이후 1927년에 우크라이나 제일의 문학가 이름을 딴 타라스셰우첸코 Taras Shevchenko 공원으로 바뀌었다. 1939년에 이 공원은 레닌의 이름을 딴 레닌 공원으로 다시 태어났지만, 2014년에 돈바스 전쟁이 발발하자 도시 공원이라는 이름으로 바뀌었고, 2016년에 예전의 이름을 되찾아

다시 셰우첸코 공원이 되었다. 정말이지 우크라이나에서는 거리 이름, 공원 이름 하나하나에 이 나라가 겪은 격동의 역사를 여과 없이 드러낸다.

페레코프스카 거리를 쭉 따라 동북쪽으로 걸었다. 셰우첸코 공원을 지나자 오른쪽에 '크리스탈Krystal'이라는 이름의 작은 축구 경기장이 보였다. 1962년에 지어졌는데 관중 수용력이 불과 3,400명 정도밖에 되지 않는다. 재건축한다는 말이 있었는데 현재 우크라이나의 상황상 재건은 요원할 것처럼 보인다. 그 맞은편으로 옛 헤르손 요새의 오차키우 관문Ochakivska brama(도판 8-4)이 보인다. 헤르손 요새는 1778~1783년까지 지어졌으며 지금의 헤르손시의 기반을 닦았으나, 1835년 황제 니콜라이 1세의 명령으로 철거되기 시작했으며, 지금은 오차키우 관문을 비롯해 일부 성곽과 흔적만 주변에 남아 있다. 고전주의 양식으로 지어진 관문은 양옆 성곽이 대부분 훼철되어

도판 8-4

서 어쩐지 쓸쓸해 보였다. 관문 동북쪽으로 옛 요새 터에 헤르손 요새 공원이 넓게 펼쳐져 있는데, 그 공원 동북쪽 끝에 북문이라는 뜻의 피우니치나Pivnichna 관문이 있다(또 다른 명칭으로는 모스크바 관문이라고도 한다). 이 두 관문이 옛 헤르손 요새의 흔적을 가장 잘 보여주는 유물이라 하겠다.

헤르손 요새 공원으로 들어가기 전에 오차키우 관문 바로 뒤에 페레코프스카 거리와 맞닿아 있는 카테리나 성당을 찾을 수 있었다. 이 성당의 이름은 러시아 황제 예카테리나 2세의 수호성인이자 동명인 4세기의 인물 알렉산드리아의 카타리나의 이름을 딴 것이다. 1786년에 완공된 성당으로 러시아-튀르크 전쟁에서 승리한 러시아가 이 지역을 손에 넣고 지은 최초의 성당이다. 이 성당을 지은 사람은 러시아 해군 제독 이반 간니발Ivan Gannibal 로, 그의 아버지가 그 유명한 아브람 간니발Abram Gannibal 이다. 아브람 간니발은 아프리카 흑인 노예 출신으로 오스만 제국을 거쳐 러시아로 팔려가 표트르 대제의 총애를 받고 출세한 것으로 유명하다(프랑스의 볼테르Voltaire는 간니발을 가리켜 '계몽주의의 검은 별'이라 칭송하기도 했다). 그의 성인 간니발은 고대 카르타고의 명장 한니발 바르카Hannibal Barca 의 이름을 러시아어로 음차한 것이다. 아브람 간니발의 증손주가 바로 러시아 제일의 문호 알렉산드르 푸시킨Aleksandr Pushkin인데, 푸시킨은 자신의 혈통과 이국적인 외모를 무척 자랑스러워했다고 한다.

현지에서 채굴되는 사암으로 지어진 카테리나 성당(도판 8-5)은 러시아식 신고전주의 양식으로 웅장한 모습을 뽐내고 있다. 서쪽 현관이 중앙 현관인데 미국 의회 의사당이나 로마

도판 8-5

판테온에서 볼 수 있는 토스카나식 기둥의 주랑 현관portico 모습을 하고 있다. 성당 옆에는 종탑이 있는데 1800년에 처음 지어졌으나 지진이 나서 파괴되었다. 1806년에 일시적으로 목조 건물을 지었지만 이 역시 화재로 사라졌다. 마지막 종탑은 높이가 약 26미터인 3단 석재 종탑으로 오늘날까지 남아 있다.

10월 혁명 이후 1930년에 성당은 문을 닫고 반反종교 박물관으로 쓰였다. 성당 안의 귀금속은 몰수했고 성화 등은 박물관으로 옮겨졌으나 일부 유물은 유실되었다고 한다. 1942년 독일군에게 점령당한 이후 성당은 다시 개장했고 종전 이후에도 알음알음 운영했지만, 1962년 흐루쇼프의 새로운 반종교 투쟁 캠페인 이후 다시 문을 닫았다. 그 이후 창고로 쓰이던 성당이 다시 문을 연 것은 1991년에 이르러서였다.

다른 정교회 성당과 마찬가지로 카테리나 성당 안은 화려한 장식과 웅장한 성화로 치장되어 있었다. 성당 안 정중앙에는 바로 그리고리 포툠킨의 무덤이 있었다(도판 8-6). 철

도판 8-6

제 울타리로 둘러싸인 흰 대리석 위에 "육군 원수 공작 각하 그리고리 알렉산드로비치 포툠킨타브리체스키 / 1730년 9월 30일 탄생 / 1791년 10월 5일 사망 / 1791년 11월 23일 이곳에 묻히다"라고 새겨져 있었다. 그 옆에는 맨 위에 '크림과 쿠반Kuban'을 비롯해 포툠킨이 창건과 발전에 관여했던 여러 도시의 이름과 연도가 쓰여 있었는데, 오른쪽 위부터 시계 방향으로 "헤르손 1778", "예카테리노슬라프(지금의 드니프로) 1787", "니콜라예프(우크라이나어로 미콜라이우) 1788", "벤데리(몰도바와 트란스니스트리아의 도시, 루마니아어로 벤데르) 1789", "아케르만(지금의 빌호로드드니프로우스키) 1789", "오차코프(우크라이나어로 오차키우) 1788"가 보였다. 지금의 몰도바 땅부터 남부 우크라이나에 이르기까지 종횡무진 활약한 포툠킨의 영향력이 한눈에 보이는 듯했다. 앞서 포툠킨 동상을 보며 이야기했듯, 러시아군이 2022년 3월에 헤르손시를 점령하고 그해 가을에 철수할 때 포툠킨의 시신을 같이 가져갔기에 지금 포툠킨 무덤 자리는 텅 비어 있을 것이다.

그리고리 포툠킨 공작은 예카테리나 2세의 총신이자 애인으로도 유명하지만, 흔히 '포툠킨 마을'이라는 용어로 잘 알려져 있기도 하다. 포툠킨 마을이란 외관을 그럴듯하게 치장해서 사람들이 실제 상황을 더 나은 것으로 믿게 하는 것이 목표인 건축물(혹은 비유)이다.

1787년 예카테리나 2세는 오스만 제국에게서 획득한 지금의 남부 우크라이나, 즉 노보로시야 지방을 순시했는데, 그때 이 지방 총독이던 포툠킨이 황제가 배를 타고 이동하는 드니프로강 유역에 '이동식 마을'을 세웠다고 한다. 겉보기에 그럴듯했던 이 마을은 사실 농민들까지도 실제 농민이 아닌 포툠킨의 부하들이 맡아서 '연기'를 했다고 한다. 황제가 떠나자마자 이 마을은 즉시 철거되었고 황제가 다음에 도착할 하류에 다시 설치해서 황제를 기쁘게 할 준비를 마쳤다고 한다. 물론 이 이야기는 역사적 근거가 없다고 밝혀진 지 오래다. 큰 업적을 많이 남긴 포툠킨 공작이 이런 불명예스러운 이름으로 가장 잘 회자된다는 것이 조금 안타깝기도 하다.

성당을 나와 성당 뒤로 펼쳐진 헤르손 요새 공원의 정문으로 들어섰다. 널찍한 공원에서는 어린아이들을 동반한 가족들이 나와서 시간을 보내고 있었다. 한쪽에서는 어린아이들이 타고 노는 조그만 자동차들을 대여하는 아저씨가 그늘에서 쉬고 있었고, 그 옆에는 한 아주머니가 음료수와 아이스크림을 팔고 있었다. 공원 안쪽으로 들어가니 양쪽으로 분수에서 물이 높게 솟아올랐다. 그 뒤에 높은 조형물 하나가 등장했는데 1959년에 건설된 〈첫 콤소몰 단원들에게〉라는 이름의 기념비였다. 18미터의 거대한 오벨리스크 모양의 기념비에는 "헤르손의 젊은이들로부터 첫 콤소몰 단원들에게"라는 문구가 새겨진 파란 명판이 아래쪽에 있었는데, 내가 헤르손을 방문하기 불과 한 달 전인 2021년 3월 말에 훼손되었다. 현재 우크라이나 전역에서 일어나고 있는 일이니 새삼스럽지는 않았지만 역시 볼 때마다 만감이 교차했다.

훼손된 기념비를 오른쪽에 두고 왼쪽으로 90도 돌아서 길을 내려가면 젊은 두 소련영웅의 기념비가 서 있다. 둘 다 헤르손 태생으로 한 명은 미콜라 수보타Mykola Subota이고, 다른 한 명은 일랴 쿨리크Illia Kulyk다. 독소전쟁에서 자신들의 영웅적인 희생을 통해 소련영웅의 칭호를 받았다. 수보타는 원래 국영 농장에서 일했는데, 1941년 전쟁이 발발하자 붉은 군대에서 기관총을 다뤘다. 1944년 3월 13일 헤르손 해방 작전에서 수보타는 제일 먼저 드니프로강을 건너 다른 동료들이 도하하는 데 큰 공을 세웠다. 그 이후에도 시가전에서 독일군 29명과 기관총 분대 둘을 격파하는 등 크게 활약했으나, 안타깝게도 같은 달 17일에 전사했다. 쿨리크는 수보타보다 훨씬 어려서 전쟁이 일어나던 1941년에 막 고등학교를 졸업했을 정도였다. 쿨리크는 고등학교 콤소몰 조직 서기였으며, 헤르손시 콤소몰 조직에도 속해 있었다. 헤르손이 독일군에게 점령당하자 쿨리크는 1941년 12월부터 지하조직을 만들어 1942년 내내 독일군을 사보타주하고 소련 포로를 풀어줬으며 각종 선전물을 배포하는 임무를 맡았다. 쿨리크는 두 번 체포되었지만 두 번 모두 탈출했으며, 11월 29일에 자신이 숨어 있는 집이 포위당하자 끝까지 저항하다가 마지막 총알로 스스로 목숨을 끊었다.

헤르손 요새 공원에서 페레코프스카 거리 건너편에는 영광 공원Park slavy이 있다. 수백 미터는 될 법한 길쭉한 공원은 페레코프스카 거리에서 시작해 드니프로 강변에서 끝난다. 역시 이곳에도 소련 시절에 만들어진 여러 상징물이 가득하다. 애초에 1966년에 이곳에서 헤르손 해방 전투 때 전사한 무명용사의 시신이 발견되었고, 다음 해에 경건하게 재매장하면서 이곳에 영원의 불Vichnyi vohon과 여러 조형물을 설치했다. 1969년에 설치되었다는 공원 입구의 T-34-85 전차의 기단에는 "감사하는 헤르손 사람들이 해방자 전사들에게"라고 쓰여 있었다. 바로 옆에는 "국제주의자 전사들에게"라고 우크라이나어로 쓰인 설명이 붙은 아프가니스탄 전쟁 참전용사 추모비가서 있었다. 고개를 숙이고 처량하게 앉아 있는 젊은 병사의 모습에서 서글픔이 느껴졌다.

공원 길을 따라 계속 내려가보니 역시 아프가니스탄 전쟁에서 스러져 간 병사들을 추모하는 슬픔에 빠진 늙은 어머니를 묘사한 조형물(도판 8-7)이 보였다. 가슴에 예수 그리스도의 성화를 들고 있는 모습인 것을 보면 세워진 지 얼마 되지 않았으리라. 러시아어로 아프가니스탄을 비롯해 세계의 다른 열전熱戰이 벌어지는 곳에서 사망한 병사들을 추모한다고 쓰여 있었다.

도판 8-7

계속 길을 따라 내려갔는데 강변에 웅장한 영광의 기둥과 그 앞의 영원의 불이 있었다. 아쉽게도 다른 대부분의 우크라이나 지역과 마찬가지로 불은 꺼져 있었지만 말이다. 양옆으로 낫과 망치를 비롯한 소련 시절의 상징과 관련자들의 명단이 새겨진 명패가 펼쳐졌고 아래쪽으로 계단을 거쳐 넓은 제방이 설치되어 있었다.

그 뒤로는 드니프로강이 흐르고 있었는데, 위에서 강 쪽으로 내려보나 강 쪽에서 위로 올려보나 그 광경이 참으로 장엄했다. 여기서는 공연이나 여러 공공행사 등이 열린다고 한다. 원래 이 공원의 초기 설계에는 우크라이나의 전통 악기인 반두라^{bandura} 연주자 조각상을 설치해서 코자크의 용맹함과 헤르손 사람들의 영웅다움을 같이 보여주려는 내용이 있었다고 하지만, 소련 당국에서 그다지 긍정적으로 여기지 않아서 지금의 모습을 갖췄다고 한다.

공원도 아름답고 강가의 바람을 즐기기에도 좋은 곳이라 역시 수많은 헤르손 사람들이 가족이나 친구들과 시간을 보내고 있었다. 지난 2023년 6월에 카호우카^{Kakhovka} 댐 붕괴로 이쪽 강변도 큰 피해를 봤다고 들었는데, 과연 이 아름다웠던 드니프로 강변이 어떻게 변했을지 걱정이 크다.

'예카테리나의 영광'과 흑해 함대

우샤코프 거리를 따라서 쭉 남쪽으로 내려가면 테아트랄나 거리 및 페레코우스카 거리와 만나는 사거리가 나온다. 여기서 왼쪽으로 꺾어서 가면 헤르손 요새이지만, 이번에는 계속 남쪽으로 내려갔다. 여섯 블록쯤 더 내려갔을까, 드니프로

강의 모습이 눈앞에 펼쳐졌다. 우크라이나의 젖줄인, 러시아 스몰렌스크에서 벨라루스 마힐료우를 거쳐 키이우를 필두로 한 여러 우크라이나 도시를 거쳐서 내려온 드니프로강이 여기서 마지막으로 인간의 도시와 만나고 흑해로 흘러나간다. 드니프로시를 비롯해서 같은 주의 니코폴에서도, 수도 키이우와 자포리자에서도 드니프로강을 여러 차례 봤지만, 또 그 하구에서 강을 바라보는 느낌은 색달랐다.

이곳에 1783년 흑해 함대Chernomorskii flot의 첫 전함이 건조된 것을 기념하는 조형물(도판 8-8)이 있었다. 그 이름도 〈첫 전함들 기념비〉인데, 위로 길쭉하게 높은 기단 위에 18세기 범선 한 척이 올라가 있었다. 그 앞에는 "이곳에서 1783년에 첫 대포 66문 전열함인 흑해 함대의 '예카테리나의 영광'이 건조되었다"라고 적혀 있었다. 이때부터 헤르손 조선업의 역사가 시작되었다.

그중에서도 1951년에 건설된 헤르손 조선소는 우크라이나뿐 아니라 유럽에서 제일 큰 조선소 중 하나였다. 유조선·쇄빙선·화물선·컨테이너선 등 다양한 선박들이 헤르손 조선

도판 8-8

소에서 만들어졌다. 특히 1983년에 건조한 알렉세이 코시긴급 북극 바지컨테이너선은 중량이 4만 톤 이상이었다. 그러나 소련 해체와 더불어 다른 수많은 우크라이나의 기업들과 마찬가지로 헤르손 조선소도 수주량이 급감하고 생산량도 급락했다. 2016년에 퀴비셰프 Kuibyshev 헤르손 선박수리 공장이 파산하는 등 현재 헤르손 조선업의 장래는 그다지 밝지 않은 실정이다.

흑해 함대의 역사에 관해서 조금 더 설명해야 할 것 같다. 흑해 함대는 북방 함대 Severnyi flot, 태평양 함대 Tikhookeanskii flot, 발트 함대 Baltiiskii flot 와 더불어 러시아 해군의 네 함대 중 하나다. 흑해 함대는 1783년 5월 13일 아조프 전투단 Azovskaia voennaia flotiliia 의 전함 11척을 기반으로 크림반도의 세바스토폴 Sevastopol 에서 창설되었다. 세바스토폴이라는 도시 자체도 같은 해에 세워졌으니 흑해의 많은 도시의 역사 또한 흑해 함대의 역사와 함께 시작된 것이었다. 그 이후로 5월 13일은 흑해 함대 창설 기념일로 알려졌다. 이 흑해 함대를 관리하기 위해 헤르손에 함대사령부 admiralteistvo 를 설치했다.

1787년에 다시 오스만 제국과 전쟁이 발발하자 흑해 함대의 전함들은 수적 열세에도 불구하고 오스만 제국 함대에 막대한 피해를 입혔다. 1853년 크림 전쟁이 발발하자 흑해 함대는 오스만 제국 함대를 시노프 Sinop 해전에서 격멸하면서 전쟁 초반을 승리로 이끌었다. 그러나 영국과 프랑스 연합 해군이 러시아군에 선전포고하고 흑해로 들어서면서 러시아 제국은 방어로 전환할 수밖에 없었다. 러시아군은 수십 척의 전함을 잃고 육상에서 연합군을 방어할 수밖에 없었고, 마침내 1856

년에 러시아가 패배하면서 크림 전쟁이 끝났다. 이후 체결된 파리강화조약에서 흑해가 탈군사화되면서 흑해 함대도 사실상 사라졌다.

1871년, 프로이센-프랑스 전쟁에서 프랑스가 무너지면서 러시아는 흑해 함대를 재건하기 시작했다. 그러나 1877년에 발발한 오스만 제국과의 전쟁에서는 아직 흑해 함대가 활약할 준비가 되지 않았다. 1881년에 정부는 20년 동안의 장기 건함 사업 계획을 수립하고 여러 종류의 전함을 만들어내기 시작했다. 1914년, 제1차 세계대전 전야에 흑해 함대는 124척의 전함을 보유한 발트 함대에는 한참 미치지 못했지만 그래도 전열함 7척, 순양함 2척, 구축함 13척을 포함한 전함 46척을 보유하고 있었다. 1917년 흑해 함대에는 4만 명이 넘는 수병과 177척의 전함이 있었다. 하지만 같은 해에 일어난 두 혁명으로 인해 흑해 함대는 전투력을 급속히 상실했다. 흑해 함대의 수병들은 소비에트 권력의 수립을 위해 싸웠는데 그 와중에 장교 수십 명을 처형했으며, 특히 1918년 2월 23일에는 세바스토폴에서 장군과 장교를 비롯해 혁명 배상금을 내지 않은 부자들 수백 명을 살해하는 일도 있었다. 독일과 맺은 브레스트리토프스크Brest-Litovsk 평화조약으로 소비에트 정부가 독일에 흑해 함대의 함선들을 넘겨줘야 하는 일이 벌어지자, 같은 해 6월에 공식적으로는 함대를 세바스토폴로 이동하라는 명령과 비공식적으로 자침하라는 비밀 명령을 받은 지휘관의 명령으로 많은 흑해 함대의 함선이 흑해에 가라앉았고, 살아남은 함선마저 연합군 측에 양도되면서 함대는 사라졌다.

1921년부터 다시 소련 흑해 함대의 건설이 시작되었다.

1929~1937년까지 소련의 1~2차 5개년 계획에 따른 공업화 기간에 흑해 함대는 수백 척의 함정과 수백 대의 항공기로 무장할 수 있었다. 독소전쟁 기간에 흑해 함대는 24번의 상륙작전에 참가했으며, 적의 함정 835척을 격파했다고 한다. 흑해 함대 소속 장병 200명 이상이 소련영웅 칭호를 받았으며, 5만 명이 넘는 장병들이 각종 훈장과 메달을 수훈했다. 이러한 공로로 1965년 소련 최고회의 상무회는 흑해 함대에 소련 최고 무공훈장인 적기훈장Orden Krasnogo Znameni을 수여했는데, 소련이 해체된 지금도 적기훈장 수여는 흑해 함대의 자랑거리다. 이 훈장을 받은 기관이나 부대를 수식할 때 등장하는 '적기훈장을 수훈한Krasnoznamennyi'이라는 형용사는 각종 기념우표나 군가에도 빠지지 않는다. 1991년 소련 해체 직전 흑해 함대에서는 10만 명의 승조원과 6만 명의 노동자가 근무하고 있었으며, 소속 함정은 무려 835척이었다. 서쪽으로는 우크라이나 오데사 서남쪽의 이즈마일부터 동쪽으로는 조지아 바투미까지 수많은 도시에 흑해 함대의 함정이 주둔해 있었다.

1991년 소련 해체 후에 오데사, 미콜라이우, 헤르손 등 흑해의 중요 항구가 모조리 우크라이나에 속한데다가, 그때나 지금이나 주민 대다수가 러시아에 속하길 원하는 크림 지방에 함대의 모항인 세바스토폴이 위치한 사실까지 더해져서, 이 흑해 함대 문제는 우크라이나-러시아 사이에 중요하고도 미묘한 쟁점으로 떠올랐다. 1991년, 우크라이나는 독립 선언 이후로 흑해 함대가 우크라이나에 종속된다고 선언했고 물론 러시아는 이에 동의하지 않았다. 1992년 4월에는 우크라이나와 러시아 양국 대통령이 흑해 함대를 자기 관할이라고 선언하는 법령을 각각 통과시키기도 했다. 결국 같은 해 8월, 우크라이나와 러시아는 흑해 함대가 통합된 지휘권을 행사하는 연합함대가 되리라는 결정을 내렸다.

이 결정에 기반을 두고 각기 구분된 양국의 함대를 건설하는 작업이 시작되었다. 마침내 1997년 5월 28일, 흑해 함대를 분할하기 위한 조약이 두 나라 사이에 맺어졌다. 소련 흑해 함대를 약 82대 18의 비율로 러시아와 우크라이나가 나눠 갖고 러시아가 이에 대한 보상금을 지불하며, 우크라이나는 5년마다 자동 갱신을 조건으로 2017년까지 20년간 크림반도의 해군 시설을 임대하고 러시아는 이에 대해 임대료를 내는 내용이었다. 이 조약은 2014년 돈바스 전쟁이 일어나면서 결국 파기되었다.

돈바스 전쟁 이전에도 양국 사이에 아무런 문제가 없었던 것만은 아니었다. 2009년에 우크라이나 대통령 빅토르 유시첸코는 크림반도 해군 시설 임대 조약 연장을 거부하며 러시아 흑해 함대는 2017년까지 세바스토폴을 떠나야 한다고 밝혔다. 이렇게 된다면 러시아 흑해 함대는 크림반도를 떠나 노보로시스크Novorossiisk로 옮겨가야 했다. 그러나 2010년에 열린 우크라이나 대선에서 빅토르 야누코비치가 승리한 뒤 정권이 교체되면서 이 결정은 번복되었다. 야누코비치는 조약을 무려 2042년까지 25년간 연장했으며, 조약을 재갱신하면 2047년까지 5년 더 연장할 수 있는 조건을 삽입했다. 그렇지만 2014년 이후 크림반도가 러시아 영토로 합병되면서 우크라이나 해군은 세바스토폴에서 쫓겨났고, 그 와중에 함정 대부분이 러시아로 투항하거나 혹은 러시아 측에 장악당했다. 그 이후로 우크

도판 8-9

라이나는 해군 전력이 치명적으로 약화했으며 러시아는 소련 흑해 함대 전력을 대부분 승계한 셈이 되었다. 이 흑해 함대는 지금 전쟁에서도 러시아 소속으로 참전하고 있다.

흑해 함대 전함 건조 기념비 아래에 서서 다시 한번 드니프로강을 내려다보았다. 길쭉한 바지선 한 척이 강을 따라 내려가고 있었고, 그 우현에서는 경찰^{politsiia}이라고 우현에 페인트로 글씨를 쓴 파란색의 조그만 경비선 하나가 바지선을 추월하고 있었다(도판 8-9). 적당히 하얀 구름이 둥둥 떠 있는 가운데 하늘은 먼지 한 톨 없이 너무나 파랬다. 여기저기서 가족이나 연인들이 강을 배경으로 사진을 찍고 있었다. 강변에는 아마 모형이겠지만 18세기 당대 러시아 해군의 함포 같은 것들도 전시되어 있어서 해군 도시로서의 정체성에 힘을 더했다.

이런 평화로운 도시였던 헤르손에 전쟁의 폭풍이 몰아닥쳐서 점령과 재점령을 반복하고 부역자를 색출하는, 마치 한국전쟁에서나 봤을 법한 일들이 벌어지고 있다니 정말 믿을 수 없었다. 내가 겪었던 평화로웠던 우크라이나 도시들의 풍경을 떠올릴 때마다 우크라이나 사람들이 전쟁으로 겪고 있을 고초가 대비되며 가슴이 아팠다.

돌아오는 길에는 이리저리 산책하다가 다시 포툠킨 거리를 통해 북쪽으로 올라왔다. 헤르손에서는 운 좋게 숙소 바로 앞에 24시간 음식을 파는 집이 있었다. 덕분에 헤르손에 머무는 동안 돼지고기 샤슬릭, 고등어구이, 메추리 등 맛있는 음식을 마음껏 먹을 수 있었다.

다음 날 아침, 헤르손 버스터미널로 향했다. 당시 나는 코로나 때문에 미국 대학의 사학과 비대면 수업의 온라인 조교를 하며 월급을 받고 있었다. 미국의 수업 시간이 우크라이나 시간으로는 밤중이었는데, 밤 기차를 타고 가면 우크라이나 기차에서는 인터넷이 거의 잡히지 않기 때문에 줌 수업에 들어가는 것이 불가능했다. 그래서 어쩔 수 없이 불편함을 무릅쓰고 드니프로까지 8시간 가까이 걸리는 버스를 오후에 타야 했다.

터미널 주변에서 점심을 먹으려고 식당을 찾다보니 레토르트 식품처럼 간단한 빵을 데워 팔면서 잡화도 같이 판매하는 곳이 있었다. 이곳에서 고기 들어간 빵을 튀겨낸 체부레크^{Cheburek}와 고기 들어간 빵인 피로조크^{Pirozhok}(우크라이나어로는 피리조크^{Pyrizhok})를 하나씩 골랐고, 주인이 직접 담근 와인까지 추가했다. 이 '정찬'의 가격은 한화로 단돈 1,400원. 믿을 수 없는 가격이다. 와인을 두어 잔 더 마셨고 빵도 한두 개 더 시켰다. 알딸딸해진 채 버스를 타고 8시간이나 걸려서 간신히 '고향' 드니프로로 복귀해서 바로 줌에 접속했다.

오데사, 미콜라이우, 헤르손을 모두 돌아보고 나니 만약 이번 전쟁에서 우크라이나가 이 남부 도시들을 모두 지켜내더라도 골치 아픈 정체성 문제에 직면하게 되리라는 생각이 강하게 들었다. 앞에서 말했듯이 우크라이나 남부 도시는 역사적으로 우크라이나인들이 선조라고 자랑하는 '코자크'와는 거의 접점이 없고, '노보로시야'라고 불릴 정도로 예카테리나 2세의 남부 확장과 더불어 러시아 제국이 세운 도시에서부터 제대로 된 도시의 역사가 시작되었다.

그런데 지금 우크라이나에서는 소련 시절의 역사뿐 아니라 러시아인이 자취를 남긴 모든 흔적을 지워버리려 애쓰고 있다. 서부 우크라이나는 러시아와 접점이 거의 없었고, 키이우를 중심으로 한 중부 지방은 천 년이 넘는 지역사가 있으며, 드니프로 강변 동부 우크라이나는 어쨌든 코자크의 역사가 있다. 그러나 남부 우크라이나 도시들은 러시아 제국 시기에 건설되었기 때문에 소련에 더해 러시아 제국마저 지워버리면 정말 남는 역사가 없다. 소련 해체 이후 소련이 지워버린 자신들의 정체성이라는 이유로 러시아 제국의 역사를 '복원'했다가 전쟁 이후로 복원한 역사가 사실은 자신들의 진짜 정체성이 아니었다며 '철거'하는 촌극은, 애초부터 남부 우크라이나의 역사적 정체성이 내포한 불안정성을 보여주는 방증이 아닐까.

유유히 흐르는 드니프로강을 보니 중국 당나라 시인 두보杜甫의 〈등고登高〉 중 "다함없는 장강은 흘러흘러 오는구나不盡長江滾滾來"라는 구절이 생각났다. 두보가 56세 때인 767년에 지은 시다. 음력 9월 9일 중양절重陽節에는 높은 곳에 올라 국화주를 마시는 풍습이 있는데, 그곳에서 본 변함없는 자연의 아름다움과 귀밑머리가 하얗게 세어버린 자신의 모습이 대비되는 것을 한탄하며 지었다. 장강만큼은 아닐지도 모르겠지만, 드니프로강도 얼마나 많은 인간의 세월을 함께했겠는가.

코자크 집단이 처음 드니프로 강변에 자리한 이래로 러시아 제국을 거쳐 소비에트 우크라이나와 현재에 이르기까지 드니프로강은 이 넓은 우크라이나 지방에 사는 사람들의 역사를 지켜본 목격자였다. 특히 독소전쟁 기간인 1943~1944년에 걸쳐 벌어진 드니프로강 전투와 드니프로-카르파탸 공세를 통해 나치로부터 우크라이나를 탈환하려는 소련의 공격으로 강의 좌안과 우안에서 수백만 명이 죽거나 부상당했다. 그리고 다시 역사는 움직이고 있다. 강의 좌안과 우안에서 강을 사이에 두고 아군과 적군이 마주하고 있다. 그 두 편은 80년 전에 같이 나치 독일과 맞서 싸웠던 우크라이나와 러시아다.

10년 전으로 되돌아가서 우크라이나와 러시아 사이에 전쟁이 발발해 드니프로강의 좌우안에서 서로 피를 흘리며 싸우고 있을 것이라 말하면 누가 믿어줬을까. 1년 뒤에도 10년 뒤에도 드니프로강은 여전히 유유히 흐르고 있을진대, 그때가 되면 인간사는 또 어느 방향으로 흐르고 있을까.

4부 서부

9장
이바노프란키우스크
독특한 문화와 유럽풍 건축의 매력

연휴와 시작된 서부 여행

2020년 12월 23일, 나는 드니프로의 집에서 나와 공항으로 가는 버스를 탔다. 우크라이나와 러시아 같은 정교회 문화권에서는 12월 말 성탄절부터 1월 초까지 2주 정도 긴 휴가를 보낸다. 따라서 문서고나 도서관도 문을 닫기 때문에 그 기간에 서부 우크라이나 여행을 계획했다.

정교회 문화권에서는 우리가 지금 쓰는 그레고리력이 가톨릭의 달력이라는 이유로 도입을 미루고 있었다. 러시아에서는 10월 혁명이 일어난 이후인 1918년에서야 그레고리력을 도입했는데, 이 시점에서 기존에 쓰던 율리우스력은 그레고리력보다 13일이 늦었다.

당시 혁명 러시아 정부인 인민위원회의 *Sovnarkom*는 1918년 1월 31일자로 다음 날을 2월 1일이 아닌 2월 14일로 이어지게 하는 법령을 반포하면서 그레고리력을 공식적으로 도입했다. 그러나 교회에서는 계속 기존의 율리우스력을 고집했다. 율리우스력으로 성탄절인 12월 25일은 그레고리력으로 1월 7일이다. 마치 한국인들이 여전히 설과 추석을 음력으로 쇠듯, 정교회 문화권의 사람들은 1월 7일을 성탄절로 기념한다. 그러나 역시 한국인들이 양력설도 쉬듯이 이들도 12월 25일에 쉬면서 겸사겸사 연말연시 2주 정도를 긴 연휴처럼 보내는 것이다.

이번 여행은 서부 5개주 6개 도시, 즉 이바노프란키우스크·드로호비치Drohobych·르비우·루츠크·리우네·테르노필을 돌아볼 계획이었다. 이 중 루츠크는 볼린Volyn주의 주도이며, 드로호비치는 1939~1959년까지 존재했다가 지금은 르비우주와 합쳐지며 사라진 드로호비치주의 주도였다. 나머지 네 도시는 같은 주의 주도다. 이 도시들은 공통적으로 1939년까지 소련의 영토가 아니라 폴란드 영토였다. 그전까지는 단 한 번도 우크라이나의 영토인 적이 없었다. 1939년 독소불가침조약으로 나치 독일과 소련이 폴란드 영토를 반분하면서 소련 영토에 속했다가 1941년 독소전쟁 발발로 우크라이나 영토 전체와 함께 독일에 점령당했다. 1945년 독일의 패배로 전쟁이 끝나면서 이 서부 우크라이나는 다시 우크라이나 영토가 된 뒤로 지금까지 이어지고 있다.

광대한 국토의 우크라이나답게 첫 도시인 이바노프란키우스크까지 드니프로에서 출발하면 거의 1,000킬로미터에 달한다. 다행히 키이우에서 환승하는 비행편이 있어서 타고 가기로 했다. 인터넷으로 검색해보니 공항까지 가는 일반 버스가 있었다. 공항으로 가는 버스인데도 돈을 더 받지 않고 다른 버스처럼 불과 8흐리우냐를 받아서 놀랐다.

버스를 타고 1시간가량 달려 공항에 도착했다. 드니프로가 우크라이나에서는 서너 번째로 큰 도시였지만 공항은 그리 크지 않았다. 공항 앞에는 2014~2015년 돈바스 전쟁에서 전사한 사람들을 추모하기 위해 기념비가 하나 서 있었다. 공항에 들어가니 정말 아무것도 없었다. 아침에 집을 나와서 공항에 가면 뭐라도 좀 먹어야겠다 싶었는데 주린 배를 붙잡고 1시간 남짓 또 기다리다가 비행기에 탑승했다.

드니프로에서는 분명히 날씨가 맑았는데, 키이우 공항에 도착하니 폭설이 내리고 있었다. 탑승교가 없어서 눈발을 그대로 맞아야 했는데, 다음 비행기를 타고 이바노프란키우스크 공항에 내리니 여기에는 보슬비가 내렸다. 같은 나라인데 참 알 수 없는 날씨라는 생각이 들었다.

이바노프란키우스크는 인구가 20만 명 조금 넘는 도시여서지 공항의 크기도 앙증맞았다. 아침에 출발했는데 이미 해는 지고 땅거미가 내렸다. 공항은 시내에서 멀지 않은 편이었다. 버스를 타고 기차역 근처에 있는 숙소를 찾아가려고 했는데, 도저히 찾을 수 없어 주인에게 연락했다. 하지만 바로 오지 않아서 40여 분을 기다리다 인내심에 한계를 느낄 뻔했다. 캐리어는 가져오지 않았지만 배낭에 이것저것 챙겨 와서 무거웠는데 오랜 시간 서 있다 보니 감기 기운마저 있는 것 같았다. 온종일 아무것도 못 먹어서 몸 상태도 좋지 않았다.

우여곡절 끝에 도착한 숙소는 8층이었는데 하필이면 엘리베이터가 고장이라고 해서 어이가 없어 웃음만 절로 나왔다. 간단히 짐을 정리하고 지친 몸을 이끌고 내려와 집 앞 가게에서 음식을 산 다음 다시 끙끙거리며 8층으로 올라가 배를 채운 뒤에 죽은 듯이 잠들었다.

이반 프란코와 우크라이나의 근대성 형성

다음 날 이바노프란키우스크 시내를 돌아다니니 확실히 동부와는 다른 거리의 모습에 여행 온 느낌이 나기 시작했다. 대부분의 우크라이나 동부 및 남부 도시는 17~18세기 이후 러시아의 영향력 아래에서 개발되기 시작했기에 상대적으로 역사가 짧아서 러시아 제국 시절의 건물들과 20세기에 건축된 소련풍의 건물들이 주를 이룬다. 서부는 위에서 이야기했듯이 단 한 번도 러시아 지배를 받아본 적이 없었기 때문에 건축상으로 미묘하게 다른, 이른바 '유럽' 느낌을 받을 수 있다. 외곽에는 거주지역으로 소련 시절에 지어진 여러 아파트가 즐비했지만, 구시가지 쪽에는 예전의 폴란드 및 오스트리아-헝가리 시절을 생각나게 하는 오래된 건축물들을 볼 수 있었다.

이바노프란키우스크는 17세기에 세워진 도시로 원래 폴란드 귀족인 스타니스와프 포토츠키Stanisław Potocki의 이름을 따서 스타니스와부프Stanisławów라 불렸다. 1772년에 폴란드 분할이 이루어지면서 오스트리아-헝가리 제국의 영토에 속했다가 1918년, 다시 독립한 폴란드의 영토로 이전되었다. 그러나 결국 1939년에 폴란드 분할 및 제2차 세계대전의 결과로 소련 영토 스타니슬라우Stanislav로 거듭났다. 1962년에는 도시 건설 300주년을 기념해서 우크라이나의 문인 이반 프란코Ivan Franko(도판 9-1)의 이름을 따 이바노프란키우스크라고 불리기 시작했다. 이름이 길다 보니까 현지인들은 '프라니크Franyk'라고도 줄여서 부른다.

이반 프란코는 타라스 셰우첸코, 흐리호리 스코보로다Hryhorii Skovoroda, 레샤 우크라인카Lesia Ukrainka와 더불어 가장 위대

도판 9-1

한 우크라이나 문인으로 손꼽히는 인물이다. 네 명 모두 우크라이나 지폐를 장식하고 있는데, 프란코가 20흐리우냐, 셰우첸코가 100흐리우냐, 우크라인카가 200흐리우냐, 스코로보다가 500흐리우냐의 주인공이다. 현용 우크라이나 지폐는 총 10종인데 이 중 문인이 네 자리를 차지하고 있으니, 우크라이나 사람들이 얼마나 우크라이나어와 우크라이나 문학에 대해 각별하게 생각하는지 알 수 있다.

프란코는 1856년 오스트리아 제국령이었던 할리치나 Halychyna 지방의 나후예비치 Nahuievychi 에서 태어났다. 우크라이나어 할리치나는 흔히 영어 명칭인 갈리시아 Galicia 로 잘 알려져 있으며, 독일어로는 갈리치엔 Galizien, 러시아어로는 갈리치야 Galitsiia, 폴란드어로는 갈리치아 Galicja 라고 한다. 할리치나는 지금의 우크라이나 영토인 르비우주, 이바노프란키우스크주, 테르노필주와 더불어 지금의 폴란드 동남부인 마워폴스카 Małopolska 주, 포드카르파츠키에 Podkarpackie 주를 포함하는 지역이다. 우크라이나 영토인 할리치나를 말할 때는 동東할리치나라고 부르기도 한다.

1772년 폴란드 분할 때 할리치나 전체는 오스트리아 제국 영토에 속했으며, 1918년 폴란드 독립 이후 다시 폴란드 땅이 되었다. 1939년 폴란드 분할 때 동할리치나는 소비에트 우크라이나의 영토가 되었으며, 1945년 종전으로 그대로 소련령으로 남았다. 따라서 프란코는 생애 마지막까지 오스트리아령 할리치나 지방에 살았던 것이다.

어떻게 프란코가 이곳에 살던 루스 계열의 농민들을 근대적 우크라이나 '국민^{nation}'으로 변화시킨 민족주의 지도자가 되었을까. 프란코의 정체성은 다양한 근대 정치 이념과 상호작용을 하면서 만들어졌다. 고등학교 시절부터 프란코는 탁월한 언어 능력을 보여줬다. 이미 여러 편의 시를 쓰기도 했고, 고전 그리스 희곡을 번역했으며, 타라스 셰우첸코의 작품을 줄줄 외웠고, 여러 유럽의 주요 지적 전통을 담은 책들을 섭렵했다. 대학에서는 고전 문헌학과 우크라이나어, 우크라이나 문학을 공부했다. 특히 프란코는 미하일로 드라호마노우$^{Mykhailo\ Drahomanov}$의 사회주의 사상에 큰 영향을 받았다. 프란코는 농민, 노동자, 진보적 지식인과 동맹을 맺으려 애썼다. 이 시기에 프란코에게 우크라이나다움이란 우크라이나인·폴란드인·유대인들과 함께 만들어나가는 국제적 진보 운동의 일부분이었다. 할리치나 지방은 역설적이게도 근대성은 넘쳐났지만, 근대화는 거의 되지 않은 곳이었다. 합스부르크 제국에서 가장 경제적으로 뒤떨어진 지역이었지만 근대적 정치 운동과 지적 운동이 뜨겁게 불타올랐다. 실제로 낙후함에 대한 인식과 이를 변화하고자 하는 욕망이 이러한 운동을 만들어냈다.

당대 많은 지식인처럼 프란코도 사회주의적 성향을 띠었다. 프란코는 대학 시절부터 사회주의 운동에 관심을 보이고 활동하면서 오스트리아 당국에 무려 네 번이나 체포되었다. 프란코는 특히 할리치나의 도시 보리슬라우^{Boryslav}에 관심이 있었다. 이 도시는 오스트리아–헝가리 제국의 석유 산업의 중심지였으며 동할리치나에서 경제적 근대성의 상징이었다. 프란코에게 보리슬라우는 사회주의적 미래를 보여주는 거울이었다. 프란코는 《보리슬라우는 웃는다$^{Boryslav\ smiietsia}$》와 같은 단편소설을 포함해 여러 작품에서 보리슬라우를 등장시키는데, 이를 통해 이상적인 미래를 나타내고자 했다. 비록 프란코의 작품들이 노동자들의 환경에 대한 사실주의적 묘사를 보여주기보다는 이상향에 가까운 것이었지만 말이다.

1890년에 프란코는 첫 우크라이나 정치 정당인 루스-우크라이나급진당^{RURP}을 창당하고 당대표가 되었다. 프란코는 이 정당의 이름을 걸고 세 번이나 선거에 출마하기도 했다. 1899년에는 탈당하고 새롭게 우크라이나민족민주당^{UNDP}을 창당해서 활동했는데 여기에는 우크라이나의 '국부'가 될 미하일로 흐루셰우스키도 함께했다. 그러나 20세기에 들어서면서 프란코의 건강이 급속히 나빠지기 시작했다. 1908년부터는 류마티스관절염에 시달렸고, 여러 정신질환의 증상도 나타났다. 그러나 이 위대한 작가는 죽기 몇 달 전까지도 창작 활동을 멈추지 않았다. 1916년 5월 28일, 이반 프란코는 르비우에서 숨을 거두었다. 그의 시신은 르비우에 있는 리차키우^{Lychakiv} 묘지에 묻혔다.

프란코의 묘비에는 그의 유명한 시인 〈쇄석공^{Kameniari}〉의 모습이 새겨졌다. 이 시에서 쇠사슬에 묶인 노예들은 망치로 바위를 부숴나간다. 과거의 억압적 유산에서 해방되어 미래의 사회적 진보를 향해 나아가는 프란코의 쇄석공은 우크라이나 및 소련 문화에서 중요한 혁명적 상징이었다. 할리치나에서 발생한 새로운 우크라이나 민족주의 정체성은 좌파 급진 문화의 결과였는데, 그 주요 창조자와 중심 상징이 바로 이반 프란코였던 것이다. 프란코는 생을 마감할 때까지 1,000여 편이 넘는 작품을 남기며 우크라이나 근대문학과 정치사상에 깊은 영향을 미쳤다.

옛 시청 건물부터 코시우 문화까지

이바노프란키우스크 구시가지에는 전망대처럼 생긴 옛 시청 건물(도판 9-2)이 있는데, 우크라이나어로 라투샤^{ratusha} 라고 한다. 시청 건물이 처음 지어진 것은 1672년이었다. 그때는 9층짜리 둥근 탑에 가까웠는데, 돌로 기반을 다지고 그 위에 나무로 탑을 지었다. 그러나 불과 5년만인 1677년 폴란드-오스만 전쟁의 와중에 오스만의 공격으로 첫 건물은 잿더미가 되고 말았다. 1697년에 다시 시청 건물이 지어졌는데, 첫 번째 건물에서 얻은 교훈 때문이었는지 이번에는 돌로만 만들어졌다. 아래층은 십자 형태에 탑의 맨 위는 돔으로 덮였다고 한다. 이 두 번째 건물이 현재까지 가장 오래된 건물이라 할 수 있겠다. 그러나 안타깝게도 1868년 화재로 인해 건물은 골조만 남겨두고 모조리 타 버렸다.

세 번째 건물은 1871년에 완공되었는데, 정사각형의 2층 기반에 이전 건물의 골조를 유지한 높은 탑을 올리는 형태였다. 시의회 회의장은 아주 화려하게 꾸며졌으며, 지하에는 죄수들을 수감했다. 일부 향토사학자들은 1880년에 이반 프란코가 이곳 감옥에서 하룻밤을 보낸 적 있다고도 주장했다. 하지만 1915년, 제1차 세계대전 중에 이 세 번째 시청 건물도 오스트리아군의 포격 때문에 심각한 피해를 입었다. 무너지진 않앉지만 여기저기 금이 가는 등 사용하기가 어려운 상태였다.

네 번째이자 마지막 건물은 1920년대 내내 폴란드의 경제 위기 때문에 미뤄지고 있다가 1929년에서야 간신히 착공에 들어설 수 있었다. 중간에 또 만성적인 자금 부족으로 연기되다가 1935년에 드디어 완공되었다. 그러나 내부 인테리어는 1939년까지 계속되었는데, 높이 49.5미터인 구축주의 양식의 건축물로 그 당시 도시에서 가장 높은 건물이었다. 독일 점령기에 독일군이 이 건물을 날려버리려고 했지만 철근콘크리트 구조여서 많은 양의 폭발물이 필요했다. 간신히 일부를 폭파할 수 있었으나, 전후에 곧바로 재건되었다. 1957년에 리모델링을 시행하면서 이 건물 4층에 설치되었던 폴란드를 상징하는 청동 독수리 등을 제거했고, 1959년에 지역 박물관을 개장하면서 지금에 이르렀다.

박물관에 들어서니 이바노프란키우스크 지역의 역사에 대해 선사시대부터 설명하고 있었다. 이바노프란키우스크의 자

도판 9-2

연환경과 동식물들부터 시작해서 석기시대와 청동기시대의 인간들이 남긴 유물들을 보았다. 그다음은 훗날 할리치나-볼린 공국으로 발전하는 할리치^{Halych} 공국의 역사부터 시작해서 폴란드의 지배를 거쳐 근대까지 이르렀다. 흥미롭게도 이바노프란키우스크 박물관은 20세기부터의 역사를 아예 전시하지 않았다. 우크라이나 지역 박물관은 민감할 수 있는 20세기 역사의 전시물에 관해서 대응하는 방법이 지역별로 달랐다. 소련 시절의 전시물을 거의 건드리지 않고 거기에 약간의 내용을 추가한 곳이 있었고, 소련 시절의 전시물에서 뺄 것을 빼고 넣을 것을 넣어 적극적으로 내용을 고친 곳도 있었는데, 이바노프란키우스크는 아예 20세기의 역사를 통째로 지워버린 것이었다.

이바노프란키우스크에서 가장 인상 깊었던 전시관은 아름다운 문양의 도자기들을 모아놓은 전시관이었다. 이 도자기들은 우크라이나 코시우^{Kosiv} 지방의 지역 특색이 잘 드러나서 코시우 채색 도자기라고 한다. 코시우는 이바노프란키우스크주의 한 지역으로 이곳에 사는 후출^{Hutsul}인들은 15~16세기부터 도자기를 만들어왔다. 코시우식의 새로운 기풍이 생긴 것은 18세기부터였다. 코시우 도자기의 특징은 우선 색깔이다. 하얀 바탕에 초록색, 노란색, 갈색을 사용해서 도자기에 대해 조예가 깊지 못한 사람이 보더라도 코시우 도자기만의 특색을 금세 알아차릴 수 있다. 코시우 도자기가 표현하는 대상은 몹시 다양하다. 사람들의 일상 자연뿐 아니라 여러 추상적인 개념도 나타나며, 성경에서의 장면들도 드러난다. 코시우 채색 도자기는 그 중요성을 인정받아 2019년 유네스코 무형문화유

산으로 지정되었다. 아름다운 코시우 도자기는 우리가 잘 모르는 우크라이나 문화의 풍요로움을 잘 드러내준다.

박물관에는 도자기뿐 아니라 이 지역에서 제작된 이콘^{icon}들이 전시되어 있었다. 이콘은 현대 그리스어식 발음으로, 슬라브어권에서는 이코나^{ikona}라고 하며 '성화'로 번역하기도 한다. 이콘은 범기독교 계열에서 그리스도나 성모마리아, 사도, 성인들을 그린 그림으로, 특히 정교회에서는 이를 매우 거룩하게 여기는 것이 보통이다. 정교회 성당에는 정말 수많은 이콘이 여기저기 걸리는데, 신실한 신도들은 이콘을 보고 성호를 긋고 고개를 숙여 공경을 표한다.

특히 1395년 티무르의 침략 때 모스크바를 구원했다는 〈블라디미르의 성모〉가 유명하다. 확인되지 않은 이야기이지만, 1941년 모스크바 공방전 때 스탈린이 이 성화를 비행기에 싣고 도시 상공을 비행하게 하자 독일군이 물러났다고 하는 전설마저도 있을 정도다. 이 박물관에 전시된 이콘은 이바노프란키우스크를 비롯해 서부 우크라이나 지역에서 15~19세기까지 만들어진 것이었다. 지속해서 폴란드와 오스트리아 같은 외세의 지배를 받으면서도 이곳 농민들은 자신들의 정체성을 종교를 통해 보존해왔다. 이러한 수많은 이콘은 농민들의 삶에서 얼마나 믿음이 중요한 역할을 차지하고 있었는지를 보여주는 증거라 하겠다.

전시관은 3층까지밖에 없었지만 제일 구석에 전망대로 올라가는 계단이 있었다. 올라가는 곳곳마다 옛 이바노프란키우스크시와 옛 시청의 모습이 담긴 사진이 전시되어 있었다. 6층쯤 되는 높이까지 올라가니 밖으로 나가는 문이 보였다. 기둥

도판 9-3

을 중심으로 360도 돌면서 이바노프란키우스크시 전체를 둘러볼 수 있었다. 전체 높이가 49.5미터이니 이 전망대의 높이도 30~40미터, 아파트 10층 이상 정도는 되지 않을까 싶었다.

이바노프란키우스크에는 고층 건물이 없어서 흐린 날씨였는데도 수백 미터 밖까지 도시가 한눈에 들어왔다(도판 9-3). 맑은 날이었으면 더 멀리까지 볼 수 있을 것 같았다. 천천히 여유를 즐기며 이바노프란키우스크시의 모습을 두 눈에 담았다. 사진을 찍는답시고 찍었지만 역시 사람의 눈으로 본 풍경을 카메라는 담지 못했다. 기둥에 우크라이나어와 러시아어, 영어, 심지어 중국어까지 수많은 언어로 된 낙서가 있었는데, 아무리 100년도 안 된 건물이지만 이렇게 낙서를 해도 되나 싶었다.

옛 시청 건물을 둘러싸고 있는 것이 시장 광장이다. 이곳에서는 예전부터 1년에 세 번씩 큰 축제가 벌어졌다. 5월, 9월, 11월에 각각 시작되며 대개 한 번 시작된 축제는 4주쯤 계속

된다. 지금도 그렇지만 그 당시에도 많은 상점과 창고가 광장을 둘러싸고 있었다. 위에서 설명했듯이 옛 시청 건물에는 감옥도 있었는데, 사형수들의 공개 교수형이 18세기까지 이곳 시장 광장에서 행해졌다. 지금 시장 광장은 이바노프란키우스크의 문화 중심지다. 각종 전시회, 축제, 콘서트 등이 이곳을 중심으로 펼쳐져 시민들의 관심과 참여를 불러일으킨다. 전망대에서 이바노프란키우스크 옛 시청을 둘러싼 시장 광장을 내려다보니 말 그대로 사람들은 개미처럼 지나갔고 차들이 줄지어 주차해 있었다. 광장을 둘러싼 집들은 성냥갑처럼 빼곡하게 밀집해 있었다.

미로슬라우 심치치 논란과 우크라이나 민족주의의 역사

지난 2022년 10월 14일, 우크라이나 대통령 볼로디미르 젤렌스키는 99세의 한 노인에게 우크라이나영웅Heroi Ukrainy 칭호를 수여했다. 노인의 이름은 미로슬라우 심치치Myroslav Symchych다. 우크라이나영웅 칭호는 소련 해체 이후 소련에서 수훈할 수 있는 최고 등급 칭호인 소련영웅의 후예로, 우크라이나에서 1998년에 도입되었다. 소련 구성국이었던 러시아나 벨라루스도 자국 이름을 딴 영웅 칭호를 제정해서 사용하고 있다. 심치치는 6년 동안 우크라이나 점령군과 맞서 우크라이나 독립을 위해 싸웠고, 그것 때문에 무려 32년 동안 소련 수용소에 갇혀 있었던 불굴의 전사였다는 게 수훈 이유였다. 심치치는 이바노프란키우스크주 콜로미야Kolomyia 라는 마을에서 말년을 보냈는데 마을에는 기념 동상까지 세워졌고 심치치의 삶을 다룬 영화도 제작했다고 한다. 그는 지난 2023년 1월 18일, 평온하게 100세의 나이로 와석종신했다.

언뜻 들어보면 이런 훌륭한 사람도 드물 것 같다. 6년 동안의 무장 독립투쟁과 30년이 넘는 세월 동안 감옥에서 보낸 영웅이라니? 그런데 미로슬라우 심치치의 우크라이나영웅 칭호 수훈은 논란을 불러일으켰다. 왜냐하면 심치치의 '영웅' 행적은 바로 심치치가 제2차 세계대전 기간에 우크라이나봉기군Ukrainska Povstanska Armiia, UPA의 소대장으로 활동하면서 벌인 일 때문이다. 그렇다면 우크라이나봉기군이란 무엇일까? 수훈 이유처럼 우크라이나인들의 무장 독립운동 조직일까? 우크라이나봉기군은 우크라이나 민족국가를 수립하려는 목적으로 만들어진 단체인 우크라이나민족주의자단Orhanizatsiia Ukrainskykh Nationalistiv, OUN의 무장조직이었다. 따라서 OUN과 UPA는 이름만 들으면 평범한 민족주의적 조직, 혹은 압제에 맞서 무기를 들고 일어나 독립과 자유를 찾는 사람들의 단체라는 인상을 받을 수도 있다.

하지만 실제는 달랐다. 이 OUN과 UPA가 우크라이나 민족 독립을 위해 싸웠던 단체인 것은 분명했다. 그러나 누구와 싸웠느냐가 문제다. OUN과 UPA는 서부 우크라이나 땅에서 발생한 자생적 파시즘·나치즘 조직으로서 우크라이나 민족 독립과 동시에 우크라이나인만의 민족국가를 수립하기 위해 우크라이나 영토 안에 사는 유대인·폴란드인·러시아인 등을 물리적 방법으로 '제거'하려 했다. 따라서 OUN은 나치 독일의 유대인 학살에 누구보다도 적극적으로 협조했다.

전쟁 발발 전까지 우크라이나에는 어느 나라보다 많은 유대인이 살고 있었는데, 전쟁 직전에 250만 명이 넘어 우크라이나 인구의 6.2퍼센트에 달했지만, 전쟁 기간에 140만 명에서

210만 명의 인명이 학살당하면서 2001년에 이르면 불과 인구의 0.21퍼센트만 남았다. 이러한 우크라이나의 유대인 학살이 흔히들 우리가 상상하는 아우슈비츠 등지에서 벌어진 '효율적'인 가스실과는 달리 총탄이라는 '비효율적' 방법으로 진행되었음에도 성공을 거둘 수 있었던 것은 현지 토착 극우 조직의 도움이 없었더라면 불가능한 일이었다. 게다가 전쟁 중반 이후에 벌어진 폴란드인에 대한 대학살은 나치 독일의 '명령' 없이 UPA가 '자생적'으로 벌인 학살로서 10만 명에 가까운 폴란드인들이 총칼로 학살당했고, 그 이상의 폴란드인들이 우크라이나 땅을 떠나야만 했다.

그렇다면 왜 서부 우크라이나에서 이러한 파시즘 및 나치즘 성격의 운동이 나타났을까? 왜 이 지역에서 발생한 민족주의 운동이 이런 극단성을 띨 수밖에 없었을까? 왜 이들은 나치와 협력해서 유대인과 폴란드인을 학살하는 일에 서슴지 않았고 심지어 그 이상의 적극성마저 보여주었을까? OUN과 UPA, 그리고 우크라이나 민족주의 및 독립운동의 비극적 역사를 알기 위해서는 그 배경을 알아보아야 한다.

앞에서 간단히 이야기했지만, 우크라이나의 역사는 지역별로 매우 상이하다. 우크라이나 서부 지방과 키이우를 포함한 중부 지방은 17세기까지만 해도 폴란드의 지배를 받고 있었다. 그중 동부 드니프로강 유역에 살고 있던 코자크 집단이 보흐단 흐멜니츠키의 지도하에 러시아 제국과 협력해서 반폴란드 봉기를 일으키면서 우크라이나 땅에 러시아의 입김이 거세졌다. 중부 지방을 폴란드로부터 빼앗고 남부 지방을 크림 칸국으로부터 빼앗은 러시아는 결국 18세기 말 폴란드 분할을 통해 오스트리아에 넘어간 서남부 할리치나 지방을 제외한 우크라이나 영토를 지배했다.

19세기부터 지식인 계층을 중심으로 등장한 우크라이나 민족주의와 우크라이나 민족정체성은 1917년 러시아 혁명을 기점으로 우크라이나 독립 국민국가를 세우겠다는 사회적·정치적 운동으로 바뀌었다. 그러나 인구 대다수를 차지하던 '우크라이나인' 노동자와 농민들의 생각은 달랐다. 이들에게 발명된 지 100년도 지나지 않은 우크라이나 민족의식은 공허한 외침에 불과했다. 노동자들은 사회주의적 이상사회를 말하는 사회주의정당, 즉 볼셰비키나 멘셰비키에 빠져들었고, 농민들은 자신들에게 토지를 분배한다고 한 사회주의자혁명가당이나 무정부주의자에게 열광했다. 우크라이나 민족국가 수립의 열망은 한 줌도 안 되는 우크라이나 민족주의자 집단에게만 국한된 것이었다. 결국 우크라이나 인민은 사회주의 국가를 건설하고 농민들에게 토지를 나눠준 볼셰비키를 통치 세력으로 선택했다.

우크라이나 파시즘 운동은 1920년 체코슬로바키아 프라하에서 할리치나 지방 출신의 망명 우크라이나 민족주의자들이 설립한 우크라이나무장전투단_{Ukrainska Viiskova Orhanizatsiia, UVO}으로 그 기원이 올라간다. UVO의 주적은 소비에트 우크라이나가 아니라 폴란드였는데, UVO 구성원 대부분이 서부 우크라이나 출신이었으며 1918년 독립 이후 폴란드가 1920년 소비에트-폴란드 전쟁에서 승리하면서 서부 우크라이나 영토를 소유했기 때문이다. 일반 '우크라이나인들'에게 지지를 받지 못하고 결국 '망명' 신세가 된 우크라이나 민족주의자들은 소수 정예의 비밀 테러 조직의 형태로 UVO를 운영했다. 따라서 UVO의 활동은 폴란드 국가원수 유제프 피우수츠키Józef Piłsudski를 필두로 한 고위직 암살 시도, 방화, 폭탄테러, 은행강도 등 여러 폭력적 독립운동을 서슴지 않았다.

1920년대 후반으로 갈수록 UVO의 활동은 점차 우경화되면서 OUN의 창설로 나아가게 되는데, 여기에서 큰 역할을 한 인물이 바로 우크라이나 파시즘의 아버지 드미트로 돈초프Dmytro Dontsov였다. 돈초프는 지금의 자포리자주 멜리토폴Melitopol에서 태어났다. 자포리자주의 제2도시로 지금은 전쟁 중에 러시아군에 점령당한 것으로 유명한데, 당시에는 크림반도와 드니프로강 동쪽 헤르손주, 자포리자주 남부를 포함하는 타브리다Tavrida현에 속해 있었다. 돈초프는 러시아인 아버지와 우크라이나인 어머니 사이에서 태어나 러시아어를 쓰는 가정에서 자랐다. 흥미롭게도 돈초프 가문의 세 아들은 서로 다른 길을 걸었는데, 블라디미르는 볼셰비키당에 입당해 활동하다가 대숙청 때 처형당했고, 세르게이는 러시아 제국 관료제의 관리로 출세했다. 이들의 행보야말로 당시 우크라이나 출신 젊은이들이 겪었던 혼란이나 그들의 선택을 무엇보다도 잘 보여준다고 하겠다.

돈초프는 애초에 세계시민주의자였고 국제주의적 마르크스주의자였다. 제국의 수도 상트페테르부르그에서 러시아·프랑스·독일·폴란드 등 각국의 정치사상을 공부했다. 그러나 돈초프는 제1차 세계대전을 거치면서 점차 사회주의자에서 민족주의자로 정체성의 변화를 겪기 시작했다. 지금 우크라이나에서 '우크라이나 혁명'으로 높여 부르는, 제1차 세계대전과 러시아 혁명 기간의 우크라이나 민족국가 수립 운동은 민족주의자이면서도 사회주의자들이 주도했다. 이에 따르자면 우크라이나 혁명은 토지를 소유하지 못한 우크라이나 농민들, 다시 말해 민중이 중심이 되는 사회 혁명이 될 것이었다. 그러나 앞서 이야기한 대로 우크라이나 농민들 사이에서는 우크라이나 민족의식이 극히 희박했고, 결국 토지 재분배를 약속한 볼셰비키를 선택했다. 결국 민중 혁명이 실패하자 돈초프에게 남은 대안은 민족주의 엘리트가 주도해서 민중을 이끄는 '민족 혁명'의 방향밖에 없었던 것이다.

돈초프는 1920년대에 유럽을 휩쓸던 파시즘의 물결에 휩쓸리기 시작했다. 돈초프의 대표적인 저작 《민족주의Nationalizm》(1926)는 전형적인 파시즘 교의가 담긴 책으로 인종주의에 기반을 둔 극단적 민족주의와 더불어 타민족에 맞선 우크라이나 민족의 배타적 무장투쟁을 강조했다. 돈초프에게 민족주의는 단순한 민족주의가 아니라 민족적 광신주의natsionalnyi fanatyzm 로서 우크라이나 민족의 독립을 성취하기 위한 무력 투쟁의 밑바탕이었다.

어떻게 하면 우크라이나 민족은 민족적 광신주의를 되찾고 독립을 쟁취할 것인가? 바로 도덕과 윤리 같은 비실용적인 가치는 버리고 오로지 민족운동의 대의를 기준으로 모든 것을 판단하는 폭력 운동이었다. 이러한 폭력의 주체는 1917~1921년 '우크라이나 혁명'에서 침묵을 지켰던 민중이 아니라 '분노와 갈망 및 증오'에 기반을 둔 폭력적인 방식으로 타민족에 대한 공격을 성사시킬 엘리트 집단이었다. 이 엘리트 집단은 민족의식이 희박한 민중에게 민족적 대의를 가르치고 독립을 위한 폭력 운동에 동원할 수 있었다.

1947년, 돈초프는 캐나다로 망명을 떠나 몬트리올 대학에서 교편을 잡으면서 공산주의와 파시즘에 맞선 냉전의 반공 전사로 자신을 재포장했다. 돈초프는 자신의 극우주의적 과거를 부정했으며, '악마' 소련에 맞서는 성전聖戰을 요구했다. 돈초프의 경우만 예외는 아니었다. 수많은 OUN 및 UPA 출신의 우크라이나인들은 손쉽게 북미로 망명을 떠날 수 있었는데, 전쟁에서 승리한 서방 연합군은 소련에 맞섰다는 이유 하나만으로 이들에게 면죄부를 발행하고 '자유의 투사'라고 재포장해줬기 때문이다. 이들의 망명에 관해서는 뒤에서 자세히 이야기할 것이다.

이렇게 돈초프의 영향을 받은 일군의 민족주의자들이 1929년 1월, 오스트리아 빈에서 열린 제1차 우크라이나 민족주의자 대회에서 범민족적 독립운동단체를 출범한다는 명분으로 OUN을 결성했다. 비록 OUN이 기존의 UVO와 인적 구성에서 많은 점에서 연속성이 있었지만, 결국 궁극적으로 OUN은 UVO을 대체했다. 우선 UVO가 정치적 청사진 없이 테러를 통한 소수 정예의 투쟁에만 몰두했다면, 그래도 OUN은 엘리트 주도하에 인민을 이끄는 강령과 청사진이 있었다.

OUN의 강령은 단순했는데, 바로 우크라이나 민족이 모든 것에 우선한다는 민족지상주의와 배타적 민족주의였다. OUN은 자랑스럽게 스스로의 이념을 이탈리아의 파시즘과 독일의 민족사회주의(나치즘)와 같다고 주장했다. 따라서 우크라이나 영토 내에 사는 다른 민족들(폴란드인, 러시아인, 유대인)을 우크라이나 민족국가를 수립하기 위해 물리적으로 제거해야만 했다. OUN은 단순히 우크라이나의 독립을 추구하는 것 이상으로 우크라이나 민족만의 국가를 수립하기 위한 '우크라이나 혁명'을 추구하는 유토피아적 파시즘을 실천했다. 파시즘 일당독재를 수립하는 민족혁명$^{natsionalna\ revoliutsiia}$을 거쳐 수립된 우크라이나 민족국가의 통치체제는 다당제와 의회민주주의가 아닌, '민족의 수령$^{Vozhd\ natsii}$'의 영도를 받는 '민족의 독재', 즉 민족정^{natsiokratsiia}일 것이었다.

시간이 흘러 새로운 세대의 청년 파시스트들이 등장하면서, OUN이 UVO를 대체하게 되었다. 기존 UVO 출신들은 19세기 후반에 태어나 제1차 세계대전과 러시아 혁명을 겪으며 청년기를 보냈다. 또한 그 당시에는 사회주의자이거나 온건 민족주의자였지만 우크라이나 혁명의 패배를 겪으면서 전향한 '거듭난 파시스트'였다. 그러나 신세대 파시스트들은 달랐다. 이들은 세기말이나 20세기 초에 태어나서 우크라이나 민족운동의 파시즘화가 진행된 1920년대에 대학이나 고등학교에서 극우 민족주의 사상을 접한 '학생 운동권 출신'이었다. 따라서 이들은 인생의 첫 단계부터 우크라이나 민족혁명 사상을 받아들인 '타고난 파시스트'라 할 수 있었다. 또한 상대적으로 신중한 태도를 보인 구세대에 비해 신세대는 실제로 구세대의 투쟁 전술을 '집행'하는 입장에서 더욱 많은 폭력과 탄압에 노출되면서 급진적인 태도를 견지했다. 구세대가 처형이나 수감으로 인해 점차 조직에서 이탈하면서 젊은 세대의 OUN 장악은 더욱 심화했고, 이는 OUN의 급진화로 이어졌다.

당시 우크라이나 파시즘 운동의 지도자는 예우헨 코노발레츠$^{Ievhen\ Konovalets}$였다. 코노발레츠는 1910년대 지역 학생운동의

도판 9-4
OUN/UPA 인물들:
1 스테판 반데라, 2 예우헨 코노발레츠, 3 안드리 멜니크, 4 로만 슈헤비치

지도자로 성장하면서 우크라이나 혁명 기간에 활발한 활동을 벌였고 UVO의 창설에도 주력 구성원으로 활약했다. 코노발레츠는 앞서 이야기한 1929년 제1차 우크라이나 민족주의자 대회에서 OUN의 수령으로 선출되었다. 그는 구세대 파시스트였지만 젊은 세대의 존경을 받고 있었기 때문에 OUN의 세대 갈등을 무사히 봉합했다. 그러나 1938년 스탈린의 지시로 네덜란드 로테르담에서 코노발레츠가 폭탄 테러로 암살되면서 OUN은 분열에 이르렀다. 코노발레츠가 사망하자 구세대 파시스트들은 로마에서 열린 대의원 총회에서 코노발레츠의 측근인 안드리 멜니크Andrii Melnyk를 새로운 수령으로 선출했다. 그러나 청년 파시스트들은 이를 받아들이지 않고 폴란드 크라

쿠프에서 따로 대의원 총회를 소집해서 '혁명 지도부Revoliutsiinyi Provid'를 구성하고 새로운 수령으로 스테판 반데라Stepan Bandera를 선출했다. 이미 청소년 시절부터 우크라이나 민족운동에 투신했던 반데라는 1929년에 OUN에 가입했고 1934년에 불과 24세의 나이로 할리치나 현지 OUN 조직의 지도자로 선출되었다. 같은 해에 체포된 반데라는 그 명성이 드높아져서 젊은 신세대 파시스트들 사이에서 영웅으로 떠올랐다. 반데라는 1939년 폴란드 침공으로 감옥에서 빠져나올 수 있었다.

따라서 OUN은 멜니크파(이하 OUN-M)와 반데라파(이하 OUN-B)로 분열했다. 이 두 집단은 사실상 이념이나 대의, 목표, 수단 면에서 거의 차이가 없었다. 그러나 두 조직은 제2차 세계대전 발발과 나치즘의 흥기라는 역사적 상황 속에서 다른 선택을 했다. 위에서 설명한 2단계 혁명론에서 두 분파 모두 지금이 우크라이나 전역이 혁명 상황에 들어선 영구혁명 단계라는 결론을 내렸다.

OUN-M은 나치 독일의 승리가 확실해져야 우크라이나의 독립이 가능하기에 민족혁명은 그다음으로 미루어야 한다고 판단했다. 따라서 OUN-M은 지금 당장은 영구혁명에 집중하면서 독일의 전쟁 수행에 전적으로 협조해야 한다고 봤다. 그러나 좀 더 급진적인 청년 파시스트로 구성된 OUN-B는 즉각적인 우크라이나 독립국가 수립이 목표였다. 따라서 독일의 후견 및 우호관계는 필요로 했지만 때때로 자주적인 행보를 보이기도 했다. UPA의 조직은 OUN-B의 대표적인 독자 행보였다. 반데라의 오른팔인 로만 슈헤비치Roman Shukhevych가 UPA의 최고사령관을 맡았고, 미콜라 레베드Mykola Lebed는 정보국장을 맡았다. 이들이 벌인 1943~1945년의 볼린-동할리치나 폴란드인 대학살은 독일과는 관련 없이 UPA가 독자적으로 행한 것이었다.

심치치는 우크라이나봉기군의 소대장으로서 1945년 코스마치 전투 등에서 소련군에 맞서 싸웠다. 그는 폴란드계 주민들이 사는 이바노프란키우스크주 피스틴 마을을 파괴하라는 명령을 내렸으며, 1944년 10월 23일에는 같은 주의 트로이차 마을에서 여자와 아이들을 포함한 80명 이상의 주민들을 학살했는데 그중 66명이 폴란드인이었다고 한다. 심치치는 1948년에 체포되었고 25년 형을 받았다. 1963년에 풀려났으나 5년 만에 다시 투옥되었다가 결국 1985년에 풀려날 수 있었다.

우크라이나 정부는 이러한 학살자에게 '우크라이나영웅'의 칭호를 수여한 것이다. 물론 이미 볼린-동할리치나 학살의 총책임자 로만 슈헤비치와 OUN의 수령 스테판 반데라에게 유시첸코 대통령이 각각 2007년과 2010년에 우크라이나영웅 칭호를 내렸지만 2011년에 둘 다 박탈된 바 있다. 그런데도 이 학살에 직접 가담한 심치치에게 우크라이나영웅 칭호를 준 것은 반데라와 슈헤비치에게 다시 우크라이나영웅 칭호를 주려는 '밑밥' 행위일지도 모른다.

특히 그가 우크라이나영웅 칭호를 받은 10월 14일은 몇 년 전부터 우크라이나 정부에서 '우크라이나 수호자의 날$^{Den\ zakhysnykiv\ i\ zakhysnyts\ Ukrainy}$'로 기념하는 날이다. 이 기념일은 소련 시절에 기념하던 2월 23일 붉은 군대 창설일인 조국 수호자의 날을 대체한다. 그러나 10월 14일은 바로 UPA 창설의 날이다. 우크라이나 '국군의 날'이 우크라이나 군대 창설일도 아니고 극우 민족주의 파시스트 무장 조직의 창설일이라니, 이것부터 세계사적으로도 유례없는 일이라 하겠다.

원래 이날은 정교회의 전통적인 축일인 성모 마리아 전구 轉求(다른 자를 통해 신에게 기도하는 행위)의 날로, 우크라이나 코자크 사이에서 널리 인기가 있어서 UPA에서도 이날을 창설일로 정한 것이었다. 그러다가 우크라이나 정교회에서 러시아 정교회에서 쓰는 달력조차 공유하기 싫다며 앞서 이야기한 율리우스력 대신 개정 율리우스력을 채택하면서 2023년부터 마리아 전구의 날이 옮겨짐에 따라 수호자의 날도 10월 14일에서 10월 1일로 바뀌었다. 크리스마스 또한 기존의 1월 7일에서 서방과 마찬가지로 12월 25일에 기념하는 것으로 바뀌어서 2023년부터 우크라이나인들은 12월 25일에 크리스마스를 기념하게 되었다.

심치치가 우크라이나영웅 칭호를 수훈한 바로 그날, 바로 그 심치치가 사는 이바노프란키우스크주 콜로미야에서 UPA 창설 80주년 집회를 하는 동영상이 인터넷에 올라왔다. 영상을 보고 한숨이 절로 나왔다. 해가 진 저녁에 수백 명 이상의 사람들이 우크라이나 깃발과 더불어 UPA의 깃발인 적흑기와 함께 횃불을 들고 행진을 하고 있었다.

도판 9-5 OUN 문장紋章(왼쪽), UPA 깃발(오른쪽)

도판 9-6　적흑기를 앞세운 행진

한 여성이 앞서 구호를 외치자 다른 사람들도 구호를 따라 외쳤다. 이 사람들이 외치는 구호는 바로 "반데라, 슈헤비치는 우크라이나영웅이다!"였다. 정말 무시무시한 광경이 아닐 수 없었다. 겉으로 보기에 아름다운 이바노프란키우스크에 이렇게 수많은 나치즘 동조자들이 숨어 있었다.

인터넷으로 찾아보니 이미 20년 전에 제정될 때부터 콜로미야뿐 아니라 이바노프란키우스크주 문장에 죄다 UPA를 상징하는 적흑 색깔이 들어가 있었다. 콜로미야에는 반데라 거리도, 슈헤비치 거리도 있다. 독일에 히틀러 거리, 하인리히 힘러 거리가 있는 것과 마찬가지인 셈이다. 내친김에 반데라의 고향 스타리우흐리니우Staryi Uhryniv를 검색해보니 주-군-시 등 세 행정구역의 상징에 UPA의 적흑색이 들어가 있다. 아무리 극우세력의 입김이 센 서부 우크라이나이지만 이런 곳은 또 드물 것이다. 우스갯소리지만 조선 말기에 을사오적, 정미칠적, 경술국적 리스트에 유일하게 모두 이름을 올린 이완용을 보는 느낌이랄까.

2023년 1월 1일, 이바노프란키우스크의 성직자들과 공직자들이 스테판 반데라의 생일 114주년을 기념하는 영상을 인터넷에서 찾을 수 있었다. 현장에는 우크라이나 국기와 함께 UPA의 적흑기, 그리고 신나치주의 민족주의 정당 전$_소$우크라이나연합 '자유'의 세 손가락 깃발이 함께 휘날리고 있었다. 성직자들은 도열해서 2019년 이후 인터넷을 통해 급속하게 퍼져나간 노래인 〈우리 아버지는 반데라, 우크라이나는 어머니$^{Batko\ nash\ -\ Bandera,\ Ukraina\ -\ maty}$!〉를 불렀다.

이 행사는 도심에 있는 반데라 동상 앞에서 열렸으며, 바로 옆을 지나가고 있는 거리 이름에는 OUN의 초대 수령 예우헨 코노발레츠의 이름이 붙어 있었다. 그리고 르비우 등 여러 도시에서 동시에 진행된 것으로 보인다. 이것을 단순히 '일부' 민족주의자들만의 행사라고 보기엔 무리가 있다. 우리나라의 국회에 해당하는 우크라이나 최고회의$^{Verkhovna\ Rada}$ 공식 페이스북 페이지와 트위터 계정에서도 스테판 반데라의 생일을 축하했으며, 우크라이나군 총사령관인 발레리 잘루즈니$^{Valerii\ Zaluzhnyi}$는 반데라의 초상화 앞에서 찍은 '셀카'를 트위터 계정에 올리며 존경심을 표했다.

> 우리 아버지는 반데라, 우크라이나는 어머니
> 우리는 우크라이나를 위해 싸울 것이다!
> 아, 숲속, 숲속에, 푸른 참나무 아래
> 심각한 상처를 입은 봉기군이 거기에 누워 있네.
> 아, 그는 누워 있네, 누워 있네, 심각한 고통을 참으며

왼쪽 다리가 없이, 오른쪽 팔도 없이.
어떻게 그의 친어머니가 아들에게 왔는가,
어머니는 통곡하며 흐느끼며 아들을 위해 애통해하네.
아, 아들아, 내 아들아. 너는 이미 승리했구나,
오른팔 없이, 다리도 없이 남겨졌구나.
우리 어머니들이여, 어머니들이여, 우리를 위해 울지 마시오,
우리를 위해 비통한 눈물을 흘리지 마시오.
우리 아버지는 반데라, 우크라이나는 어머니
우리는 우크라이나를 위해 싸울 것이다!
우리는 모스크바 놈들과 어울려 살 수 없었다네,
우리는 바로 그 표트르에 맞서서 전투로 뛰어들었다.
모스크바 놈들은 걸음아 날 살려라 도망쳤고,
우리는 그들을 쫓아가며 쏘았다.
우리 아버지는 반데라, 우크라이나는 어머니
우리는 우크라이나를 위해 싸울 것이다!
아, 어떻게 어머니가 자기 아들을 묻었는가
묘비에 몇 마디 적었다네.
묘비에 몇 마디 적었다네.
우크라이나에 영광이! 모든 영웅들에게 영광이!
우리 아버지는 반데라, 우크라이나는 어머니
우리는 우크라이나를 위해 싸울 것이다!

2020년에 보았던 아름다운 소도시 이바노프란키우스크와 전쟁 이후 들려오는 극우 정치의 중심 이바노프란키우스크의 모습을 비교해보면 가슴이 답답하고 여러 생각이 교차한다.

이러한 극우화는 이바노프란키우스크만의 모습일까. 전쟁 때문에 이러한 일들이 가속되고 있는 것은 사실이지만, 이 방향 밖에는 답이 없었던 것일까. 우크라이나여, 어디로 가는가^{Quo vadis, Ucraina}?

10장
루츠크
중세 성과 근현대 시가지의 조화

서부 지방의 낙후된 경제력

루츠크에 도착해서 시내 중심에서 약간 떨어진 호텔에 짐을 풀었다. 이틀에 30달러밖에 되지 않는 싼 가격이었다. 나는 주변인들에게 "빈자貧者의 여행은 소련으로 가라"고 농담 삼아 이야기하곤 하는데, 전혀 근거 없는 말은 아니다. 이 호텔은 서부 여행에서 네 번째 숙소였는데 각 숙소마다 단점이 있었다. 이바노프란키우스크에서 묵은 9층 집은 때마침 엘리베이터가 고장이 났고, 드로호비치에서는 책상 근처에 전기 콘센트가 없어서 핸드폰과 노트북 충전하기가 불편했다. 르비우에서는 화장실과 샤워 시설이 공용인데다 방에서 너무 멀었고 시설도 형편없었다. 이곳은 명색이 호텔인데도 인터넷 연결이 잘 되지 않아서 대충 와이파이를 연결해놓고 저녁을 사러 밖으로 나왔다. 호텔이 다소 외진 곳에 있어서 주변에는 조지아 식당 하나를 제외하곤 마땅한 곳이 없었다. 간단하게 음식을 사 와서 루츠크에서의 첫날밤을 보냈다.

이번 서부 우크라이나 여행에서는 전혀 예상치 못한 모습에 큰 충격을 받았는데, 루마니아 수도 부쿠레슈티 도시 외곽에서나 볼 수 있었던 구걸하는 아동을 모든 도시에서 만날 수 있었기 때문이다. 키이우나 오데사, 드니프로, 자포리자 같은 동쪽 도시에서는 전혀 상상도 못 했던 일이었다.

처음에는 아이들이 이른바 집시인가 싶었다. 그러나 그렇다기엔 이치가 맞지 않았다. 개인적인 경험이라서 어떤 과학적 통계라고 이야기할 순 없지만, 우크라이나의 도시를 스무 곳 넘게 여행하면서 구걸하는 아동을 서부에서만 볼 수 있었다. 그런데 2001년 통계 기준으로 서부 우크라이나에 거주하는 집시 인구 비율은 0.01~0.02퍼센트에 불과하다. 집시가 많이 거주하는 곳은 오히려 남부로, 헤르손이나 오데사에서는 그 비율이 0.15퍼센트가 넘었다.

이렇게 구걸하는 아이들을 볼 때마다 가슴이 무겁고 씁쓸한 감정을 억누를 수 없었다. 소련 시절에는 세계 10위의 경제를 자랑하던 우크라이나가 이제는 유럽 최빈국으로 전락한데다, 이 최빈국 안에서도 경제 수준이 동부보다 떨어지는 서부의 상황이 이렇게까지 악화했다니. 동부는 이미 러시아 제국 시절부터 핵심 산업지대로 크게 발전했다. 반면 서부는 폴란드나 오스트리아, 러시아 지배를 받던 시절에도 경제적으로는 낙후한 '변방'이었다. 예컨대 현재도 동부의 도시 거주자는 79퍼센트인데 서부는 57퍼센트에 지나지 않는다. 월 소득도 동부가 높고, 실업률도 동부가 낮으며, 우크라이나의 상위 80여 개 기업 중에서 서부에 있는 기업은 식품 관련 기업 두셋뿐이다. 동부보다 오래된 역사와 아름다운 건물들이 있으면 뭐 하겠는가. 이렇게 어린아이들이 동냥을 하고 다니는데…. 이 지역에서 파시즘이 쉽사리 발흥할 수 있었던 것도 경제적 어려움과 관련이 있었을까?

볼린 지방의 역사

볼린 지방의 역사는 우크라이나의 다른 지방처럼 매우 복잡하다. 여기서 전근대 역사를 아주 간단하게 훑고 넘어가려 한다. 볼린 지방은 현재 우크라이나 서북부 지역을 중심으로 한 볼린주와 리우네Rivne주 전체, 그리고 테르노필주, 흐멜니츠키주, 지토미르주의 일부와 더불어 벨라루스 및 폴란드 국경 지대를 포함한 지방을 말한다. 영어로는 볼리니아Volhynia라고

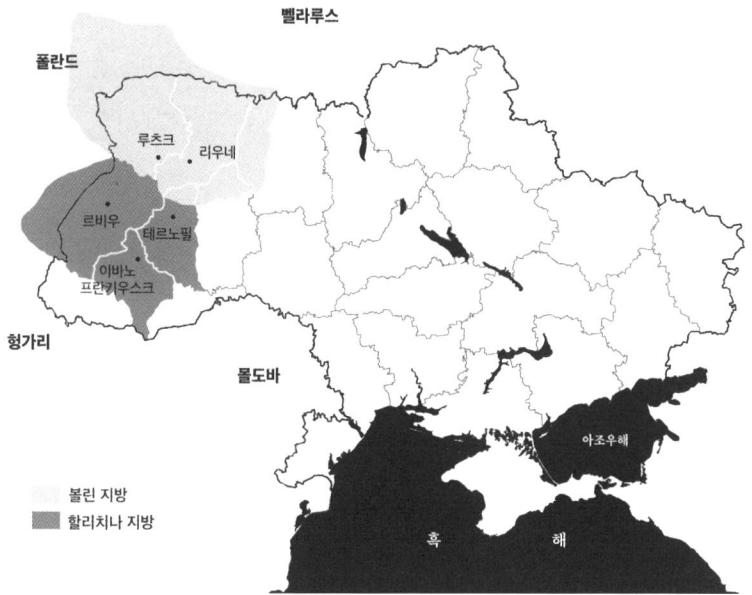

하며, 독일어로는 볼뤼니엔^{Wolhynien}, 폴란드어로는 보윈^{Wołyń}이라 부른다. 라틴어로는 로도메리아^{Lodomeria}라고도 하는데, 이는 키예프 공국의 볼로디미르^{Volodymyr} 대공이 세운 도시 볼로디미르가 라틴어식으로 변형된 것이다. 볼로디미르는 러시아 도시 블라디미르^{Vladimir}와 구별하기 위해 1944년부터 볼린의 볼로디미르라는 뜻으로 볼로디미르볼린스키$^{Volodymyr-Volynskyi}$라고 불렸으나 지난 2021년 다시 원래 이름인 볼로디미르로 돌아왔다.

볼린주의 주도인 루츠크의 경우 앞서 말했듯 서남쪽의 르비우와 불과 150킬로미터밖에 떨어지지 않았지만, 꽤 다른 역사를 지니고 있다. 루츠크가 기록에 남은 최초의 연도는 1085년이다. 이때부터 루츠크는 할리치나-볼린 공국의 주요 도시였다. 앞서 르비우를 설명하면서 이야기했듯이, 할리치나-볼린 공국이 발전해서 만들어진 루테니아 왕국은 1340년 유리 2세가 암살되면서 폴란드의 카지미에시 3세에게 정복당하는데, 카지미에시 3세가 철군하자마자 볼린 지방은 리투아니아 대공국에게 다시 점령당하고 만다.

14~15세기 초는 리투아니아 대공국이 대확장을 하는 시기였다. 타타르인들의 과도한 공납에 시달리던 루스인들은 리투아니아인들의 관대한 정책에 자연스럽게 협조했다. 지금의 우크라이나 남부 및 돈바스, 할리치나 지방을 제외한 전역을 영토로 합병했을 뿐 아니라, 지금의 벨라루스 전역, 러시아의 스몰렌스크, 브랸스크 등까지 점령해서 모스크바 코앞까지 영토를 확보했다.

1569년 루블린 조약으로 폴란드-리투아니아 연방이 성립하면서 볼린 지방은 폴란드-리투아니아 영토가 되어 1795년 폴란드 분할 때까지 이어진다. 폴란드 분할 이후에 오스트리아 영토가 된 할리치나 지방과는 달리 볼린 지방은 러시아 제국의 영토에 속했다. 러시아 제국은 이곳에 볼린현을 설치했는데 동남쪽에 있는 지토미르에 행정 수도를 뒀다.

제1차 세계대전 기간인 1916년에는 러시아군의 대공세가 이 지역에서 있었다. 6월 4~6일까지 벌어진 루츠크 전투는 브루실로프Brusilov 공세의 서막을 알리는 전투였다. 이 전투에서 오스트리아-헝가리군은 무려 13만 명의 병력을 상실했다. 러시아 혁명과 뒤이은 소비에트-폴란드 전쟁의 결과 지금의 서부 우크라이나 땅이 폴란드에게 넘어가면서 볼린은 다시 폴란드 영토로 재탄생했다.

1921년 폴란드는 이곳에 행정구역을 설치하고 루츠크에 주도를 뒀다. 1939년에 독소불가침조약과 폴란드 분할로 볼린은 소련의 영토가 된 채 제2차 세계대전이라는 비극을 맞을 준비를 하고 있었다.

리우네의 사랑의 터널과 울라스 삼추크

앞에서 이야기했듯이 볼린 지방은 지금의 리우네주도 포함하기 때문에 리우네주의 명물이라 할 수 있는 사랑의 터널Tunel Kokhannia에 관해 잠시 이야기하고 싶다. 이 사랑의 터널은 리우네시에서 20여 킬로미터 떨어져 있는 근교 도시 리우네주 클레반Klevan에 있다. 인구 7,000~8,000명 정도인 이 도시는 루츠크와 리우네 사이에 있어서 루츠크시에서의 거리도 50여 킬로미터밖에 되지 않는다. 두 경로 모두 짧아서 언제든 각 시의 터미널에서 클레반으로 가는 버스를 탈 수 있다. 표를 살 필요도 없고 앞창에 클레반이라고 쓰인 버스를 타고 기사님에게 돈을 내면 된다. 아마도 한화로 2,000원 정도를 냈던 것으로 기억한다.

2021년 1월 2일 아침, 나는 리우네에서 클레반으로 가는 버스에 올랐다. 그런데 종점에서 내렸어야 했는데 구글 지도만 보고 있다가 사랑의 터널에서 가까워 보이는 곳에서 주민 한 명이 내리기에 나도 덩달아 미리 내려버렸다. 그 주민은 내리자마자 전혀 다른 방향으로 사라져버렸다. 우크라이나 버스는 목적지까지 가는 동안 온갖 골목에 다 들르는데 순간 내가 판단을 잘못한 것이다.

구글 지도를 보니 숲을 가로질러야 했다. 길이 있긴 하지만 사람들이 거의 지나지 않아 인적 하나 찾을 수 없었고 여기저기 물구덩이가 있어 발이 푹푹 빠졌다. 간신히 사람 사는 집들이 보이는 길에 접어들자 어디선가 덩치가 산 만한 개가 나타나 물어 죽일 듯 방방 뛰며 짖어댔다. 겉으로는 침착하게 개를 무시하고 걸어갔지만, 속으로는 긴장해서 한겨울인데도 등에 땀을 한 바가지 쏟아냈다. 다행히 다치지 않고 무사히 도착했다. 아마 이런 길로 사랑의 터널에 간 관광객은 나 말고 또 없을 것이다.

길이가 5킬로미터쯤 된다는 사랑의 터널은 클레반에서 근교 도시 오르지우^{Orzhiv}를 잇는 터널로, 실제로 하루에 세 번쯤 기차가 지나간다고 한다. 기찻길 옆에 수많은 나무와 덩굴이 빽빽이 자리를 잡으며 아치형 구조를 만들고 녹색 잎이 만발하면서 마치 색색의 터널 같은 아름다운 모습을 만든다고 해서 유명해졌다. 여름에는 녹색 터널이지만 가을에는 단풍이

도판 10-1

들어 붉은색이 섞인 화사한 노란 터널이 된다. 그러나 내가 그렇게 힘들게 갔을 때는 주변 가게들이 다 문을 닫고 관광객도 나밖에 없는 황량한 풍경이었다. 1월 2일 아침이라는 것을 참작해야만 했다.

애초에 터널의 모습은 무성한 나뭇잎들이 만드는 것인데, 철길 중간에서 서서 양옆을 바라보니 겨울이라 아치형 터널 모습은 저 멀리에서나 보였고, 가까운 쪽에서는 그저 하늘 높이 솟은 앙상한 나뭇가지뿐이었다(도판 10-1). 도대체 나는 무엇을 기대하고 홀로 사랑의 터널에 갔던 것일까. 탄식이 절로 나왔다. 인터넷에서 찾아보니 여름에는 보기와는 달리 모기 소굴이라고 하니, 가을에 와야 예쁜 모습을 볼 수 있겠다는 생각이 들었다.

돌아갈 때는 정식 코스로 돌아가려고 클레반시 쪽으로 향했다. 그런데 그 길도 물웅덩이에 개 발자국이 가득한, 포장 따위는 전혀 되어 있지 않은 전형적인 시골길이었다. 게다가 가끔 개 발자국의 주인들이 나타나 맹렬히 짖어댔다. 아무리 걸어도 주변에 논밭만 보여서 진짜 내가 제대로 가고 있는지 절망스러웠다. 간신히 주민 한 명을 만나 길을 찾아 리우네 행 버스를 탈 수 있었다. 몇 시간 걷지 않았는데도 개들과 비포장 도로에 정신적으로 시달린 뒤라 녹초가 되었다. 이 힘든 여정을 마친 커플에겐 사랑보다는 동지애나 전우애가 생길 것 같았다. 그것도 사랑의 한 종류겠지만 말이다.

리우네는 인구 25만 명에 불과하지만 대단히 깔끔하고 정돈된 도시였다. 이른바 '구시가지'나 고풍스러운 건물은 잘 보이지 않았지만, 오히려 현대식의 깔끔한 건물들과 넓은 도로, 특히 아스팔트가 깔려 있다는 점만 해도 지난 4개 도시와 구별되었다. 사실 드니프로도 그렇고 다른 서부 도시들도 주도로는 아마 전근대 시기부터 있었던 것이겠지만 괜히 일종의 로마식 도로처럼 돌로 차도를 만들어놓으니 보기에는 예뻐 보일지 모르나 차를 타고 가면 몸이 덜덜거리거나 덜컹거렸다. 아스팔트 차도를 달리는 버스에 몸을 맡기고 편히 기대니 역시 구시가지보다 '신시가지'가 실속 있다고 생각했다.

리우네에 도착한 1월 1일에는 길거리에 인적이 거의 보이지 않았는데, 다음 날에는 가족들끼리 놀러 나온 사람들이 많아서 거리가 북적였다. 우크라이나 어디를 가더라도 가족들이 아이를 데리고 같이 나와서 좋은 시간을 보내던데 정말 보기 좋았다.

이곳에서도 박물관으로 발걸음을 옮겼다. 리우네주 지역 박물관을 돌아보니 소련 시절의 전시물을 기본으로 하되, 20세기 소련과 관련된 전시들은 거의 제거했다. 그러면서도 제2차 세계대전 당시 나치와 싸운 역사는 그대로 놔둔 상태였다. 재미있게도 우크라이나 관련 전시물을 보강하면서 OUN 및

UPA, 적흑기를 추가로 설치해놓았다. 또한 돈바스 전쟁에 관한 전시물들을 추가로 설치했고, 돈바스 전쟁에서 사용된 적흑기와 극우 민족주의 조직인 우익섹터(프라비 섹토르)의 깃발까지 걸어놓았다. 이제는 새삼스럽지도 않았다. 박물관을 나와 북쪽으로 걸으니 1939년에 건립된 리우네주 학술원 우크라이나 음악희곡극장의 웅장한 모습을 볼 수 있었다. 그 옆에 울라스 삼추크Ulas Samchuk의 동상을 발견했다.

삼추크는 1932~1933년 소련 기근에 관한 첫 문학작품인 《마리야Mariia》(1934)를 출간하는 등 수많은 문학작품을 쓴 작가로 오늘날 우크라이나에서 평가받는다. 그러나 그는 OUN 구성원으로서 전쟁이 발발하자 나치가 새로 설치한 행정 조직인 우크라이나 국가판무관부Reichskommissariat의 행정 중심지 리우네에서 친나치 신문《볼린》의 편집장으로 일했다. 삼추크는 "우크라이나 인민의 주적은 모스크바-유대 볼셰비즘이다"라고 주장하며 여러 반유대주의 선동을 했다. 키이우에서 나치 당국이 유대인을 다른 지역으로 이송한다는 결정을 내리자 "오늘은 키이우의 멋진 날이다"라고 칭송하기도 했다. 그 '이송'은 사실 이승에서 저승으로 보내는 '이송'이었다. 이틀 동안 3만 명 이상의 유대인이 학살당한, 역대 최악의 유대인 학살 중 하나로 꼽히는 바빈야르 학살이 벌어졌던 것이다. 삼추크는 신문을 통해 우크라이나 국토에 있는 유대인과 폴란드인을 몰아내자는 선동을 지속했다.

전쟁이 끝나고 삼추크는 다른 OUN과 UPA 인사들처럼 캐나다로 망명해 본인의 과거를 숨기고 '작가' 활동을 하다가 천수를 누렸다. 또한 그는 소련 해체 이후 다른 OUN과 UPA 인사들처럼 우크라이나에서 점차 복권되었다. 리우네의 이 삼추크 동상은 무려 2005년에 삼추크 탄생 100주년을 맞아 세워진 것이다. 이 동상에서 동북쪽으로 500미터 정도 올라가면 삼추크 거리까지 있다. 도대체 이곳에는 얼마나 많은 OUN과 UPA 인사의 기념비와 거리가 있는 것일까?

해가 지기 직전까지 리우네 시내를 돌아보다가 미리 봐둔 맥주은행Bank piva이라는 이름의 생맥주 판매점에 들어갔다. 소련권에는 생맥주 판매점이 흔히 있는데 체인점도 있고 개인이 하는 가게도 있다. 이 맥주은행은 리우네 근처에만 있는 가게 같았다. 자국 맥주뿐 아니라 특히 체코를 비롯한 동유럽산 맥주도 아주 싼 가격에 팔아서 맥주를 좋아하는 사람에게는 아마 천국일 것이다. 지금껏 내가 가본 가게 중에 맥주 종류가 제일 많았다. 카운터 건너로 보이는 안쪽 방에 호프집에도 있는 맥주 보관 용기가 수십 개나 있는 광경이 눈에 띄었다. 가히 '은행'이라는 이름을 붙일 만했다. 게다가 보통 이런 곳에서는 리터 단위로만 맥주를 파는데 여기서는 0.5리터짜리도 있었다. 캔맥주를 하나 사 먹을 바에 여기서 0.5리터짜리를 사는 게 훨씬 나아 보였다. 플라스틱 페트병에 담아주는 1리터짜리 맥주 한 병당 대략 3흐리우냐(한화로 1,200원) 내외로(0.5리터짜리 하나에 한화로 500원 이하인 것도 있다) 아주 저렴했다. 또한 이런 생맥주 판매점에서는 수십 종류의 치즈, 육포, 생선포를 같이 판다. 소련권에서는 한국보다 더 다양한 종류의 말린 생선포를 안주로 먹는다.

가슴이 벅차오르면서 리우네는 사랑의 터널이 있는 도시가 아니라(엄밀히 말하면 거긴 행정구역상 클레반이지만), 맥주의 도시였다는 것을 느꼈다. 나는 최대한 다양한 맥주를 마시기 위해 0.5리터짜리 페트병을 여섯 개 샀다. 대단히 만족스러운 저녁이었다.

레샤 우크라인카와 우크라이나의 희망

2020년 12월 31일, 숙소를 나와 아침부터 루츠크 구시가지를 걷기 시작했다. 낡았지만 깔끔한 풍경은 19세기의 모습에서 하나도 변하지 않은 것 같았다. 강에서 올라온 안개가 자욱해 김승옥의 소설 《무진기행》이 절로 떠올랐다. 안개 낀 구시가지에는 아침이어선지 아니면 한 해의 마지막 날이어선지 사람이 거의 없었다. 그런데 사람 허리춤까지 오는 큰 개 한 마리가 주인과 함께 있다가 나를 보더니 갑자기 맹렬하게 뛰어왔다. 순간 어찌해야 하나 당황했다. 다행히 주인이 "이리 와!"라고 외치니 개가 다시 주인에게로 돌아갔다.

우크라이나에는 도시마다 유기견이 너무 많다. 그것도 사람 허리까지 오는 대형견 투성이다. 드니프로 문서고에서 작업할 때 점심시간에는 문서고에서 약간 떨어진 조그만 빵집에서 간단히 식사를 해결했는데, 꼭 그사이에 떠돌이 대형견 여러 마리가 진을 치고 있었다. 매번 대범한 척 그 옆을 지났지만, 만에 하나 물릴 수도 있으니 개들이 신경 쓰이곤 했다.

볼린주를 상하로 가로지르는 강은 스티르^{Styr}강인데 루츠크 구시가지를 ㄴ자로 휘감아 흐르고 있다. 루츠크시 남쪽으로 60킬로미터 떨어진 스티르강 근처의 베레스테치코^{Berestechko}에서 1651년에 폴란드-리투아니아 대 보흐단 흐멜니츠키가 이끄는 자포리자 코자크 반란군 사이에서 전투가 벌어졌다.

이 전투는 훗날 흐멜니츠키 봉기라고도 불리는 1648~1657년까지 벌어진 봉기의 전환점이었다. 여기서 흐멜니츠키는 동맹했던 크림 타타르의 배신으로 대패했다. 결국 흐멜니츠키는 러시아 차르에게 도움을 요청하면서 1654년 러시아 차르의 주권과 코자크의 자치권을 인정하는 페레야슬라우 조약을 맺게 된다. 이 전쟁으로 코자크 국가가 등장했으나 결국 100년 후에 러시아 예카테리나 2세에게 자치권을 부정당하면서 완전한 러시아 영토가 되고 만다. 따라서 베레스테치코 전투는 우크라이나 역사에서도 큰 전환점이었던 셈이다.

안개 속을 걷다 보니 루츠크시에서 안내판을 붙여놓은 건물(도판 10-2)을 발견했다. 성베드로바오로 성당이 보이는 창문이 있는 이 건물 2층에서 코사치^{Kosach} 가족이 1890~1891년까지 살았다는 안내판이었다. 코사치 가족은 우크라이나의 위대한 작가인 올레나 프칠카$^{Olena\ Pchilka}$와 딸 레샤 우크라인카를 배출했다. 젊은 레샤는 루츠크에 살면서 자신의 첫 시인 〈희망^{Nadiia}〉을 탈고했다.

도판 10-2

폴란드 영토가 된 이후인 1921년에는 이곳에 폴란드 국립학교가 들어섰다. 전후 소련 영토가 된 이후에는 다양한 시市 및 지역 조직이 자리를 차지했다. 그러다가 1985년 루츠크 역사문화보호구역으로 지정되면서 관리를 받기 시작했다.

우연이었지만 대단한 발견에 마음이 흐뭇했다. 라리사 페트리우나 코사치Larisa Petrivna Kosach로 태어난 레샤 우크라인카는 우크라이나 문학계에서 가장 뛰어난 작가 중 한 명이었다. 우크라인카는 1871년 2월 25일 현 지토미르Zhytomyr주 즈뱌헬Zviahel에서 태어났다. 이 도시는 역사적으로 볼린 지역에 속해서 러시아 제국 시절에도 볼린현에 속했다. 1795년 폴란드 분할로 러시아 영토에 속하면서 노보그라드볼린스키Novograd-Volinskii로 이름을 바꿨다. 직역하면 '볼린의 새 도시'이며, 우크라이나어로 노보흐라드볼린스키Novohrad-Volynskyi는 2022년 러시아 침공 이후에 다시 옛 이름을 되찾았다. 참고로 이 시의 문장文章에는 원래 이름인 즈뱌헬의 두문자頭文字 Z가 새겨져 있었으나, 역시 러시아 침공 이후 Z가 러시아 침공의 상징처럼 쓰이면서 문장에서 Z를 제외해버렸다.

아버지 페트로 코사치는 고등교육을 받은 변호사로 당대의 많은 지식인처럼 진보적인 사람이었다. 어머니 올레나 프칠카는 본명은 올하 페트리우나 코사치Olha Petrivna Kosach로, 니콜라이 고골이나 알렉산드르 푸시킨의 작품들을 우크라이나어로 옮기는 번역가이기도 했다. 올레나는 딸보다도 훨씬 오래 살았고, 1930년 키이우에서 생을 마감했다.

코사치 가족은 많은 작가·과학자·배우·음악가·교육자 등과 가까이 지냈으며, 자식 교육에 매우 적극적이었다. 어린 레샤 우크라인카는 부모에게서 여러 민중 예술 및 음악과 더불어 타라스 셰우첸코, 이반 프란코를 비롯한 많은 작가의 작품을 배울 수 있었다. 아버지는 최신 우크라이나와 러시아 문학에 관심을 쏟았으며 매우 잘 알았다. 가장 좋아하는 작가는 미하일 살티코프셰드린$^{Mikhail\ Saltykov-Shchedrin}$으로 자식들 앞에서 작품들을 낭독하는 일을 즐겼다. 어머니는 우크라인카에게 고골의 작품을 우크라이나어로 번역하게 했다. 우크라인카는 더 나아가 다른 위대한 러시아 작가들의 작품들을 모두 우크라이나어로 번역할 꿈을 꾸기도 했다. 우크라인카는 독일어·프랑스어·영어·이탈리아어·폴란드어·불가리아어·그리스어·라틴어 등에 관한 지식을 이미 유년기에 습득했다.

우크라인카가 1893년 첫 시집 《노래의 날개에서$^{Na\ krylakh\ pisen}$》를 출간하자 당시 명망 높았던 이반 프란코는 이 시집을 극찬하면서 우크라인카가 타라스 셰우첸코와 비견되는 자리에 올라서리라고 예언했다. 우크라인카는 1884년부터 자신을 레샤 우크라인카라고 칭했다. 이 이름을 직역하면 '우크라이나인 레샤'라는 뜻이다.* 1893~1906년까지 우크라인카는 폴타바^{Poltava} 주 하댜치^{Hadiach}에 살면서 작품 활동에 매진했는데, 평생 20편이 넘는 극본과 20편이 넘는 산문을 쓰고 세 권의 시집과 더불어 여기에 실린 시 외에도 100여 편을 더 썼다. 2021년에 탄생 150주년 기념으로 출간된 레샤 우크라인카 전집은

---

* 우크라이나어로 우크라이나인을 말할 때는 남성과 여성을 구별해서 말하는데 우크라이나인 남자는 우크라이네츠(Ukrainets), 여자는 우크라인카(Ukrainka)라고 한다.

두꺼운 양장본으로 무려 14권에 달한다.

희망

운명도 의지도 나에게는 없네
희망 하나 오직 남았을 뿐
우크라이나로 다시 한번 돌아가겠다는 희망
조국을 다시 한번 쳐다보고
푸른 드니프로강을 다시 한번 쳐다보고
그곳에서 살지 죽을지 나는 상관없네
스텝 평야, 무덤들을 다시 한번 쳐다보고
마지막으로 기억나는 맹렬한 생각들……
운명도 의지도 나에게는 없네
희망 하나 오직 남았을 뿐

레샤 우크라인카는 훌륭한 문학가일 뿐 아니라 행동하는 정치 활동가이기도 했다. 1890년대 중반 이반 스테셴코^{Ivan Steshenko}와 함께 '우크라이나 사회민주주의'라는 조직을 만들어 활동했다. 19세기 말부터 20세기 초까지 사회민주주의는 현재의 의미와 달리 혁명적 사회주의를 뜻하는 말이었다. 이 조직은 마르크스주의와 함께 우크라이나 지식인 미하일로 드라호마노우의 사회주의 사상의 영향을 받았다. 우크라인카는 이 조직에서 수많은 정치 기사를 작성하면서 선전 활동에 임했다. 1901년 우크라인카는 마르크스와 엥겔스의 《공산당 선언》을 우크라이나어로 번역했다. 이 당시 우크라인카는 러시아 제국의 다른 민족들과 마찬가지로 우크라이나인들이 러시아 차르 체제가 야기한 사회적 민족적 탄압으로 인해 고통받는다고 믿었다.

"계급의식적 노동자는 자신의 권리를 이해하면서 동지들과 동료 노동자 외에는 아무에게도 의존하지 않는 자다."

1913년 7월 19일(구력), 우크라인카는 조지아 수라미^{Surami}에서 숨을 거뒀다. 우크라인카는 고열에 시달리고 피를 토하면서까지 자신의 작품을 구술했다. 7월 30일(구력) 볼셰비키 기관지 《라보차야 프라브다$^{Rabochaia\ Pravda}$》*에는 레샤 우크라인카의 부고가 실렸다.

> 레샤 우크라인카는 해방을 향한 일반 사회운동, 특히 프롤레타리아트 운동에 가까이 서 있었으며, 그 운동에 모든 힘을 바쳤고, 이성과 선함, 영원함을 심었다. 우리는 우크라인카에게 고마움을 표하고 우크라인카의 작품들을 읽어야만 한다. (…) 레샤 우크라인카는 떠났지만, 우크라인카의 활기 넘치는 작품들은 오랫동안 우리를 투쟁 사업으로 일깨울 것이다. 노동자의 벗인 작가에게 영원한 좋은 기억이 있기를!

볼셰비키마저 부고를 실어주는 마르크스주의자이자 사회주의자, 진보적 지식인 레샤 우크라인카를 보며, 우크라이나 정부의 '과거 지우기'에 관해 의문이 든다. 우크라이나에서는

---

* 노동자의 진실이라는 뜻. 원래는 《프라브다》였으나 1913년 7월 폐간되고 이 이름으로 발행을 재개했다.

현재 러시아와 관련되거나 혹은 사회주의·공산주의와 관련된 인물들의 흔적을 싹 지우고 있다. 그러나 애당초 19세기 말 20세기 초에 활동하던 지식인치고 사회주의·공산주의와 관련 없는 인물을 찾기란 힘든 법이고, 이 당대에는 우크라이나인이라는 민족정체성도 소수의 지식인에게만 있었기 때문에 러시아와 관계없는 인물 또한 찾기가 힘들다. 우크라이나의 3대 문호라 할 수 있는 타라스 셰우첸코, 레샤 우크라인카, 이반 프란코 모두 우크라이나어와 우크라이나 민족문화를 사랑하면서도 차르 체제에 맞선 사회주의자였다. 특히 우크라인카는 빼도 박도 못하는 마르크스주의자였다. 그런데도 현 우크라이나에서 우크라인카는 우크라이나 민족주의자로서의 면모만 주목받고 있다.

역사의 소용돌이 속에 내던져진 인물의 삶은 선과 악이나 다른 이분법적 시각으로만 평가할 수 없을 정도로 복잡하게 얽히고설켰다. 우크라이나인들의 삶과 그들이 살아온 역사를 제대로 이해하기 위해서는 그 사람들의 모든 면을 면밀하게 살펴봐야 하지 않을까.

학살의 아픔을 간직한 류바르트 성

레샤 우크라인카 가족이 살던 집 바로 동쪽 옆에 17세기에 지어진 루츠크 로마 가톨릭 교구 주교좌성당인 성베드로바오로 성당이 있다. 성당은 1946년 폐쇄되어 소련 시절 내내 무신론 박물관으로 쓰이다가 소련 해체 이후에 다시 복구되었다. 공식적으로 무신론을 지향하던 소련에서는 많은 성당이 이렇게 무신론 박물관으로 쓰이곤 했다. 뒤편으로도 계속 웅장한

도판 10-3

건물이 연결되어 있었는데, 뒤쪽의 건물은 국립식량기술대학과 함께 쓴다고 한다.

계속 길을 따라 동쪽으로 가면 루츠크의 랜드마크인 류바르트성 Zamok Liubarta (도판 10-3)이 그 웅장한 자태를 드러낸다. 류바르트성은 루츠크성 혹은 위쪽 성 verkhnii zamok 이라고도 하는데, 아래쪽 성은 이미 사라졌다고 한다. 이 성을 지은 사람은 우크라이나어로는 류바르트, 리투아니아어로는 류바르타스 Liubartas 로, 1316~1341년까지 리투아니아 대공을 지낸 게디미나스 Gediminas 의 아들이다.

이미 10세기 즈음부터 이곳에 요새가 있었다는 기록이 있는데, 당시 이곳은 늪지대여서 점토 모래로 제방을 건설해야 했다. 1073년에는 폴란드 왕 볼레스와프 2세 Bolesław II 에게, 1150년에는 키예프 루스의 대공 유리 돌고루키 Iurii Dolgorukii 에게 공격을 받았으나 물리쳤다. 그러나 1259년 몽골의 침략에는 결국 함락되었고 기존의 요새는 해체되었다. 폴란드 왕 카지미에

시 3세가 할리치나를 침공해 합병하자 류바르트는 볼린의 대공으로서 이곳 루츠크에 대규모로 요새를 재건하기 시작했다. 16~18세기까지 이 성은 볼린 지역의 행정 및 정치 중심지였다(레샤 우크라인카가 화폐 200흐리우냐 앞면을 장식하고 있다면 그 뒷면에는 류바르트 성이 있다).

류바르트 성은 하늘에서 보면 측면이 부풀어 오른 삼각형 비슷한 모양을 하고 있다. 서쪽에 입구가 있는데, 입구의 탑 높이는 무려 28미터에 달한다. 성벽은 높이가 약 12미터이고 두께는 최대 3미터에 이른다. 성곽에는 성벽 아래의 적들을 공격할 수 있는 구멍들이 줄지어 있다. 내부에는 17~20세기까지 이 지역의 인쇄물을 모아놓은 책 박물관이 있고, 우크라이나에서 유일하다는 종鐘 박물관도 있다. 이곳에서는 18~20세기까지 만들어진 59종의 다른 종들을 전시하고 있다고 한다. 무기고와 감옥도 옛 모습을 그럴듯하게 갖추고 있다. 내부의 공터에는 여러 잔디밭 사이에 돌로 포장된 길이 나 있다. 대포를 비롯해 그 당시에 쓰이던 여러 물건이 여기저기 있고, 볼린 대공을 조각한 석상이 있다.

이 성에 관한 정보를 더 찾아보다가 깜짝 놀랐다. 1941년 7월 2일, 유대인 1,160명이 이 성안에서 학살되었다는 것이었다. 나중에 이에 관한 연구를 더 찾아보니 독일군이 루츠크에 사는 유대인들을 이 성으로 불러 살해했으며, 이는 독일군 10명이 살해당한 것에 대한 '보복'이었다고 한다. 또한 7월 4일에는 독일의 특수작전집단 C의 특별특공대 4a가 우크라이나인들을 살해한 것에 대한 보복으로 이곳에서 중기관총으로 3,000명을 살해했다고 한다.

사실을 알고 나서 성곽에서 널찍한 성안 공터를 바라보니 수천 명의 유대인의 시신이 성안에 여기저기 쌓인 모습이 떠올랐다. 실제로 그 당시에 이 성벽과 바닥은 희생자가 흘린 피로 흥건했을 것이다. 제2차 세계대전 시기에 우크라이나에서 있었던 유대인 학살을 몰랐던 것은 아니었지만, 이렇게 수백 년 된 문화재까지도 직접 학살과 연관이 있을 줄은 몰랐다.

나치 독일의 이념과 우크라이나의 극단적 민족주의 이념이 정확하게 일치한 사례가 바로 반反유대주의였다. OUN이 표방한 반유대주의는 기존 전근대 우크라이나-루스인의 반유대주의와는 달랐다. 전근대의 반유대주의는 종교와 문화에 기반을 둔 것으로서 기독교로 개종하고 현지인들과 '동화'된다면 박해에서 탈출할 수 있었다. 그러나 근대의 반유대주의는 민족이 애초부터 존재하고 불변한다는 원초주의Primordialism적 인종주의에 기반을 두고 있기에 박해에서 벗어날 길은 애초에 존재하지 않았다. 그리고 1649년 보흐단 흐멜니츠키의 봉기 때부터 수백 년 동안 포그롬을 겪으며 반유대주의 정서를 유지한 우크라이나 민중에게 OUN의 반유대주의 선언은 매우 인기가 있었으며 그들을 파시즘 혁명의 대오로 함께 나아가게 만들었다.

1941년까지 유대인들은 정말로 독일인들이 그러한 '절멸' 정책을 펼칠 것이라고는 전혀 예상하지 못한 상태였다. 예컨대 1939~1941년까지 서부 폴란드를 점령한 독일의 정책은 유대인보다는 오히려 폴란드인을 겨냥했기 때문이다. 유대인 인구가 많은 도시를 게토화하긴 했지만, 주요 학살 행위는 국가 지도부에 올라설 법한 폴란드 지식인들을 제거하기 위한 것이었다. 본격적인 유대인 학살은 1941년 6월, 독소전쟁의 개막과 더불어 시작되었다. 오토 라쉬Otto Rasch 박사가 이끄는 특수작전집단 C는 광범위한 지역에서 유대인과 볼셰비키를 살해하기 시작했다. 이러한 행동은 지역 주민들이 독일군의 지원을 받거나 혹은 지원 없이도 유대인을 살해하게 했고, 때로는 독일군이 지역 주민들의 지지를 얻기 위해 볼린의 유대인들을 살해하기도 했다.

1941년 6월과 7월에 독일 경찰과 나치 친위대는 1만 2,000명의 유대인을 볼린에서 살해했는데 대부분 젊은 남성이었다. 앞에서 이야기한 사랑의 터널이 있는 도시 클레반에서는 우크라이나 주민들이 나치 친위대에게 유대인이 살고 있는 집과 그 유대인들이 모두 공산주의자임을 알려줬다. 그렇게 유대인 2,500명 중 약 700명이 점령 첫날 살해당했고, 그들의 시신은 3일 동안 개와 돼지에게 먹히도록 길거리에 방치되었다. 1941년 11월 6일부터 7일까지 독일군 제5특수작전특공대Einsatzkommando 5의 지원을 받은 독일 질서경찰Ordnungspolizei은 우크라이나 국가판무관부로 알려진 점령 민간 행정구역의 행정 중심지가 된 리우네에서 1만 5,000명의 유대인을 사살했다. 전체적으로 독일군은 1941년 가을에 볼린에서 약 2만 명의 유대인을 살해했다.

이런 '총탄에 의한 홀로코스트'는 우크라이나인 부역자들이 없었더라면 불가능한 임무였을 것이다. 1941년 7월에 하인리히 힘러Heinrich Himmler에 의해 설립된 우크라이나 보조경찰은 훨씬 더 많은 재량권과 책임을 부여받았다. 소련 점령하에서 우크라이나인과 유대인은 종종 지역 민병대에서 함께 일했지만, 이제 지역의 중요 탄압 기관은 대개 우크라이나인이 담당했다. 이들은 주로 OUN 구성원인 경우가 많았다.

젊은 우크라이나 경찰들은 중년의 독일인 상관 밑에서 일했는데, 전자와 후자의 비율은 5대 1이었고 농촌에서는 우크라이나인 비율이 더 높아졌기 때문에 독일 권력의 얼굴은 우크라이나 경찰이었다. 우크라이나 경찰은 지역 유대인들을 소련 공산주의와 연관시키도록 훈련받았다. 한 유대인 도망자는 우크라이나인 추격자들에 의해 유대인인 소련 정치인의 이름을 따 '카가노비치Kaganovich'라고 불렸다.

이렇게 OUN 출신들로 구성된 우크라이나 보조경찰과 민병대가 '유용'하게 쓰인 업무는 바로 유대인들을 살해하는 임무였다. 1941년 9월 6일, 우크라이나 중서부 지토미르주 라도미슬Radomyshl에서 1,107명의 성인 남성을 총살한 특별특공대 4a의 임무 가운데 561명의 청소년을 살해하는 일은 우크라이나 민병대가 담당했다. 같은 해 10월 16일 있었던 베르디치우Berdychiv 학살에서 '나이를 가리지 않고' 모든 유대인을 총살하라는 명령에 따라 500여 명의 유대인을 살해한 것은 디바크Dyvak라는 마을의 우크라이나 경찰이었다. 트로야니우Troianiv에서는 독일군의 '동의를 받고' 우크라이나 민병대가 유대인 53명과 공산당원 6명을 총살했다.

수도 키이우 근교 바빈야르에서 3만 명이 넘는 유대인을 단 이틀 만에 학살한 유례 없는 비극에서도 학살의 주요 협력자는 우크라이나 민병대와 보조경찰이었으며, 그 근처인 빌라체르크바Bila Tserkva에서 일어난 영유아 학살은 나치가 저지른 여러 범죄 가운데에서도 최악이었다. 빌라체르크바에 살던 유대인 성인 800~900명 전부를 총살한 뒤에 0~6세까지의 영유아들 90여 명을 살해했는데 그 임무를 맡은 것도 우크라이나인 민병대였다. 이러한 학살에서 우크라이나인들의 학살이 단지 독일군의 강요로 어쩔 수 없이 이루어진 것만은 아니었다. 유대인 '절멸'은 우크라이나 민족혁명을 위해서는 필수 불가결한 임무로, 무엇보다도 신속하게 해결할 과제였던 것이다. 전쟁 발발 첫 몇 주 동안 무려 3만 5,000명 이상의 유대인들이 이러한 광기의 포그롬으로 살해되었다.

독일인들과 우크라이나 경찰들은 볼린과 더불어 우크라이나 국가판무관부 전역에 게토를 건설하기 시작했다. 도시에서는 유대인을 집에서 추방하고 장벽을 세우는 것을 의미했고, 농촌에서는 유대인이 현재 거주지를 떠나는 것 자체가 금지되었다. 14~60세 사이의 모든 유대인은 노예 노동의 대상이었다. 게토 밖에서 노예 노동에 종사하지 않는 유대인이 발견되면 총살당했다.

1942년 봄에 두 번째 대량 학살이 시작되었다. 처음에는 노동에 부적합하다고 판단되는 모든 유대인을 살해하는 것이 목적이었지만 곧 모든 유대인을 완전히 몰살하는 정책으로 바뀌었다. 1942년 4월부터 7월까지 우크라이나 보조경찰의 도움을 받아 3만여 명의 유대인이 볼린에서 추가로 살해당했다. 볼린에서 국가판무관부 전역에서와 마찬가지로 독일과 우크라이나 경찰은 유대인들을 '죽음의 구덩이'에서 살해했다. 예를 들어, 루츠크에서 유대인들은 이미 구덩이가 파진 숲으로 쫓겨나서 강제로 옷을 벗고 구덩이에 엎드려야 했다. 그곳에서 총에 맞아 죽거나 첫 번째 총격에서 살아남았으면 생매장되었다. 이러한 행동이 공개적으로 수개월에 걸쳐 일어났기 때문에 볼린의 유대인들은 자신의 운명에 대해 거의 의심하지 않았다. 볼린의 '최종 해결책'이 매우 공개적이었기 때문에 일부 유대인들은 게토에서 목숨을 건 탈출을 감행했다.

성베드로바오로 성당과 류바르트 성 사이에서 〈정치 탄압의 희생자들에게〉라는 조형물(도판 10-4)을 발견했다. 이 조형물에는 우크라이나어로 다음과 같은 글이 새겨졌다.

도판 10-4

> 거의 4,000명이 있었다. 1941년 6월 23일 루츠크 감옥 벽 아래에서 NKVD에게 총살당한 우크라이나의 애국자들에게 영원하고 밝은 기억이 있길. 이 사람들은 진실과 자유를 위해, 적들의 손이 꺾어버리려 했던 것을 위해 싸웠다….

한국에서도 6·25 전쟁이 터지자 대한민국 군경이 후퇴하면서 전국 형무소에서 좌익 재소자와 정치범들을 학살했던 것처럼, 소련의 치안업무를 맡았던 NKVD도 전선에서 후퇴하면서 죄수들을 학살했다. 볼린에서 제일 많은 4,000여 명이 학살되었고, 소비에트 우크라이나 영토 전체에서는 8,789명이 살해당했다(폴란드, 발트 3국, 벨라루스, 러시아에서 NKVD에 살해당한 죄수는 10만 명에 달한다고 한다).

그러나 류바르트 성안에서 학살당한 유대인들에 관해서는 류바르트 성 안팎 어디에도 위령비를 찾을 수 없었다. 소련 해체 이후 우크라이나 곳곳에 소련 시절의 정치 탄압 희생자들에 관한 추모비가 세워지고 1932~1933년 대기근 희생자들에 관한 조형물이 만들어졌지만, 우크라이나 민족주의자들이 살해한 유대인과 폴란드인에 관한 추모비는 돈바스나 크림 같은 '친러시아' 지역에 극히 몇 개 있을 뿐이다. 아니면 유대인 학살에 관해서는 바빈야르처럼 나치 독일만의 만행으로 선전을 하거나 말이다. 오히려 시간이 흐를수록 OUN과 UPA의 학살자들은 독립운동가로 칭송받으면서 국가의 영웅으로 대접하는 분위기가 강해지고 있다. 이런 선택적 피해자주의와 과거 역사 지우기를 보면서 우크라이나 사회의 극우화를 어떻게 염려하지 않을 수 있단 말인가.

끔찍한 볼린-동할리치나 학살의 흔적

이 류바르트 성의 학살은 1943~1945년까지 일어날 볼린-동할리치나 학살의 서곡에 불과했다. 앞서 이야기했듯 UPA의 목표는 우크라이나 땅에 사는 타민족, 특히 폴란드인, 유대인, 러시아인의 절멸이었고, 이 중 유대인에 관해서라면 나치 독일군이 제 역할을 해주고 있어서 1942년이 되면 상당한 수의 유대인들이 이미 목숨을 잃었다. 그러나 서부 우크라이나, 전쟁 전까지만 해도 동남부 폴란드였던 이 땅에 살던 폴란드인의 청소는 우크라이나인의 손으로 이루어져야 하는 과

제였던 것이다. 하지만 우크라이나 민족주의자들의 조직 역량과 인적 자원은 나치식 절멸을 수행하기에는 턱없이 부족했다. 이에 따라 지도부는 최대한 많은 폴란드인을 가능한 한 잔인하게 살해해서 공동체 내부에 공포를 불러일으켜 우크라이나 땅에서 자발적으로 나가게 하려는 수단을 쓰기 시작했다.

폴란드인 학살을 기획한 것은 OUN-B의 인물들, 즉 UPA의 최고사령관 로만 슈헤비치와 정보국장 미콜라 레베드였다. 1942년 10월 14일에 창립된 UPA는 1943년이 되자 본격적으로 폴란드인 학살에 나서기 시작했다. 3월에는 약 5,000명의 우크라이나 보조경찰이 무장 탈영해서 UPA에 합류했다. UPA는 다른 우크라이나 무장 조직을 흡수하기 시작했는데, 그 과정에서 수만 명의 다른 우크라이나인들을 다른 파벌에 속해 있다는 이유만으로 죽이기도 했다. 1943년 2월 8일, 사르니군郡에서는 우크라이나 민족주의자들이 파로실레Parośle・브제지나Brzezina・후타Huta・스테판스카Stepańska・포로다Poroda・프루르바Prurwa・스타후프카Stachówka・호롬체Choromce 등 수많은 폴란드인 마을을 공격하기 시작했다. 파로실레에서 벌어진 학살로 149~173명이 살해되었다고 하며, 이 공격이야말로 끔찍한 볼린-동할리치나 학살의 시작이었다. 이 학살은 무엇보다 비무장한 노약자, 어린이, 부녀자를 상대로 최대한 잔인한 방식으로 이루어졌다. 볼로디미르군 스보이추프Swojczów 마을에 살던 생존자 브와디스와바 그우프카Władysława Główka는 이렇게 증언했다.

"나는 그들이 돌아왔을 때 살해당한 희생자들의 시신을 봤어요. 임신한 여자가 배가 갈라져 있었는데, 탯줄이 아직 그대로 남아 있었지요. 여자들은 가슴이 도려내져 있었고요. 머리

가죽이 벗겨진 남자도 있었는데 귀는 잘려져 나갔고 머리카락을 포함한 가죽이 왼쪽 어깨까지 벗겨져 있었어요. 등에 구멍이 난 젊은 남자도 있었지요. 많은 사람이 팔다리가 부러지고 목이 베이고 머리가 잘려 나갔어요."

코슈프Koszów 마을의 32세 헬레나 타르나프스카Helena Tarnawska는 자신의 세 아이가 던져져 살해당한 우물 옆에서 발견되었다. 배를 가르고 꺼낸 임신 8개월 된 아이가 바로 옆에 있었다. 도슈노Doszno 마을의 프란치슈카 코신스카Franciszka Kosińska는 자신의 이모들과 어린아이들이 죄다 도끼로 머리가 쪼개진 채 살해당했고 할머니가 총검에 찔려 벽에 매달린 것을 목격했다.

우크라이나인과 폴란드인 마을은 나뉘어 있었지만 전쟁 이전에는 교류가 활발했다. 예컨대 폴란드 마을 예지오라니슐라헤츠키에Jeziorany Szlacheckie에 사는 폴란드인들은 자신들의 사회적 관계를 마을 안으로만 국한하지 않았다. 마을 사람 대부분이 우크라이나어를 할 줄 알았고 이웃 우크라이나인들과 말하는 데 사용했다. 우크라이나인들도 폴란드어를 할 줄 알았고 폴란드인들과 말할 때 사용했다. 파종이나 수확 때도 함께 협동하고 물물교환을 하거나 물건을 서로 빌려주곤 했다. 수많은 축제를 공동으로 행했으며, 종교나 가족 행사에 서로 방문했다. 상호 간에 통혼도 많았다. 부부는 로마 가톨릭과 정교라는 서로의 신앙을 유지하기도 했고, 한쪽을 따라 개종하기도 했다. 아이가 여럿이면 한 아이는 가톨릭식 세례를, 다른 한 아이는 정교식 세례를 받기도 했다. 이 마을에서는 종교적·민족적 갈등을 거의 찾아볼 수 없었다.

1939년 이후 소련 및 독일 점령기에 일부 우크라이나인 집단은 폴란드인들을 보호했고, 만연한 국수주의 운동에 저항했다. 그러나 그런 집단은 점차 고립되었다. 1942년 여름부터 폴란드인들의 집이 무장강도단에게 약탈당하기 시작했다. 마침내 1943년 6월 19일부터 23일까지 4일간 우크라이나 봉기군에게 주민 수십 명이 학살당했고, 200년이 넘는 마을의 역사는 잿더미가 되었다. 7월 11일에 가한 두 번째 공격으로 폴란드인 43명이 더 살해되었다.

폴란드인과 우크라이나인들이 통혼했을 때 우크라이나인들에게 내려진 선택은 매우 가혹했다. 자신의 배우자를 죽여 민족에 대한 '충성심'을 입증해야만 했던 것이다. '충성심'을 입증하지 못한 대가는 가족 전체의 몰살이었다. 폴란드 여자와 결혼했던 우크라이나인 홀루비츠키Holubytskyi는 아내 쪽 가족들을 모두 손수 살해하고 동료들에게 자신의 아내와 자식들을 죽이라고 이야기했다. 폴란드인 에바Ewa는 우크라이나인과 두 번 결혼해서 아들들을 보았다. 세 번째 남편 레온 루비노프스키Leon Rubinowski는 폴란드인이었는데, 에바는 아들들처럼 우크라이나인으로 간주했다. 그러나 레온은 에바와 아들들 눈앞에서 살해되었고, 가장 어린 17세의 막내아들은 우크라이나인임을 증명하기 위해 노인과 아이들이 포함된 폴란드인 가족의 살해에 가담해야만 했다.

물론 모든 우크라이나인이 학살에 가담한 것은 아니었다. 적극적 또는 소극적으로 폴란드인들을 도운 이들도 있었다. 루츠크군 코시우 마을에 살던 사비나 크룰리코프스카Sabina Królikowska의 증언에 따르면, 열세 살짜리 우크라이나인 소녀인 올하 체르바크Olha Chervak과 함께 우크라이나 교회에 갔을 때 갑자기 우크라이나인들이 도끼와 쇠스랑, 칼을 들고 나타났다. 우크라이나인 사제들은 폴란드인들을 죽이는 일이 자유로운 우크라이나를 가져다주는 행동이라며 축복하고 있었다. 올하는 자기 오빠들이 그 무리에 있었음에도 사비나를 교회 밖으로 데리고 나가 도망칠 수 있는 길을 알려주면서 빨리 도망가라고 말했다고 한다.

이런 상황에서 독일군이 오히려 폴란드인들의 '구세주'가 되는 대단히 기이한 일도 벌어졌다. 로카치^{Lokachi} 마을의 독일인들은 우크라이나 민족주의자들이 너무 자주 마을을 약탈했기 때문에 스스로를 보호하고자 피난 온 폴란드인들에게 무기를 주고 무장시켰다. 루보믈^{Luboml}에 살던 체스와프 쿠바웨크$^{Czesław\ Kuwałek}$는 반데라주의자의 공격에서 숨어 있다가 독일군을 발견했다. 독일어를 할 줄 알았던 그의 친구 볼레스와프^{Bolesław}는 독일군에게 우크라이나인들에게 처형당하러 끌려간 폴란드 여자들과 아이들을 구해달라고 부탁했다. 만약 그게 어렵다면 무기를 빌려달라고 청했다. 독일군은 히죽히죽 웃으면서 두 부탁을 모두 거절하고 떠났다. 그러나 폴란드인들은 최소한 독일군에게는 이런 '부탁'이라도 할 수 있었고 그 뒤에도 무사히 살아남을 수 있었다. 호롬체는 폴란드인 자경센터였는데, 이곳에 모인 300여 명의 피난민은 오히려 그들을 도우러 온 독일군에게 구출되었다. 나중에 살아남은 이 300명은 강제 노동을 위해 독일로 이송되었다. 그중 한 명인 브와디스와프 자르친스키$^{Władysław\ Zarczyński}$는 다음과 같이 말했다.

"하나의 적인 우크라이나인들이 우리를 공격하는 와중에 또 다른 적인 독일인들이 역설적으로 우리에게 도움을 주러다가와서 보호해주었다는 사실은 언급할 만한 가치가 있습니다. 그런 시대였죠."

학살은 점차 시간이 지나면서 복잡한 양상을 띠었다. OUN-B와 UPA는 폴란드인만 살해한 것이 아니라 독일과 공모한다는 이유로 우크라이나중앙위원회(우크라이나 나치 부역자 조직)의 우크라이나 대표들도 살해하기 시작했다. 농촌에서는 인종청소에 열을 올리던 폴란드인과 우크라이나인 사이의 싸움이 내전 직전까지 치달았다. 독일군은 전선 후방에서 벌어지는 폭력 사태를 우려했기에 게슈타포를 중심으로 극단적 보복에 나섰다. 폴란드인들과 우크라이나인들은 즉결 재판을 받고 공개 처형되었으며 때로는 함께 처형되기도 했다.

베히터Wächter 할리치나 총독은 우크라이나중앙위원회와 폴란드 중앙복지회의 모두에게 폭력을 공개적으로 비난하고 질서를 촉구하도록 명령했으며 그렇지 않으면 더 많은 진압이 이어질 것이라고 경고했다. 중앙위원회 위원장 쿠비요비치Kubiiovych는 공개 호소문에서는 폴란드와 전쟁하는 것을 원하지 않는다고 말했지만, 비공개 토론에서는 민족적 폭력을 촉발한 책임이 폴란드에 있다고 암시했다. 또한 OUN-B와 UPA가 젊은 우크라이나인들을 게릴라 활동에 몰아넣고 사회를 분열시키며 무정부상태로 만들었다고 비난했다. 전단지에서 중앙위원회는 우크라이나인들에게 독일의 명령을 따르고 중앙위원회와 협력하며 반데라주의자에게 반대할 것을 촉구했다.

1943년 말부터 1944년 여름까지 상황은 더욱 복잡해졌다. 폴란드 지하조직·친공산주의 폴란드 빨치산·소련 빨치산·UPA·멜니크파 무장조직·할리치나 사단 등이 충돌하면서 이 지역은 거대한 내전과 학살의 장으로 거듭났다. 폴란드인들도 우크라이나인들의 학살로부터 많은 것을 배웠고 복수하고자 했다. 1944년 3월 10일부터 4월 2일 사이에 흐루비에슈프Hrubieszów에서는 폴란드 지하군이 조직적으로 우크라이나인을 최소 1,969명 학살했는데, 이는 여성 769명과 어린이 348명이 포함된 숫자였다.

우크라이나중앙위원회에 1943년 볼린에서 있었던 것과 비슷한 광경들이 보고되었다. 19세의 카테리나 파마슈크Kateryna Pamasiuk는 폴란드인들이 어떻게 도끼로 사람들의 머리와 팔다리를 잘라냈는지 기억해냈다. 12세의 지나 말리몬Zina Malymon은 우크라이나인들이 어디에 숨어 있는지 말하도록 총구로 협박당했다. 원하는 것을 찾지 못한 지하군은 지나의 가족을 살해하고 지나에게 중상을 입혔다. 그해 4월에 UPA와 멜니크파 군대가 도착하자 이제는 반대로 폴란드인들이 우크라이나인들에게 살해당했다. 무려 100킬로미터에 걸친 이 두 민족 간의 전쟁을 막고 치안을 안정화하기 위해 독일군은 최후의 수단으로 잔인한 진압을 택했다. 1944년 6월 11일부터 26일까지 '폭풍Sturmwind' 작전을 통해 비우고라이Bilgoraj 숲에서 빨치산과 빨치산을 지원한 사람들 4,759명을 무자비하게 살해했다.

도대체 얼마나 많은 폴란드인이 학살당했을까? 여러 학자가 수십 년에 걸쳐 다양한 수치를 제시했다. 적게는 6~7만 명부터 많게는 15~40만 명까지의 수치를 제시하기도 한다. 이들의 견해를 종합해보면, 7~10만 명 정도가 학살당한 폴란드인의 수라고 생각한다. 수십만 명의 폴란드인들이 이 학살을 피해 조상 대대로 살아오던 볼린과 동할리치나 땅을 떠나야 했다.

폴란드와 우크라이나에서는 이 학살을 보는 시각이 다르다. 2009년 7월 15일, 폴란드 의회는 이 학살을 제노사이드genocide의 특징이 있는 인종청소라고 규정하는 결의안을 채택했다. 2016년 7월에는 학살 희생자들을 추모하는 국가 기념일을 선포하고 공식적으로 학살을 제노사이드로 불렀다. 반면 우크라이나에서는 같은 해 9월에 역사적 사건에 대한 폴란드의 편향된 정치적 평가를 비난하는 결의안을 채택했다.

문제는 이러한 끔찍한 범죄를 저지른 UPA 전사들이 나치 패망 이후 자신들의 과거에 대해 입을 싹 닫고 스스로를 독립운동가로 포장하면서 캐나다와 미국에서 호의호식하며 남은 삶을 살았던 데 있다. 야로슬라우 스테츠코와 미콜라 레베드 등 많은 OUN과 UPA 인사들이 미국에 망명했는데, 특히 미국 정치인들과 각별한 친분관계를 맺었다. 2013년 유로마이단 봉기 직후 우크라이나를 방문한 공화당의 존 매케인John McCain 상원의원이 극우 파시즘 정당인 자유당의 지도자 올레흐 탸흐니보크Oleh Tiahnybok를 만나기도 했다. 캐나다에는 앞서 이야기한 돈초프와 삼추크를 비롯해서 다수의 UPA 출신 인사들이 정착했다. 지난 2008년 5월, 캐나다에 있는 우크라이나인들의 선동으로 캐나다 의회가 '우크라이나' 기근을 제노사이드로 규정하는 몰역사적이고 비이성적인 법안을 통과시켰는데, 이것이 캐나다에서 전직 UPA 전사들이 영향력 있는 자리까지 올라간 사실과 관련이 전혀 없다고 할 수는 없을 것이다.

이렇게 캐나다에 뿌리 깊은 우크라이나 디아스포라와 이에 대한 캐나다인의 인식을 잘 보여주는 사건이 지난 2023년

도판 10-5
야로슬라우 훈카의
나치 복무 시절
(아랫줄 가운데)

9월 22일 캐나다 의회에서 야로슬라우 훈카^{Jaroslav Hunka}라는 전직 할리치나 사단원이 초청받은 일이다. 이때 우크라이나의 젤렌스키 대통령과 캐나다의 쥐스탱 트뤼도^{Justin Trudeau} 총리가 모두 참석한 자리에서 캐나다의 앤서니 로타^{Anthony Rota} 하원의장은 이렇게 발언했다.

"오늘 우리는 러시아에 맞서 우크라이나 독립을 위해 싸웠으며 오늘날 98세의 나이에도 계속해서 그 군대를 지지하는 우크라이나계 캐나다인 제2차 세계대전 참전용사를 이 회의실에 모셨습니다. 그의 이름은 야로슬라우 훈카입니다. (…) 그는 우크라이나의 영웅이자 캐나다의 영웅입니다. 우리는 그의 모든 봉사에 감사를 드립니다."

그러자 젤렌스키와 트뤼도를 포함한 그 자리의 모두가 열렬한 박수를 이 노인에게 보냈다.

할리치나 사단은 우크라이나인으로 구성된, 온갖 전쟁 범죄는 다 저지른 나치 무장친위대 산하의 조직이었다. 무엇보다도 로타는 이 노인이 제2차 세계대전 기간에 러시아와 맞서 싸운 영웅이라고 소개했다는 점이다. 한국 사람이라면 제2차 세계대전 때 미국과 일본이 싸운 사실을 모르는 사람이 드물 듯, 서양 사람이라면 나치와 러시아가 싸웠다는 사실을 공교육에서 배우지 않을 수가 없다. 그런데 그때 러시아와 싸운 사람이었다면 자동으로 이 사람은 나치였다는 말이 된다. 이런 사실을 모르고서 로타가 말하고 젤렌스키와 트뤼도가 손뼉을 쳤다면 나라의 높은 자리까지 올라간 본인들이 어리석다는 사실을 증명하는 꼴이고, 알면서도 그랬다면 러시아와 싸운다면 나치라도 포용하겠다는 사실을 보여준 꼴이 아닌가.

2021년 인구조사에 따르자면 캐나다에는 우크라이나인이거나 우크라이나인을 조상으로 둔 사람이 무려 125만 명이나 있다고 한다. 이들 대부분은 러시아 혁명 이후에 망명하거나 아니면 제2차 세계대전 이후에 넘어온 사람들의 후손이다. 전쟁 범죄에 연루되고도 전혀 처벌받지 않고 안착한 사람들의 수가 상당하기에 캐나다에는 이들의 행위에 대해 심각함을 느끼지 않는 분위기가 있는 듯하다. 예컨대 캐나다 앨버타Alberta주의 주도인 에드먼턴Edmonton에는 우크라이나인 '참전자'들이 1972년에 학살자 로만 슈헤비치의 동상을 세웠다. 또한 훈카처럼 나치 무장친위대 소속이었던 우크라이나인들이 1976년에 같은 도시에 〈우크라이나의 자유를 위해 싸운 사람들에게〉라는 비석을 세우기도 했다. 게다가 1988년 온타리오Ontario주 오크빌Oakville에는 대놓고 〈UPA의 영광 기념비〉라는 이름의 기념비와 할리치나 사단 참전용사 기념비가 만들어졌다. 이곳 당국의 공식 입장은 사유지에 건설된 기물에 관해 어떻게 처리하라고 할 권한이 없다는 것이다.

캐나다 부총리이자 첫 여성 재무장관 크리스티아 프릴랜

드Chrystia Freeland는 우크라이나계로 1988~1989년까지 키이우에서 교환학생을 지내면서 앞서 이야기한 키이우 근교 비키우냐 처형장이 나치의 처형장이 아니라 사실 소련 NKVD의 처형장이었다는 사실을 밝혀낸 것으로 유명하다. 그러나 프릴랜드의 외할아버지는 나치 치하의 신문인 《크라키우스키 비스티Krakivski Visti(크라쿠프 소식)》 편집장인 미하일로 호먀크Mykhailo Khomiak로, 이 신문은 호먀크의 사위인 역사학자 존폴 힘카John-Paul Himka마저도 "심각한 반유대주의"라고 묘사했으며, 나치 독일의 선전장관 괴벨스가 직접 조직하고 재정을 지원해준 신문이다. 그러나 프릴랜드는 자신의 할아버지와 나치의 관계에 대해서 알고 있었음에도, 이를 부인하거나 혹은 러시아의 허위사실 캠페인이라며 비난했다. 우크라이나 나치의 후손이 조상이 한 일을 부인하고도 이렇게 고위직에 오를 정도로 캐나다와 우크라이나의 관계는 뿌리가 깊어도 보통 깊은 게 아니다.

다시 우크라이나인의 폴란드인 학살 문제로 돌아가보자. 우크라이나인들이 전쟁 중 유대인과 폴란드인에게 보여준 잔인성은 우크라이나 민족의 특성 때문일까? 폴란드인은 무고하게 당한 피해자에 불과할까? 전혀 그렇지 않다. 앞서 말한 우크라이나인들에 대한 폴란드인들의 학살은 '보복'이었다 해도 과언이 아니지만, 유대인에 대해서는 또 달랐다. 2001년 폴란드 태생의 미국 역사가 얀 토마시 그로스Jan Tomasz Gross가 출간한 《이웃들: 폴란드 예드바브네에서 유대인 공동체의 파괴Neighbors: The Destruction of The Jewish Community in Jedwabne, Poland》는 무수한 논쟁을 불러일으켰다. 폴란드인과 유대인이 공존하던 작은 마을 예드바브네에서 1941년 7월에 무려 1,600여 명의 유대인(이 수치에 관해서는 논란이 있으며 최소 300명까지로 추정되기도 한다)을 습격해서 죽인 것은 독일군이 아니라 '이웃'이었던 폴란드인들이었다는 것이다. OUN과 UPA라는 조직의 지도와 잠재하던 반유대주의가 어우러져 발생한 우크라이나의 학살과 달리 이 학살은 별다른 지도조직 없이도 하루아침에 평범한 마을 사람들이 학살을 저질렀다는 데서 더욱 충격이었다. 그로스는 지난 2016년, 폴란드인들이 독일인은 최대 3만 명을 죽였지만 유대인은 10~20만 명을 죽였다고 말하면서 다시 파문을 불러일으켰다.

우크라이나에서 어떤 도시에 들르던 박물관부터 방문했던 나는 루츠크에서도 볼린주 역사박물관으로 발걸음을 옮겼다. 그런데 이날이 12월 31일이어서인지 박물관 문이 닫혀 있었다. 크게 실망하고 발걸음을 돌리려는데 길 건너편에 큰 공원이 하나 눈에 들어왔다. 건너가서 살펴보니 소련 어느 도시에나 있는 영원한 영광 기억단지Memorialnyi kompleks vichnoi slavy였다. 원래 가톨릭 묘지가 있던 자리였는데 1976년 1월, 루츠크시 집행위원회에서 독일 파시스트 침략자에게서 볼린을 해방한 사람들에게 바치는 기억단지를 만들기로 결의했다고 한다.

놀랍게도 유로마이단 봉기와 돈바스 전쟁, 탈공법 이후에도 이 공원에는 소련 시절에 만들어진 수많은 상징물이 훼손되지 않고 남아 있었다. 볼린 출신 전사자들의 명단이 빼곡했고, 쓰러진 병사 양옆으로 소련영웅 칭호를 받은 전사자들의 얼굴이 붉은 별과 함께 새겨져 있었다(도판 10-6). 심지어 1946~1949년에 사망한 콤소몰 대원과 소비에트 노동자들을

도판 10-6

기리기도 했는데, 이들은 십중팔구 UPA 잔당과 싸웠을 것이다. 아프가니스탄 전쟁 희생자에 대한 추모비도 있었고, 여러 부대의 명단도 새겨놨는데 거기에는 조국전쟁훈장, 레닌훈장에 심지어 스탈린훈장을 포함해 소련 시절 만들어진 제2차 세계대전 관련 훈장 모형까지 그대로 보존하고 있었다.

그 옆에는 우크라이나 공수기동군에 관한 기념비와 더불어 돈바스 전쟁 전사자들을 위한 추모비가 한곳에 새로 만들어져 있었다. 소련 시절의 기존 추모비를 놔두고 그 옆에 새롭게 우크라이나 시절의 추모비를 만든 것을 종종 봤는데, 서부에서 소련 시절의 기억을 그대로 남겨 놓다니 대단하구나 싶다가도, 우크라이나 국기와 함께 UPA의 적흑기가 나란히 서 있는 모습을 보니 역시 여기는 서부구나 싶었다.

역사가 티머시 스나이더Timothy Snyder가 지적한 대로 '피에 젖은 땅'이었던 제2차 세계대전 시기 동유럽에서는 민족이 다르다는 이유로 학살이 점철되었다. 이곳 우크라이나에서도 수많은 사람의 피가 흘렀다. 우크라이나인 대부분은 조국인 소련을 지키기 위해 나치 독일과 맞서 싸웠다. 그러나 일부 우크라이나인들은 소련을 인정하지 않고 새로운 우크라이나 민족국가 수립을 위한 투쟁에 나섰다. 그들 중 상당수는 우크라이나인만의 국가를 건설하기 위해 우크라이나 땅에서 유대인, 폴란드인, 러시아인을 모두 '제거'해야 한다고 믿었다.

소련이 망하기 전까지 전자는 영웅다운 투쟁으로 칭송받았다. 그러나 소련 밖에서 반소·반공주의 독립운동으로 세탁된 후자의 서사는 소련 해체 이후 우크라이나 땅으로 다시 수입되어 점차 나라의 중심 서사가 되고 있다. 소련 체제에 대해 아무리 비판적인 사람이라도 소련의 가장 큰 업적이 파시즘을 물리치고 세계를 구한 데 있다는 사실을 부인하는 사람은 없다. 그러나 현재 우크라이나에서는 그 소련의 일원이었던 역사는 지워버리고, 오히려 나치 독일에 부역해서 독립운동이라는 명목으로 유대인과 폴란드인을 나치보다도 더 잔혹하게 살해한 조직의 역사를 우크라이나의 '정통' 계보에 넣으려 한다.

앞에서 언급한 존폴 힘카 교수는 유로마이단 직후에 게재된 한 논문에서 다음과 같은 질문을 던지며 글을 마무리했다.

"국가적 유산으로서 민족주의적 유산을 채택하면서 그 어두운 면을 그냥 잊어버리는 일이 가능한가?"

11장

테르노필
파괴에서 재건된 고즈넉한 호숫가 도시

마지막 목적지를 향해

2021년 1월 3일, 리우네에서 버스를 타고 서부 우크라이나 여행의 마지막 목적지인 테르노필에 도착했다. 후술하겠지만 테르노필은 역사적으로 상당히 많은 파괴와 재건을 겪은 도시다. 그래서인지 아주 오래된 건물은 그리 보이지 않았다. 역 주변에는 소련 해체 이후에 지어졌음이 분명한 신축 다세대 건물들이 늘어서서 상당히 세련된 분위기를 풍기고 있었다.

숙소로 가는 길, 중앙광장에 들어섰다. 남북으로 길쭉하게 뻗은 광장 입구에 신년을 알리는 커다란 숫자 기념물이 서 있었다. 주변 지도를 살펴보니 이곳은 주변에 여러 관청이 모여 있는 등 테르노필의 중심이 분명했다. 길쭉한 동서축 양변을 따라 많은 식당이 줄지어 문을 열고 손님을 받았다.

이 광장에 들어서자 테르노필 출신의 오페라 가수이자 소프라노 솔로미야 크루셸니츠카Solomiia Krushelnitska의 동상과 함께 우크라이나 독립 기념비가 서 있었다. 그 뒤에는 커다란 크리스마스트리와 함께 놓인 놀이기구들이 연말연시의 분위기에 따뜻함을 더했다. 수많은 시민들이 가족과 함께 즐겁게 시간을 보내고 있었다. 광장 북쪽 끝에는 셰우첸코 학술 드라마 극장이 웅장한 자태를 과시하고 있었다. 앞에 걸린 현수막을 보니 12월 19일부터 〈크리스마스 전야〉라는 이름의 행사인지 연극인지를 계속하는 것 같았다. 정교회 달력에 따르면 크리스마스는 1월 7일이므로 한창 분위기가 달아오를 때일 것이다.

저녁에는 숙소 건너편에 있는 식당에 갔다. 횡단보도가 없어서 U자 형태로 길게 돌아가야 했다. '오스카'라는 이름의 식당 벽면에는 오스카 트로피가 그려져 있었다. 식당 1층에는 지하층으로 내려가는 계단이 있고, 가운데가 뚫려 난간을 따라 지하층을 볼 수 있도록 테이블을 배치해놓았다. 지하에는 원형으로 테이블을 놓았는데, 그 가운데에서 마스크를 쓰지 않은 젊은이들이 열렬히 춤을 추고 있었다. 음악만 나오는 게 아니라 중간중간 DJ가 열심히 멘트를 치기도 했다. 약간 고급스러운 분위기여서 그런지, 남녀 모두 나름의 코드에 맞춰 정장과 드레스를 차려 입고 있었다. 맥주를 마시며 뭔가 모를 몽환적인 분위기와 살짝 오른 취기 속에 즐겁게 웃고 떠드는 테르노필 사람들의 모습을 눈에 담았다.

일상에 침투한 반데라주의

이튿날 점심은 '스타리 믈린$^{Staryi\ mlyn}$(오래된 방앗간)'이라는 우크라이나 전통 식당에 들렀다. 지역의 랜드마크 격인 식당 같았다. 저녁에 가면 코자크 복장을 한 아저씨들이 전통음악을 연주한다던데, 코로나 시국이라 사람이 없는 낮에 가기로 했다. 식당은 우리네로 치자면 여러 전통 물건으로 꾸며놓은 막걸리집의 모습이었다. 우크라이나식 문양의 접시와 전통 의상, 악기, 요리기구들로 벽이 장식되어 있었다. 식탁 위에는 우크라이나식 짚신 같은 데 냅킨과 식사 도구가 들어 있었다.

여느 식당과 마찬가지로 기본 안주로 흑빵이 나왔다. 주문한 맥주 1리터를 꿀꺽꿀꺽 마시니 늦은 아침부터 몸이 찌릿찌릿했다. 음식은 두 접시를 시켰다. 맨 처음 나온 것은 크바스 kvas로 만든 크바스 보르시치 borshch였다. 슬라브권의 대표적 음식인 보르시치는 우크라이나를 비롯한 동유럽 전역에서 먹는 수프인데 주로 고기와 함께 비트가 들어가 붉은빛을 띠지만, 비트를 넣지 않는 초록 보르시치 zelenyi borshch도 있다. 서양에서 맥주로 수프를 만드는 일도 있듯이 호밀빵으로 만든 크바스로 요리를 만드는 경우가 있는데, 이 크바스 보르시치는 계란과 녹색 채소가 들어가서 초록 보르시치와도 비슷했다. 동글동글한 빵 그릇에 담겨 나와서, 국물에 빵을 적셔 먹으니 맛이 일품이었다. 함께 시킨 멧돼지 고기 철판구이 요리도 대단히 만족스러웠다. 멧돼지 고기는 태어나서 처음 먹었는데, 돼지고기와 비슷하지만 미묘하게 다른 맛을 느낄 수 있었다.

도판 11-1

그런데 부른 배를 쓰다듬으며 기분 좋게 나오다가, 들어올 때는 못 보고 지나친 적흑기가 식당 앞에 걸려 있는 것(도판 11-1)을 발견했다. 서부에서는 어디를 가나 UPA의 적흑기가 있었다(도판 11-2). 식당에 내거는 것뿐 아니라 벽이나 다리에도 적흑기를 페인트로 칠한 모습을 볼 수 있다. 길을 걷다가도 뜬금없이 창문이나 벽에 내걸린 적흑기를 마주쳤다. 더욱 경악스러운 사실은 이 깃발이 공식적으로 관공서 앞에 걸린다는 점이다. 서부 우크라이나의 시청 앞에는 대개 공통적으로 다음 세 깃발이 펄럭이고 있다. 우크라이나 국기, 유럽연합 깃발, 그리고 UPA의 적흑기. 이곳에서 신나치주의의 문제는 더 이상 개인의 '일탈'이 아니다. 어디에서나 자랑스럽게 적흑기가 휘날렸으며, 정부에서 공식적으로 그 깃발을 게양하고 있었다. 독일의 각 도시마다 시청 건물 앞에 하켄크로이츠가 휘날린다면 그냥 웃어넘길 일이겠는가.

지난 2023년 2월 4일, 폴란드 국방장관 마리우슈 브와슈차크^{Mariusz Błaszczak}는 우크라이나 키이우에 있는 우크라이나군 전사자 기념의 벽에서 무릎을 꿇고 헌화했다. 문제는 이 벽 바로 옆에 UPA의 적흑기가 당당하게 걸렸다는 점이다. 폴란드 국

도판 11-2

방부에서는 절대 UPA 깃발에 무릎을 꿇은 것이 아니라며, 그렇게 주장하는 것은 친러적인 수사라는 태도를 밝혔다. UPA는 단순한 극우 민족주의 조직이 아니라 제2차 세계대전 기간에 우크라이나인만의 민족국가를 건설하고자 폴란드인 10만 명을 학살한 바로 그 군사조직이다. 그 조직의 깃발에다가 무릎을 꿇는 폴란드인 국방장관의 모습은, 마치 하켄크로이츠에 무릎 꿇는 이스라엘 국방장관을 보는 것 같았다. 게다가 놀라운 것은 다른 나라의 장관을 불러놓고 행사하는 공식 자리에서도(피해자 국가라는 점을 차치하고서라도) 이런 나치 조직의 공식 깃발이 공식적으로 게양된다는 점이다.

이렇게 이야기하면 그런 극우주의자는 어느 나라에나 있다고 할지도 모른다. 러시아에도 그런 나치들이 많다고 할지도 모른다. 동의한다. 러시아에도 나치들이 있다. 그러나 국가에서 공식적으로 이들을 제도적으로 포용하는 것은 전혀 다른 문제다.

지금 우크라이나에서 벌어지는 일을 독일에 대입하면 다음과 같다. 독일 연방군 국방참모총장이 히틀러 초상 앞에서 셀카를 찍어 인스타그램에 올리고, 집무실에 히틀러와 하인리히 힘러의 사진이 걸려 있다. 독일군 장병들은 공식 경례 구호로 '하일 히틀러'와 '지크 하일'을 쓰며, 공식 군가로 〈호르스트 베셀의 노래〉를 부르고(공식 군가는 아니었지만 가장 잘 알려진 나치 노래다), 하켄크로이츠와 막대십자(발켄크로이츠) 모양의 상징물을 쓴다. 나치당 창당일을 국군의 날로 기념하며, 히틀러의 생일에는 정부 공식 사이트에서 독일 민족의 영광을 위해 애쓴 지도자의 생일을 기념한다. 이 중 한 가지만 실제로 일어나도 국내외의 여론이 발칵 뒤집힐 것이다. 그러나 지금 이 모든 일이 실제로 일어나고 있는 우크라이나에 대해서는 서방 및 한국의 언론이 전혀 심각하게 다루지 않는다. 혹은 전쟁 전에는 비판적이었던 목소리도 전쟁이 일어나면서 쏙 들어가버렸다.

요즘 전쟁으로 뜨는 우크라이나 군가 가운데 〈새로운 군대의 행진〉이라는 노래가 있다. 이 노래는 놀랍게도 1929년 〈우크라이나 민족주의자들의 행진〉의 리메이크곡으로, 우크라이나민족주의단의 공식 단가로 쓰였다. 그 뒤에도 독립 이후 우크라이나 나치정당 '자유Svoboda'의 공식 회의 등에서 불리다가 드디어 공식 군가로 격상된 것이다. 가사를 개사했다고는 하지만 그리 달라진 것 같지는 않다. "통합된Soborna 우크라이나라는 나라는 산San 강부터 카프카스까지 자유롭고 굳건하다"라는 가사가 나오는데, 산강은 폴란드 동남부에 있고 카프카스는 지금 조지아·아르메니아·아제르바이잔이 있는 곳을 말한다. 독일 국가인 〈독일인의 노래〉도 "마스에서 메멜까지, 에치에서 벨트까지"라는 가사 때문에 영토 재수복을 노린다는 오해를 받는 1절을 부르지 않는데, 이들은 공식 군가에서 폴란드부터 아제르바이잔까지 우크라이나의 땅이라고 대놓고 주장하고 있다.

테르노필을 떠나는 날, 테르노필 지역박물관을 들렀다. 다른 여러 지역박물관처럼 선사시대 테르노필의 자연환경과 이곳의 동식물들로부터 시작해서 인간의 역사로 넘어갔다. 17세기 흐멜니츠키 반란을 거쳐 여러 코자크의 모습과 더불어 19세기 테르노필에서 활동한 타라스 셰우첸코, 그리고 이곳에서 활동한 여러 사람이 보였다.

문제는 20세기부터다. 이 시기의 구성이야말로 혼란스러운 우크라이나 정체성의 축소판처럼 보였다. 자세히 보면 배경을 빨간 종이로 붙인 것은 소련 시절에 만든 것이고, 파란 종이는 요즘에 새로 만들어 넣은 것이어서 아주 대비가 선명했다. 테르노필 볼셰비키 당 위원회에서 활동한 혁명가들이라든지, 10월 혁명 및 1920~1930년대 공업화 이야기가 있던 부분을 철거하고 이것저것 급하게 채우다 보니 나중에는 이런 것까지 넣어야 하나 싶은 별 시답잖은 내용이 많았다. 재미있게도 대부분의 우크라이나 지역박물관에서 독립 이후에 만들어 넣은 이른바 '홀로도모르'라든가 대숙청처럼 소련 체제의 '악행'을 보여주는 부분은 없었다. 그러나 역시 반데라와 UPA는 빠지지 않았고, 할리치나 사단은 마네킹까지 동원해서 복제를 보여주었다. 조상들이 나치 군복을 입고 있었던 것이 박물관에 전시할 만한 일이었을지는 개인적으로 의문이었다.

테르노필을 떠나면서 기차역에서 멀지 않은 '정치적 포로의 역사기억 박물관'에 들렀지만, 코로나 때문에 문이 닫혀 있었다. 서부 우크라이나에서 소련시대를 기억하는 방식이 정말 궁금했는데 너무 아쉬웠다. 그러나 문을 닫은 박물관 위에도 역시 우크라이나 국기와 함께 적흑기가 걸려 있었다. 박물관 입구 쪽에 벽화가 있었는데, 적흑기와 더불어 "OUN-UPA", "우크라이나에 영광이", "영웅들에게 영광이" 등 온갖 나치 구호가 쓰여 있었다. 왼쪽에 걸린 적흑기 위아래에 쓰인 문구는 "우크라이나 국가를 얻느냐 아니면 그 싸움에서 죽느냐. 자유냐 죽음이냐"였다(도판 11-3). 국가를 얻기 위해 애먼 유대인과 폴란드인을 죽일 필요까지는 없었겠지만 말이다.

도판 11-3

    2022년 6월 12일, 나는 러시아에 입국하기 전 독일 뮌헨에 잠시 들렀다. 박사논문 리서치를 위해서는 미국에서 러시아로 가야 했는데, 전쟁 발발 직후라서 곧바로 가는 비행기를 찾을 수 없었다. 그래서 여러 나라를 거쳐 러시아에 입국해야만 했다. 학생이라서 돈이 없었기 때문에 아무리 오래 걸리더라도 최대한 싼 비행기를 찾으려 했다. 오랜 시간 항공편을 뒤져서 찾은 것이 독일과 아르메니아를 거쳐 러시아로 들어가는 항로였다. 항상 독일에 가보고 싶은 마음이 있었는데 이렇게 짧게라도 들를 수 있어서 내심 기뻤다. 프랑크푸르트 공항에 내려 기차를 타고 뮌헨으로 이동해서 며칠 머물다가 아르메니아로 떠나는 일정이었다.

    뮌헨 지하철 6호선^{U6} 홀츠아펠크로이트^{Holzapfelkreuth}역에서 내려서 300미터 정도 남쪽으로 내려가면 발트프리트호프^{Waldfriedhof} 묘지가 있다. 직역하면 '숲속의 묘지'라는 뜻이다. 소련 묘지에 비하자면 그 이름처럼 숲에 가까워서 하늘 높은 줄 모르고 솟은 나무들이 더욱 빼곡했다. 방문했던 날에는 햇볕이 몹시 따가웠는데 그늘이 많아 걷기에 더 좋았다. 여기에는 정치인·음악가·작가·과학자 등 수많은 독일인이 묻혀 있다.*

이곳 43구역에는 OUN-B의 수령 스테판 안드리요비치 반데라의 무덤이 있다. 반데라와 가족들은 전후 서독에 정착했다. 그러나 소련 정보기관은 계속 반데라를 추적하고 있었다. 1959년 10월 15일, 반데라는 식사를 하러 차를 몰고 집으로 돌아가고 있었다. 비서와 함께 시장에 들러 장을 본 그는 혼자 집으로 돌아왔다. 차를 차고에 세우고 열쇠로 건물 대문을 열었다. 집 근처에서 경호원들이 합류했으나 그날따라 반데라는 집에 들어가기 직전에 경호원들을 해산시켰다. 그곳에서 KGB 요원 보그단 스타신스키Bogdan Stashinskii가 기다리고 있었다. 암살 무기는 시안화칼륨, 흔히 청산가리라 알려진 독극물로 스타신스키는 독극물 튜브를 신문에 싸서 준비했다. 스타신스키가 독극물을 반데라의 얼굴에 쏘자 반데라는 비명을 지르며 쓰러졌다. 이웃이 비명 소리를 듣고 내다보았을 때 이미 암살자는 사라지고 없었다. 반데라는 바닥에 쓰러져 피를 흘리고 있었지만 살아 있었다. 그러나 병원으로 이송되는 도중 사망했다.

반데라의 무덤은 다른 무덤보다 다소 넓은 장소에 있었다. 평일 대낮에 방문해서인지 주변에 사람 하나 없이 고요했다. 의외로 UPA 적흑기는 보이지 않았고 우크라이나 깃발만 여러 개 꽂혀 있었다. 주변 나무에도 우크라이나 깃발이 여럿 걸려

---

* 그중 한국인들에게 제일 잘 알려진 사람은 212구역에 묻힌 《끝없는 이야기》, 《모모》의 작가 미하엘 엔데(Michael Ende)다.

있었는데, 전쟁 발발 이후에 수많은 우크라이나인이 방문했는지 전쟁 관련 메시지가 가득했다. 우크라이나 깃발에는 비석 뒷면에 반데라의 사진과 적흑색 배경을 넣은 스티커가 붙어 있던 것이 다였는데, 내가 방문하기 불과 이틀 전에 붙인 것이었다. 2022년 가을쯤 인터넷에 올라온 사진을 보니 내가 방문했을 때는 없던 철조망이 반데라의 무덤을 둘러싸고 있었다. 내가 방문한 이후 반데라 묘지에 관한 반달리즘 행위가 있었다고 한다. 철조망에는 우크라이나 국기와 적흑기가 여러 개 걸려 있었다.

이 우크라이나 '혁명가'이자 '독립운동가', '학살자'에 대한 숭배는 독립 이후 우크라이나에서 계속 커지다가 지금 절정에 달했다. 이바노프란키우스크를 이야기하면서 우크라이나 국회에서 공식적으로 반데라의 생일을 축하하는 트윗을 올리고 우크라이나군 총사령관이 반데라의 초상화와 함께 '셀카'를 찍어 올린 일을 앞서 이야기했다. 반데라 숭배는 그동안 인연이 없었던 동부 우크라이나로도 퍼져나갔다. 하르키우에서조차 반데라의 생일을 축하하고, 드니프로에서조차 스테판 반데라 이름을 딴 거리가 생겼다. 우크라이나에서 반데라 저작집을 팔지 않는 서점이 없고, 인터넷 서점에서는 수십 권의 반데라 전기를 찾을 수 있다. 이미 몇 년 전부터 반데라의 생일인 1월 1일에는 적흑기와 횃불을 든 시위대가 주요 도시를 행진하고 있다. 이런 상황에서 진지하게 우크라이나의 미래를 고민하며 신新나치주의의 발흥에 대해 우려를 표명하는 것을 단지 러시아에 선동당했다고만 볼 일은 아닌 것 같다.

우니아트 교회와 그리스 가톨릭 교회

테르노필 성 뒤편 광장에는 할리치나-볼린 대공이자 루테니아 국왕 다닐로 할리츠키Danylo Halytskyi의 동상이 있다. 다닐로 할리츠키의 이름은 르비우 국립의과대학이나 르비우 국제공항 등 여러 중요한 국립시설에 사용된다. 동상 앞으로 1779년에 완공된 우크라이나 그리스 가톨릭 교회의 성모무염시태 성당(도판 11-4)이 있다. 이 성당은 1944년 독소전쟁 중에 심각하게 파괴되어서 1957년에야 완전히 복구했다고 한다. 성당 바로 앞에 우크라이나 그리스 가톨릭 교회의 상급대주교 요시프 슬리피Yosyf Slipyi의 동상이 있다. 정면에 두 개의 초록색 첨탑이 우뚝 솟은 교회의 모습은 매우 웅장하고 거대했으며, 내부의 규모와 장식 또한 훌륭했다.

도판 11-4

우크라이나에 그리스 가톨릭 교회라고 하면 이쪽 지방에 약간의 지식이 있는 사람이라면 고개를 갸우뚱할지도 모른다. 가톨릭 교회라니? 러시아, 우크라이나 지방은 '러시아' 정교를 믿지 않나? 게다가 그리스 가톨릭이라니? 심지어 우크라이나 그리스 가톨릭이라니?

이 우크라이나 그리스 가톨릭 교회야말로 우크라이나 지

방의 복잡다단한 역사를 한눈에 보여주는 축소판이라 할 수 있을 것이다. 그 이유는 우크라이나 정체성의 시작이 바로 이 '가톨릭' 교회에 대한 저항으로부터 시작된 데 있다. 이러한 종교적 저항은 결국 17세기 코자크 반란으로 이어져 폴란드에 저항하는 루스 정체성의 재발견으로 이어진다. 그러나 더욱 흥미롭게도 서부 우크라이나에서는 입장이 뒤바뀌어 이 '가톨릭' 교회가 루스계 주민들의 주류 종교가 된 것이다.

우크라이나 그리스 가톨릭 교회에 관해 설명하려면 16세기까지 거슬러 올라간다. 여러 번 설명한 대로 이 당시 키이우를 포함한 중·서부 우크라이나는 폴란드의 지배를 받고 있었다. 동부는 무주공산에 가까운 변경이었고, 남부는 크림 칸국의 영토였다. 아직 우크라이나라는 근대 민족정체성이 등장하지 않은 이때 우크라이나 땅에 사는 사람들은 근대적 의미에서 러시아인과 구별되지 않던 '루스^{Rus}'였다. 같은 슬라브인임에도 폴란드인과 루스인을 구별하는 정체성은 단 하나, 바로 종교였다. 폴란드인은 가톨릭을 믿고 있었고, 루스인은 정교를 믿고 있었던 것이다. 정치적·사회적·경제적으로 기존의 신분적 특권을 보장받은 루스계 엘리트는 점차 폴란드화하고 있었지만, 뛰어넘을 수 없는 종교의 벽 때문에 완전한 폴란드화 및 정치적 통합은 근본적인 한계에 봉착했다.

이로 인해 시작된 것이 바로 우니아트(합병) 교회 운동이다. 우니아트 운동은 정교와 가톨릭의 통합을 목표로 했다. 로마 교황의 권위만 인정한다면 정교의 관습과 전례典禮, 그리고 교구의 독립성까지 보장한다는 것이었다. 이는 1596년 브레스트 공의회에서 교회 통합을 결정함으로써 폴란드-리투아니아 영내의 모든 정교회가 형식적으로 로마 교황의 종주권을 인정하게 만드는 데 이르렀다. 어찌 보면 1054년 동서교회 분열 이후 500여 년 만에 다시 통합의 길로 들어선 것이다.

그러나 반발이 없었던 것은 아니었다. 예컨대 공의회는 폴란드 국왕이 정교회의 소위 33개조 제안을 수용하는 방식으로 이루어졌는데, 이 중에 세속귀족에 대한 주교권력의 우위를 요구하는 조항들이 있었기에, 루스 귀족들은 적극적으로 우니아트 교회에 반대했다. 정교회 계서제는 합병을 인정했지만, 일반 민중이나 수도원에서는 역시 통합 교회를 받아들이지 않았다. 정교회의 전례를 보장한다는 약속은 지켜졌으나 교의에서는 가톨릭을 받아들여 내용상으로는 가톨릭화했다. 따라서 정교 신앙을 유지했던 루스 귀족들은 폴란드 의회^{sejm}를 거점으로 우니아트 교회에 저항하고 정교회의 권리를 옹호하고자 했다. 따라서 폴란드 국왕은 애초에 통합 교회를 밀고 나가려던 계획에서 한 발 후퇴해서 정교회 교도들의 권리를 용인하고 정교회의 존속을 암묵적으로 인정했다.

특히 왕국 동부에서 코자크 세력의 성장은 우니아트 교회의 성장에 치명적인 장애물이었다. 1620년 자포리자 코자크의 수장인 페트로 코나셰비치사하이다치니^{Petro Konashevych-Sahaidachnyi}는 통합 교회 출범 이후 거의 무너져 가고 있던 정교회 조직을 재정비하기 위해, 예루살렘 그리스 정교회의 총대주교 테오파네스 3세^{Theophanes III}에게 공석으로 남아 있는 성직을 새로운 인물로 채워 넣는 서임 임무를 시켰다. 이에 폴란드 국왕 지그문트 3세 바자^{Zygmunt III Waza}는 격노해서 본인의 허락 없이 임명된 성직자들을 체포하려 했지만 그렇게 되면 주변국들과 전쟁의 위험이 있던 이 시기에 유용한 무력집단인 코자크와 척지게 되는지라 결국 암묵적으로 이들을 놔둘 수밖에 없었다.

우크라이나인들은 스스로를 '코자크 민족'이라고 여기며, 코자크의 역사를 우크라이나의 역사로 칭송한다. 그러나 그것은 자포리자 코자크에만 해당하는 이야기다. 우크라이나어로 코자크, 러시아어로 카자크, 영어로는 코사크라 부르는 이 집단이 등장한 것은 사실 범汎루스적인 현상으로 러시아 영토에만 해도 아무르 카자크, 돈 카자크, 쿠반 카자크 등 수많은 카자크가 존재한다. 그런데 어떻게 자포리자 코자크만 독자 국가를 꾸리고 '코자크 정신'을 후대에 물려주어 결국 우크라이나라는 국가까지 이어졌을까?

여러 원인이 있겠지만 무엇보다도 자포리자 코자크가 가톨릭 폴란드의 지배를 받았다는 이유를 들 수 있겠다. 모스크바 러시아와 언어, 종교, 문화를 공유하던 다른 카자크 집단과는 달리 자포리자 코자크는 종교의 차이로 인해 기존의 사회적·경제적 모순이 더욱 증대하는 형편이었다. 이에 대한 해결책으로 폴란드가 내놓은 통합 교회, 우니아트 교회 운동은 오히려 정반대로 코자크 집단의 '루스 정체성'을 강화하면서 크나큰 반란의 불꽃을 일으키도록 했다. 이것이 바로 '우크라이나 정체성'의 첫 출발이었던 것이다.

우크라이나 땅에서 일어난 첫 코자크 반란은 흔히 1591년의 크리슈토프 코신스키Kryshtof Kosynskyi의 반란을 꼽는다. 그러나 연도를 보면 알겠지만 이때는 통합 교회가 제시되기 몇 년 전이었고 종교 문제는 주요 쟁점도 아니었다. 그러나 뒤이어 일어난 반란에서는 정교회에 대한 수호와 통합 교회에 대한 반대를 주요 대의로 내세웠다. 결국 반세기 뒤 보흐단 흐멜니츠키의 반란에서는 '코자크' 자체가 정교회를 믿는 루스인들이 명확히 서부의 가톨릭을 믿는 폴란드인과 다르다는 그런 '정체성'이 이미 형성되었던 것이다.

매우 흥미로운 사실은 루스인들이 우니아트 운동에 저항하면서 우크라이나 지방에 새로운 정체성이 생겼지만, 시간이 지나면서 정반대로 우크라이나 그리스 가톨릭이 이 지역 루스인들의 새로운 정체성이 되었다는 점이다. 이러한 통합 교회 신앙은 서부 우크라이나가 동부 우크라이나와 다른 정체성을 지니는 데에도 한몫했으며 또한 우크라이나 민족주의의 탄생에도 기여했다. 그리스 가톨릭 교회와 우크라이나 민족주의의 탄생에 관한 역설은 19세기로 거슬러 올라간다.

당시 우크라이나 정체성이 태동하고 있었지만, 이러한 우크라이나화는 정해진 미래가 아니었다. 그러나 앞서 이야기했듯이 1848년에 최초의 루스인 정치조직인 루스최고회의가 설립되었는데, 그 과정에서 그리스 가톨릭 교회가 큰 역할을 맡으면서 루스 정체성의 상징으로 올라선 것이다. 이후 19세기 후반 할리치나 지방에서는 두 가지 국민국가 건설nation-building 기획이 있었는데, 바로 폴란드 민족운동에서 영향을 받아 형성된 범러시아와 범우크라이나 기획이었다. 별도의 루스계 국민국가를 형성하는 제3안도 다른 대안일 수 있었지만, 당시 할리치나를 지배하던 오스트리아에서 이러한 운동을 지원하지 않았고, 할리치나만 고립된 채로 대처하기에는 폴란드화라는 위협이 크게 다가왔다. 따라서 이 지역 루스인들은 이러한 위협에 성공적으로 대처하기 위해 범러시아나 범우크라이나 정체성을 갖고자 했다.

두 경우 모두 종교와 그리스 가톨릭 정체성은 특정 기획의 요구에 맞게 조정해야 했다. 러시아 민족주의자들은 자신들의 기획을 추진하면서 그리스 가톨릭을 러시아 정교회에 더 가깝게 만들기 위해 로마 가톨릭에서 차용한 것들을 '정화'하고, 이를 통해 할리치나 루스인을 하나의 러시아 민족의 필수적인 부분으로 보는 이상을 강요하려고 시도했다. 반면 범우크라이나 기획에 동의하는 사람들은 별도의 그리스 가톨릭 총대주교청을 설립하는 등 그리스 가톨릭 교회의 독립을 주장했고, 이를 통해 교회 지도부와 성직자들의 많은 지지와 이해를 얻었다. 동시에 이들은 그리스 가톨릭이 우크라이나 국민을 분열시키는 종교라고 생각했기 때문에 그리스 가톨릭을 너무 강조할 수는 없었다. 할리치나에서 수입되고 개발된 현대 우크라이나 국가 정체성은 특정 종교나 교회에 밀접하게 묶여 있지 않았다. 이렇게 구축된 정체성은 우니아트 교회와 우크라이나 정교회 사이의 경계를 넘나들며 종교적·문화적·역사적으로 분열된 민족에게 공통의 소속감을 부여할 수 있었다.

물론 전체적으로 보자면 우크라이나는 여전히 정교회 신도가 대다수다. 인구의 72퍼센트가 정교회를 믿는다고 답하고 있고, 우크라이나 그리스 가톨릭은 두 번째로 교세가 강한 종교이지만 인구의 9퍼센트밖에 안 된다. 그러나 이것은 이른바 '평균의 함정'이라 할 수 있다. 왜냐하면 할리치나 3주(르비우, 이바노프란키우스크, 테르노필)에서는 주민의 절반 이상이 우크라이나 그리스 가톨릭을 믿고 있기 때문이다. 따라서 어찌 보자면 서부 우크라이나는 종교마저도 나머지 우크라이나 지방과 다른 독특한 특색이 있는 셈이다. 우크라이나의 종교를 둘러 싼 이러한 복잡한 배경과 맥락은 우크라이나를 이해하는 일이 단순하지 않다는 것을 다시 한번 상기시킨다.

기구한 역사를 겪은 테르노필 성

테르노필은 1540년, 폴란드의 헤트만^{Hetman}이었던 얀 타르노프스키^{Jan Tarnowski}가 건설했다. 그의 이름을 따서 폴란드어로는 타르노폴^{Tarnopol}, 러시아어로는 테르노폴^{Ternopol}, 우크라이나어로는 테르노필이라 부른다. 폴^{pol}은 그리스어로 도시를 의미하는 폴리스^{polis}에서 온 것이므로, 테르노필은 '타르노프스키의 도시'라는 뜻이다. 여기서 헤트만이란 폴란드-리투아니아 연합국에서 군사령관을 일컫는 용어였다. 우크라이나 땅에서도 헤트만이라는 용어가 널리 쓰였는데, 자포리자 코자크의 수장을 가리키는 말로 사용되었다. 17세기에 보흐단 흐멜니츠키의 봉기 이후로 독립을 쟁취한 코자크 국가는 헤트만국이라는 이름으로도 불렸다.

도시 중앙을 흐르는 세레트^{Seret} 강은 우크라이나와 몰도바, 미승인국 트란스니스트리아를 흘러 흑해로 들어가는 드네스트르^{Dnestr} 강의 지류다. 드네스트르는 러시아어 이름이고 우크라이나어로는 드니스테르^{Dnister} 강이라고 한다. 이 세레트강 옆에 테르노필 성(도판 11-5)이 세워져 있다. 성이라고 해서 뭔가 류바르트 성처럼 거대한 모습의 성이라기보다는 그냥 어느 귀족의 저택처럼 보인다. 타르노프스키가 8년 동안 건축해서 1548년에 완공했으며, 옆에는 커다란 인공호수도 만들어놓았다. 타르노프스키의 아들이 후사 없이 사망하면서 다른 여러

도판 11-5

가문에게로 도시의 소유권이 넘어갔다.

1672~1676년에 벌어진 폴란드-오스만 전쟁 이후 테르노필이 완전히 파괴되면서 성도 잿더미로 주저앉았다. 그 이후에도 1694년 타타르의 침입, 1710년 대북방전쟁 및 1733년 폴란드 왕위계승전쟁 동안 러시아인에게 계속 약탈당했다. 18세기 말 폴란드 분할 이후로도 도시의 주인은 계속 바뀌었다. 애초에는 오스트리아 제국의 영토였으나, 1809년 나폴레옹 전쟁 기간에 폴란드군에게 점령당했고 다시 러시아 제국의 소유로 전락했다. 1812년 나폴레옹의 러시아 원정 때는 프랑스군에게 점령당했다가 1815년 빈 회의 이후 다시 오스트리아 영토에 속했다.

그 이후 100년 동안 큰 영토의 변화는 없다가 제1차 세계대전 시기에 러시아군에게 점령당했고, 러시아 혁명 이후 1918년 브레스트-리토프스크 조약*으로 다시 오스트리아 땅으로 넘어갔다. 그러나 1918년 오스트리아-헝가리 제국의 붕괴로 우크라이나 지방은 다시 혼란스러워졌다. 테르노필은 짧게나마 서우크라이나인민공화국의 수도로 기능했다. 그 이후에도 1920년에 소비에트-폴란드 전쟁 도중 짧게 존재했던 볼셰비키 성향의 할리치나사회주의소비에트공화국의 수도이기도 했다. 그러나 1921년에 리가 조약**이 체결되고 서부 우크라이나 땅이 폴란드에게 넘어가면서 테르노필도 폴란드 땅으로 넘어갔다. 그 이후에는 다른 서부 우크라이나 지역과 마찬가지로 1939년 폴란드 분할로 소련 영토에 속했고, 제2차 세계대전 기간에는 독일군에게 점령당했지만, 전후에 소련 소속 우크라이나의 영토로 지금껏 이어지고 있다.

테르노필 성의 역사도 참으로 기구하다. 마치 몇 번이고 불탔다가 재건된 한국의 산사(山寺)들을 보는 느낌이랄까. 앞서 말한 대로 성은 지어지자마자 16, 17세기에 타타르 및 오스만의 공세로 여러 번 심각한 피해를 입었다. 그때마다 성주는 재건 작업에 돌입해야 했다. 그러나 1675년에 파괴된 탑은 다시는 재건되지 않았다. 1840년대에 재건한 성은 오스트리아군이

---

* 1918년 3월 소비에트 러시아와 동맹국(독일, 오스트리아 등) 사이에 맺은 조약으로, 소비에트 러시아는 우크라이나, 폴란드, 핀란드, 발트 3국의 영토를 모두 상실하고 독일에 배상금을 지급하는 굴욕스러운 결과를 감내해야 했다. 그러나 같은 해 11월 독일의 패망과 제1차 세계대전의 종결로 조약은 무효가 되었다.

** 1921년 3월 전쟁 중이던 볼셰비키와 폴란드 제2공화국 사이에 맺은 휴전 조약으로, 원래 볼셰비키가 목표로 했던 서유럽 혁명이 좌절되었으며, 현재 서벨라루스 및 서우크라이나 지방이 폴란드 영토에 합병되었다.

병영 막사로 사용했다. 1917년에는 동부전선에서 후퇴하던 러시아인들이 불을 질러서 파괴되었으며, 1931년에 재건되었지만 다시 1944년에 독일인들의 손에 파괴되었다. 결국 1956년에 최종 재건 작업이 완료되어서 지금의 모습을 갖췄다.

앞에서 이야기한 것처럼 테르노필 성 옆에는 큰 인공 호수가 있다. 타르노프스키가 성을 지을 때부터 만들어진 유서 깊은 호수다. 지금은 평범하게 테르노필 연못, 혹은 테르노필 호수라 불리지만, 소련 시절에는 콤소몰 호수라는 이름으로 불렸다. 제2차 세계대전 때 완전히 박살났지만, 전후에 다시 만들어졌다고 한다.

호수는 상당히 넓고 그 주위를 따라서 산책하기 좋도록 길을 만들어놓았다. 내가 테르노필을 방문했던 때는 평일 낮이었지만 정교회 성탄절이 얼마 남지 않은 연휴여서 그런지 사람들이 꽤 많이 다녔다. 특히 낚시꾼들이 엄청 많았는데, 여기저기 낚싯대를 드리우고 망중한을 즐기고 있었다. 이 테르노필 호수는 서울에 있는 석촌호수의 열세 배가 넘는 크기로 생각보다 엄청나다. 남북으로 길쭉한 타원형 호수인데 테르노필 성과 도심지는 동쪽 강 안에 있다. 건너편을 바라보니 한강 폭과 비슷한 거리만큼 떨어져 있는 것 같았다.

테르노필 성 북쪽에 타라스 셰우첸코 공원이 있는데 이쪽에 두 개의 작은 섬이 있다. 하나는 공원 안 육지에 호수와 방파제 하나로 나뉜 저수지 같은 곳에 떠 있는 차이카Chaika섬이고, 다른 하나는 호수 안 육지 근처에 아주 작은 동그란 섬 하나가 육지와 다리 하나로 연결되어 있는데 연인들의 섬, 또는 사랑의 섬이라 불린다. 둘 다 제2차 세계대전 이후에 만들어진 인공섬이다. 차이카섬이 떠 있는 저수지에서도 고기가 꽤 잘 잡히는지 낚시꾼 여럿이서 시간을 보내고 있었다. 사랑의 섬 안에는 하얀 건축물 하나가 세워져 있었는데 거기에서 사랑을 고백하면 영원하다는 속설이 있는 모양이다. 다리를 넘어가다 보니 마치 서울 남산공원 산책로를 연상시키는 자물쇠가 여럿 걸려 있다. 그런데 생각보다 수가 많지 않아서 조금 허전한 느낌이 들었다. 흰색 난간에는 많은 연인이 서로의 사랑이 영원할 것이라는 맹세를 저마다 적어놓았다.

이어서 타라스 셰우첸코 공원을 찾았다. 그런데 이름과는 달리 셰우첸코 상이 아니라 스테판 반데라의 동상(도판 11-6)이 있었다. 거기에는 "우크라이나영웅 스테판 반데라"라고 새겨져 있었다. 양옆으로 우크라이나 국기와 UPA의 적흑기가 높게 솟아 있었다. 그 옆에 우크라이나의 '자유'를 위해 죽은 사람들의 명단이 새겨져 있었는데 2014년 이후 돈바스 전쟁에서

도판 11-6

전사한 사람들인 듯했다.

앞서 이야기했듯이 2010년 우크라이나 대통령 빅토르 유시첸코는 퇴임 직전인 1월 22일에 반데라에게 우크라이나 독립국가를 위해 싸웠다는 명분으로 우크라이나영웅 칭호를 수여했다. 이에 러시아, 폴란드, 유대인 정치인들뿐 아니라 유럽의회에서도 이 결정을 비난했다. 그러나 서부 우크라이나의 민족주의자들과 북미의 우크라이나인들은 이 결정에 환호했다. 결국 다음 대통령이 된 빅토르 야누코비치는 2011년 반데라의 영웅 칭호를 취소했다.

이 동상이 세워진 것은 2008년으로, 반데라 탄생 100주년을 기념하기 위한 것이었다. 서부의 반데라 숭배가 유로마이단 봉기나 돈바스 전쟁 이전부터 계속되었다는 하나의 사례다. 2014년 동상 사진에는 단순히 스테판 반데라라고 이름만 새겨져 있었으나, 2015년 사진에는 그 위에 우크라이나영웅이라는 말을 덧붙여놓았다. 아마 돈바스 전쟁의 영향일 것이다. 매년 1월 1일 테르노필의 우크라이나 민족주의자들이 이곳에서 반데라를 추모하는 행사를 연다고 한다.

호수를 내려다보는 잔디밭에 러시아-우크라이나 전쟁에서 희생된 테르노필 사람들을 추모하는 작은 추모비(도판 11-7)가 있었다. 따로 설명이 없고 비석의 연대도 오래된 것인지 새것인지 한눈에 파악하기 힘들어서 그 전쟁이 '러시아' 내전기의 소비에트-우크라이나 전쟁(1917~1921)을 말하는지 아니면 새로 발발한 돈바스 전쟁을 이야기하는지는 알 수 없었다. 그러나 100년 전 일어난 전쟁의 희생자를 지금 일어난 전쟁의 희생자와 똑같은 이름으로 추모해야 한다는 것은 얼마나

도판 11-7

큰 비극일까. 다시 새로운 러시아-우크라이나 전쟁이 발발한 지금, 테르노필의 이 추모비가 떠오른다. 글을 쓰고 있는 이 순간에도 우크라이나 땅에서 죽어가고 있는, 30여 년 전까지만 해도 한 나라 사람이었고 10년 전까지만 해도 서로 전쟁을 한다는 것은 상상조차 할 수 없었던 두 나라 사람들을 생각한다.

서부 우크라이나를 돌아보면서 따뜻함과 착잡함을 동시에 느낄 수 있었다. 아름다운 풍경과 친절한 사람들 덕분에 여행은 전반적으로 즐거웠다. 그러나 부패한 경찰과 구걸하는 아이들의 모습을 보며 화도 많이 났고 마음도 무거웠다. 폴란드나 리투아니아, 오스트리아 시절에 지어진 아름다운 옛 건축물과 웅장한 소련 시절의 흔적은 눈을 즐겁게 했지만, 다른 한편으로 그 시절에서 그다지 발전하지 않은 도시 인프라의 모습에 여러 생각이 들었다.

그리고 우크라이나 민족주의에 관해서 언급하지 않을 수 없다. 물론 민족주의의 종류는 여러 가지가 있을 수 있지만, 이곳에서는 극우 민족주의를 제외한 다른 가능성은 거세되었다. 어디를 가나 스테판 반데라와 OUN, UPA의 영웅다운 '독립운동'을 칭송하고 그들이 벌인 잔인한 학살의 과거는 무시했다. 내가 살던 드니프로와 동부 지역의 다른 도시들에서는 볼 수 없었던 반데라 동상과 적흑기가 도시 여기저기에서 나부끼고 있었다.

그렇다고 해서 현재 서부 우크라이나인들이 80년 전의 선조들처럼 광신적 나치 추종자라는 말은 결코 아니다. 중요한 점은 현재 이곳 사람들이 적극적이든 소극적이든 반데라로 대표되는 배타적 민족주의 사상을 수용하고 있다는 현실이다. 1980년대 말부터 조금씩 복권되기 시작한 반데라 사상은 지난 30여 년을 거치며 점진적으로 부활했다. 유로마이단 봉기, 돈바스 전쟁, 러시아의 침공은 비료를 뿌렸을 뿐, 씨를 뿌린 것은 결코 아니었던 것이다.

5부 돈바스

U

K

R

A

I

N

E

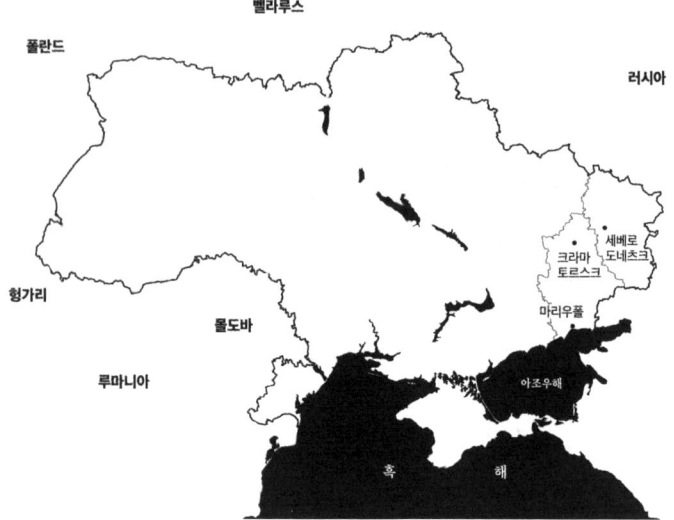

12장
세베로도네츠크
한적하고 쓸쓸한 소도시의 풍경

여정의 끝에서 다시 시작된 여행

2021년 4월 2일 저녁 5시 40분, 나는 돈바스 지방 루한스크주 주도인 세베로도네츠크시 버스터미널에 발을 디뎠다. 원래 루한스크주의 주도는 루한스크시이지만 돈바스 전쟁 이후 이곳이 새롭게 루한스크주의 주도로 선정되었다. 왠인지 세베로도네츠크를 얼마 앞두고 도시 서남쪽에 바로 붙어 있는 리시찬스크 버스터미널에서 또 잠시 쉬었다. 훗날 2022년 7월, 러시아가 루한스크주를 완전히 '해방'할 때 제일 마지막으로 점령한 도시로서 리시찬스크라는 이름이 한국 매스컴까지 장식할 줄은 그때는 상상도 못 했다.

기나긴 여정의 마지막 구간을 통과하기 위해 버스가 도시의 중심 거리인 히미키우^{Khimikiv} 대로에 들어섰다. 이곳은 '화학자들의 거리'라는 뜻으로 소련 시절에는 콤소몰 대로로 불렸다. 서쪽에서 2시 방향으로 2.7킬로미터가량 버스를 타고 달려 터미널에 도착했다. 인구 10만 명을 조금 넘는 이 도시를 차창 밖으로 살펴본 결과, 그리 크지 않은 전형적인 소련식 소도시

도판 12-1

의 모습이었다(도판 12-1).

10시간을 넘게 달려와 드디어 도착한 돈바스. 이곳을 살펴보기에 앞서 요즈음 언론에서 돈바스 지방에 대한 언급이 많은데 도대체 정확히 돈바스가 무엇을 말하는 것이고, 어떤 배경을 지녔는지 간단히 설명해야 할 것 같다.

돈바스의 역사

머나먼 우크라이나의 일개 지방의 명칭이 한국 뉴스에 이렇게 많이 등장한 적은 없을 것이다. 마치 영남, 호남 지방이라는 이름이 국제 뉴스의 1면을 지속해서 장식하는 것과 비슷한 것 같다. 그렇다면 도대체 돈바스란 무엇을 뜻하고 정확히 어디를 가리키는 것일까?

우크라이나어 돈바스Donbas를 러시아어로는 s가 하나 더 붙은 돈바스Donbass라 한다. 돈바스는 '도네츠 분지'의 약자인데, 그냥 분지가 아니라 석탄 분지를 뜻한다. 도네츠 분지의 이름은 이 지역을 흐르는 도네츠강에서 왔다. 도네츠강은 바로 옆 러시아 쿠반 지방을 흐르는 돈^{Don}강의 지류다. 도네츠는 '돈'의 더 작은 개념을 뜻하는 지소형에서 파생된 이름이다. 더 나아가면 돈은 스키타이어로 강을 뜻하는 'Dānu'에서 왔는데, 독일에서 발원하여 루마니아를 거쳐 흑해로 흘러가는 유명한 강인 다뉴브강 혹은 도나우강이라 알려진 강의 어원 또한 동일하다. 이 'Dānu'에서 명칭이 유래한 강은 다우가바강, 드니프로강, 드네스트르강 등 유럽 전역에 여러 개가 있다.

도네츠 분지는 석탄 분지다. 막대한 양의 석탄으로 인해 돈바스 지방은 러시아 제국 시절부터 산업화 및 공업화에서 대단히 중요한 역할을 맡았다. 전근대에는 그리 중요한 지역이 아니라 '황야'에 불과했다. 17세기부터 이 '황야'에 가혹한 농노제로부터 도망친 농민들이나 범법자들이 모여 살았고, 18세기에 러시아 제국이 오스만 제국과 전쟁에서 승리하면서 이 땅을 통치하게 되었다. 19세기 중후반에 들어서면 당시 전 세계를 휩쓸던 산업혁명의 물결이 돈바스 땅까지 미치게 된다. 러시아 정부는 돈바스를 비롯한 동부 우크라이나 지방에 새로운 산업단지를 건설하고자 투자를 결심했다. 광업을 중심으로 돈바스 지방은 러시아 제국의 주요 산업 중심지로 발돋움했다.*

한편 1917년 혁명과 뒤를 이은 내전기에 돈바스는 소련의 다른 지역과 마찬가지로 치열한 격전의 장소가 되었다. 이 지

---

* 1897년 러시아 인구조사에 따르면, 우크라이나인이 52.4퍼센트를 차지했고 러시아인들은 28.7퍼센트였는데, 우크라이나인들은 주로 농촌 지역에 거주했고 도시 지역에서는 러시아인들이 압도적으로 많이 거주했다.

역은 두 번이나 독일군에게 점령당했으며, 한 번은 백군에게 장악당했다. 코스탼티니우카^{Kostiantynivka} 같은 도시의 경우 1919년 2월부터 5월까지 무려 27번이나 주인이 바뀌었다. 1920년대 말부터 1930년대까지 스탈린 공업화 기간에 급격한 성장을 다시 이뤘지만, 우크라이나의 다른 지방들처럼 독소전쟁 기간에는 2년 동안 독일군에게 점령당했다. 이 독일 통치기에 루한스크주에서 4만 5,000여 명이, 더 오래 점령당했던 도네츠크주에서는 28만여 명이 학살당하는 아픔을 겪었다.

그러한 아픔을 딛고 전후 돈바스는 소련 최고의 산업중심지로 발달했다. 이곳의 주요 산업은 광업과 금속공업이다. 이번 전쟁을 통해 유명해진 아조우스탈^{Azovstal} 제철소를 비롯해서 아우디이우카^{Avdiivka} 코크스화학공장, 마키이우카^{Makiivka} 금속공장, 유럽 최대 발전소인 부흘레히르스카^{Vuhlehirska} 발전소 등 굴지의 산업시설이 빽빽하게 늘어섰다. 이러한 돈바스의 산업 잠재력은 소련과 우크라이나 경제가 번성하는 데 큰 역할을 했다.

독립 이후에도 돈바스의 중요성은 여전했다. 우크라이나 경제는 다른 구소련 국가들처럼 독립 이후에 경쟁력을 잃고 망가지고 있었지만, 돈바스 지역은 여전히 우크라이나 경제를 지탱하는 버팀목 역할을 하고 있었다. 2014년에 전쟁이 터지기 전까지는 말이다.

보로실로프의 도시

세베로도네츠크 버스터미널에 내려서 처음 발견한 것은 역 앞에 동상이 철거되고 남은 받침대였다. 이름과 생년은 지

도판 12-2 모스크바에 있는 보로실로프의 무덤

워져 있어서 알아보기 힘들었지만, 공산주의나 소련과 관계된 인물이라는 것을 짐작할 수 있었다. 루한스크주의 원래 이름을 생각한다면 누군지 파악하는 것은 어렵지 않았다. 소련의 정치인이자 군사지휘관인 클리멘트 보로실로프 Kliment Voroshilov였다.

돈바스 지방에는 1932년부터 1938년까지 스탈리네 Staline 주 하나만 설치되었는데 1938년에 보로실로프의 이름을 딴 보로실로프흐라드 Voroshylovhrad 주가 분리되어 나왔다. 1958~1970년까지는 루한스크라는 현재의 이름으로 불렸지만 다시 보로실로프흐라드로 불렸고, 소련 해체 이후에 다시 루한스크로 바뀌었다.

보로실로프는 1881년에 지금의 도네츠크주 바흐무트 Bakhmut에서 철도노동자의 자식으로 태어났다. 1896년부터 같은 지역의 도네츠크-유리예프카 금속공장에서 일했지만 파업을 조직했다는 이유로 해고당하고 다른 공장으로 이직하기도 했다. 그는 1903년에 러시아사회민주노동당에 가입하고 다음 해부터 루한스크 볼셰비키당위원회의 지도자로서 활동했다. 1905년 혁명이 일어났고 여름에 혁명 활동을 이유로 체포당했으나 겨울에 풀려났다. 이후 1908~1917년 혁명이 있을 때까지 다양한 도시의 지하당위원회에서 혁명 활동을 이끌었다. 제1차 세계대전 발발 이후 보로실로프는 차리친Tsaritsyn의 무기공장에서 일했는데, 방위산업 종사자를 징집하지 않는 법에 따라 전쟁에 나가지 않았다.

1917년 혁명 기간에 보로실로프는 우크라이나 키이우, 루한스크, 수도 페트로그라드에서 맹활약했다. 1918~1921년 내전 기간에는 남부 전선에서 제1기병군을 이끌며 차리친에서 정치장교 임무를 하던 스탈린과 깊은 교분을 맺었다. 1925년에 육해군인민위원이 된 이후(1934년 국방인민위원으로 명칭이 변경되었다), 붉은 군대의 현대화와 기계화에 힘썼다. 1935년 소련군에 혁명 이후에 폐지되었던 계급제도가 재도입되면서 보로실로프는 원수 계급을 받았다. 1940년 겨울, 전쟁에서의 실책 때문에 실각하지만, 스탈린 사후 1953년에는 명목상이지만 소련의 국가원수인 소련 최고회의 상무회 의장직까지 오르는 영광을 누렸다. 이후 1960년에 은퇴하고 당 중앙위원 자리마저 박탈당했지만, 사망하기 몇 해 전에 다시 모든 영예를 되찾고 1969년에 평화롭게 와석종신했다.

소련의 전간기 군사 문제에 관심이 있는 사람이라면, 보로실로프를 대개 무능한 장교이지만 스탈린의 친구였기 때문에 대숙청에서도 살아남았다고 기억한다. 특히 그는 1925~1940년까지 15년 동안 소련 국방인민위원을 거치면서 군사혁신에 부정적이었고 붉은 군대의 기계화 계획에 반대했다고 알려졌다. 또한 기병병과 출신이었던 보로실로프가 기계화와 혁신을 주도했던 미하일 투하체프스키Mikhail Tukhachevskii 같은 유능한 지휘관 집단을 제거한 것이 대숙청 기간에 벌어진 군부숙청의 본질이자 정설로 받아들여진다. 보로실로프는 무능하고 시대

착오적인 정치장교로서 독소전쟁 초반 소련군을 패배하게 만든 원흉이라고 비난받았다.

그러나 이러한 주장은 대숙청 피해자들의 편향된 증언에 기반을 둔 것으로, 최근 연구에 따르면 보로실로프에 대한 이러한 모함은 근거 없이 재생산된 것으로 밝혀졌다. 스탈린과 보로실로프, 투하체프스키 등 소련 지도부 내에서 발생했던 의견 차이는 붉은 군대의 기계화를 어떻게 수행할지 그 재원 조달과 방법에 관한 것이었지 기계화 자체에 대한 것은 결코 아니었다. 또한 이른바 기계화 주창자들로 알려진 사람들 또한 기병의 완전한 폐지를 주창한 것이 아니라 기병병과의 조직 재편과 작전 능력 향상을 통해 새로운 군사적 가치를 창출할 것을 주장했다.*

물론 보로실로프가 유능한 군 지휘관이 아니었다는 것은 겨울전쟁에서 지휘에 실패한 것으로도 잘 알려져 있다. 그러나 보로실로프의 진가는 '군령軍令'이 아니라 '군정軍政'에 있었다. 1925~1940년까지 15년 동안 국방장관의 위치에 있으면서 급격한 공업화 기간에 붉은 군대의 기계화를 이끌어내고 조직을 완비하여 나치 독일에 맞설 준비를 마친 것을 고려하면 보로실로프의 공이 없다고는 말할 수 없을 것이다.

---

* 최근 연구 결과에 따르면 스탈린 및 보로실로프와 인연이 있었던 기병병과 출신 지휘관들도 공평하게 숙청 대상에서 제외되지 않았으며, 오히려 대숙청 이후에는 보로실로프의 지휘 아래 붉은 군대 기병사단의 수가 대폭 감축되었음을 알 수 있다. 군부 숙청은 정치적 라이벌 제거라기보다는 당시 군 내부에 만연했던 허위 보고와 횡령, 군기 문란, 파벌/분파주의에 대한 고육지책이었음이 밝혀졌다.

루한스크에서 활동했던 보로실로프의 혁명 활동과 그 이후 보로실로프가 달성했던 업적이 어떠했든, 우크라이나 쪽 루한스크주에 남아 있던 보로실로프 상징물들도 돈바스 전쟁과 그 이후 탈공법의 여파를 피하지 못했다. 세베로도네츠크 버스터미널 앞에 있던 보로실로프 동상은 2015년 6월에 해체되었다. 드니프로처럼 아예 동상이 있었던 자리마저 아무것도 없었던 듯 완벽하게 보수해놓은 도시도 있지만, 이렇게 흉물스럽게 기단만 남겨 놓으니 어쩐지 쓸쓸하고 처량한 느낌이 들었다.

영원의 불꽃 기억단지

세베로도네츠크시에서 히미키우 대로를 따라 숙소로 이동하기 시작했다. 10만 명이 사는 도시치고 길은 널찍널찍했다. 도시 서쪽에서 시내 중심가로 접근했을 때는 3~4층짜리 단층 아파트 단지가 여럿 보였는데, 도시 동쪽의 버스터미널에서 시내 중심가 쪽으로는 단독 주택이 길을 따라 쭉 배치되어 언뜻 소련이 아니라 한적한 미국 소도시의 풍경 같은 느낌마저 들었다. 300미터 정도 걷자 멘델레예프^{Mendeleev} 거리가 나타나 왼쪽으로 바로 꺾으니 숙소가 보였다.

세베로도네츠크는 돈바스 전쟁 이후에 지정된 임시 주도다. 이 도시는 1934년에 세워졌고 상당히 늦은 1958년에야 도시 승격이 이루어졌다. 따라서 그렇게 많은 볼거리나 역사적 유적이 있지는 않다. 그래서 구소련권 어디에나 있는 대조국전쟁에서의 영광과 희생을 기념하는 영원의 불꽃 기억단지에 가보기로 했다. 천천히 걸어가면서 돈바스 전쟁의 흔적과 그

속에서 살아가는 사람들의 일상을 찾아보기로 했다.

숙소에서 나와서 다시 히미키우 대로로 나서니 바로 3층짜리 중앙시장 건물이 눈앞에 보였다. 분명 이 건물 안에도 여러 상점이 있겠지만, 이 건물을 둘러싸고 길 양쪽으로도 여러 상점이 늘어서 있었다. 그중에서 '유럽에서 온 옷'이라는 간판을 단 옷가게가 인상적이었다. 우크라이나 국기가 여기저기 휘날렸지만, 막상 2014년에 여기에서 유로마이단에 반대하는 시위가 있었던 기억이 났다.

영원의 불꽃 기억단지에 가기 위해 히미키우 대로에서 오른쪽으로 꺾어 청년^{lunosti} 거리에 들어섰다. 이곳도 2017년 이전에는 10월 혁명을 의미하는 10월^{Zhovtneva} 거리였다. 거리에 들어서자 도시의 중심 거리와 바로 연결되는 옆 구역인데도 놀랄 만큼 골목의 외양이 쇠락해 있어서 깜짝 놀랐다. 전쟁으로 인한 파괴가 아니었다. 점진적으로 지속된 영락衰落이었다. 건물의 벽체에는 덕지덕지 때가 묻었고 쇠는 붉게 녹슬었으며 외장재는 부스러기가 되어서 떨어져 내렸다(도판 12-3). 1980

도판 12-3

년대 소련 시절 이후 아무런 인프라 구축이나 시설의 보수가 없었던 것처럼 보였다.

더욱 섬뜩하게도 사람들의 흔적조차 찾기 힘들었다. 낡은 집들에서는 인기척이나 사람 냄새를 전혀 느낄 수 없었다. 저녁 시간에 맡을 수 있는 음식 냄새도 나지 않았다. 길거리 또한 나 홀로 걷고 있었다. 청년 거리가 아니라 황혼 거리라 불러야 마땅할 것 같았다. 마치 과학소설에 등장하는, 황폐화된 도시에서 멸망해버린 인류의 마지막 흔적을 찾는 등장인물이 된 느낌이었다.

영원의 불꽃 기억단지에 도착하자 하늘이 슬슬 빛을 잃기 시작했다. 1975년에 만들어졌다는 이 기억단지에 역시 우크라이나의 다른 지역과 마찬가지로 불꽃은 보이지 않았다. 불꽃이 만들어내는 일렁이는 생명의 몸부림 없이 차가운 돌로 만들어진 남녀 군인의 두상(도판 12-4)이 나를 바라보고 있었다. 그리고 무명용사의 묘와 이 도시 출신의 전사자 이름이 적힌 비석들이 가득했다. 독소전쟁 시기에 이 '마을' 인구는 대략

도판 12-4

5,000명이었다고 하는데 이곳에서도 수백 명이 목숨을 잃었다. 옆에 작은 직사각형 '연못'에는 무릎을 꿇고 기도하는 여인의 하얀 석상이 있었는데, 아마 자식을 잃은 어머니일 것이다.

도시에는 어둠이 짙게 내리고 있었다. 원래대로라면 반나절은 이 도시를 탐험할 수 있을 것으로 생각했는데, 검문을 너무 많이 거치면서 버스가 예상보다 3시간은 늦게 도착해버렸다. 숙소로 돌아가기 전에 저녁거리를 파는 주변 식당을 찾았다. 숙소에 조리시설이 변변치 않아서 완성된 요리를 사서 숙소에 들어가야 했기 때문이다. 몇몇 식당이 구글 지도에 떴지만, 방문해보니 영업을 하지 않았다. 식료품 상점도 두세 곳 있었는데 식재료만 파는 곳이었다. 할 수 없이 우크라이나어로 코우바사Kovbasa 라 부르는 소시지와 흑빵, 치즈를 조금 사서 숙소로 들어왔다. 방 안에서 혼자 코냑을 마시며 많은 생각이 드는 밤이었다.

13장
크라마토르스크
멋들어진 조형물이 빛나는 계획도시

훈장의 위용을 뽐내는 조형물

세베로도네츠크에서 버스를 타고 도네츠크주의 주도인 크라마토르스크로 향했다. 크라마토르스크 또한 돈바스 전쟁 이후 새로 도네츠크주의 주도가 된 도시로 1868년에 세워지고 1922년에 도시로 승격한 인구 15만 명의 도시다. 세베로도네츠크보다는 역사가 더 길고 인구도 조금 더 많다. 이곳으로 가는 것도 중간에 두세 차례의 검문을 거쳐야 했다. 이번에도 나는 외국인이라서 매우 쉽게 통과할 수 있었다.

크라마토르스크 경계로 들어선 버스 안에서 무념무상으로 창밖을 내다보고 있었는데, 갑자기 낫과 망치가 달린 커다란 조형물(도판 13-1)을 발견했다. 정신이 퍼뜩 들었다. 서둘러 핸드폰으로 위치를 확인하고 검색해보니 여기에 뭐가 있다는 정보가 없었다. 하지만 내 눈을 믿었고, 도착해서 시내에서 점심을 먹은 후 1시간 동안 다시 길을 거슬러 올라갔다. 이른바 '서방'에서 만든 여행 자료에는 구소련권의 역사적 장소나 조형물이 잘 표시되지 않아 뒤늦게 인터넷에서 발견하고 후회하는 경우가 비일비재하다.

처음 본 것은 노보크라마토르스크 기계제작공장^NKMZ의 조형물이었는데, 1934년에 소련 중공업인민위원이었던 세르고 오르조니키제^Sergo Orjonikidze가 설립했다. 공장이 위치한 도시의 중심 거리도 오르조니키제 거리였으나, 지금은 반체제 운동가 올렉시 티히^Oleksii Tykhyi의 이름으로 바뀌었다. 조형물에 붙어 있는 네 개의 훈장은 차례로 레닌훈장, 10월혁명훈장, 노동적기훈장, 제민족우애훈장으로 소련 훈장을 대표하는 알짜 훈장들만 모아놓은 격이었다. 가히 소비에트사회주의공화국의 훌륭한 모범 공장이라 하겠다. 전쟁 전에는 1만 6,000명이 일했던 것으로 보이나 지금은 그 절반 정도로 보인다. 이 붉은 상징물

도판 13-1

이 철거되지 않은 이유는 물론 최전선에 있어서 그런 한가한 일에 신경 쏟을 여유가 부족했기 때문이었겠지만, 사실 철거하기에는 너무 멋진 외형이기 때문 아닐까 싶었다. 나중에 기차역으로 걸어가다가 '제2조형물'도 발견했는데 여기에도 네 개의 훈장이 멋들어지게 위용을 뽐내고 있었다.

크라마토르스크는 확실히 세베로도네츠크보다는 크고 여러 가지 소비에트적 상징물을 아직 많이 지닌 도시였다. 역시 불은 실제로 들어오지 않았지만, 영원의 불꽃이 있었고 내전과 대조국전쟁에서 전사한 사람들을 위해서 공원에 여러 기념비를 세워놓았다. 그 옆에는 조그맣게 우크라이나 '수호자' 관련 기념비를 추가해놓기도 했다. 이곳 또한 대조국전쟁 기간에 독일군에게 점령되었다가 다시 탈환했기에, 해방 30주년을 맞아 크라마토르스크 해방군에게 바치는 여러 상징물 또한 볼 수 있었다. 나중에 기차역으로 가는 길에는 내전에서 활약한 크라마토르스크 사람을 위한 기념비도 있었다.

인구는 고작 5만 명이 더 많을 뿐인데 크라마토르스크는 훨씬 크고 번화한 도시처럼 보였다. 주도로에서 세베로도네츠크처럼 단층 주택은 찾을 수 없었다. 스포츠 브랜드인 아디다스나 리복 매장을 비롯해서 여러 해외 브랜드의 매장도 볼 수 있었다. 중앙백화점은 5~6층 정도로 보였는데, 모스크바의 유명한 거리인 아르바트^{Arbat}라는 이름을 따왔다.

한적했던 푸시킨 공원

거리를 걷다가 러시아의 대문호 푸시킨의 이름이 붙은 공원을 발견하고 들어가보았다. 구소련권에서 이런 공원에는 푸

도판 13-2

시킨이나 막심 고르키, 그리고 우크라이나에서는 타라스 셰우첸코의 이름이 붙곤 한다. 아직 4월이라 나무들이 앙상하고 잎을 피우지 못하고 있었다. 게다가 사람도 없어 더욱 쓸쓸한 분위기를 더했다(도판 13-2). 대개 가족 문화가 발달한 우크라이나에서 사람들은 공원에 아이들을 데리고 와 가족끼리 같이 산책하며 한가한 시간을 보내곤 한다. 어쩐 일이었는지 그날은 주말 오후였음에도 넓은 공간이 텅 비어 있었다.

내가 방문했던 2021년은 돈바스 전쟁이 발발한 지 7년이 지난 때였다. 나는 전쟁의 상흔 같은 것을 찾고자 했을지도 모른다. 그러나 이곳에서 의외로 전쟁의 흔적을 찾아보기는 힘들었다. 거리는 깨끗했고, 사람들도 일상을 영위하고 있었다. 돈바스 지방 구소련 소도시들은 계획도시로서 상당히 잘 꾸며 놓았다. 인구에 비하면 도시 중심가의 길도 큼직큼직하고 널찍널찍했다. 도시 외곽으로 나가면 정비되지 않은 길이 있긴 했지만, 복구하지 못한 것인지 원래 그랬던 것인지는 알 수 없

도판 13-3, 13-4

었다. 문제는 이곳을 감싸고 있는 쇠락의 분위기였다. 옛날 그대로 정체된 인프라와 도시의 규모에 비해 턱없이 부족해 보이는 사람들, 소련 해체 때문인지 전쟁 때문인지 버려진 여러 건물과 시설은 소련 시절 산업 중심지로서 활기를 띠며 발달했을 그 모습과 대비되었다. 크라마토르스크의 경우 중심가의 몇몇 세련된 외국 브랜드 상점들이 눈에 띄었지만(도판 13-3), 전체적인 분위기를 바꾸기엔 역부족이었다(도판 13-4).

또 하나 흥미로웠던 점은 돈바스에서 우크라이나어를 전혀 들을 수 없었다는 것이다. 한국 언론에서는 드니프로강 동부와 흑해 연안 남부 지역에서는 주로 러시아어만 쓰이는 것처럼 보도하지만, 내가 경험한 바로는 조금 달랐다. 내가 살던 드니프로페트로우스크도 러시아어 사용 지역이라고 흔히 생각하지만, 동네 마트에 가거나 사람들과 대화할 때 우크라이나어도 꽤 사용하고 있었다. 도시 지역에서도 그렇지만, 농촌에서는 우크라이나어를 더 사용했을 것이다. 헤르손이나 미콜라이우에서도 우크라이나어를 들을 수 있었다. 그러나 짧은 체류 동안 돈바스 지역에서는 우크라이나어를 들을 수 없었다. 길거리의 간판도 대부분 러시아어였다. 우크라이나어가 거의 사용되지 않는 이 지역이 반으로 나뉘어 우크라이나군과 '친러 반군' 사이의 격전지로 7년 동안 고통을 겪고 있다니, 정말 역설적인 일이다.

크라마토르스크 시내에서 기차역까지는 1시간 넘게 걸어야 했다. 드니프로로 돌아가는 기차를 탔는데, 2인실 문이 잠겨 있었다. 노크를 하니 예상대로 거나하게 취한 두 명의 늙수그레한 중년 우크라이나 아저씨들이 문을 열어주었다. 이 열차의 시작점인 코스탼티니우카는 불과 30킬로미터 떨어진 곳인데 이미 보드카와 안주를 테이블에 완벽하게 세팅했고, 열차 내에서는 원칙적으로 금연인데도 담배 냄새가 진동했다. 내 자리에 앉아 있던 아저씨가 옆 칸으로 바꿔줄 수 있겠냐고 해서 승낙했다.

평소라면 그들에게 넉살 좋게 다가가서 자연스럽게 합류를 시도했겠지만 혹시나 싶어 꾹 참았다. 코로나 때문에 현지인과의 만남을 삼가는 여행이란 참 쓸쓸하다. 다시금 나는 혼자 2인실 침대에 누워 덜컹거리는 기차에 몸을 맡겼다.

14장
마리우폴
아조우해와 함께한 역사의 비극적인 종착지

밤 기차를 타고

돈바스 지역을 이루는 루한스크주와 도네츠크주의 주도인 세베로도네츠크와 크라마토르스크는 각 주의 원래 주도인 루한스크시와 도네츠크시를 빼앗기고 새로 지정된 임시 주도이기 때문에 두 도시의 인구는 불과 10만 명에서 15만 명에 지나지 않는다. 루한스크시와 도네츠크시를 잃은 우크라이나측에 남은 돈바스 지방에서 가장 큰 도시는 인구가 40만 명이 넘는 마리우폴이었다.

2020년 10월 29일, 나는 드니프로에서 마리우폴로 가는 밤 기차를 탔다. 드니프로에서 마리우폴은 300킬로미터 조금 넘는 거리지만 자포리자주를 거쳐 여기저기 들르면서 밤새 10시간을 가야 했다. 소련 기차는 1등석부터 3등석까지 나뉘는 침대차다. 1등석은 2인실이고, 2등석은 2층 좌석을 포함한 4인실이며, 3등석은 열차 한 량이 그대로 뻥 뚫려 있어서 60명 정도가 그 공간을 공유한다.

코로나 이전까지 나는 줄곧 3등석을 애용했으나, 코로나 이후로는 건강을 챙기는 것이 우선이어서 우크라이나에서는 웬만하면 1등석을 이용했다. 물가가 워낙 싸서 가능한 일이기도 했다. 예컨대 8시간 정도 걸리는 키이우-드니프로 구간 1등석이 KTX 서울-부산 구간보다 조금 더 저렴했다. 게다가 룸메이트가 없어서 혼자 넓은 공간을 이용하는 기쁨을 누릴 수도 있었다. 덜컹거리는 기차에 누워 몸을 맡기다 보니 어느새 스르륵 잠이 들었다.

아담한 마리우폴 시내

마리우폴 기차역은 40만 명이 사는 도시치고는 생각보다 아담했다. 역 주변은 한산했다. 대개 한국에서는 기차역 주변에 식당도 많고 번화가에 가깝다. 키이우나 드니프로도 그런 편이었는데 마리우폴은 조금 다른 분위기였다. 숙소까지 걸어가는 동안 알 수 없이 정겨운 풍경이 펼쳐졌다. 어릴 때 골목에서 친구들과 뛰어놀던 기억이 되살아났다. 방대한 영토의 우크라이나이기에 길의 너비는 훨씬 여유로웠지만 말이다.

호스텔은 미콜라이(Mykolai) 거리에 있었다. 미콜라이는 산타클로스의 유래가 된 성 니콜라우스를 말하는데, 소련 시절에는 이 이름이 아니라 돈바스 거리라고 불렸다. 호스텔은 특별한 이름은 없고 그저 미콜라이 거리 호스텔이라고 했다. 우크라이나의 호스텔 다인실에는 주로 형편이 어려운 현지인들이 몇몇 머물고 있기 마련인데 이곳도 크게 다르지 않았다. 나는 코로나 때문에 개인실을 예약했는데 다인실에 머물던 현지인들이 검은 머리 외국인인 나를 힐끗힐끗 바라보곤 했다.

호스텔 주인은 나보다 나이가 많아 보이는 중년의 여성으로 이름은 마리안나라고 했다. 2박 3일 동안 조식만 제공되는 숙소였는데 도착 당일 점심을 차려주었다. 친절한 우크라이나 인심에 절로 배가 불렀다. 호스텔에 살던 귀여운 검은 고양이 막심은 순둥순둥하고 사람을 잘 따랐다.

소련 시절에는 도시의 중심 거리에 마르크스 혹은 레닌의 이름이 붙기 마련이었다. 지금은 평화^{Myr} 대로라고 불리는 마리우폴의 중심 거리는 소련 시절에 레닌 대로라고 불렸다. 40만 명이 넘는 인구 규모에 어울릴 만큼 길은 널찍널찍하고 건물도 큼직큼직했지만, 거리에 사람들이 많지는 않았다(도판 14-1). 평화 대로의 북쪽으로 내가 묵고 있는 미콜라이 거리가 있고, 남쪽으로는 헤오르히이우스카^{Heorhiivska} 거리가 있는데 소련 시절에는 노동절을 상징하는 5월1일 거리라 불렸다. 이 거리에는 마리우폴 지역박물관, 인민생활 박물관, 쿠인지 예술 박물관이 있다. 인민생활 박물관은 원래 마리우폴 출신인 소련의 고위 정치인 안드레이 즈다노프^{Andrei Zhdanov}의 생가에 지어

도판 14-1

진 박물관이었다. 소련 시절에 마리우폴은 즈다노프의 이름을 따 즈다노프시라 불렸는데 1989년 다시 원래의 이름을 되찾으면서 즈다노프 박물관의 용도를 바꿨다. 쿠인지 예술 박물관은 마리우폴 출신의 화가 아르히프 쿠인지^{Arkhip Kuindzhi}의 이름을 딴 것으로 2022년 3월 러시아군의 폭격으로 파괴되었다고 한다.

평화 대로는 10시 방향으로 나아가다가 양쪽으로 갈라지며 중간에 극장 광장을 만든다. 광장 한가운데에는 드라마 극장이 있었다. 소련에서는 인민들의 문화 수준 향상을 위해 도시마다 오페라 발레 극장이나 드라마 극장 같은 문화 시설을 도시의 중심가에 웅장한 규모로 세웠다. 이 광장은 19세기 말부터 이어진 유서 깊은 장소로 소련 시절에는 즈다노프 동상도 있었지만 1989년에 철거되었다. 드라마 극장 근처에서 산책하다가 우연히 1932~1933년 기근 및 정치 탄압 희생자 추모 조형물(도판 14-2)을 발견했다.

도판 14-2

역사를 바꾼 대기근의 비극

러시아-소련의 역사에서 기근의 역사를 빼놓을 수 없다. 전근대 사회에서 기근은 전통 사회가 겪었던 연례행사라 해도 과언이 아니지만, 19세기 말부터 따지자면 네 번의 대기근이 제일 유명하다. 첫 번째 기근은 1891~1892년 볼가강 유역 기근으로 우랄산맥에서 흑해까지 퍼졌다. 이 기근으로 40만 명 가까운 사람이 목숨을 잃었으며, 차르 정부의 대응 실패로 러시아 인민주의 및 마르크스주의 사회운동이 다시금 힘을 얻었다. 두 번째 기근은 러시아 내전 직후인 1921~1922년 기근으로 역시 볼가강 인근에서 발생했다. 가뭄과 더불어 신생 혁명정부의 대응 실패로 인해 500만 명에 달하는 주민이 아사했다. 흥미롭게도 미국구호청American Relief Administration이 기근 해결에 큰 도움을 주었다. 세 번째 기근은 가장 유명한 소련 대기근으로 이르게는 1930년, 혹은 1932~1933년까지 일어났다. 우크라이나·볼가강 유역·북카프카즈·카자흐스탄·남부 우랄·서시베리아 등에서 최소 600만 명에서 900만 명까지 굶주림으로 사망했다. 마지막 기근은 제2차 세계대전 직후인 1946~1947년 기근으로 소련 서부 지역인 우크라이나·러시아·벨라루스·몰도바 등지에서 100~200만 명 정도가 사망했다. 이후로는 다행히도 옛 소련 땅에서 예전과 같은 규모의 기근을 겪지 않았다.

이 중 가장 논란이 되는 기근이 바로 1932~1933년 소련 대기근이다. 가장 피해가 컸던 지역 중 하나인 우크라이나에서는 소련 해체 이후 이 기근을 '홀로도모르Holodomor'라 부르며 소련 지도부가 고의로 우크라이나에 기근을 일으켰다고 주장했다. 어원상 '굶주림으로 인한 죽음'을 의미하는 어구의 줄임말로, 이 단어의 용법에는 '고의'가 포함된다. 소련 정부의 입장과 달리 많은 학자는 이 기근을 인재man-made라고 부르는 것을 주저하지 않았다. 자연환경 또한 영향이 있었겠지만, 스탈린 등 소련 지도부가 정책적으로 잘 대응하지 못해 기근 규모가 커지는 데 일조했다는 판단에서였다. 그런데 언제부터인가 이 인재라는 표현이 이상한 방향으로 쓰이기 시작했다. 다시 말해서 스탈린과 소련 지도부가 '고의로' 우크라이나 지방에 기근을 일으켰다는 것이다.

역사학적 의미에서 이 사건이 최초로 주목받은 것은 반공주의 역사학자 로버트 컨퀘스트Robert Conquest가 쓴 《슬픔의 추수Harvest of Sorrow》(1986)라는 책 때문이었고, 가장 최근의 사건은 저널리스트인 앤 애플바움Anne Applebaum이 쓴 《붉은 기근: 스탈린의 대對우크라이나 전쟁Red Famine-Stalin's War on Ukraine, 1921-33》(2018)이라는 책을 둘러싼 논쟁이었다. 전문 역사학자가 아닌 대중저술가이긴 하지만 그전에도 굴라그 등 논쟁적 주제를 대중의 입맛에 맞는 방식으로 잘 풀어낸 베스트셀러 작가인지라 애플바움의 책이 미친 영향은 작지 않았다. 이 주장이 지닌 쟁점은 다음 두 가지다. 첫째, 스탈린은 수백만 명의 사람들을 고의로 죽일 의도가 있었기에 기근을 미리 계획하고 있었다. 둘째, 스탈린은 인종적 '우크라이나인'을 굶주림을 통해 제노사이드로 이끌었다.

그러나 진지한 역사학자라면 누구도 스탈린이 고의로 우크라이나 민족 말살을 기도했다는 우크라이나 민족주의자나 애플바움과 같은 대중작가의 주장에 동의하지 않는다. 물론 대기근 기간에 여전히 곡물 수출이 이루어지고 있었던 것은 사실이다. 하지만 스탈린과 소련 지도부는 기근을 '확대'하려고 하지 않았다.

1932~1933년에 스탈린은 우크라이나, 카자흐스탄, 볼가강 유역, 북카프카즈 등 기근을 겪은 9개 지역의 곡물 징발량을 축소했다. 이 지역에 식량 지원도 시도했다. 스탈린은 곡물 수출량을 늘리는 것을 반대해서 수출량도 줄였다. 사태를 해결하기 위한 곡물을 비밀리에 수입하기도 했다. 그러나 이러한 시도는 너무 늦었거나 제한적이어서 사태를 근본적으로 해결하는 데 아무런 도움이 되지 못했다.

무엇보다도 '우크라이나 기근'은 우크라이나에만 국한된 것이 아니었다. 러시아와 카자흐스탄을 비롯해 소련 전역에 나타난 것이었다. 특히 카자흐스탄 기근으로 인해 카자흐스탄에서는 인구의 4분의 1인 150만 명이 아사했다. 우크라이나에서도 최대 400만 명 가까운 인구가 아사했지만, 러시아에서도 200~300만 명이 사망했다. 특히 북카프카즈와 볼가강 유역에서 막대한 피해가 있었다.

물론 농업 생산이 악화한 이유는 무엇보다도 농촌에 대해 국가가 가한 압박 때문이었다. 1927~1928년 겨울부터 시작된 곡물 조달 위기로 인해 국가와 농민 사이의 관계는 긴장과 강제 속에서 점차 악화했다. 그러나 1929년부터 급격한 공업화에 돌입한 소련 공산당은 곡물을 수출해서 자본을 마련하고 또 그 곡물로 도시 노동자를 먹여 살려야 했다. 반면 급격한 공업화와 도시의 성장으로 도시 인구가 크게 늘면서 도시에는 심각한 식량 위기 상황이 발생했다. 또한 지도부는 농업 기술

발달 상황에 대해서 낙관적이었고 파종 면적의 지나친 확장이나 궂은 날씨에 개의치 않는 모습을 보였다. 농민들이 1928년처럼 가격 상승에 대비해서 곡물을 보관하고 있다고 생각하는 편집증을 보이기도 했다.

게다가 이 비극의 역사는 어느 정도 국제적 맥락에서 그 원인을 찾을 수 있다. 바로 일본 제국주의의 성장이다. 1931년 만주사변의 발발과 일본의 괴뢰국인 만주국의 수립으로 소련은 동쪽에서부터 안보 위협을 크게 느끼기 시작했다. 스탈린의 불가침조약 제안은 일본으로부터 지속해서 거절당했다. 일본은 몽골과 신장으로 손을 뻗으려 했고, 실제로 수많은 농민 및 무슬림 반란이 이 지역에서 일어나 소련의 변경을 불안하게 만들었다. 게다가 세계 경제 위기로 인해 서방 국가들이 소련의 농업 및 산업 수출품 수입을 거절하면서 외채가 증가하고 재정상의 어려움에 봉착하기도 했다.

따라서 1932~1933년 소련 대기근은 대단히 복합적인 요인으로 발생했다. 지도부의 농업 정책, 혁명과 사회주의 건설의 역사적 경험, 국제 정세, 기후와 지리, 볼셰비키 이념, 소련 체제가 돌아가는 방식 등이 합쳐져 최악의 결과를 낳았다. 물론 이러한 결과를 낳게 된 데는 스탈린을 비롯한 소련 지도부에게 가장 큰 책임이 분명히 있음을 누구도 부인하지 못할 것이다. 그러나 스탈린이 고분고분하지 못한 우크라이나인을 대상으로 고의로 기근을 일으키고 확대했다는 주장은 그야말로 역사를 이해하는 것이 아니라 역사를 무기로 삼아 증오의 씨앗을 뿌리고 그에 기반을 둔 민족의식을 꽃피우려는 치기 어린 행동이 아닌가 싶다. 마지막으로 무엇보다도 소련 해체 이후 30년이 넘도록 수많은 학자가 옛 소련 문서고에서 대기근 관련 문서를 찾아 헤맸음에도, 기근의 '고의성'을 입증해줄 문서는 단 하나도 찾지 못했다는 점도 밝히고 싶다.

아조우해의 잔잔한 파동

현대 마리우폴의 역사는 오데사, 헤르손, 미콜라이우 등과 더불어 러시아-튀르크 전쟁에서 러시아가 승리하여 흑해 해안 지역을 손에 넣는 18세기 말부터 시작된다. 특히 마리우폴은 지금의 돈바스 및 드니프로페트로우스크 지역에서 생산되는 밀과 석탄을 수출하는 항구로서 번성했다. 소련 시절에도 각종 산업이 발달하면서 마리우폴은 점차 그 규모가 커졌다. 1933년에 건설된 아조우스탈 제철소는 마리우폴 발전의 상징이었다. 그러나 나치 점령기에 주민 수만 명이 총살당하거나 강제 이주당하는 아픔을 겪기도 했다.

1948~1989년까지는 이곳 출신인 안드레이 즈다노프의 이름을 따서 즈다노프라 불렸다. 즈다노프는 1934년부터 레닌그라드 당 위원회 제1서기를 맡았으며 특히 대숙청 기간에 당원의 정치교육을 통한 온건한 방식으로 당내 현안을 해결하자는 태도를 보였다. 전후에는 냉전의 맥락 속에서 반서방과 반세계시민주의를 바탕으로 즈다노프시나^{Zhdanovshchina}라 불리는 캠페인을 주창했다. 한때 즈다노프는 스탈린의 후계자로까지 인정받았으나 비교적 이른 나이에 사망했다.

아침부터 보슬비가 적잖게 지면을 적시고 있었다. 오늘의 목표는 숙소를 나와 천천히 걸어가며 명소들을 보고 궁극적으로 아조우해를 눈으로 보는 것이다. 가는 도중 확인해보니 마리우폴의 1순위 볼거리가 쉴레이만 및 록셀라나 모스크라고 해서 그쪽으로 발걸음을 옮겼다. 오스만 제국의 최전성기를 이룩한 쉴레이만Süleyman 대제의 황후인 휘렘 술탄Hürrem Sultan은 지금 우크라이나 지방 출신으로 지역 정교회 사제의 딸이었으나 타타르족에게 붙잡혀 노예로 팔려갔다가 쉴레이만의 마음을 사로잡아 황후 자리까지 올라간 것으로 잘 알려져 있다. 겉으로 보기에 너무 새것 같아서 자세히 살펴보니 역시나 2007년에 튀르키예 기업가의 기부로 만들어진 것이라는 사실을 알았다. 심지어 들어갈 수도 없었다. 그래서 옆에 있다는 성 니콜라우스 성당으로 이동했는데 이 성당은 1946년에 지어져서 그래도 역사가 있는 편이었다.

비는 내리다 말다 하고 있었다. 우크라이나 축구구단 FC 마리우폴의 홈 경기장인 일리치베츠 경기장이 눈에 들어왔다. 이름을 보면 분명히 소련의 국부 블라디미르 일리치 레닌의 부칭父稱 일리치를 따서 생긴 이름 같은데 어떻게 아직까지 살아남았는지 궁금했다. 예컨대 같은 일리치를 딴 오데사의 부속항구인 일리치우스크Illichivsk는 지금 초르노모르스크Chornomorsk라는 이름으로 개명했다. 인터넷으로 검색해보니 원래는 정말로 레닌의 부칭에서 따온 이름이었으나, 2016년 탈공법 통과 이후 레닌의 부칭 일리치에서 우크라이나 금속공학자 조트 일리치 네크라소프Zot Ilich Nekrasov의 부칭 일리치로 이름을 '변경'하면서 문제를 '해결'했다. 경기장 정면에는 일리초베츠Ilichevets라고 러시아어 명칭이 붙어 있었다.

경기장 옆에는 대조국전쟁 기념비(도판 14-3)가 웅대한 규모로 남아 있었다. 그러나 이곳 또한 영원의 불이 영원하지 않

도판 14-3

게 뚜껑이 덮여 있었다. 주변에 마리우폴 출신 소련영웅과 여러 참전용사의 이름을 새긴 비석은 남아 있었으나, 일부러 그랬는지 단지 보수를 안 해서인지 이름들이 거의 벗겨져 나가서 제대로 된 이름을 확인해볼 수 없었다.

바로 옆에는 문화휴양중앙공원이라는 이름의 큰 공원이 있었는데, 상당히 넓고 아름다운 공원이었음에도 사람이 거의 없었다. 어쨌든 덕분에 오랜만에 마스크를 벗고 신선한 공기를 듬뿍 마시며 산책을 즐길 수 있었다. 나중에 이 공원 옆에 도시공원이라는 이름의 다른 공원이 있는데 그곳에는 붉은 군대 병사의 무덤 같은 볼 만한 장소가 조금 있다는 사실을 알았다. 그러나 어차피 여행이란 모든 것을 다 볼 수도 없고 봐서도 안 되는 법이다. 언제나 여지를 남겨두고 나중의 만남을 기약한다.

슬슬 아조우해가 멀지 않았다. 1886년에 설립된 유서 깊은

도판 14-4

아조우 조선소의 정문이 보였다. 이 조선소도 소련 시절에는 즈다노프 조선소라고 불렸다. 조선소 담장을 따라 조금 걸었을까. '바다 방향'이라고 쓰인 표지판이 벽에 붙어 있었다. 골목길처럼 좁은 길을 따라 걷자 드디어 아조우해의 해안에 발을 내딛을 수 있었다(도판 14-4). 아조우해는 지중해의 내해인 흑해의 내해다. 해안을 따라 철도가 놓여 있어서 철도를 타고 보았더라면 풍경이 더욱 멋졌겠지만 나는 기차를 타고 새벽에 도착했으니 어차피 깨어 있었어도 보기 힘들었을 것이다. 보슬보슬 비가 내리는 가운데 현지인 한 명이 낚시를 하고 있었다. 돌담 위에 흰 페인트로 수영 금지라고 단호하게 경고문이 쓰여 있었다.

바다는 잔잔했다. 마치 호수 같았다. 침묵 속에 빗방울이 바다를 때리는 소리만 공기를 울리고 있었다. 저 건너편으로 지금 일어나는 전쟁에서 가장 유명한 무대인 아조우스탈 제철소를 볼 수 있었다. 그때 그곳이 이렇게 중요해질 줄 알았더라면 어떻게든 꼭 들러봤을 텐데 말이다. 그렇게 아조우해를 보고 있다가 빗발이 너무 거세져서 숙소로 돌아갔다.

안녕, 마리우폴

마지막 날에는 드니프로로 돌아갈 준비를 했다. 언제나처럼 호스텔 주인 마리안나 씨가 현지식 아침을 차려줬다. 이런저런 대화를 나누고 마리안나 씨는 나에게 헤어지기 전에 작은 종 모양의 장식품을 하나 선물했다.

마리우폴에서 드니프로까지는 불과 310킬로미터였다. 구글로 검색해보니 차로 4시간 10분이 걸린다고 나온다. 그런 거리를 기차를 타고 10시간을 갔다니 기가 찰 일이었다. 올 때도 기차가 있는데 드니프로에 도착하는 시간이 새벽 시간이라 애매해서 그냥 버스를 타기로 했다. 그런데 시간을 보니 버스로도 무려 6시간 40분이나 걸린다는 것이었다. 왜 그런가 했더니 역시 지나는 마을마다 전부 서고 쉬며 사람을 태우고 내리느라, 초반 130킬로미터를 가는 데 무려 2시간 50분이 걸렸다. 6시간 40분 버스를 타고 도착해서 또 버스로 터미널에서 드니프로의 집까지 20분, 7시간 버스를 타고 나니 내 꼬리뼈가 내 것이 아니게 된 것 같았다. 나중에는 7~8시간 버스 정도야 가볍게 웃으며 탈 수 있는 강인한 꼬리뼈를 갖게 되었지만 말이다.

마리우폴 숙소에서 보내는 이틀 밤 동안은 근처에 있는 조지아 식당에서 저녁을 포장해 숙소에서 먹었다. 식당 이름은 수프라^{Sufra}였다. 인터넷에는 전쟁 전후를 극적으로 대비하기 위해 전쟁 전의 마리우폴을 굉장히 세련되고 아름다운 도시처럼 찍은 사진들이 많다. 주 거리인 평화대로를 중심으로 찍으면 그런 사진을 건질 수는 있을 것이다. 그러나 한 블록만 안으로 들어가면 골목길에 가로등도 없어서 핸드폰 불빛이 없으면 앞뒤 분간도 힘들 정도로 상당히 깜깜했던 기억이 난다.

당시는 10월 말~11월 초라서 오후 4시 정도면 해가 졌다. 그래서 저녁 7~8시쯤 안주를 사러 멀지도 않은 두세 블록 정도의 깜깜한 골목길을 걸으며, 혹시 나쁜 사람들이 있을까 상당히 경계하면서 조심스럽게 오갔던 기억이 난다. 주문을 마치고 맥주라도 한 잔 마시면서 기다리려고 했는데, 손님이 끊이지 않아서 혼자 앉아 기다릴 테이블도 간신히 하나 잡았다. 음식이 맛있어서인지 사람도 많아서 음식이 나올 때까지 30분 가까이 걸리길래 맥주를 한 잔 더 시켜야 하나 고민했다. 화장실에는 이런 종류의 러시아나 우크라이나의 식당이 그렇듯 웅장하고 무거운 나무문이 있었고, 시설도 깔끔했다.

2022년 전쟁이 발발하고 마리우폴이 뉴스에 언급되면서, 나는 때때로 인터넷으로 이곳을 검색하곤 했다. 식당 '수프라'는 페이스북 페이지에 전쟁 발발 직후인 2월 23일에 우크라이나 국기를 들고 찍은 사진을 올린 뒤 전혀 새로운 소식이 없다가, 2023년부터는 아예 폐업했다는 정보가 떴다. 마리안나 씨가 운영하던 호스텔도 도시 전체가 위험지역이라고 검색되지 않다가, 마리우폴이 러시아 영토가 된 이후로는 아예 마리우폴이라는 지명 자체가 숙소 예약 사이트에 뜨지 않는다.

이름 모를 한국인이 이틀 동안 잠시 스쳐 지나간 마리우폴 시민들은 과연 어떻게 되었을까. 분명히 여느 때와 다르지 않게 모두가 즐기던 일상이 죄다 파괴되고 운명이 제멋대로 정해졌을 것이라 생각하니 그때의 기억이 더욱 비현실적으로 느껴졌다. 누군가는 마리우폴에서 새로운 러시아 시민으로 머무를 것이고, 누군가는 집도 재산도 다 잃고 어디론가 피난을 갔을 것이다. 또 누군가는 지금도 전선에서 끝없는 전투 속에 매몰되었을 것이고, 누군가는 이미 이 세상 사람이 아닐 것이다.

마리우폴은 키이우, 오데사, 드니프로, 카먄스케, 자포리자에 이어 내게 여섯 번째 우크라이나 도시였다. 점심을 먹으러 다른 식당도 가봤고, 대로에서 뛰어노는 아이들을 포함해서 많은 마리우폴 시민을 길거리에서 마주쳤으며, 이곳저곳을 많이 돌아다니면서 마리우폴의 풍경을 눈에 넣었다. 그런데 이상하게도, 지난 2022년 3~4월 마리우폴에서 벌어지는 참상에 관한 뉴스를 보다 보면 항상 식당 '수프라'에서의 광경이 제일 먼저 떠올랐다. 거기에서는 주문한 음식을 기다리는 정도의 시간밖에 머무르지 않았는데 말이다. 조금은 왁자지껄한 분위기 속에서 조지아 음악이 흘러나오고, 친절한 아르바이트생과 옆 테이블에서 데이트하는 남녀, 아이들과 함께 행복해 보이는 가족들, 배 나온 아저씨들의 모임까지, 일상의 느낌이 물씬 풍기는 광경이 눈에 잡힐 듯 그려졌다. "동트기 전이 가장 어둡다"는 유명한 경구와는 정반대로 전쟁 직전의 일상이라 그렇게 더 평화로워 보였던 것일까. 3년이나 지났는데도 머릿속에 살아 있는 이 아련한 추억은 아마 앞으로 시간이 얼마나 더 흐르든 지우기 쉽지 않으리라. 미콜라이 호스텔에서 아침을 차려주며 이런저런 이야기 속에서 호탕하게 너털웃음을 짓던 마리안나 씨의 친절함과, 발밑에 얌전하게 앉아 밥 먹는 내 모습을 바라보던 아기고양이 막심의 표정도 함께 말이다.

에필로그

나의 삶과
우크라이나

　여행은 스스로를 낯섦에 던져놓는 일이다. 새로운 장소에 도착하면 난생처음 본 풍경이 눈동자에 뛰어든다. 그것이 다른 나라라면 더욱 그렇다. 공항에서부터 알 수 없는 언어가 귀를 괴롭히고 지금까지 본 적 없던 풍경이 눈을 자극한다. 버스나 지하철, 기차 같은 대중교통을 타는 것조차 스트레스를 받을 수 있다. 때로는 바가지를 쓰기도 하고 때로는 음식이 몸에 안 맞아 고생하기도 한다.

　한편으로는 일상에서는 볼 수 없었던 다양한 모습을 경험한다. 여행 장소의 길거리 모습 하나하나마다 색다른 역사와 문화의 흔적을 느낀다. 숙소에서 여행객이나 현지인과 술잔을 기울이면서 서로의 이야기를 나누는 만남으로 이어지기도 한다. 그렇게 부딪히는 모든 것이 새롭다. 계획을 세울 때는 상상도 못 했던 일들이 예상치 못하게 내 삶에 다가온다. 그러한 두근거림은 일상으로 돌아와도 쉽게 사라지지 않고 잔향으로 남는다.

　모르는 거리를 걷다가 어딘가에 정착하게 되면 또 다른 풍경이 펼쳐진다. 어떤 장소에 산다는 것은 그 장소의 삶을 구성하는 사소함에 익숙해진다는 말과 같다. 사람을 대할 때와 마찬가지로 흘깃 보아서는 알 수 없는 숨겨진 비밀을 하나둘씩 알아내는 과정이다.

10개월 동안 드니프로에 머무르며 나는 여러 여행 사이트가 절대 알려주지 않는 사소함을 탐구할 수 있었다. 예컨대 수수료 없이 현찰을 뽑을 수 있는 ATM이 어디에 있는지 안다거나, 내 핸드폰 요금을 충전할 수 있는 대리점을 여러 곳 파악하게 된다거나, 핸드폰 교통 앱에 틀리게 나온 트램의 정확한 승차 위치를 알게 된다거나 하는 사소함이다. 집 주변 마트를 이용하면서 싼 와인이나 보드카, 코냑은 어떤 마트에서 사야 하고 해산물이나 양파, 마늘 같은 것은 어떤 마트에서 사야 하는지 깨닫는다. 여기서 구하기 어려운 아시아 음식을 사려면 집에서 멀리 떨어진 곳까지 나가야 하는데, 그곳까지 가는 버스는 정류장 표시가 없더라도 현지인들처럼 타는 장소를 터득한다. 늘 머리를 자르러 가는 단골집도 생겼고, 이곳만의 배달 앱도 이용할 줄 안다. 쓰레기는 어디다 버리는지, 집 근처 어느 식당에서 샤우르마를 팔고 그 맛들이 가게마다 어떻게 미묘하게 다른지 안다. 단골 카페에서는 가끔 공짜로 커피를 주기도 한다. 이쯤이면 이 도시에 나 자신이 녹아들며 정말 이곳에 안착한 느낌이 든다.

우크라이나의 한 도시에서 오랫동안 머무르며 또 다른 여러 도시를 기행하면서 우크라이나인들이 보여준 친절함과 환대에 감동하는 일이 드물지 않았다. 이 땅에 새겨진 인간의 역사와 더불어 아름다운 우크라이나 땅 자체도 뇌리에 인상 깊게 새겨졌다. 가도 가도 지평선이 끊이지 않는 드넓은 땅에 펼쳐진 흑토와 누런 밀밭은 산의 나라 한국에서 자라온 나로서는 평생 보지 못한 풍경이었다. 그러나 우크라이나의 현재 모습에 아름다운 것만이 가득 찬 것은 아니었다. 우크라이나에서 가장 부유한 도시인 드니프로에는 중심가에서 조금만 벗어나도 여기저기 패인 인도가 1년 내내 포장되지 않은 채로 있었다. 연말연시에 방문했던 서부 우크라이나 5개 주 모든 곳에서 동냥하는 아이들을 목격하고는 충격을 크게 받았다. 특히 서부의 수백 년 된 아름다운 역사적 건축물과 그 앞에서 구걸하는 아이들의 대비되는 모습은 상당히 씁쓸했다. 돈바스에서는 무장한 군인들이 뿜어내는 엄중한 전쟁 분위기와 소강상태의 전쟁에서 시민들이 보여주는 평화의 느낌이 대비됨을 느낄 수 있었다. 그러나 그 돈바스는 지금 하루에도 수천 발의 포탄이 오가는 생지옥이 되었을 것이다. 풍요의 땅이라는 우크라이나가 이제는 동부와 서부로 나뉘어 서로가 싸우고, 경제적으로는 몰도바를 제치고 유럽 최빈국으로 전락했다. 이 땅에 머무르다 보면 이런 질문을 하지 않을 수가 없다.

"무엇이 오늘날 우크라이나를 이렇게 만들었을까?"

나는 프롤로그에서 우크라이나가 겪었던 역사적 경험을 이해하는 것만이 우크라이나를 이해할 수 있는 길이라고 이야기한 바 있다. 그 경험의 일부가 본론에서 나의 여정을 따라가면서 조금은 제시되었다고 믿는다. 이제 나는 그 파편을 묶어서 통사적으로 우크라이나의 경험을 간단히 정리하려 한다. 다시 한번 말하지만 나는 푸틴이나 이른바 '마이단파', 돈바스 '친러' 반군 등 어떤 진영을 단순히 비난하거나 단죄하려고 이 글을 쓰지 않았다. 그런 악마화는 분노를 쏟아냄으로써 마음을 잠시 통쾌하게 할 뿐, 진정으로 우크라이나를 이해하는 데는 도움이 되지 않는다. 나는 단지 한국의 언론에서 우크라이나 사태를 바라보는 단순한 시각을 넘어서 한국 독자들에게 우크라이나 역사에는 그 이상으로 복잡한 상황과 맥락이 존치하고 있다는 것을 알려주고 싶다.

앞에서 말했듯이 이 책을 쓰게 된 이유 중 하나는 한국인이 잘 모르는 지구상의 다른 나라의 역사와 경험을 이해하는 일이 얼마나 중요한지 이야기하기 위해서였다. 한국인이 경험한 동아시아의 역사는 세계적으로 독특한 특성을 보여준다. 예컨대 국왕이 모든 고을에 지방관과 지휘관을 파견하고 중앙 조정에서는 의정부 삼정승과 육조판서가 나랏일을 논하는 강력한 관료체제는 조선 건국과 함께 14~15세기에 완성되었다. 흔히 서양에서 탄생한 근대 국가의 3요소라 부르는 관료제, 상비군, 조세제도는 이미 동아시아에 존재하고 있었다. 물론 동양의 전통적 국가체제가 근대 국민국가와 완전히 일치하는 것은 아니었지만, 이러한 토대가 있었기에 한국은 비록 식민지 시기를 겪었지만 근대국가와 민족주의라는 서양의 새로운 이념에도 잘 적응할 수 있었다.

그러나 20세기까지 이런 경험을 한 국가는 세계적으로 보아도 극소수였다. 한국인이 당연하게 여기는 것들, 예컨대 한 나라 안에는 단일민족만 산다든가, 국왕을 중심으로 돌아가게끔 온 나라의 제도가 집중되었다든가, 모든 관리와 장군을 국왕이 임면한다든가 하는 일은 대부분의 나라에서 불가능했다.

우크라이나는 한국과 대척점에 선 다른 역사적 예시를 극명하게 보여준다. 우크라이나 민족이라는 것은 20세기까지도 정의하기가 불확실했고, 우크라이나 땅에는 여러 종족과 부족이 살았으며, 외세에 의해 분할 지배당했고, 제대로 된 국가를 가져본 적은 얼마 되지 않았다. 그리고 이러한 우크라이나의 경험은 한국인들의 경험과 달리 인류의 '일반적'인 경험이다.

한국인들이 우크라이나를 이해하는 것은 전쟁 전까지 잘 알려지지 않은 유럽의 한 빈국貧國을 이해하는 데서 그치지 않는다. 우크라이나를 이해하는 것은 지금도 지구 곳곳의 다른 지역에서 벌어지는 갈등의 원인과 맥락을 이해하는 것이며, 더 나아가 더불어 살아가야 할 인류 공동체의 구성원으로서 인류 역사의 보편적 경험을 이해하는 것이기도 하다.

부록
우크라이나의 딜레마

우크라이나 민족과 민족의식의 탄생

슬라브어와 아무 관련 없는 한국어를 쓰는 우리가 볼 때 '우크라이나'라는 외래어는 당연히 우크라이나라는 한 나라와 그곳의 국민을 상징하는 고유명사로 보인다. 그러나 우크라이나라는 단어의 어원 자체야말로 민족정체성을 둘러싼 이 나라의 복잡한 사정을 드러낸다. 원래 우크라이나는 애초에 특정한 대상을 지칭하는 고유명사가 아니라 '변경'이라는 뜻을 지닌 일반명사로 쓰였다. 따라서 오늘날 우크라이나 땅에 살던 사람들의 정체성을 규정하는 말이 아니었다.

10세기 키예프 공국 성립 이래로 우크라이나 지방 사람들이 스스로를 의식한 정체성은 정교를 믿는 '루스인'이었다. 전근대 우크라이나 지방에서 가장 중요한 정체성은 무엇보다도 종교였고, 이에 따르자면 같은 정교를 믿는 모스크바의 대大루스인은 우크라이나 지방에 사는 소小루스인과 크게 다르지 않은 형제였다. 이는 두 '민족'이 몽골의 침략 이후 다른 역사를 겪게 되면서도 널리 공유하고 있는 인식이었다.

이러한 인식하에서 몽골의 침략과 키예프 공국 멸망 이후, 코자크(러시아어로는 카자크)라 불리는 유목민적 생활양식을 갖춘 루스계 군사 공동체 집단이 우크라이나 땅과 러시아 돈강 및 쿠반 지역을 중심으로 나타나기 시작했다. 이 중 15세기 무렵 등장한 드니프로강의 자포리자 코자크는 점차 정치적·군사적으로 발전하면서 우크라이나 지방의 중심 세력으로 올라섰다. 키예프 공국 이후 이 지역의 새로운 지배 세력이 된 가톨릭 폴란드는 농노제와 같은 신분제 질서를 도입하고 정교 신자들을 가톨릭 질서에 편입하기 위한 우니아트 통합 교회라는 새로운 프로젝트를 선포했다. 그러자 자포리자 코자크는 폴란드가 강요하는 이중적 신질서에 격렬하게 반대했으며, 이 과정에서 이 지역에는 폴란드와 명확히 구별되는 새로운 정체성이 강화되는 흐름이 생겨났다. 우크라이나의 새로운 정체성이 확립되는 중요한 사건인 17세기 보흐단 흐멜니츠키의 봉기가 같은 정교를 믿는 모스크바 '형제'의 도움을 받은 것은 당시의 맥락으로 볼 때 당연한 귀결이었다. 그러나 이 시기까지 러시아와 구분되는 근대적 우크라이나 민족의식 및 정체성은 소루스인들에게 아직까지 없었다.

물론 그렇다고 우크라이나 지역의 소루스인들이 완전히 대루스인들과 하나가 된 것은 아니었다. 오히려 소루스인들은 대루스인과 더 구별되는 정체성을 발전시켜 나갔는데, 그것은 코자크 집단이 봉기를 통해 폴란드 지배에서 벗어나 러시아 국가로 편입되는 과정에서 발생한 역설에 기원한 것이었다. 우선 코자크 봉기가 일어나고 러시아와 동군연합同君聯合이 되면서 코자크 엘리트는 폴란드식의 자유로운 특권을 누리는 귀족으로서 코자크의 정체성을 상실한 상태였다는 사실이다. 흐멜니츠키 봉기 이후 100년 동안 코자크 사회는 이전의 자유로운 코자크 '민주주의' 군사 공동체 사회에서 귀족과 농노로 이루어진 엄격한 계서제 사회로 변모했다. 그 이후에 러시아 제국이 중앙집권화한 국가체제를 만들어가는 과정에서 특권을 지닌 코자크 귀족을 제국의 중심부로 편입시키고 점차 코자크 국가의 자치권을 줄여나갔는데, 러시아 국가는 코자크 귀족을 러시아 귀족으로 편입하는 과정에서 그들이 오랜 역사를 지닌 '귀족'이라는 사실을 증명하기를 요구했다. 이때 기존 특권을 그대로 지니고 러시아 제국에 편입되길 원했던 코자크 귀족들이 코자크적 과거에 관한 관심을 보이기 시작하면서 그동안 폴란드식 귀족화를 통해 잊어버렸던 '코자크 정체성'을 재발견하게 된 것이다.

이에 따라 18세기 말~19세기 초에 이르러서야 우크라이나 지방의 소루스가 키예프 공국을 계승한 진정한 후계자라는 우크라이나 민족주의와 우크라이나 민족의식이 등장했다. 따라서 19세기부터 20세기 초까지 여러 지식인 및 작가에 의해 러시아와 다른 독립적 우크라이나 정체성을 추구하려는 노력이 끊임없이 이어졌다. 19세기 우크라이나는 다른 유럽 도시가 겪은 발전과 비슷한 양상의 급격한 발전과 사회적 변동을 보였다. 돈바스의 석탄 채굴과 자포리자의 금속공업의 발달로 우크라이나 동남부의 도시는 급격하게 발전했다. 또한 곡물 수출을 위해 흑해 연안 도시가 발달하면서 오데사는 19세기 말에 이르면 상트페테르부르그와 모스크바에 이어서 제국 제3의 도시가 될 정도였다. 이때 민족 지식인 집단이 등장했으며,

우크라이나어로 발행되는 신문과 잡지 같은 간행물 수도 급증했다. 예술가와 학자, 문학가들도 이 시기에 활발히 활동했다. 우크라이나를 대표하는 문학가 타라스 셰우첸코가 이 시기에 등장하여 현대 우크라이나어를 정립했다.

이 과정에서 모스크바를 중심으로 한 러시아의 역사와 구별되는 우크라이나 루스의 역사를 그려낸 대표적인 인물이 미하일로 흐루셰우스키였다. 흐루셰우스키가 쓴 《우크라이나-루스의 역사》는 고대시대부터 17세기 중반 흐멜니츠키의 죽음까지를 치밀하게 그려낸 대작이다. 흐루셰우스키는 러시아인과 유사한 언어를 쓰고 같은 종교를 믿는 우크라이나인들을 어떻게 독자적 민족으로 그려낼 것인가라는 문제의식에서부터 출발했다. 러시아어로 러시아를 칭하는 '로시야^{Rossiia}'라는 말은 말 그대로 루스의 나라라는 뜻이다. 고대 루스의 중심지는 키예프였지만 그 멸망 이후 다른 루스 공국들을 통합하고 정교회 전통을 이은 것이 모스크바 공국이었기에 마땅히 루스의 대표를 자임하고 그런 국명을 쓸 수 있다는 것이 모스크바인들의 생각이었다. 그렇기에 러시아라는 나라는 그 국명처럼 동유럽 슬라브인인 모든 루스, 즉 하얀 루스(벨라루스)와 작은 루스(우크라이나)를 모두 포함하는 '범루스'의 나라인 것이다. 이러한 역사관에서 우크라이나인은 러시아인의 형제로서 대루스인과 함께 '루스 국가'를 구성하는 소루스인에 지나지 않는다. 모스크바 역사관에서 우크라이나인이 별개의 민족으로서 자리 잡을 여지는 없다.

반면 흐루셰우스키는 키예프 공국은 망했어도 그 역사는 그 땅에 살고 있던 사람들에게 이어졌다고 주장했다. 키예프 공국은 모스크바로 이어지는 것이 아니라 바로 그 영토에 살고 있던 슬라브인들에게 이어지며 이는 결국 자포리자 코자크와 코자크 국가로 이어지는, 모스크바 루스와 별개의 새로운 민족 계보를 창출한다. 모스크바 역사관에 의해 강력하게 포섭된, 말 그대로 '변경'에 불과했던 기존 소루스 서사를 벗어던지고, 우크라이나 '민족'은 흐루셰우스키를 통해 비로소 스스로의 역사적 존립 근거를 얻은 셈이다.

그러나 흐루셰우스키의 역사관이 당대 우크라이나 사람들에게 널리 받아들여진 것이 아니었다는 사실은 중요하다. 흐루셰우스키의 시대에 우크라이나 국가는 존재하지 않았으며, 흐루셰우스키가 '우크라이나인'이라 칭한 사람들은 스스로의 핵심 정체성을 러시아인과 별개의 우크라이나인으로 보지 않았다. 혁명기 다수의 우크라이나인을 사로잡은 정치적 상상은 독립 우크라이나 국가보다는 무정부주의나 볼셰비키주의였다. 어쩌면 흐루셰우스키의 작업은 언젠가 우크라이나인의 민족국가가 세워지고 모든 국민이 우크라이나인으로서의 자신을 자각하는 날이 오리라는 한 민족주의자의 외로운 포효가 아니었을까.

우크라이나의 브레즈네프적 과거

2022년은 소비에트사회주의공화국연맹, 즉 소련이 수립된 지 정확히 100년이 되는 해이다. 소련의 국명을 풀어서 설명해 보면 소비에트사회주의공화국들의 연맹*이다. 소비에트는 투표로 뽑힌 노동자·병사 대표자들이 모인 회의로 직접민주주의를 상징한다. 사회주의는 통념상 생산수단의 사회적 소유와 계획경제를 뜻한다. 생산수단은 생산을 위해 투입되는 물질적 요소로 토지나 공장 등을 말하는데 개인이 이러한 생산수단을 소유하는 것을 허용하는 자본주의 사회와는 달리 사회주의 사회에서는 생산수단의 사적 소유가 엄격히 금지된다. 공화국은 인민과 인민이 선출한 대표가 주권을 행사하는 정부 형태를 의미한다. 다시 말해 소비에트사회주의공화국연맹은 소비에트식 사회주의 체제를 갖춘 공화국들의 연맹을 뜻한다.

1922년 12월 30일에 공식적으로 소련의 형성을 선언했는데, 러시아·우크라이나·벨라루스·자카프카지예(카프카즈 산맥 남쪽에 있는 지금의 조지아·아제르바이잔·아르메니아) 등 네 공화국이 참가했다. 소련이 사회주의 건설을 추구하는 국가가 될 것은 명백했지만, 어떤 형태의 국가와 통치 구조를 만들어야 하는지는 아직 볼셰비키 지도부 내에서도 의견이 분분했다. 특히 소련이 지구에서 가장 넓고 수많은 민족을 포괄하는 러시아 제국을 계승했기 때문에 문제는 더욱 복잡해졌다. 한쪽에서는 러시아 제국의 구조를 비슷하게 복원해야 한다는 주장이 있었는데, 요컨대 러시아 제국에 속해 있던 민족들은 러시아 산하의 자치공화국으로 들어오면 된다는 의견이었다. 그러나 애초부터 제국주의 질서에 관한 문제의식이 강했던 레닌의 의견은 달랐다. 소련은 형식적으로 동등한 민족공화국 간의 연맹이 되어야만 한다는 것이 레닌의 주장이었다. 기존의 지배

---

* 흔히 국내에서는 소비에트사회주의공화국연방, 혹은 소비에트연방으로 번역되지만 연맹(soiuz/union)과 연방(federatsiia/federation)은 서로 다른 정치체제로 중국어와 일본어, 그리고 북한에서도 연맹이라는 번역어를 쓰고 있다.

민족이던 러시아 국가와 다른 피지배 민족의 소비에트 공화국 사이에 공식적으로 위계 차이가 존재할 수 없었다. 소련은 국가 구조를 통해서 공산당 지도부가 품은 '제민족우애'라는 이상을 드러냈다.

지도부의 머릿속에 한 번 심어진 이상은 계속해서 자체적인 힘을 발휘하면서 새로운 현실을 만들어나갔다. 제민족우애라는 이상은, 다른 민족들의 발전 수준을 유럽의 '개명된' 민족들처럼 끌어올리는 데 초점을 맞췄다. 소련은 민족의식을 갖춘 민족들이 빠르게 근대화를 이룰 수 있게 지원하고, 민족의식을 갖추지 못한 종족 집단들은 민족의식을 먼저 갖출 수 있게끔 돕고자 했다. 이는 부르주아 사회를 거친 후에 사회주의 건설에 나설 수 있다는 마르크스주의의 역사발전론에 입각한 정책이었다. 소련 정부는 '토착화' 정책을 통해서 소수 민족에게 특별한 우대 조치를 집행했다. 인류학자들을 파견해서 소련 전역에 산개한 종족 집단의 문화를 분류하고, 그들을 특정 민족으로 규정했다. 언어학자들은 민족 언어들을 표준화했다. 여기에 소련이 새로 도입한 근대 교육을 통해 민족 엘리트들을 육성하고, 그들을 소련 통치체제의 내부로 발탁하는 정책들이 이어졌다.

민족 엘리트와 전문가의 양성은 볼셰비키 지도부에게 의미가 컸다. 이는 제국의 붕괴와 혁명을 통해 집권한 볼셰비키가 처한 상황과 큰 관련이 있었다. 소련 초기에도 근대 국가를 운영하는 데 필수적인 전문가 집단은 대다수가 러시아 제국 시절에 교육받은 이들이었고, 귀족이나 부르주아적 배경을 갖는 경우가 많았다. 대안이 없었기에 소련은 '부르주아 전문가'에 의존할 수밖에 없었지만, 볼셰비키는 이들을 정치적으로 신뢰할 수 없는 집단이라고 항상 생각했다. 하지만 새롭게 등장한 볼셰비키 엘리트 역시 믿을 만한 집단은 아니었다. 그들이 지하 활동을 조직하거나 전투에 나서는 혁명가로서는 훌륭했을지는 모르나, 근대적 행정 체제와 기술을 통해서 나라를 운영하는 일은 전혀 다른 문제였기 때문이다. 게다가 당원 중에는 혁명과 내전이라는 혼란기에 틈을 비집고 체제의 상층부로 진입한 기회주의자나 출세주의자도 섞여 있었다. 이런 상황에서 공산당 지도부는 근대적 전문성을 갖춘, 정치적으로 신뢰할 수 있는 '붉은 전문가'를 육성해 체제의 새로운 중추로 삼으려 했다. 그러기 위해서는 시작부터 소련 체제하에서 교육받은 새로운 세대의 등장이 필요했다. 볼셰비키는 노동자와 농민 출신의 유능한 인물들에게 사회적 상향 이동의 기회를 대대적으로 부여하면서 그 새로운 세대를 형성하고자 했다.

체제가 '발탁'한 인물들은 스탈린의 5개년 계획과 대조국전쟁을 거치면서 훈련받았고, 마침내 제국시대의 엘리트들과 초기의 혁명가들을 대체했다. 그들이 바로 소련의 국가적 엘리트 집단의 중핵이었다. 이 집단에서 소련 최고위까지 오른 대표적인 이가 바로 우크라이나 출신의 레오니드 일리치 브레즈네프였다. 오늘날 우크라이나 동부의 카만스케에서 태어난 브레즈네프는, 10대에 이미 콤소몰에 가입하고, 20대 초반이던 1929년에 공산당에 입당했다. 소련 체제는 브레즈네프에게 정규 교육의 기회를 제공했고, 1935년에 금속기술학교를 졸업한 후에 발전하는 소련의 중공업 분야에 참여하여 금속노동자로 줄곧 일할 수 있었다.

브레즈네프는 동세대의 많은 젊은 당원과 기술자처럼 1937년의 대숙청 이후 더욱 거침없이 승진할 수 있었다. 그는 1937년에 자신의 고향인 드니프로제르진스크시 위원회 부위원장직을 맡았고, 그다음 해에는 드니프로페트로우스크 지역 위원회 선전부장으로, 1939년에는 주 서기로 올라섰다. 혹독했던 전쟁이 끝나고 브레즈네프는 점점 전국적인 정치인의 자리를 향해 다가갔다. 그는 1947년에 우크라이나 드니프로페트로우스크주 제1서기, 1950년에는 몰도바 제1서기, 1955년에는 카자흐스탄 제1서기 등 중요한 지역 지도자 자리를 거쳐 1960년에는 소련의 명목상 국가원수인 소련 최고회의 상무회 의장직에 올랐다. 그는 마침내 1964년에는 흐루쇼프를 실각시키고 소련 권력 구조의 정점인 소련공산당 제1서기가 되었고, 2년 뒤에는 이 명칭을 다시 스탈린 시대의 명칭인 소련공산당 총서기로 바꿨다. 우크라이나의 작은 마을에서 농민의 아들로 태어난 일개 금속노동자가 계단을 차근차근 올라가 소련 최고 지도자가 된 것이다.

적극적으로 소련 사회에 참여하고 그에 대한 보상을 받은 우크라이나인이 브레즈네프뿐만은 아니었다. 정치 몇 경제관료 영역에서 드니프로페트로우스크 클랜을 비롯한 우크라이나 인맥은 고위 정치를 주름잡았다. 경제 영역에서 우크라이나는 한때 단독으로 세계 9위의 GDP를 달성할 정도로 번영했는데, 돈바스·하르키우·드니프로페트로우스크 지역의 금속공업·광업·차량제작·항공우주산업은 소련 최고였으며 수많은 우크라이나 노동자와 전문가가 이곳에서 땀을 흘렸다.

그밖에 우리에게는 주로 러시아어 이름으로 알려진 수많

은 소련의 위인들이 사실 우크라이나 출신이었다. 예프세이 리베르만을 비롯해 하르키우를 중심으로 한 우크라이나의 경제학자들은 소련 경제체제를 더 효율적으로 만들 경제개혁안을 제시했다. 소련 국방장관을 지낸 로디온 말리노프스키Rodion Malinovskii나 소련 해군의 어머니라고 불린 세르게이 고르시코프Sergei Gorshkov 또한 우크라이나인이었다. 최초의 인공위성과 우주인을 만들어낸 세르게이 코롤료프Sergei Korolev, 보스토크 4호를 타고 우주로 나간 파벨 포포비치Pavel Popovich, 《강철은 어떻게 단련되었나》의 작가 니콜라이 오스트로프스키Nikolai Ostrovskii, 인본주의 교육자 바실리 수호믈린스키, 오페라 가수 아나톨리 솔로뱌넨코 등 수많은 사람이 우크라이나인으로서 소련 체제 안에서 활동했다. 이들은 모두 혹독했던 스탈린 시대의 탄압만큼이나 그 시대, 무엇보다 소련 체제가 제공했던 기회를 포착하여 활용한 이들이었다. 그들의 우크라이나인 정체성과 소련 체제에서의 적극적인 참여는 전혀 모순이 없었다.

무엇보다도 우크라이나인들은 소련 체제가 종말을 향해 가는 그 순간조차 소련인으로서 사회주의적 미래에 관한 희망을 잃지 않았다. 이는 우크라이나인들에게만 국한된 이야기가 아니었다. 억압적 통치하에서 소련인들이 공적 이데올로기에는 냉소로 일관하고 사적 영역에서는 자율적인 질서를 형성하면서 체제가 약화하고 있었다는 일반적인 이미지가 있지만, 실제 역사는 더 복잡했다. 최근의 여러 연구 결과는 많은 이들이 소련 체제가 내걸었던 사회주의 건설이나 제민족우애 같은 이상을 진심으로 내면화하고 있었다는 사실을 보여준다. 1980년대 말에 서부 우크라이나를 중심으로 반체제 민족주의 운동이 대중성을 어느 정도 획득했지만, 1991년 8월 쿠데타 이전까지만 해도 우크라이나인들은 소련인으로서의 미래를 선택했다. 1991년 3월에 고르바초프가 실시한 소련 존속 국민투표는 당시 소련 사람들의 일반적 정서가 러시아 바깥에서도 소련의 존속을 바라는 것이었음을 보여준다. 우크라이나인의 71.48퍼센트가 이 투표에서 찬성표를 던졌고, 중앙아시아 공화국들은 90퍼센트가 넘는 압도적 찬성을 보여주었다(반면 발트 3국, 몰도바, 조지아, 아르메니아는 독립파가 다수였다). 하지만 공산당 보수파가 고르바초프에게 맞서서 최후로 시도한 쿠데타가 실패하면서 우크라이나인들은 소련에 남는 것이 더는 의미가 없다고 판단하여 92퍼센트가 독립 찬성으로 돌아섰고, 소련은 그렇게 해체되었다.

물론 우크라이나의 소비에트 시대를 '브레즈네프적 과거'로 일반화할 수는 없다. 브레즈네프적 과거는 훗날 폴란드로부터 획득한 서부 우크라이나보다는 동남부, 혹은 중부 우크라이나의 과거에 더 가깝다고 말할 수 있을 것이다. 게다가 많은 우크라이나인은 여전히 '스탈린적 과거'도 기억한다. 1932~1933년, 농업집단화의 충격에 따른 대기근으로 500만 명에 가까운 우크라이나인이 사망했다. '홀로도모르'라고도 불리곤 하는 이 대기근은 우크라이나인들의 기억에 지울 수 없는 상처를 남긴 비극이었다. 게다가 1937년의 대숙청은 수많은 민족 지도자, 지식인, 예술가들을 탄압한 사건으로 기억된다. 이러한 비극들의 최종 책임이 스탈린과 모스크바 중앙, 그리고 키이우 지역 당국의 볼셰비키에 있음은 당연하다. 하지만 '스탈린적 과거' 또한 실제 역사적 그림은 훨씬 모호하고 복잡하다. 대기근은 우크라이나 민족을 몰살하거나 탄압하겠다는 의도로 고의로 자행된 것이 아니다. 대기근은 근대 국가의 이념적 기획과 국가 폭력이 농촌에 적용된 사건이었기에 우크라이나에만 국한된 현상도 아니었고, 러시아와 카자흐스탄을 비롯한 소련 전역에서 발생한 비극이었다. 대기근을 우크라이나 민족주의자들의 이야기처럼 '러시아인과 우크라이나인의 대결'로 볼 수 없다는 이야기다. 이러한 해석은 분노와 증오를 불러일으킬 뿐 우크라이나 역사에 대해 진지하게 접근하는 일을 방해하는 장애물에 지나지 않는다.

우크라이나의 반데라적 과거

브레즈네프가 상징하는 사회주의 기획은 우크라이나 땅에서 승리를 거두었던 소비에트 체제의 산물이었다. 다시 말해, 우크라이나에는 브레즈네프를 만들어낸 사회주의 기획뿐 아니라 다른 여러 종류의 기획이 동시에 경합하는 장소였다는 뜻이기도 하다. 1918~1921년 사이의 러시아 내전기는, 그 경합이 가장 치열하고 격렬하게 전개된 시대였다. 러시아 내전은 '적백내전'이라는 이름으로 더 유명한데, 이는 많은 역사가가 러시아 내전을 볼셰비키의 붉은 군대와 반볼셰비키 세력의 느슨한 연합인 흰 군대 사이의 대결로 이해했기 때문이다. 그러나 최근의 역사가들은 러시아 제국이 붕괴하고 볼셰비키가 권력을 잡으면서 발생한 내전을 단순히 적백 갈등으로 환원할 수 없는, 더 다양하고 복잡한 사건이었음을 지적하고 있다. 특히 폴란드, 카프카즈, 중앙아시아 등 제국의 변경 지대에서 이러한 다양성과 복잡성이 더욱 크게 드러난다. 근래에 어떤 역사학자가 내전Civil War이라는 표현을 내전들Civil Wars로 바꾸고, 내전 기간을 1916~1926년까지 10년으로 늘리며 그 복잡다단한 양상을 담아내려 애쓴 것이 대표적인 예다.*

내전의 혼란상이 가장 잘 드러난 땅이 바로 우크라이나였다. 우크라이나에도 러시아 본토처럼 볼셰비키와 멘셰비키, 사회주의자혁명가당 같은 사회주의자들, 입헌민주당 등 다양한 정치집단이 존재했다. 그러나 무엇보다도 우크라이나 땅은 각 세력 및 국가가 충돌하는 전쟁의 한복판이었다. 우크라이나 민족주의자들이 세운 우크라이나인민공화국, 볼셰비키의 우크라이나소비에트사회주의공화국뿐 아니라 러시아소비에트연방사회주의공화국, 러시아 반볼셰비키 세력의 남러시아 정부를 비롯해서 농민 혁명가 네스토르 마흐노Nestor Makhno의 검은 군대에 이르기까지 각양각색의 분파가 우크라이나 땅에 출몰했다. 게다가 서남쪽의 루마니아나 서쪽의 독일제국, 그리고 러시아 제국 붕괴 이후 독립한 신생 폴란드 같은 외부 세력도 우크라이나에 개입했다. 내전기 우크라이나는 민족적·계급적 세력뿐 아니라 외국 세력이 출몰하고 들끓는 솥이었다.

상이한 이상을 보여준 경쟁자 중 우크라이나 민족주의를 대표하는 국가는 우크라이나인민공화국이었다. 그러나 이 나라가 대변하는 우크라이나 민족의식이란 한 줌도 안 되는 우크라이나 민족 엘리트만의 것이었다. 민족보다 계급을 중시하는 우크라이나 사회주의자들은 대개 이러한 우크라이나 민족

* Jonathan D. Smele, *The "Russian" Civil Wars: Ten Years That Shook the World* (Oxford: Oxford University Press, 2016).

정체성을 받아들이지 않았으니, 우크라이나 민족의식이란 민족 엘리트 중에서도 민족주의나 자유주의 성향을 지닌 자들만의 생각이었다. 그러나 민족주의자에게도 러시아와 구별되는 '우크라이나다움'이라는 요소는 새로 발굴하고 개발해야만 하는 것이었다. 예컨대 1918년 4월 독일 제국군을 등에 업고 니콜라이 2세의 보좌관을 지낸 파울로 스코로파츠키 Pavlo Skoropadskyi 는 우크라이나인민공화국 멸망 이후 우크라이나국을 세우고 스스로를 옛 코자크 지도자의 명칭인 헤트만으로 불렀다. 그러나 스코로파츠키는 우크라이나어를 거의 구사하지 못했으며 주변 인사들은 모두 러시아 장군과 정치인 출신이었다. 스코로파츠키의 군대는 유사 코자크 같은 군복으로 치장했으며, 17세기 이래로 본 적도 없던 여러 깃발과 칭호, 계급 따위를 되살려내 '민족 각성'에 사용했다.

우크라이나 노동자 계급은 급진화해서 주로 볼셰비키를 지지했다. 우크라이나 인구의 대부분을 차지하던 농민들은 토지를 준다고 약속한 세력의 편을 들었다. 민족의식을 '깨우치지' 못하고 끝내 볼셰비키를 지지하는 우크라이나 인민을 보며, 우크라이나 민족주의 엘리트들은 그들이 호소했던 민중에게 실망할 수밖에 없었다. 따라서 이제는 우크라이나 민족을 각성시키기 위한 새로운 길을 모색할 필요가 있었다. 그리고 당대 유럽의 정치적 상황은 우크라이나뿐 아니라 동유럽의 많은 민족주의 엘리트들에게 영감을 주는 새로운 대안을 제시하고 있었다. 소수의 민족 엘리트가 인민을 고무하고 이끌어 민족혁명으로 가는 길, 바로 파시즘이었다. 1929년에 창설된 우크라이나민족주의자단 OUN 은 명목상으로는 단순 무장투쟁을 넘어 범국민적 독립운동을 표방하면서도 우크라이나의 민족 정체성을 인종에서 찾는 배제적 민족주의 담론을 내세우며 우크라이나 땅에 사는 폴란드인이나 유대인을 '정화' 대상으로 삼았다.

전간기 우크라이나 민족운동은 민족과 국가의 결속과 각성을 부르짖는 이탈리아 파시즘보다도, 거기서 한발 더 나아가서 인종적 순혈성을 내세웠던 독일 나치즘에 더 가까운 운동이었다. 그러니 그들이 독일이 폴란드를 정복하고 우크라이나 땅으로 밀고 들어오면서 나치 독일군과 연대를 추구한 것은 자연스러운 일이었다. 제2차 세계대전 내내 우크라이나 전역에서 나치의 홀로코스트와는 별개로 OUN의 지도하에서 폴란드인, 유대인, 러시아인, 집시 등 다른 소수민족에 대한 광기에 찬 학살이 벌어졌다. OUN은 독일의 힘을 통해 우크라이나 청년을 무장시킬 수 있다고 생각했고, 유대인을 절멸시키고자 한 나치의 목표가 우크라이나 '민족혁명'의 목표와 상통한다고 여겼다. 1941년 전쟁 발발 첫 몇 주 동안 서우크라이나 전역에서 3만 5,000명이 넘는 유대인이 살해되었고, 1943~1945년까지 서우크라이나의 볼린과 할리치나 지역에서는 10만 명 가까운 폴란드인이 살해되었다. 이들은 나치 독일이 패망한 이후에도 계속해서 저항을 이어갔고, 서부 지역을 거점으로 현지 우크라이나인들의 지지와 방관 속에서 반소 게릴라전은 1950년대 초까지 이어갔다.

추축국의 몰락과 함께 냉전이 시작되자, 나치와 함께했던 우크라이나 민족주의 집단은 북미에서 새로운 공간을 찾을 수 있었다. 미국과 소련은 더는 독일과 일본을 주적으로 삼지 않앉고, 과거의 동맹이었던 서로를 주적으로 삼았다. 미소 양편은 자신의 이용하에 상대편을 약화할 수 있다면 악당들의 과거 또한 불문에 부치고 그들에게 새로운 삶을 줄 수 있었다. 우크라이나의 나치 협력자들은 명백히 소련의 적이었기에 미국의 주목을 받았다.

미국은 냉전기에 자신을 자유 진영의 필두로 생각하고 있었고, 소련의 적이기만 하다면 그들이 실제로 어떤 존재이든지 상관없이 동맹으로서 자유의 벗이라 홍보했음은 널리 알려진 이야기다(물론 소련도 마르크스주의와 별 관련 없는 농민 혁명가들을 상대로 비슷한 일을 했다). 냉전의 맥락에서 우크라이나봉기군과 그들의 반소 투쟁 또한 '자유의 전사들'로서 포장되기 시작했다. 수많은 우크라이나 파시스트들은 미국과 영국, 캐나다의 비호하에 북미로 망명하여 '일반인'으로서 평화롭게 여생을 보내며 자신들의 더러웠던 과거를 세탁할 수 있었다. 그리고 그렇게 포장된 역사는 소련 붕괴 이후 우크라이나로 다시 역수입되어 들어가며 우크라이나 땅에 새로운 갈등과 분열을 낳았다.

전쟁과 국민국가의 탄생

비록 소비에트연맹이라는 더 큰 정치체에 속한 형태였지만, 어쨌든 우크라이나소비에트사회주의공화국은 장기간 지속했던 최초의 '우크라이나 국민국가'라고 할 수 있었다. 소련 정부는 우크라이나소비에트사회주의공화국의 틀을 통해서, 그리고 민족문화 진흥 정책이었던 '토착화' 정책을 통해 우크라이나 민족문화의 수준을 높이는 방향으로 나아갔다. 하지만 그렇다고 우크라이나인들이 우크라이나 민족정체성을 뼛속 깊이 내재화해서 우크라이나 민족주의자로 변모하지는 않았다. 애초에 소련 민족 정책의 목표부터 각 공화국 및 자치공화국을 구성하는 여러 민족을 '민족주의자'로 만드는 데 있지 않았기 때문이다.

'형식에서는 민족적으로, 내용에서는 사회주의적으로'라는 스탈린의 구호에서 드러나듯이, 소련 체제가 추구했던 궁극적 목표는 모든 인민, 모든 민족의 사회주의화였다. 그런데도 소련이 토착화 정책을 추진한 이유는 볼셰비키가 사회주의의 전 단계로서 인민들이 각자의 민족의식부터 깨칠 필요가 있다고 보았기 때문이다. 이는 역사가 정해진 단계를 밟아가면서 진보한다는 마르크스주의 역사발전론의 영향이었다. 소련의 엘리트들은 자신의 민족적 뿌리를 각성한 소련의 여러 민족이 '제민족우애'라는 이름 아래에서, 내부의 계급투쟁이 소멸한 사회주의 형제로서 하나가 되어야 한다고 생각했다. 그렇기에 소련은 우크라이나 민족정체성만큼이나 여러 민족 간 정체성의 경계를 흐리게 하는 소련인으로서 정체성을 육성하는 프로그램도 강력하게 추진했던 것이다.

소련 특유의 민족 정책과 우크라이나의 특수한 역사적 경험으로 인하여, 1991년에 이르러서 우크라이나가 주권 국가로서 독립을 이루었을 때도 여전히 우크라이나 민족의식은 확고하다고 보기 힘든 상태였다. 독립 이후에 진행된 여러 설문조사를 보면 우크라이나인들은 자신의 정체성을 우크라이나 국가보다 본인이 소속된 지역, 마을, 행정구역, 혹은 종교에 더 두고 있었다. 자신의 조국이 무엇이라고 생각하냐는 설문조사에서 동부와 남부 사람들은 여전히 소련인으로 자신을 생각하는 비율이 상당했으며 돈바스와 크림 지역에서 자신을 소련인으로 생각하는 사람의 비율은 우크라이나인으로 생각하는 사람의 비율을 상회했다. 또한 우크라이나 사회의 구성원이 되기 위한 요소로 민족과 언어보다 시민권이나 헌법 존중 등 시민적 특성을 더 중요하게 여겼다.

그러나 2013년 유로마이단 봉기와 2014년 돈바스 전쟁을 통해 사태는 바뀌었다. 러시아인들이 가장 많이 사는 크림반도와 돈바스 일부 지역이 우크라이나에서 분리되었다. 러시아와의 우호적 관계를 중요하게 생각했던 우크라이나인들조차도 러시아를 형제 민족 대신에 적대적 타자로 생각하는 경향이 크게 늘었다. 루스의 후예로서 우크라이나와 러시아 사이에서 여전히 중첩적 정체성을 유지하던 사람들은 이제 서로 다른 주권 국가인 우크라이나와 러시아 사이에서 양자택일해야만 했다. 이 과정을 통해 우크라이나인들의 우크라이나 의식은 더욱 강화되었다.

2014년에 실시된 한 설문조사에서는 드디어 우크라이나인을 자신의 제1정체성으로 여기는 사람의 비율이 가장 높게 나타났다. 또한 우크라이나를 통합시키는 우크라이나어의 역할을 지지하는 사람의 비율이 높아졌다. 러시아가 크림반도를 합병하고 돈바스 전쟁에 개입하면서 우크라이나 주권 영토의 통합성을 침해하자, 우크라이나 정부는 러시아어 방송 및 출판물에 관한 규제도 한층 강화했다.

저명한 역사사회학자 찰스 틸리 Charles Tilly 는 "전쟁은 국가를 만들고, 국가는 전쟁을 만든다"고 말한 바 있다. 현대 국민국가를 탄생시킨 것은 우리가 국가의 기본이라고 생각하는 헌법이나 시민권이 아니라 전쟁과 전쟁을 위한 물적·인적 자원의 동원 체계였다. 전쟁에서 생존하기 위해서는 자원을 가장 효율적으로 수집해서 배분하고 투입할 수 있는 중앙집중화된 권력이 필요했고, 그런 권력을 갖춘 정치체만이 살아남아 오늘날에 이르렀다. 하지만 전쟁과 국민국가의 상호작용은 단순히 이런 제도적인 수준에서만 그치는 것은 아니다. 국가 권력이 전쟁의 승리를 위해 국민을 동원하고, 국가 기구가 관료제와 언론 매체를 통해 개인의 일상 수준까지 침투하면서 국민의 의식적 차원에서도 거대한 변화가 일어났다. 총동원과 전쟁은 그것에 참여한 사람들에게 더 넓은 동질성을 심어주는 경험이었고, 자신들과 맞서는 상대편을 타자화하고 배제하는 효과를 낳았다. 그렇게 동원과 전쟁으로 동질성을 강화한 군중은 스스로를 종교, 지역 사회, 부족 대신에 '국민'이라는 이름으로 정의하게 된다.

파괴적 전쟁은 역설적으로 새로운 민족을 만들어내고 강화하는 원동력이었다. 강대국 미국도 최초의 총력전이라 할 수 있는 내전(남북전쟁)을 거쳐서 기존의 느슨한 주州들의 연합이 연방정부하에 통합된 하나의 국가로 변신했다. 남한과 북한도 6·25를 통해 내부적으로는 체제의 반대파를 숙청하고 전통적 사회구조를 파괴했으며 군軍과 국가(북한은 조선노동당 포함) 관료체제를 정비하고 합리화했고, 각각 반공과 사회주의 건설이라는 이념하에 진정한 국민국가로 다시 태어났다.

우크라이나의 경우도 크게 다르지 않다. 그전까지 우크라이나는 진정한 국민국가가 아니었다. 물론 우크라이나는 1991

년 이래로 독립국이었다. 국가의 영토가 있었고, 그 안의 주민들이 있었으며, 국제 사회가 주권도 보장해주었다. 하지만 그 국가가 진정한 국민국가였는지는 명확하지 않았다. 독립 후 20년간 우크라이나의 역사는 자신들을 무엇이라고 정의할 수 있는지 갈등한 역사였다. 많은 우크라이나인이 스스로를 우크라이나 국민이라고 정의하지 않았기 때문이다.

2014년 이래로 시작된 8년간의 분쟁과 2022년에 시작된 전쟁을 통해서 우크라이나인 다수가 마침내 자신을 '우크라이나 국민'이라고 느꼈다. 지금 우리는 내부의 강력한 정체성 합의를 이루지 못했던 불완전한 국민국가였던 우크라이나가 드디어 우크라이나인이라는 민족의식을 지닌 국민의 국가, 즉 진정한 우크라이나 국민국가로 거듭나는 것을 실시간으로 보게 된 것이다. 별개의 우크라이나 민족정체성은 인공적으로 발명된 것이라 주장한 푸틴 대통령이 그 발명의 가장 큰 조력자가 되었다는 점에서 무척 역설적이다.

브레즈네프인가, 반데라인가

나는 우크라이나인을 '검은 땅의 경계인'으로 명명한다. 원래 경계인이란 1926년에 저명한 사회학자 로버트 에즈라 파크Robert Ezra Park가 두 문화적 실재 사이에 놓인 한 개인이 어떻게 자신의 정체성을 확립하는 데 어려움을 겪는지 설명하려고 제안한 개념이다. 가장 대표적인 예시로 한인 교포를 들 수 있다. 대개 이들은 그 나라에서는 한국인으로 취급당하고 한국에서는 그 나라 사람으로 보이며 어느 한 곳에 쉽게 속하지 못한다. 우크라이나인은 역사의 경계인이다. 바로 브레즈네프적 과거와 반데라적 과거 사이에서 방황하는 경계인 말이다. 이 경계인의 방황은 다른 경계인과 마찬가지로 자신이 누구인지, 혹은 자신이 누구여야 하는지와 관련된 정체성 문제와 깊은 연관이 있었다. 끊임없이 이 두 과거에 짓눌리는 상황에서 우크라이나는 무엇인지, 우크라이나인은 누구인지에 관해 대답하기란 쉽지 않았다.

소련이 해체되면서 소련의 역사를 바라보는 이른바 '과거사' 문제가 독립국가연합(구소련 소속 국가들)의 15개국에 화두로 떠올랐다. 사회주의 국가 소련의 일부였던 과거와 자본주의 국가인 현재를 조화롭게 일치시키는 일은 대단히 어려운 작업이었다. 러시아도 이런 딜레마에 직면해 있었다. 예컨대 새로 태어난 자본주의 국가 러시아가 어떻게 사회주의 10월 대혁명을 긍정적으로 평가할 수 있겠는가? 러시아인들에게 소련의 기억이란 '실패한 실험'이라는 쓰라린 기억, 정치적 억압과 잔혹한 테러의 기억이기도 했지만, 우주에 인간을 쏘아 올리고 침략자로부터 조국을 지켜낸 영광의 기억이기도 했다. 어제까지만 해도 소련인이었던 러시아인들은 그 두 기억을 모두 생생히 가지고 있었다.

이 두 상반된 기억을 분리해서 좋은 기억만 갖고 가야만 하는지, 아니면 소련의 경험 전체를 러시아 역사의 실수로 규정하고 폐기처분하는지, 아니면 소련 시절처럼 나쁜 기억을 모두 잊어야만 하는지를 둘러싸고 무수한 논쟁이 있었다. 과거의 기억을 탐구하고 새로운 서사를 써야 했던 러시아의 역사학자들은 새롭게 주어진 '자유'에 가장 극심한 혼란을 느낀 이들 가운데 하나였다. 물론 소련 시절에는 소외당했던 비볼셰비키 계열의 지식인이나 혹은 비마르크스주의적 환경에도 집중하면서 연구의 폭이 넓어졌다는 장점은 있었지만, 그럴수록 혁명과 혁명 이후의 역사에 관해 부정적으로 평가하는 의견과 여전히 남아 있는 영광의 기억을 어떻게 조화시켜 포스트 소비에트 시대의 학생들에게 가르쳐야 할지를 두고 곤혹스러워했다.

이러한 혼란은 21세기에 들어서 푸틴 시기로 접어들고 나서야 어느 정도 정리될 수 있었다. 그렇다면 러시아는 이 정체성 위기를 어떻게 해결했는가? 그들은 20세기 러시아 현대사의 만인만색의 인물들이 모두 다 애국자였다는 결론을 내리면서 이 문제를 봉합했다. 볼셰비키도, 그에 반대해서 싸우던 수많은 사람도 다 장단점이 있었다. 그러나 나라를 사랑한다는 마음에서는 어느 쪽도 뒤지지 않았기에, 그들을 모두 애국자로서 존중해야만 했다. 새로운 러시아에서 과거 이념을 둘러싼 갈등은 그다지 중요하지 않았다. 이념의 차이라는 것은 어떻게 혼란에 빠진 나라를 다시 세울 것인가를 둘러싼 방식의 문제에 불과했다. 그 방식에 설령 오류가 있었을지라도 그들의 애국심 덕택에 러시아는 여전히 위대한 나라로 남을 수 있었다는 것이다.

이렇게 규정하고 나니 비록 공식적으로 과거 사회주의의 상징을 모두 기리지는 않았지만, 그 역사의 '행위자'인 '선조'들은 기릴 수 있었다. '우리의 조상들은 모두 우리의 러시아를 위해서 싸웠던 사람들이고, 여전히 우리는 하나다'라는 서사가 자리 잡았다. 러시아에서 가장 중요한 문제는 더는 계급 철폐의 유토피아 건설이나 자유민주주의 세계로의 합류가 아니라 '자긍심'과 '단일성'이었다.

러시아의 선택과는 반대로 우크라이나는 20세기 역사를 우크라이나인과 러시아인 사이의 대립으로 규정했다. 그러나 이러한 대립과 그에 기반한 서사는 실제 역사적 사실과는 명백하게 거리가 멀었다. 다양한 정치세력 간의 싸움이었던 러시아 내전은 우크라이나 민족국가를 성립하려는 우크라이나인 대 그 노력을 파괴한 '외국인' 러시아 볼셰비키 사이의 싸움으로 단순화했다. 내전기 동안 볼셰비키가 우크라이나 노동자 계급에게 상당한 지지를 받았음에도 민족적 이유가 아닌 사회경제적 이유로 볼셰비키에 반대한 우크라이나 농민들을 우크라이나인 전체로 치환했다. 이미 40~50년 전에 역사학계에서 실증적으로 반박된 '전체주의론'을 들고 와서 소련을 전체주의 체제라 규정했다.

소련 체제는 테러와 폭력으로 점철된 체제이며 이러한 공격은 다름 아닌 우크라이나 민족주의 및 민족의식을 겨냥한 공격이었다. 1932~1933년 대기근에 관해서도 우크라이나인 지도부가 식량 징발과 정책 결정에 깊이 관련되었음은 생략하고 오로지 우크라이나인 전체를 몇몇 고위직만 제외하고는 하나의 피해자로서 묶어 서술했다. 제2차 세계대전의 발발은 나치뿐 아니라 러시아에도 책임이 있음을 강조했으며, OUN과 UPA가 저지른 각종 학살과 홀로코스트는 생략하고 그들이 우크라이나인들을 '해방'한 사실에 주목했다. 이러한 우크라이나와 러시아 사이의 선명한 대립은 우크라이나를 '유럽'과 '문명', 러시아를 '아시아'와 '야만'으로 규정하는 데서 절정에 달했다.

1991년 이후 이런 방식으로 우크라이나는 '외세' 러시아를 철저하게 타자화하고 악마화하는 방식으로 국민국가 만들기에 나섰다. 문제는 우크라이나 역사에서 유일하게 근대 국민국가를 구성했던 소련과 우크라이나소비에트사회주의공화국, 그리고 그곳에서 적극적으로 사회주의 건설에 인민들이 참여했던 브레즈네프적 과거를 부정하고 나니 우크라이나에 남은 역사가 없다는 것이었다. 우크라이나 역사가 복잡한 것은 다른 나라들처럼 국가의 기둥을 이루는 '중심축'을 찾기 힘들기 때문이었다. 벨라루스 및 러시아와 공유하는 키예프 공국, 그리고 지금의 서우크라이나 지방에 잠시 존재했던 루테니아 왕국의 멸망과 더불어 '국가로서의 우크라이나'는 단절되었다. 다시금 드니프로 강변에 살던 군사 집단 코자크에서 그 뿌리를 찾았지만, 그들 또한 얼마 가지 않아 곧 러시아에 복속되었다. 그 이후에 20세기가 시작되고서도 거의 20년이나 지나서 등장해 1991년까지 우크라이나 땅을 통치한 것이 바로 러시아인들과 늘 함께했던 우크라이나소비에트사회주의공화국이다. 그런데 이 나라를 자신들의 역사가 아니라고 부정하는 행동은 우크라이나의 20세기 역사를 통째로 지워버리는 일이다.

이런 상황에서 우크라이나가 선택할 수 있었던 유일한 대안은 무척 안타깝게도 스테판 반데라뿐이었다. 반데라와 OUN, UPA는 소련과 폴란드에서 독립한 우크라이나 단일민족국가를 건설하려 했다. 그러나 강대국에 둘러싸인 소수의 민족주의자만으로는 그 목표를 달성하기 어려웠다. 그래서 이념상으로도 차이 없는 나치 독일과 협력해서 여러 나치의 학살 범죄에 동참하거나 혹은 나치 없이 스스로 수많은 폴란드인과 유대인, 러시아인을 살해했다.

그러나 우크라이나 민족주의자들은 이 학살 범죄에는 침묵을 지키며, 소련으로부터 '독립'하기 위해 나치 독일을 '이용'했을 뿐이라고 주장한다. 지난 2022년 6월, 주독일 우크라이나 대사 안드리 멜니크$^{Andrii\ Melnyk}$는 반데라의 OUN이 폴란드인과 유대인을 대량 학살했다는 사실을 부인함으로써 주변국들의 공분을 샀다. 브레즈네프적 과거를 부인하고 반데라적 과거를 승인하는 과정에서 또한 반데라적 과거를 모두 포용하지도 못하고 일부를 부인한 셈이다.

저명한 역사가 프레더릭 쿠퍼$^{Frederick\ Cooper}$는 제국의 본질은 다양성을 포용하고 차이와 긴장을 관리하는 것이라고 이야기했다. 제국이 추구하는 '차이의 정치'는 영역 안의 차이를 최대한 지우려고 하고, 이질적 요소를 배제하는 국민국가의 '동질성의 정치'와 다를 수밖에 없다. 독립을 이룬 우크라이나는 1945년 이래로 보편적 정치체로 자리 잡은 서구식 국민국가를 자신들의 지향점으로 생각했다.

그러나 우크라이나는 우크라이나인만의 국가가 아니었다. 2001년 통계 자료에 따르면 우크라이나를 구성하는 민족 중 우크라이나인들은 77.8퍼센트밖에 되지 않았다. 러시아인이 17.3퍼센트였으며, 나머지 4.9퍼센트는 벨라루스인·몰도바인·크림 타타르인·불가리아인·헝가리인·루마니아인·폴란드인·유대인 등 많은 소수민족으로 구성되었다. 예컨대 돈바스 전쟁 이후 채택된 우크라이나어를 우크라이나의 유일한 정체성으로 규정하고 다른 언어를 규제하는 여러 법률은 러시아어뿐 아니라 이러한 소수민족 언어의 사용도 금지하게 되는 결과를 낳음으로써 여러 민족 사이의 긴장도 같이 불러일으키고 있다.

물론 외부자인 우리는 우크라이나인들에게 선택지는 많지 않았다는 사실 또한 이해해야만 한다. 이른바 '비역사적 민족'으로서 키예프 공국 이후 제대로 된 통치국가를 운영해본 경험이 없는 우크라이나에는 '정상 국가'가 가진 전근대 왕조의 경험은 물론 의회민주주의 및 자본주의의 경험조차 1991년 이전에는 없었다. 우크라이나인들의 역사적 경험은 브레즈네프가 상징하는 사회주의와 반데라가 상징하는 극우 파시즘에 국한된 것이었다.

의회민주주의와 자본주의를 채택한 국민국가 우크라이나는, 자신들의 지향점과는 모순되는 두 가지 역사적 경험에서 자신들만의 국민 서사를 재구성해야만 했다. 이는 최소 200년, 길게는 400년을 거슬러 올라가는 의회제와 상업 자본주의 전통이 있는 서유럽과는 차원이 다른 수준의 도전이었고, 무척 민감하며 고도의 정치적 판단이 필요할 수밖에 없는 문제였다. 2014년과 2022년에 이루어진 푸틴의 침공은 러시아를 향한 타자화를 가속하면서 우크라이나가 러시아와 연결된 과거, 즉 브레즈네프적 과거를 지우는 길을 선택하도록 만들었다. 그렇게 우크라이나에는 반데라의 유령이 돌아왔다.

전쟁이 끝나고 탄생할 국민국가 우크라이나는 어떤 국가가 될까? 우크라이나의 여러 곳을 직접 눈으로 담아본 경험으로 미루어 보면, 사실 우려할 수밖에 없다. 단기간에 러시아 점령지를 탈환할 가능성이 희박한 현재, 우크라이나는 경제적으로 동남부의 알짜 산업지대와 흑토지대를 대거 상실할 가능성이 크다. 정치적·사회적으로 러시아계 및 친러 성향의 우크라이나인들이 사라지거나 뜻을 바꾸면서 우크라이나 국가는 더 '단일'해졌지만, 그것이 과연 좋은 방향일지는 여전히 의문으로 남는다.

우크라이나와 서방 일각에서는 마셜계획과 유사한 대대적인 '재건 프로젝트'를 이야기하지만, 그 프로젝트가 실제로 성공하기란 극히 어렵다. 현재 서방 진영은 과거와 달리 러시아와의 지정학적 갈등으로 자신들만의 경제적 곤경을 겪고 있다. 외부로부터 접근하기가 무척 어려운 서부 우크라이나의 자연 지리적 조건과 인문 환경은 투자를 몹시 어렵게 만든다. 오히려 많은 우크라이나인은 상황이 더욱 어려워진 자국을 떠나서 전쟁 이전처럼 동유럽과 독일 등지에서 일하기를 원할 것이다.

우크라이나의 과거를 이해하지 않고서 우리는 우크라이나의 현재를 이해할 수 없다. 우크라이나와 우크라이나인들의 역사적 순간에는 항상 딜레마가 있었으며, 그 선택의 폭은 상당히 제한적이었다. 심지어 러시아와 전쟁 중인 지금조차 그렇다. 푸틴의 침공은 결과적으로 우크라이나에서 유로마이단 봉기 이래로 시작된 브레즈네프적 과거 청산에 대못을 박은 셈이었다. 유로마이단 봉기는 독립 이후의 정치적 혼란에 기인하고, 독립 이후의 정치적 혼란은 20세기 러시아 혁명과 소련의 형성이라는 역사적 경험에 기인한다.

이 모든 것들, 즉 20세기 우크라이나 역사의 딜레마와 갈림길마다 내렸던 선택과 브레즈네프와 반데라 중 양자택일하도록 만들었던 편협함은, 키예프 공국 멸망 이후 우크라이나 지방에서 수백 년 동안 서로 다른 역사적 경험을 겪은 '루스인'들을 하나의 국민국가로 묶어 통합하려는 과정에서 발생한 여러 갈등과 모순에서 기인한 것이다.

감사의 말

 사람의 미래는 한 치 앞을 모른다고들 한다. 우크라이나와 인연을 맺게 될 줄은 석사학위를 마칠 때까지만 해도 생각도 못 했고, 우크라이나에 1년 가까이 장기 체류를 하는 일은 3년 전 여름까지만 해도 전혀 고려사항이 아니었으며, 이렇게 우크라이나 체류에 관한 경험과 우크라이나 역사 이야기를 책으로 내게 될 줄은 작년 초까지만 해도 상상조차 하지 못했다. 우연히 외부에서 주어진 사건과 사소한 선택을 통해 예전에는 짐작하지도 못한 곳에 와 있는 자신을 발견하는 순간, 인생에는 알 수 없는 방향으로 이끄는 어떤 힘이 정말 있는 것인가 하는 생각도 든다.

 이 책 출간과 관련해서 한국에서 여러 선생님께서 친절하게 도와주셨다. 가장 깊은 감사는 바쁘신 와중에도 세심하게 원고 전체를 읽고 유용한 제안과 중요한 지적을 해주신 한정숙 선생님께 드리고 싶다. 석사과정생 시절부터 지도교수로서 주신 깊은 가르침 덕분에 우크라이나와 러시아 역사를 이해하는 기본 인식을 갖출 수 있었다. 노경덕 선생님께서는 이 책의 출간 사항에 대해 여러 가지 꼭 필요한 사항을 말씀해주셨다. 구자정 선생님께서는 참고문헌을 읽고 의견과 격려를 보내주셨다. 권경택 선생님께서는 원고를 빈틈없이 읽고 수정사항을 말씀해주셨다. 우동현 선생님은 꼼꼼하게 글을 읽고 자세한 비평을 파일로 만들어 보내주는 수고를 아끼지 않으셨다. 임명묵 선생님은 여러 책 출간에서 온 경험을 바탕으로 한 여러 조언을 해주셨고, 최근 2년 연속 러시아에서 여름을 같이 보내며 시간 날 때마다 글을 읽어주셨다. 2019년에는 이 책에 나오는 도시 네 곳을 함께 돌아보기도 했다. 이윤주 선생님은 내가 배경 설명을 부족하게 넣은 듯한 부분을 찾아 지적해주셨다. 권경택 선생님께서 소개해주신 이준범 님은 짧은 시간에도 긴 글을 읽고 밀도 있는 평을 남겨주셨다. 화곡에서 족발과 소고기를 나눈 김백훈, 진천에서 매운갈비찜을 나눈 김성열, 영등포에서 성게와 참치를 나눈 전세용은 각각 문사철文史哲을 전공한 대학 후배들로서 원고를 읽고 '비전공자'의 입장에서 여러 도움 되는 의견을 제시해줬다. 모두 바쁜 일상을 잠시 뒤로 접어두고 시간을 내서 귀중한 조언을 아끼지 않으신 그 마음에 깊은 감사를 드린다. 이러한 모든 도움에도 불구하고 이 책의 부족한 부분이나 혹여 드러날 수 있는 오류는 전적으로 나의 책임이다. 마지막으로 오산에서 항상 행복한 식사로 응원해주신 정석수 아저씨께도 감사를 표한다.

지난 2020년부터 2021년까지 우크라이나를 방문하기까지와 도착 이후 현지 생활에서 도움을 건네준 분들이 없었더라면 나의 우크라이나 생활은 불가능했을 것이다. 우선 기존에 일면식도 없던 학생의 도움 요청에 선뜻 응답해 우크라이나 비자를 받을 수 있도록 도와주신 전前 주駐우크라이나 대한민국 대사이신 허승철 선생님께 감사를 드리고 싶다. 드니프로 국립세무종합대학 한국어학과장이자 세종학당 학당장이

신 최광순 선생님과 사모님께도 깊은 감사를 드린다. 이분들께서 현지에서 주신 배려가 없었더라면 드니프로에 적응하기가 몇 배는 더 힘들었을 것이다. 체류하는 동안 막대한 도움을 준 현지 우크라이나인 분들에게도 감사를 표하지 않을 수 없다. 본인이 역사학 박사이시기도 한 드니프로 국립세무종합대학 빅토르 바실료비치 첸초프Viktor Vasiliovich Chentsov 부총장님께서는 문서고에서 부족함 없이 활동할 수 있도록 모든 지원을 아끼지 않으셨다. 비탈리 라즈지빈Vitalii Razzhyvin의 실무적 도움이 없었더라면 체류증 발급 및 문서고 방문이 녹록하지는 않았을 것이다. 드니프로페트로우스크주 국립문서고DADO의 직원들 또한 코로나 시국에 장기 연구를 하려는 외국인 연구자의 여러 문서 요청을 거리낌 없이 도와줬다. 집주인 다랴 마슈코바Daria Mashukova는 항상 친절하게 나를 대접했고, 각종 모임이나 파티에 나를 초대해서 다른 우크라이나인들과 만날 수 있도록 도와줬다. 우크라이나어와 러시아어 과외 선생님인 야나 페트로바Yana Petrova가 없었더라면 나의 우크라이나어 말하기 실력이 생존 수준을 넘어서기는 힘들었을 것이다. 야나는 전쟁 발발 이후 입대해서 조국을 지키고 있다. 이들을 포함해서 내가 만났던 모든 우크라이나 사람이 이번 전쟁으로 피해를 보지 않기를 간절히 바라고 또 바란다.

이 책의 집필은 대부분 미국에서 이뤄졌고 두 번의 여름을 러시아에서 보냈다. 미국 대학 지도교수 줄리 헤슬러Julie Hessler 선생님께서는 흔쾌히 이 책의 출간을 응원해주셨다. 유진에서 집주인 할리 벌리Hali Burley와 남자친구 로스 베넷Ross Bennett 덕분에 지난 박사과정 내내 편안한 숙소와 훌륭한 저녁, 다정한 분위기에서 생활할 수 있었다. 지금도 내 방 침대 위에서 단잠을 자는 고양이 하워드Howard 와 토니Tony 는 항상 귀엽다. 리 장Li Zhang과 아내 히데요Hideyo는 언제나 훌륭한 식사 자리에 초대해줬다. 주변의 모든 미국인이 청교도적 금욕을 보여준 와중에 이준표 선생님과는 서로의 공부가 바쁜 와중에도 가끔 술벗으로서 대화를 나눴다. 러시아에서 넬리 바티로바Nelly Batyrova 는 지난 2018년과 2019년에 이어 2022년, 2023년 여름에도 흔쾌히 숙소를 제공해줬다. 이 모든 이에게 진심으로 감사를 표한다. 누구보다도 이런 주제에 관한 책을 출간할 수 있도록 흔쾌히 허락해준 프시케의숲 성기승 대표님께 감사의 인사를 드리고 싶다. 예상보다 원고가 매우 늦어졌음에도 쓴소리 없이 항상 기다리고 응원해주셔서 이 책을 완성할 수 있었다.

마지막으로 남들처럼 취직은커녕 공부라는 기약 없는 길에 들어섰음에도 항상 신뢰를 보내준 아버지, 어머니, 동생에게도 감사를 보낸다. 그리고 지난 2021년 8월, 1년 동안의 우크라이나 생활을 마치고 한국에 들어와서 2주 격리를 하던 중 격리 해제를 며칠 남겨두지 않고 나의 할머니 최순길 여사의 별세 소식을 접했다. 다행히 주민센터를 통해 적절한 절차를 거쳐서 장례식에 참석할 수 있었지만, 며칠만 더 기다리셨으면 기다리던 손주 얼굴은 보실 수 있었을 것이기에 안타까움이 더한다. 이 책을 할머니께 바친다.

2023년 12월
미국 오리건 유진에서
고광열

참고문헌

이 책은 학술서가 아니라 일반인을 대상으로 쓰인 대중서이다. 이 책을 읽고 관련 주제에 더욱 관심을 가질 독자를 위해서 우크라이나어, 러시아어, 독일어 등 제2외국어 연구는 모두 제외하고 한국어와 영어 문헌만 목록을 각 장의 테마별로 작성했다. 단, 헤르손 상징 논쟁에 관해서는 우크라이나어와 러시아어 문헌을 이용했다. 그리고 실제로 우크라이나 역사에 관한 연구는 여기 있는 목록보다 훨씬 방대하지만, 책을 쓰기 위해 일부만 참조했음을 밝히는 바이다.

| 개설서 |
구자정, 《우크라이나 문제의 기원을 찾아서》 (박영사, 2023)
허승철, 《우크라이나의 역사》 (문예림, 2015).
黒川 祐次(구로카와 유지), 《物語 ウクライナの歴史―ヨーロッパ最後の大国》, 안선주 역, 《유럽 최후의 대국, 우크라이나의 역사: 장대한 동슬라브 종가의 고난에 찬 대서사시》 (글항아리, 2022).
Hrushchevskyi, Mykhailo(미하일로 호루셰브스키), *Iliustrovana Istoriia Ukrainy*, 한정숙, 허승철 역, 《우크라이나의 역사》 (아카넷, 2016).
Plokhy, Serhii(세르히 플로히), *The Gates of Europe: A History of Ukraine*, 허승철 역, 《유럽의 문 우크라이나-독립과 생존을 위한 투쟁의 역사》 (한길사, 2022).

1장 키이우

| 키예프 공국 |
한정숙, 《〈지나간 시절의 이야기〉》의 서지사항 논의: 편찬시기, 저자, 제목, 사

본에 대한 연구사 검토〉,《러시아연구》, 제31권 제2호 (2021), 305~353면.

Raffensperger, Christian. *Reimagining Europe: Kievan Rus' in the Medieval World, 988-1146*. Cambridge, MA: Harvard University Press, 2012.

Westrate, Michael T. "The 'Norman Problem' in Historiography: Nationalism and the Origins of Russia." *Vestnik, The Journal of Russian and Asian Studies*, no. 6 (2007): 16-29.

| 흐루셰우스키 |

구자정, 〈'미하일 흐루쉐프스키(Myhailo Hrushevsky), 우크라이나-루시의 역사(Istoriia Ukraïny-Rusy)'〉,《중소연구》, 제33권 제4호 (2009), 223~228면.

한정숙, 〈역사서술로 우크라이나 민족을 만들어내다: 흐루셰프스키의 《우크라이나 역사》와 우크라이나 정체성〉,《러시아연구》, 제24권 제2호 (2014), 365~406면.

Plokhy, Serhii. *Unmaking Imperial Russia: Mykhailo Hrushevsky and the Writing of Ukrainian History*. Toronto: University of Toronto Press, 2005.

| 대숙청 |

김남섭, 〈스탈린 대테러의 성격: 1937-38년의 '대규모 작전'을 중심으로〉,《러시아연구》, 제15권 제2호 (2005), 35~68면.

노경덕, 〈서기국과 스탈린의 권력 장악 문제 -비판적 재검토 1922-1927-〉,《사총》, 90호 (2017), 187~220면.

Getty, J. Arch. "'Excesses Are Not Permitted': Mass Terror and Stalinist Governance in the Late 1930s." *Russian Review* 61, no. 1 (2002): 113-38.

Goldman, Wendy. "Stalinist Terror and Democracy: The 1937 Union Campaign." *The American Historical Review* 110, no. 5 (2005): 1427-53.

Harris, James, ed. *The Anatomy of Terror: Political Violence under Stalin*. Oxford University Press, 2013.

Ilić, Melanie, ed. *Stalin's Terror Revisited*, Basingstoke: Palgrave Macmillan, 2006.

Klevnyuk, Oleg. "The Objectives of the Great Terror, 1937-1938." In *Stalinism: The Essential Readings*, edited by David L. Hoffmann, 83-104. Malden, MA: Blackwell Publishing, 2003.

Roberts, Geoffrey. "Stalin and the Katyn Massacre." In *Stalin: His Times and Ours*, edited by Geoffrey Roberts, 191-202. Irish Association for Russian and East European Studies, 2005.

| 바빈야르 학살 |

Berkhoff, Karel C. *Harvest of Despair: Life and Death in Ukraine under Nazi Rule*. Cambridge, MA: The Belknap Press of Harvard University Press, 2004.

Berkhoff, Karel C. "Dina Pronicheva's Story of Surviving the Babi Yar Massacre: German, Jewish, Soviet, Russian, and Ukrainian Records." In *The Shoah in Ukraine: History, Testimony, Memorialization*, edited by Ray Brandon and Wendy Lower, 291-317. Bloomington: Indiana University Press, 2008.

Berkhoff, Karel C. "'The Corpses in the Ravine Were Women, Men, and Children': Written Testimonies from 1941 on the Babi Yar Massacre." *Holocaust and Genocide Studies* 29, no. 2 (2015): 251-274.

Burakovkiy, Aleksandr. "Holocaust Remembrance in Ukraine: Memorialization of the Jewish Tragedy at Babi Yar." *Nationalities Paper* 39, no. 3 (2011): 371-389.

Deutsch, Nathaniel. *The Jewish Dark Continent: Life and Death in the Russian Pale of Settlement*. Cambridge, MA: Harvard University Press, 2011.

Himka, John-Paul. "Debates in Ukraine over Nationalist Involvement in the Holocaust, 2004-2008." *Nationalities Papers* 39, no. 3 (2011): 353-370.

| 유로마이단 |

구자정, 〈역사적 관점에서 바라본 우크라이나 사태의 이해〉, 《내일을 여는 역사》, 55호 (2014), 137~152면.

정재원, 〈우크라이나 사태 - 서구의 세계 지배 전략과 체제 전환기 민중의 불가피한 선택〉, 《시민과세계》, 25호 (2014), 114~128면.

허승철, 〈우크라이나 야누코비치 정권 붕괴의 국내 정치·경제 요인 분석〉, 《러시아어문학연구논집》, 제46집 (2014), 155~178면.

2장 드니프로

| 드니프로의 역사 |

Kuzio, Taras, Sergei I. Zhuk, and Paul D'Anieri. *Ukraine's Outpost: Dnipropetrovsk and the Russian-Ukrainian War*. E-International Relations, 2022.

Portnov, Andrii. *Dnipro: An Entagled History of a European City*. Boston: Academic Studies Press, 2022.

| 소련 후기 청년 문화 |

Tsipursky, Gleb. *Socialist Fun: Youth, Consumption, and State-Sponsored Popular Culture in the Soviet Union, 1945-1970*. Pittsburgh: University of Pittsburgh Press, 2016.

Zhuk, Sergei I. *Rock and Roll in the Rocket City: The West, Identity, and Ideology in Soviet Dniepropetrovsk, 1960-1985*. Baltimore, MD: Johns Hopkins University Press, 2010.

3장 하르키우

| 하르키우의 역사 |

Kravchenko, Volodymyr. *Khrakov/Kharkiv: A Borderland Capital*. New York: Berghahn Books, 2023.

Westrate, Michael T. *Living Soviet in Ukraine from Stalin to Maidan: Under the Falling Red Star in Kharkiv*. Lanham, MD: Lexington Books, 2016.

| 대조국전쟁 |

류한수, 〈제2차 세계대전의 "잊힌 전선": 한국 사회와 학계의 독소전쟁 인식〉, 《러시아연구》, 제27권 제1호 (2017), 109~140면.

류한수, 〈제2차 세계대전 시기 붉은 군대 전투 역량의 실상과 허상〉, 《슬라브연구》, 제33권 3호 (2017), 31~61면.

류한수, 〈무기대여법은 소비에트 연방의 승리에 얼마나 이바지했는가? -제2차 세계대전 시기 미국의 대對소련 군수물자 원조를 둘러싼 쟁점과 역사서술의 동향-〉, 《슬라브연구》, 제39권 1호 (2023), 81~119면.

Glantz, David M.(데이비드 M. 글랜츠), and Jonathan M. House(조너선 M. 하우스), *When the Titans Clashed: How the Red Army Stopped Hitler*, 남창우, 권도승, 윤시원 역. 《독소전쟁사 1941~1945 -붉은 군대는 어떻게 히틀러를 막았는가》 (열린책들, 2007).

Overy, Richard(리처드 오버리), *Russia's War: A History of the Soviet Effort: 1941-1945*, 류한수 옮김, 《스탈린과 히틀러의 전쟁》 (지식의풍경, 2003).

| 소련 구축주의 건축 |

Castillo, Greg. "Stalinist Modern: Constructivism and the Soviet Company Town."

In *Architecture of Russian Identity, 1500 to Present*, edited by James Cracraft and Daniel Rowland, 135-49. Ithaca, NY: Cornell University Press, 2003.

Cooke, Catherine. *Russian Avant-Garde Theories of Art, Architecture and the City*. London: Academy Editions, 1995.

Hudson, Hugh D. *Blueprints and Blood: The Stalinization of Soviet Architecture, 1917-1937*. Princeton: Princeton University Press, 1994.

| 1965년 경제개혁 |

김동혁, 〈1965년 소련 경제개혁: 이론적 배경과 추진과정(1962-1966)〉, 《역사문화연구》, 제54집 (2015), 173~212면.

김동혁, 〈소련 경제학계의 '리베르만 논쟁'과 그 결과〉, 《역사학보》, 제236집 (2017), 413~450면.

4장 카먄스케

| 브레즈네프와 드니프로페트로우스크 클랜 |

Moses, Joel C. "Regional Cohorts and Political Mobility in the USSR: The Case of Dnepropetrovsk." *Soviet Union* 3, no. 1 (1976): 63-89.

Schattenberg, Susanne. "Trust, Care, and Familiarity in the Politburo: Brezhnev's Scenario of Power" *Kritika* 16, no. 4 (2015): 835-858.

Schattenberg, Susanne. *The Making of a Stateman*. New York, NY: I. B. Tauris, 2021.

| 소련 민족 정책과 발탁 |

Fitzpatrick, Sheila. "Stalin and the Making of a New Elite, 1928-1939" *Slavic Review* 38, no. 3 (1979): 377-402.

Fitzpatrick, Sheila. *Education and Social Mobility in the Soviet Union, 1921-1934*. Cambridge: Cambridge University Press, 1979.

Martin, Terry. *The Affirmative Action Empire: Nations and Nationalism in the Soviet Union, 1923-1939*. Ithaca, NY: Cornell University Press. 2001.

Pauly, Matthew D. *Breaking the Tongue: Language, Education, and Power in Soviet Ukraine, 1923-1934*. Toronto: University of Toronto Press, 2014.

5장 자포리자

| 드니프로 댐과 5개년 계획 |

Allen, Robert C. *Farm to Factory: A Reinterpretation of the Soviet Industrial Revolution*. Princeton, NJ: Princeton University Press, 2003.

Coopersmith, Jonathan. *The Electrification of Russia, 1880-1926*. Ithaca, NY: Cornell University Press, 2016.

Davies, R. W. *The Soviet Economy in Turmoil, 1929-1930*. London: Palgrave Macmillan, 1989.

Rassweiler, Anne D. *The Generation of Power: The History of Dneprostroi*. Oxford: Oxford University Press, 1988.

| 자포리자 코자크의 탄생 |

구자정, 〈"경계인"으로서의 까자끼: 까자끼의 역사적 기원과 형성에 대한 소고〉, 《러시아연구》, 제20권 제1호 (2010), 169~214면.

구자정, 〈16세기 말 17세기 초 자포로지예 카자크 집단을 통해 본 우크라이나 역사의 카자크적 기원과 루스(Rus') 정체성〉, 《슬라브연구》, 제33권 4호 (2017), 1~37면.

Plokhy, Serhii. *The Cossack Myth: History and Nationhood in the Age of Empires*. Cambridge: Cambridge University Press, 2012.

6장 오데사

| 오데사의 역사 |

King, Charles. *Odessa: Genius and Death in a City of Dreams*. New York, NY: W. W. Norton & Company, 2011.

| 1905년 혁명 |

Ascher, Abraham. *The Revolution of 1905*, Vol. 1. *Russia in Disarray*; Vol. 2. *Authority Restored*. Stanford, CA: Stanford University Press, 1988-1992.

Engelstein, Laura. *Moscow, 1905: Working-Class Organization and Political Conflict*. Stanford, CA: Stanford University Press, 1982.

Hough, Richard. *The Potemkin Mutiny*. London: Lume Books, 2019.

| 예카테리나 2세 |

Madariaga, Isabel de. *Russia in the Age of Catherine the Great*. New Haven, CT: Yale University Press, 1981.

Davies, Brian L. *The Russo-Turkish War, 1768-1774: Catherine II and the Ottoman Empire*. London: Bloomsbury, 2016.

| 오데사 파르티잔 |

Ovcharenko, Nikolai. *Odessa 1941-44: Defense, Occupation, Resistance and Liberation*. Translated and Edited by Stuart Britton. Solihull, UK: Helion & Campany, 2018.

7장 미콜라이우

| 올비아 거주지 |

Odrin, Oleksandr. "Study of Olbia Agricultural History of 6th-3rd Centuries BCE in the Light of Last Achievements of British and American Historiography of Antiquity." *Eminak,* no, 3(35) (2021): 104-112.

| 트로츠키 |

Deutscher, Isaac(아이작 도이처), *The Prophet Armed: Trotsky 1879-1921*, 김종철 역,《무장한 예언자 트로츠키 1879-1921》(필맥, 2005).

Service, Robert(로버트 서비스), *Trotsky: A Biography*, 양현수 역,《트로츠키: 1879-1940》(교양인, 2014).

8장 헤르손

| 존 하워드, 우샤코프, 헤르손 상징 논쟁 |

Bilyi, Dementii. "Ushakov chy Hovard: dyskusiia pro istorychnu pam'iat' Khersona." *Radio Svoboda*, September 19, 2021.

Howard, D. L. *John Howard: Prison Reformer*. London: Christopher Johnson, 1958.

Ovchinnikov, V. D. *V sluzhenii Otechestvu: Admiral F. F. Ushakov, neizvestnye stranitsy zhizni: istoricheskii ocherk*. Iaroslavl': Debiut, 1993.

| 헤르손과 관련 인물들 |

Barnes, Hugh. *The Stolen Prince: Gannibal, Adopted Son of Peter the Great, Great-Grandfather of Alexander Pushkin, and Europe's First Black Intellectual*. New York: Ecco, 2006.

Bruess, Gregory. "Sacred Spaces and Imperial Boundaries on Catherine II's Southern Frontier." *Canadian Slavonic Papers* 62, no. 3-4 (2020): 296-314.

Montefiore, Simon Sebag. *Catherine the Great & Potemkin: The Imperial Love Affair*. New York: Vintage Books, 2016.

| 흑해 함대 |

Mitchell, Donald W. *A History of Russian and Soviet Sea Power*. New York: Macmillan, 1974.

Nilsson, Rasmus. "Russian Policy Concerning the Black Sea Fleet and Its Being Based in Ukraine, 2008-2010: Three Interpretations." *Europe-Asia Studies* 65, no. 6 (2013): 1154-70.

Simonsen, Sven Gunnar. "'You Take Your Oath Only Once': Crimea, The Black Sea Fleet, and National Identity Among Russian Officers." *Nationalities Papers* 28, no. 2 (2000): 289-316.

9장 이바노프란키우스크

| 이반 프란코 |

Hrytsak, Yaroslav. "A Strange Case of Antisemitism: Ivan Franko and the Jewish Issue." In *Shatterzone of Empires: Coexistence and Violence in the German, Habsburg, Russian, and Ottoman Borderlands*, edited by Omer Bartov and Eric D. Weitz, 228-42. Bloomington: Indiana University Press, 2013.

Hrytsak, Yaroslav. *Ivan Franko and His Community*. Edmonton, Alberta: Canadian Institute of Ukrainian Studies, 2018.

| 우크라이나 민족주의의 등장 |

구자정, 〈"변경"에서 "우크라이나"로 -《루시인의 역사》를 통해 본 우크라이나 민족서사의 첫 탄생-〉, 《슬라브학보》, 제35권 3호 (2020), 1~32면.

구자정, 〈악마와의 계약? 독일 무장친위대 제14 척탄병 사단 '할리치나',

1943-1945〉,《역사학보》, 제245집 (2020), 319~371면.

한정숙, 〈코사크 역사와 우크라이나 지식인들: 1800~1860〉,《서양사연구》, 제31집 (2003), 27~72면.

한정숙, 〈키릴-메토디우스 형제단과 근대 우크라이나의 민족 정체성 -형제단 지식인들의 담론 구성을 중심으로〉,《러시아연구》, 제14권 제2호 (2004), 389~430면.

Shevchenko, Taras(타라스 셰브첸코), 한정숙 편역,《유랑시인》(한길사, 2005).

Miller, Alexei. *The Ukrainian Question: Russian Empire and Nationalism in the 19th Century*. New York: Central European University Press, 2003.

| 우크라이나민족주의자단(OUN)과 우크라이나봉기군(UPA) |

구자정, 〈악마와의 계약? 우크라이나의 파시즘 운동, 1929-1945〉,《슬라브연구》, 제31권 4호 (2015), 1~59면.

Erlacher, Trevor. *Ukrainian Nationalism in the Age of Extremes: An Intellectual Biography of Dmytro Dontsov*. Cambridge, MA: Harvard University Press for the Ukrainian Research Institute, 2021.

Himka, John-Paul. "The Organization of Ukrainian Nationalists and the Ukrainian Insurgent Army: Unwelcome Elements of an Identity Project." *Ab Imperio*, no. 4 (2010): 83-101.

10장 루츠크

| 레샤 우크라인카 |

Shakhovs'kyi, Semen. *Lesya Ukrainka: A Biographical Sketch*. Kiev: Dnipro Publishers, 1975.

| 유대인 학살 |

Carynnyk, Marco. "Foes of Our Rebirth: Ukrainian Nationalist Discussions about Jews, 1929–1947," *Nationalities Papers* 39, no 3 (2011): 315–52.

Gross, Jan T. *Neighbors: The Destruction of the Jewish Community in Jedbawne, Poland*. Princeton, NJ: Princeton University Press, 2001.

Himka, John-Paul. *Ukrainian Nationalists and the Holocaust: OUN and UPA's Participation in the Destruction of Ukrainian Jewry, 1941–1944*. Stuttgart, ibidem-

Verlag, 2021.
Rudling, Per A. "The OUN, the UPA, and the Holocaust: A Study in the Manufacturing of Historical Myths," *Carl Beck Papers in Russian and East European Studies*, no. 2107 (2011): 1–72

| 폴란드인 학살 |

Bartov, Omer. "Communal Genocide: Personal Accounts of the Destruction of Buczacz, Eastern Galicia, 1941-1944." In *Shatterzone of Empires: Coexistence and Violence in the German, Habsburg, Russian, and Ottoman Borderlands*, edited by Omer Bartov and Eric D. Weitz, 399-420. Bloomington: Indiana University Press, 2013.

McBride, Jared. "Peasants into Perpetrators: The OUN-UPA and the Ethnic Cleansing of Volhynia, 1943-1944." *Slavic Review* 75, no. 3 (2016): 630-654.

Piotrowski, Tadeusz. *Polish-Ukrainian Relations during World War II: Ethnic Cleansing in Volhynia and Eastern Galicia*. Toronto: Adam Mickiewicz Foundation, 1995.

Piotrowski, Tadeusz, ed. *Genocide and Rescue in Wołyń: Recollections of the Ukrainian Nationalist Ethnic Cleansing Campaign against the Poles during World War II*. Jefferson, NC: McFarland & Company, 2008.

Rossoliński-Liebe, Grzegorz. "Survivor Testimonies and the Coming to Terms with the Holocaust in Volhynia and Eastern Galicia: The Case of the Ukrainian Nationalists." *East European Politics and Societies* 34, no. 1 (2020): 221-240.

11장 테르노필

| 스테판 반데라 |

Rossoliński-Liebe, Grzegorz. *Stepan Bandera: The Life and Afterlife of a Ukrainian Nationalist. Fascism, Genocide, and Cult*. Stuttgart: Ibidem-Verlag, 2014.

| 우니아트 교회와 우크라이나 그리스 가톨릭 교회 |

강원식, 〈브레스트 공의회 성립의 정치적·사회적 배경〉, 《서양사학연구》, 제37집 (2015), 23~57면.

강원식, 〈17-18세기 우니아트교회를 둘러싼 루시지역의 정체성 갈등〉, 《서양사학연구》, 제40집 (2016), 55~87면.

Himka, John-Paul. *Socialism in Galicia: The Emergence of Polish Social Democracy and Ukrainian Radicalism, 1860-1890*. Cambridge, MA: Harvard University Press, 1983.

Himka, John-Paul. *Galician Villagers and the Ukrainian National Movement in the Nineteenth Century*. New York: St. Martin's Press, 1988.

Himka, John-Paul. *Religion and Nationality in Western Ukraine: The Greek Catholic Church and the Ruthenian National Movement in Galicia, 1870-1900*. Montreal: McGill-Queen's University Press, 1998.

Himka, John-Paul. "The Greek Catholic Church in Galicia, 1848-1914." *Harvard Ukrainian Studies* 26, no. 1-4 (2002-2003): 245-260.

12장 세베로도네츠크

| 보로실로프와 소련 군부 숙청 |

이정하, 〈K.E. 보로쉴로프와 적군赤軍 기병대: 기술결정론(Technical Determinism)에 대한 반론〉,《서양사연구》제49집 (2013), 123~154면.

13장 크라마토르스크

| 돈바스 |

Kuromiya, Hiroaki. *Freedom and Terror in the Donbas: A Ukrainian-Russian Borderlands, 1870s-1990s*. Cambridge: Cambridge University Press, 1998.

Marples, David R., ed. *The War in Ukraine's Donbas: Origins, Contexts, and the Future*. Budapest: Central European University Press, 2022.

14장 마리우폴

| 소련 대기근 |

Cameron, Sarah. "Questioning the Distinctiveness of the Ukrainian Famine." *Contemporary European History* 27, no. 3 (2018): 460-464.

Davies, R. W., M. B. Tauger, and S. G. Wheatcroft. "Stalin, Grain Stocks and the Famine of 1932-1933." *Slavic Review* 54, no. 3 (1995): 642-657.

Davies, R. W., and Stephen G. Wheatcroft. *The Years of Hunger: Soviet Agriculture, 1931-1933*. Basingstoke: Palgrave Macmillan, 2004.

Kuromiya, Hiroaki. "The Soviet Famine of 1932-1933 Reconsidered." *Europe-Asia Studies* 60, no. 4 (2008): 663-75.

Tauger, Mark B. "The 1932 Harvest and the Famine of 1933." *Slavic Review* 50, no. 1 (1991): 70-89.

Tauger, Mark B. "Soviet Peasants and Collectivization, 1930-39: Resistance and Adaptation." In *Rural Adaptation in Russia*, edited by Stephen K. Wegren, 65-94. London: Routledge, 2005.

Wheatcroft, Stephen G. "The Turn Away from Economic Explanations for Soviet Famines." *Contemporary European History* 27, no. 3 (2018): 465-9.

추천사에 갈음하여

한정숙

서울대학교 서양사학과 명예교수

2022년 2월에 시작된 러시아와의 전쟁으로 우크라이나는 전 세계적 관심의 초점이 되었다. 그러나 정작 사람들은 우크라이나에 대해 잘 알지 못한다. 오랫동안 하나의 국가체계 안에서 지내왔던 두 나라가 왜 전쟁에까지 이르게 되었는지, 우크라이나가 확립하고자 하는 새로운 정체성은 무엇인지, 자기 자신을 세워가고자 하는 과정에 따르는 격심한 고통과 문제점은 무엇인지, 제대로 알아볼 기회가 주어지지 않았다.

러시아 현대사로 석사학위를 받은 후 박사과정에서 우크라이나 역사를 전공하고 있는 고광열 씨는 우크라이나의 동서남북을 가로질러 도시들을 탐방하면서 이 나라가 역사적 집단기억을 어떻게 형성하여 어떠한 정체성을 만들어가려 하는지 파악하고자 하였다. 역사 기억과 관련된 조형물들, 기억의 장소들을 중점적으로 방문한 후 기존 연구를 바탕으로 이와 관련된 역사 해석을 펼친다. 저자가 파악하는 우크라이나적 심성의 특징은 '경계성'이라는 이 나라의 지리적, 역사적 조건과 연결되어 있다. 저자는 우크라이나 역사에 큰 애정을 지녔지만, 러시아-폴란드-독일-오스트리아-루마니아-헝가리-몰도바 등 주변 여러 나라와 복잡하기 짝이 없게 얽힌 역사 속에서 우크라이나인들이 내린 역사 기억 선택은 나치 협력자 반데라 일파에 대한 숭배의 경우처럼 저자에게 당혹감과 안타까움을 불러일으키기도 한다.

전쟁 직전까지 여러 도시들을 다닐 수 있었던 것은 역사 연구에서도 현장성이 중요하다고 여기는 저자의 성실함 덕분이었을 것이다. 이 책은 우직한 연구자가 쓴 우직한 우크라이나 현대사 답사기이다. 저자의 역사 해석에 백 퍼센트 동의하지 않는 독자일지라도 그가 제공하는 정보를 통해 우크라이나를 새로 알아갈 수 있으리라 생각한다.

검은 땅의 경계인

1판 1쇄 펴냄 2024년 1월 26일

지은이 고광열
편 집 안민재
교정교열 신민희
디자인 룩앳미
제 작 세걸음
인쇄·제책 영신사

펴낸곳 프시케의숲
펴낸이 성기승
출판등록 2017년 4월 5일 제406-2017-000043호
주 소 (우)10885, 경기도 파주시 책향기로 371, 상가 204호
전 화 070-7574-3736
팩 스 0303-3444-3736
이메일 pfbooks@pfbooks.co.kr
SNS @PsycheForest

ISBN 979-11-89336-69-1 03920

이 책의 내용을 이용하려면 반드시 저작권자와
도서출판 프시케의숲에 동의를 받아야 합니다.

이 도서는 한국출판문화산업진흥원의 '2023년 중소출판사 출판콘텐츠 창작 지원 사업'의
일환으로 국민체육진흥기금을 지원받아 제작되었습니다.